Sanierungspflichten in der Krise von AG und GmbH

Schriften zum Gesellschafts-, Bilanz- und Unternehmensteuerrecht

Herausgegeben von Joachim Hennrichs

Band 14

Zur Qualitätssicherung und Peer Review der vorliegenden Publikation

Die Qualität der in dieser Reihe erscheinenden Arbeiten wird vor der Publikation durch den Herausgeber der Reihe geprüft.

Notes on the quality assurance and peer review of this publication

Prior to publication, the quality of the work published in this series is reviewed by the editor of the series.

Gabriel Jakob Litzenberger

Sanierungspflichten in der Krise von AG und GmbH

PL ACADEMIC RESEARCH

Bibliografische Information der Deutschen Nationalbibliothek
Die Deutsche Nationalbibliothek verzeichnet diese Publikation in der Deutschen Nationalbibliografie; detaillierte bibliografische Daten sind im Internet über http://dnb.d-nb.de abrufbar.

Zugl.: Köln, Univ., Diss., 2013

Gedruckt auf alterungsbeständigem,
säurefreiem Papier.

D 38
ISSN 1867-500X
ISBN 978-3-631-65105-6 (Print)
E-ISBN 978-3-653-04169-9 (E-Book)
DOI 10.3726/978-3-653-04169-9

PL Academic Research ist ein Imprint der Peter Lang GmbH.

Peter Lang – Frankfurt am Main · Bern · Bruxelles · New York · Oxford · Warszawa · Wien

Dieses Buch erscheint in einer Herausgeberreihe bei PL Academic Research und wurde vor Erscheinen peer reviewed.

www.peterlang.com

Für Marianne und Udo

Vorwort

Die vorliegende Arbeit wurde im Sommersemester 2013 von der Rechtswissenschaftlichen Fakultät der Universität zu Köln als Dissertation angenommen. Rechtsprechung und Literatur konnten bis zum April 2013 berücksichtigt werden.

Mein Dank gilt zunächst meinem Doktorvater Herrn Prof. Dr. Joachim Hennrichs für seine Betreuung während der Erstellung der Arbeit sowie für die Aufnahme dieser Dissertation in seine Schriftenreihe. Frau Prof. Dr. Barbara Grunewald danke ich für die Erstattung des Zweitgutachtens.

Der Kanzlei FROMM bin ich für die großzügige Vergabe eines Promotionsstipendiums dankbar.

Frau Merle Föhr hat sich um die vorliegende Arbeit durch ihre aufwendige Korrekturarbeit verdient gemacht. Großer Dank gilt weiterhin Herrn Stefan Schwesinger und den Herren Dres. Daniel Krey und Björn Karst, die mich während der Höhen und Tiefen von Studium und Promotion begleitet haben.

Demütig und von ganzem Herzen danke ich meiner Familie. Worte werden Euch nicht gerecht. Ohne jeden einzelnen von Euch wäre diese Arbeit nicht denkbar gewesen.

Köln im November 2013 Gabriel J. Litzenberger

Inhaltsverzeichnis

Abkürzungsverzeichnis

a.A.	anderer Auffassung
a.F.	alte Fassung
Abb.	Abbildung
Abs.	Absatz
AcP	Archiv für die civilistische Praxis (Zeitschrift)
AG	Aktiengesellschaft Die Aktiengesellschaft (Zeitschrift)
AktG	Aktiengesetz
allg.	Allgemein
Anh.	Anhang
Anm. d. Verf.	Anmerkung des Verfassers
Art.	Artikel
BAG	Bundesarbeitsgericht
BATNA	Best Alternative To a Negotiated Agreement
BB	Betriebs Berater (Zeitschrift)
BC	Zeitschrift für Bilanzierung, Rechnungswesen und Controlling (Zeitschrift)
Begr.	Begründung
BGBl	Bundesgesetzblatt
BilMoG	Bilanzrechtsmodernisierungsgesetz
BJR	Business Judgement Rule
BKM	Betrieblichen Kontinuitätsmanagement
BMJ	Bundesministerium der Justiz
BR-Drucks.	Bundesrat Drucksache
bspw.	Beispielsweise
BT-Drucks.	Bundestag Drucksache
BWNotZ	Zeitschrift für das Notariat in Baden-Württemberg (Zeitschrift)
CF	Corporate Finance (Zeitschrift)
d.h.	dass heißt
DAV	Deutscher Anwaltverein
DB	Der Betrieb (Zeitschrift)
ders.	Derselbe

dies.	dieselbe, dieselben
DiskE	Diskussionsentwurf
DNotZ	Deutsche Notar-Zeitschrift (Zeitschrift)
DStR	Deutsches Steuerrecht (Zeitschrift)
DVBl	Deutsches Verwaltungsblatt (Zeitschrift)
DZWiR	Deutsche Zeitschrift für Wirtschafts- und Insolvenzrecht (Zeitschrift)
E	Entwurf
EGInsO	Einführungsgesetz Insolvenzordnung
Einl.	Einleitung
EStG	Einkommensteuergesetz
ESUG	Gesetz zur weiteren Erleichterung der Sanierung von Untenehmen
EuGH Slg.	Sammlung der Rechtsprechung des Gerichtshofes und des Gerichts Erster Instanz
EUV	Vertrag über die Europäische Union
EwiR	Entscheidungen zum Wirtschaftsrecht (Zeitschrift)
f.	folgende (Seite,)
FAZ	Frankfurter Allgemeine Zeitung
ff.	folgende (Seiten, Paragrapghen)
FMS	Finanzmarktstabilisierungsfonds
FMStBG	Finanzmarktstabilisierungsbeschleunigungsgesetz
FMStErgG	Finanzmarktstabilisierungsergänzungsgesetz
FMStFG	Finanzmarktstabilisierungsfonds
Fn	Fußnote
FN-IDW	Fachnachrichten IDW (Zeitschrift)
FS	Festschrift
gem.	Gemäß
GG	Grundgesetz
ggfs.	Gegebenenfalls
GmbH	Gesellschaft mit beschränkter Haftung
GmbHG	Gesetz betreffend die Gesellschaften mit beschränkter Haftung
GmbHR	GmbH Rundschau (Zeitschrift)
GoB	Grundsätze ordnungsgemäßer Buchführung
GoR	Grundsatz der ordnungsgemäßen Risikoüberwachung
GWR	Zeitschrift für Gesellschafts- und Wirtschaftsrecht (Zeitschrift)
h.L.	herrschende Lehre
h.M.	herrschende Meinung

HGB	Handelsgesetzbuch
HS	Halbsatz
i.e.S.	im engeren Sinne
i.S.d.	im Sinne der, im Sinne des
i.V.m.	in Verbindung mit
i.w.S.	im weiteren Sinne
IDW	Institut der Wirtschaftsprüfer in Deutschland e.V.
insb.	Insbesondere
InsO	Insolvenzordnung
j.m.w.N	je mit weiteren Nachweisen
jurisPR	juris Praxisreport
jurisPR-InsR	juris Praxisreport Insolvenzrecht
KapRL	Kapitalrichtlinie
KO	Konkursordnung
KonTraG	Gesetz zur Kontrolle und Transparenz im Unternehmensbereich
KrV	Die Krankenversicherung (Zeitschrift)
KTS	Zeitschrift für Insolvenzrecht (Zeitschrift)
m.E.	meines Erachtens
m.N.	mit Nachweisen
m.w.N.	mit weiteren Nachweisen
MaRisk	Mindestanforderungen an das Risikomanagement, Rundschreiben der Bundesanstalt für Finanzdienstleistungsaufsicht (BaFin)
MoMiG	Gesetz zur Modernisierung des GmbH-Rechts und zur Bekämpfung von Missbräuchen
NJW	Neue Juristische Wochenschrift (Zeitschrift)
NJW-RR	NJW-Rechtsprechungs-Report (Zeitschrift)
Nr.	Nummer
NStZ	Neue Zeitschrift für Strafrecht (Zeitschrift)
NVwZ	Neue Zeitschrift für Verwaltungsrecht (Zeitschrift)
NZA	Neue Zeitschrift für Arbeitsrecht (Zeitschrift)
NZG	Neue Zeitschrift für Gesellschaftsrecht (Zeitschrift)
NZI	Neue Zeitschrift für das Recht der Insolvenz und Sanierung (Zeitschrift)
RefE	Referentenentwurf
RegE	Regierungsentwurf
RGBl	Reichsgesetzblatt
Rn.	Randnummer
S.	Satz

s.o.	siehe oben
s.u.	siehe unten
sog.	sogenannt, sogenannter, sogenannte, sogenanntes, sogenannten
StGB	Strafgesetzbuch
u.a.	unter anderem, unter anderen
u.U.	unter Umständen
Vgl.	Vergleiche
VglO	Vergleichsordnung
VorstAG	Gesetz zur Angemessenheit der Vorstandsvergütung
wistra	Zeitschrift für Wirtschafts- und Steuerstrafrecht (Zeitschrift)
WM	Wertpapiermitteilungen (Zeitschrift)
WPg	Die Wirtschaftsprüfung (Zeitschrift)
ZGR	Zeitschrift für Unternehmens- und Gesellschaftsrecht (Zeitschrift)
ZHR	Zeitschrift für das gesamte Handels- und Wirtschaftsrecht (Zeitschrift)
ZInsO	Zeitschrift für das gesamte Insolvenzrecht (Zeitschrift)
ZIP	Zeitschrift für Wirtschaftsrecht (Zeitschrift)
ZKM	Zeitschrift für Konfliktmanagement (Zeitschrift)
ZPO	Zivilprozessordnung
ZRP	Zeitschrift für Rechtspolitik (Zeitschrift)

Einleitung

„Eine Krise ist der größte Segen, der einer Person oder einem Land passieren kann, denn sie bringt immer wieder Fortschritt.
Krisen gebären Innovationen, Erfindungsgeist und große Strategien.
Wer eine Krise übersteht, überwindet sich selbst, ohne bezwungen zu werden."

(Albert Einstein)

Krisen sind vielfältig und können jeden einmal ereilen. Sie befallen Menschen als Sinnkrisen, Regionen, Staaten, gar ganze Kontinente als Wirtschaftskrisen und – ja – sogar Währungen, wie sich jüngst in der Eurokrise zeigte. Auch Unternehmen trifft sie, manchmal unverschuldet, manchmal auch nicht.

Fällt das Wort „Krise", werden im Allgemeinen negative Assoziationen hervorgerufen. Dem Wortsinn nach bedeutet Krise aber „Entscheidung" oder „Wendepunkt".[1] Bereits hier ist zu erkennen, eine Krise muss nicht zwangsläufig zur Katastrophe werden, vielmehr kann in ihr – wie Einstein im obigen Zitat treffend formuliert – auch eine Chance liegen. Ein „geflügeltes Wort" besagt: wer eine Krise übersteht, der geht gestärkt aus ihr hervor. Krisen sind ein integraler Bestandteil des wirtschaftlichen Lebens und Kennzeichen unternehmerischer Tätigkeit, die aus ihrer Natur heraus auf prognostischen und damit unsicheren Maßnahmen beruht. Die Krise ist nicht nur Teil der „Selbstreinigung" des Marktes, sondern zugleich (Früh-)Indikator von Fehlentwicklungen. Sie zwingt die Unternehmung dazu, ihr Geschäftsmodell und ihre Wettbewerbsfähigkeit in Frage zu stellen. Gerade auf Grund dieses Umstandes kann eine Krise sehr wohl zu positiven Entwicklungssprüngen führen.

Die Krise aber zu meistern und die in ihr liegende Chance zu nutzen, ist in Unternehmen die Aufgabe des Managements. Dieses muss die Krisesymptome möglichst frühzeitig erkennen und sofort damit beginnen, sie einzudämmen. Es muss also erste Hilfe geleistet werden, um den „Patienten" zu stabilisieren. Danach muss die Krankheit aber in ihrem Kern behandelt werden. Nach einer Bestandsaufnahme über das Krisenstadium und die Unternehmenslage ist ein Konzept zu erstellen, durch

1 *Hommel/Knecht/Wohlenberg* in Hommel/Knecht/Wohlenberg S. 32.

dessen Umsetzung das Unternehmen aus der Krise geführt und wieder dauerhaft rentabel gemacht werden soll. Dieser Prozess des Gesundens wird als „Sanierung“ bezeichnet. Wie zu zeigen sein wird, ist die Erstellung eines Sanierungskonzepts eine anforderungsreiche und interdisziplinäre Aufgabe, die auf einem interessanten Schnittpunkt zwischen Betriebswirtschaft und Rechtswissenschaften liegt. Dies schon deshalb, weil eine Unternehmenskrise in der Regel nicht auf eine einzige Ursache zurückgeführt werden kann. Deshalb ist auch die Überwindung der Krise nur durch ein Bündel von Maßnahmen möglich, die innerhalb von nur kurzer Zeit umgesetzt werden müssen. Der mit der Sanierung einhergehende Zeitdruck ist dem schleichenden Charakter der Krise geschuldet. Um bei der oben angeführten Parallele zu bleiben: die Krise infiziert zunächst den „Organismus Unternehmen“, breitet sich unbemerkt aus und ist erst in der akuten Phase anhand bekannter Symptome zu identifizieren.

In dieser von zeitlichem Druck geprägten Situation ist aber nicht nur die Geschäftsführung des Unternehmens gefragt, sondern auch die Gesellschafter. Deren Mitwirkung an der Sanierung ist nämlich dann gefragt, wenn zur Überwindung der Krise Maßnahmen von Nöten sind, die nur mit Zustimmung der Gesellschafter vorgenommen werden können.

Beispielsweise fehlt es in der Unternehmenssanierung regelmäßig an Eigenkapital, da es durch den langsamen Krisenprozess „nach und nach“ aufgezehrt ist. Um aber in der Zeit der Sanierung weiter bestehen zu können ist das anhaltende wirtschaftliche Funktionieren des Unternehmens erforderlich. Hierzu müssen nicht nur bestehende Verbindlichkeiten beglichen und erforderliche Produktionsmittel und Arbeitskräfte finanziert werden; oft sind auch Investitionen erforderlich, um Erträge in der Zukunft generieren zu können. Verfügbare Geldmittel sind also unerlässlich, auch zur Insolvenzvermeidung. Grundsätzlich stehen einer Gesellschaft zwei zentrale Finanzierungswege offen. Zunächst kann sie sich Fremdkapital beschaffen, d.h. insbesondere Darlehen aufnehmen. Dieser Weg ist in der Krise aber versperrt, da im Verlaufe des Krisenprozesses regelmäßig alle Kreditlinien ausgeschöpft und verfügbare Sicherheiten vergeben worden sind. Als alternative Finanzierungsquelle kommt letztlich die Aufnahme von zusätzlichem Eigenkapital in Betracht. Für die Aufnahme neuer Gesellschafter ist aber die Zustimmung von zweidrittel bzw. aller bisherigen Anteilsinhaber notwendig. Verweigert sich eine qualifizierte Minderheit der Maßnahme, entsteht ein innergesellschaftlicher Konflikt. Die Maßnahme kann aufgrund der Blockade nicht durchgeführt werden.

Somit hängt die Möglichkeit der Sanierung der Gesellschaft durch eine Mehrheit – die allein nicht das erforderliche Quorum erreicht – notwendig vom Zustandekommen eines Konsenses mit der Minderheit ab. Die kann sich aber – aus schützenswerten oder eigennützigen Gründen – standhaft weigern, den Maßnahmen zuzustimmen.

Der nachfolgenden Untersuchung liegt diese Ausgangsituation zu Grunde: Eine in sich in der Krise befindliche Gesellschaft bedarf der Sanierung, es findet sich jedoch keine ausreichende Mehrheit, um die angestrebten Maßnahmen zu beschließen.

An diesem Punkt stellt sich die zentrale Frage, ob ein Gesellschafter dazu verpflichtet sein kann, sein Stimmrecht in der Weise auszuüben, dass er entweder das Sanierungskonzept durch Zustimmung unterstützen oder sich zumindest der Stimme enthalten muss, um den positiven Beschluss der Mehrheit nicht zu verhindern. Das von der Verwaltung entworfene und von der Mehrheit der Gesellschafter unterstützte Konzept, müsste gegen den Widerstand der qualifizierten Minderheit beschlossen werden, um die Rettung der Gesellschaft auf *diesem* Wege möglich zu machen. Der Konflikt zeitigt besondere Relevanz, wenn mit der Sanierungsmaßnahme die Hinnahme von Nachteilen (bspw. Stimmrechtsverwässerung) oder die Verpflichtung zu einer (Sanierungs-) Beitragsleistung (bspw. Übernahme von neuen Anteilen) einhergeht.

Die Untersuchung fokussiert sich hierbei auf die Sanierungspflichten in der freien Sanierung, d.h. außerhalb des Insolvenzverfahrens.

Gang der Untersuchung

Die nachfolgende Arbeit stellt im ersten Kapitel die zum Verständnis des Sanierungskonflikts unerlässlichen Grundlagen dar. Hierzu zählen nicht nur die zeitliche und sachliche Verortung des Untersuchungsgegenstands im Rahmen von Krise und Insolvenz, sondern auch die vertiefte Auseinandersetzung mit der Sanierung. Diese verschiedenen Bereiche haben eine Vielzahl von Schnittmengen, was nicht verwundert, da Krise, Insolvenz und Sanierung Teile des natürlichen Entwicklungszyklus einer Unternehmung sind. Die Darstellung dieser Stadien ist zunächst für das Verständnis des Umfeldes erforderlich, in dem sich die Gesellschafter mit dem Untersuchungsgegenstand der Arbeit konfrontiert sehen. Aus den Eigenarten der Krise, der Wirkung und der Ausgestaltung des Insolvenzverfahrens und den besonderen Herausforderungen der Sanierung ergeben sich die Rahmenbedingungen für die gesellschaftsrechtliche Untersuchung.

Im zweitel Kapitel werden die der Sanierungspflicht zu Grunde liegenden gesellschaftsrechtlichen Grundlagen erarbeitet. Da sich der Sanierungskonflikt in der Abstimmung über die Vornahme von Sanierungsmaßnahmen manifestiert und damit die Sanierungspflicht eine Stimmpflicht bedeutet, dient die Darstellung der Grundsätze der körperschaftlichen Willensbildung der Untersuchung als Ausgangspunkt. Um die Frage zu klären, ob auf die Stimmrechtsausübung mittels der Treupflicht eingewirkt werden kann, ist eine vertiefte Auseinadersetzung mit den Grundlagen und der Wirkungsweise der Treupflicht erforderlich. Nach Betrachtung der Treubindung des Stimmrechts werden die Leitlinien herausgearbeitet, die unter Treugesichtspunkten bei der Stimmrechtsausübung zu beachten sind. Von Relevanz ist dabei, welche Interessen der Gesellschafter bei der Stimmrechtsausübung treupflichtig zu berücksichtigen hat. Insbesondere in der Sanierungssituation sind Drittinteressen betroffen, da eine Vielzahl von Beteiligten (Arbeitnehmer, Gläubiger etc.) mit der Gesellschaft verknüpft und von ihrem „Wohl und Wehe“ abhängig sind.

Das Dritte Kapitel beginnt mit den grundsätzlichen Fragen, ob positive Stimmpflichten im Kapitalgesellschaftsrecht überhaupt erforderlich sind und ob sich aus der allgemeinen Treubindung des Stimmrechts die Pflicht zur positiven Stimmabgabe ergeben kann. Anschließend beginnt die Untersuchung von Methode und Kriterien zur Bestimmung der treugebotenen Stimmpflicht. Besondere Aufmerksamkeit wird dabei der Systematik der Interessenabwägung und der bisher zu Stimmpflichten erfolgten Rechtsprechung gewidmet.

Die bis dato gewonnenen Untersuchungsergebnisse werden sodann auf die Frage nach der konkreten Sanierungspflicht der Gesellschafter übertragen. Um die zur Bestimmung einer treupflichtigen Zustimmungspflicht erforderliche Interessenabwägung vornehmen zu können, müssen die Interessen in der Sanierungssituation herausgestellt und auf ihre Schutzwürdigkeit hin untersucht werden. Erst dann ist die Betrachtung des konkreten Abwägungsvorgangs möglich. Zunächst stellt sich die Frage, wann von der Erforderlichkeit einer Sanierungsmaßnahme ausgegangen werden kann. Das ist essentiell, denn nur wenn die angestrebte Maßnahme auch erforderlich ist, werden in einem zweiten Schritt die durch die Maßnahme betroffenen Interessen zu einem Ausgleich gebracht. Da das Sanierungskonzept zentrale Bedeutung für die Erforderlichkeit einer Sanierungsmaßnahme aufweist, folgt auf dieser Ebene eine vertiefte Auseinadersetzung mit der Vereinbarkeit des prognostischen Sanierungskonzepts mit Grundsätzen der Erforderlichkeit und den „Fernwirkungen" des Konzepts auf die nachfolgende Abwägung der Interessen. Der Problemkreis gibt zugleich dazu Anlass, Untersuchungen zum Zeitpunkt der Zustimmungspflicht und zur Bestimmung der erforderlichen Mehrheit anzustellen.

Nachfolgend schließt sich die Bestimmung an, ob die Sanierungsmaßnahme auch im engeren Sinne verhältnismäßig ist. Da die Verhältnismäßigkeit an diesem Punkt aus ihrer Natur heraus auf den konkreten Einzelfall abstellt, werden solche Anhaltspunkte näher beleuchtet, die abstrakt in jede Einzelfallwertung einbezogen werden können. So etwa, ob grundsätzliche Wertungen zur Stimmpflicht bei belastenden und nicht belastenden Maßnahmen abgegeben werden können. Nachfolgend werden die in der Sanierung relevanten Kapitalmaßnahmen auf die konkreten Belastungen hin untersucht, die mit ihrer Vornahme einhergehen. Es stellt sich die Frage, ob eine Stimmpflicht, trotz Nachteiligkeit der angestrebten Maßnahme, überhaupt in Betracht kommen kann, oder ob das gesellschaftsrechtliche Belastungsverbot dem entgegensteht. Wird dies bejaht, ergibt sich im Anschluss das Problem, welche Kriterien für das Maß der zu ertragenden Nachteiligkeit bestehen. Da auch gesetzgeberische Wertungen im Rahmen der Interessenabwägung zu berücksichtigen sind, ist die Betrachtung der bestehenden und künftigen gesetzgeberischen Wertungen zur Sanierung unerlässlich. Bedeutung erlangen hierbei beispielsweise die im Rahmen der Finanzkrise erlassenen Spezialgesetze. Eine vertiefte Auseinadersetzung ist mit dem auf die Sanierung von Unternehmen zugeschnittenen „Gesetz zur erleichterten Sanierung von Unternehmen" (ESUG) erforderlich.

Am Ende des dritten Kapitels werden die in der Untersuchung gewonnen Erkenntnisse einer Konklusion zugeführt und schließlich die Frage nach den Sanierungspflichten in der Krise von AG und GmbH beantwortet.

Im vierten und letzten Kapitel der Arbeit sollen Alternativen zur treugebotenen Stimmpflicht untersucht werden. Anzusprechen ist, inwieweit es dem Gesetzgeber möglich ist, die Mehrheitserfordernisse für Sanierungsmaßnahmen allgemein herabzusetzen und welche Möglichkeiten die Gesellschafter selber haben, Sanierungskonflikte durch gesellschafts- und individualvertragliche Regelungen zu vermeiden. Da die Gesellschafter sich nicht nur dazu entschließen können, Konflikte „pro Sanierung" zu lösen, stellt sich im Weiteren die Frage, ob in einer negativen Regelung – beispielsweise einem expliziten Weigerungsrecht der Gesellschafter – eine partielle Außerkraftsetzung der Treupflicht zu sehen ist.

Nach Abschluss des vierten Kapitels endet die Arbeit mit der Zusammenfassung der Untersuchungsergebnisse in Thesen.

Kapitel 1 – Rahmenbedingungen der Sanierung

Die Frage nach der Sanierungspflicht stellt sich zumeist an einem kritischen Punkt der Unternehmensentwicklung. Die Unternehmung befindet sich regelmäßig in einer Krisensituation und am Scheideweg zwischen Korrektur der „Schieflage" und dem Marktaustritt. Um das besondere Regelungsumfeld, in dem sich der Sanierungspflichtige befindet, nachvollziehen zu können, ist ein näherer Blick auf die Krise, die Insolvenz und die Sanierung unerlässlich.

A. Die Krise

I. Begriff der Krise

Zur zeitlichen und sachlichen Verortung der Krisensituation sind in den relevanten Gebieten (Betriebswirtschaftslehre und Rechtswissenschaften) verschiedene Definitionsversuche vorgenommen worden. Eine Definition, die gebietsübergreifende Geltung für Betriebswirtschafts- und Rechtslehre enthält, existiert nicht, vielmehr scheitert schon die Bildung eines übergeordneten Rechtsbegriffs der Krise, der in allen einschlägigen Rechtsbereichen gelten würde[2]. Aus diesem Grund soll der herrschenden Einteilung[3] folgend, neben dem betriebswirtschaftlichen Begriff der Krise, auch der rechtliche, sowie der insolvenzrechtliche dargestellt werden.

1. Betriebswirtschaftliches Verständnis

Die Betriebswirtschaftslehre definiert die Krise überwiegend als „eine Situation, in der wesentliche Ziele und Werte des Unternehmens unmittelbar bedroht sind und damit der Fortbestand des Unternehmens sub-

2 Beck PersG-HB/*Eberhard* § 10 Rn. 7; *Reuter* BB 2003, 1797.

3 Münch. Hdb. GesR III/*Wellensiek/Oberle* § 66 Rn. 4 f.; *Maus* in Schmidt/Uhlenbruck Rn. 1.1 ff.; *Buchta* in Hölters Unternehmens- und Beteiligungskauf, Teil XII Rn. 23 f.; *Steffan* in Oppenländer/Trölitzsch § 37 Rn. 3 ff.

stanziell gefährdet oder sogar unmöglich gemacht wird".[4] Etwas verklausulierter umschreibt es *Maus*, indem er sie als „multivalente Entscheidungssituation unter Existenzgefährdung des Unternehmens bei begrenzter Entscheidungszeit" umschreibt.[5] Der Anwendungsbereich des betriebswirtschaftlichen Krisenbegriffs ist naturgemäß sowohl sachlich, als auch zeitlich weit gefasst. Dies liegt vor allem daran, dass hier – im Gegensatz zum rechtlichen Bereich – keine Rechtswirkungen durch die Erfüllung des Krisenbegriffs ausgelöst werden. Dies erlaubt es, die Krise bereits in ihrem Ursprung als solche anzuerkennen und nicht erst dann, wenn sie rechtliche Folgen zeitigt. Das ist richtig, denn die Krise erst ab ihrem akuten Ausbruch als solche anzuerkennen, verhindert nicht nur die Möglichkeit des frühen Einschreitens, sondern auch der Vorsorge[6].

Grundsätzlich unterscheidet man Strategie-, Erfolgs- und Liquiditätskrise (Krisenstadien).[7] Am Ende steht die Insolvenz. Diese Aufzählung entspricht in den meisten Fällen auch dem Krisenverlauf[8] und wird als „Vier Phasen-Modell" bezeichnet.[9]

Der in der Praxis als Leitfaden zur Erstellung von Sanierungskonzepten dienende IDW S 6 differenziert graduell weiter.[10] So wird vor der Strategiekrise die Stakeholderkrise[11] genannt und zwischen der Strategie- und Erfolgskrise die Produkt- und Absatzkrise[12] eingefügt.[13]

Bewusst wird den Verantwortlichen die Krise jedoch meist in anderer Reihenfolge. Zuerst wird (anhaltend) mangelnder Cash-Flow und die Tatsache festgestellt, dass nicht genügend Zahlungsmittelüberschüsse erwirtschaftet werden können, um Verbindlichkeiten zu tilgen und die Leistungsfähigkeit des Unternehmens zu erhalten. Dies führt zur Ver-

---

4 Münch. Hdb. GesR III/*Wellensiek/Oberle* § 66 Rn. 5; Im Einzelnen weichen die Begriffsdefinitionen ab, inhaltlich entsprechen sie sich zu meist. Die Umschreibungen sind vielfältig, ihnen gemein ist jedoch die Voraussetzung einer (möglichen) Gefahr für das Überleben der Unternehmung. Vgl. zu verschiedenen „Definitionen" Hdb KR A.2.2.

5 *Maus* in Schmidt/Uhlenbruck Rn. 1.3.

6 Hdb KR, A.3.1.2.

7 *Hommel/Knecht/Wohland*, S. 35; *Steffan* in Oppenländer/Trölitzsch § 37 Rn. 3.

8 Gottwald/*Kraus/Buschman* § 5 Rn. 8; Münch. Hdb. GesR III/*Wellensiek/Oberle* § 66 Rn. 12; *IDW* S 6, Rn. 17; *Eisold* BB 2010, 427, 429; *Buth/Hermanns* DStR 2010, 288, 290.

9 Vgl. unten die Grafiken zum Vier-Phasen-Modell nach Müller und Krystek, S. 11.

10 *IDW* S 6 Rn. 62 ff.; Zum neuen *IDW* S 6 aus juristischer Sicht, *Prütting* ZIP 2013, 203, 204 f.

11 *IDW* S 6 Rn.65.

12 *IDW* S 6 Rn. 73.

13 So nun auch *Gras* in Nerlich/Kreplin § 2 Rn. 2; Becker/Martin/Müller/Wobbe DStR 2012, 981; Buth/Hermanns DStR 2010, 288.

lusterwirtschaftung und in die Liquiditätskrise. Bei ersten Ursachenforschungen wird man der regelmäßig bereits länger andauernden Erfolgskrise gewahr werden. Diese hat ihre Ursache vielfach in einer Produkt- und Absatzkrise, verursacht durch wahlweise endogene (interne)[14] oder exogene (externe)[15] Krisen. Hinter all dem kann schlussendlich die strategische Krise stehen, welche durch mangelnde Ausrichtung und Positionierung am Markt, dem Nichtbedenken zukünftiger Entwicklung und dem Außerachtlassen anderer langfristig wirkender Erfolgsfaktoren ausgelöst wird.

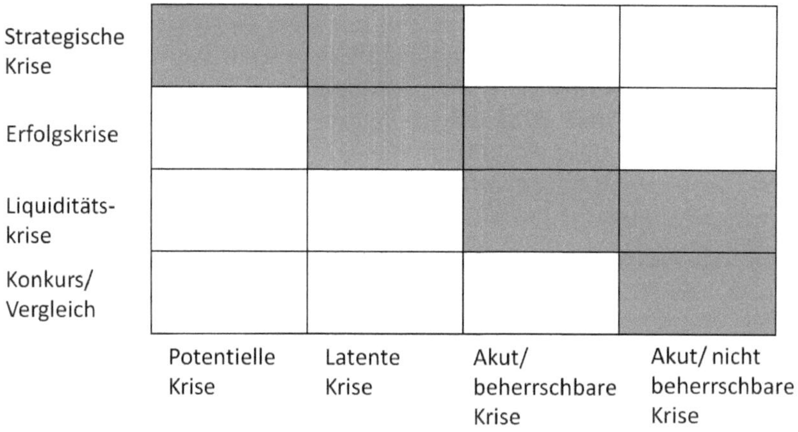

Abb. 1 – Kombination der Vier-Phasen-Modelle nach Krystek und Müller[16]

Als wichtige endogene, also hausgemachte, Krise kann die sog. Führungskrise (Unstimmigkeiten zwischen Geschäftsführung / Gesellschaftern / Aufsichtsorganen) herausgestellt werden. Der ihr innewohnende „weiche Problemfaktor Mensch", also personenbezogene Defizite in der Führung, sind empirisch der häufigste Krisengrund.[17] Zum Teil werden 90 % der Unternehmenskrisen Managementfehlern zugeschrieben; nach der Studie „Insolvenzen in Deutschland" sind Insolvenzen nur in 4 % der

14 Dazu Brühl in Brühl/Gopfert, S. 12; *Picot/Aleth* in Picot, S. 1168 f; *Holzer* NZI 2005, 308, 310.

15 Beispiele für solche „Umweltbedingungen" vgl. *Picot/Aleth* in Picot, S. 1169; *Brühl* in Brühl/Gopfert, S. 5; *Holzer* NZI 2005, 308, 310.

16 Vgl. Hdb KR S. 36, 37 und 39

17 *Axhausen* in Beck Hdb GmbH, § 15 Rn. 37; Hdb KR A.3.3.2.1; *Uhlenbruck*, GmbH & Co. KG in Krise, S 10; Beck PersG-HB/*Eberhard* § 10 Rn. 2.

Fälle *nicht* auf Fehler der Geschäftsführung zurückzuführen.[18] Hierbei wird man aber doch relativieren müssen, weil sich viele Krisen ex-post als abstrakt erkenn- und lösbar herausstellen, eine solche Sicht aber die konkreten Umstände in der ex-ante Situation etwas verklären kann.

Die Krise kann sich auch – unverschuldet – aus externen Umständen (wie z.B. dem Marktumfeld) ableiten.[19] Viele Automobilzulieferer sind aufgrund der Wirtschaftskrise 2008-2010 in die Krise geraten[20], in 2010 waren es Bauern und Viehzüchter die im Rahmen des sog. „Dioxin-Skandals" in einer massiven Absatzkrise steckten[21]. Oftmals kann das Unternehmen in der Absatzkrise durch Ausnutzung der innerbetrieblichen Finanzreserven eine gewisse Zeit der Verlusterwirtschaftung überdauern. Sind die Reserven ausgeschöpft liegt eine Liquiditätskrise vor und somit die ernsthafte Gefahr der (drohenden) Zahlungsunfähigkeit[22].

Eine erkannte Krise wird danach unterschieden, ob es sich um eine potentielle, latente oder akute Krise handelt. Die Übergänge können hier fließend sein, jedoch wird häufig erst die akute Krise als „Krise" wahrgenommen, dies zumeist im Stadium der Erfolgs- bzw. Liquiditätskrise[23],

---

18 „Insolvenzen in Deutschland", Dr. Wieselhuber & Partner GmbH, München 2003.

19 Mitte 2009 wurde in einer Packung Rucolasalat in einem Plus Supermarkt giftiges Kreuzkraut gefunden. Da die Bauern und Unternehmen in diesem Sektor aufgrund großer Nachfrage massiv in neue Produktionsmittel investiert hatten, mussten sie Einbußen von bis zu einer halben Million Euro in der Woche, in schwieriger finanzieller Lage, hinnehmen. Die Supermärkte hatten aufgrund des Risikos und der Verunsicherung der Verbraucher jegliche Rucolasalate aus dem Angebot gestrichen (*FAZ*, 18.08. 2009, S. 16; http://www.focus.de/finanzen/news/salat-die-deutsche-rucola-katastrophe aid_427591.html).

20 Im Februar 2009 hatte bspw. der Automobilzulieferer *„Edscha"* (4200 Mitarbeiter) Insolvenzantrag gestellt (FAZ.net vom 02.02.2009). Hintergrund war eine massiv rückläufige Entwicklung am Automobilmarkt sowie der erschwerte Zugang zu Kapital aufgrund der Finanzkrise. Binnen vier Wochen hatten im Januar fünf Autozulieferer mit 10.000 Beschäftigten Insolvenz angemeldet. Gleiches geschah im Jahr 2010 mit mehreren anderen Automobilzulieferern (FAZ, 09.01.2009, S. 18). Die größte Insolvenz im Jahr 2010 betraf dann auch den Kfz-Zulieferer *„Honsel AG"* aus Meschede mit rund 3.000 Mitarbeitern, weitere vier der zehn Großinsolvenzen 2010 betrafen Automobilzulieferer (Creditreform, Presseinformation – Insolvenzen, Neugründungen und Löschungen, Jahr 2010).

21 Im Rahmen des Dioxin-Skandals wurden allein in Niedersachen 1000 Bauernhöfe vorsorglich geschlossen, die *möglicherweise* verseuchtes Futter verwendeten; Der Absatz bei Eiern ist im Januar 2010 bundesweit um 20 Prozent zurückgegangen, bei Geflügel- und Schweinefleisch um 10 Prozent.

22 Beck PersG-HB/*Eberhard* § 10 Rn. 4.

23 *Andersch/Schneider* in Hommel/Knecht/Wohlenberg S. 306; *Müller*, Krisenmanagement, S. 321; *Liebig/Witt* DB 2011, 1929,

was dazu führt, dass „bei Krisenoffenbarung die Unternehmen praktisch weitgehend abgewirtschaftet haben".[24] Der Status des Krisenprozesses, also das Stadium, in dem die Krise entdeckt wird, prädestiniert den auf dem Management lastenden Zeitdruck.[25] Je weiter die Krise von der Strategie- bis zur Liquiditätskrise vorangeschritten ist und je akuter sie ist, desto größer ist das Risiko der Insolvenzreife und desto geringer die Chance zur erfolgreichen Abwendung der (betriebswirtschaftlichen) Krise.[26]

2. Rechtliche Einordnung

a. Definitionen

Sobald die betriebswirtschaftliche Krise so weit gediehen ist, dass Rechtsfolgen ausgelöst werden, spricht man von einer „rechtlichen Krise". Wie bereits oben dargestellt, fehlt eine rechtliche Legaldefinition. Die Gründe hierfür sind nachvollziehbar, wenn man bedenkt, dass rechtliche Tatbestände immer rechtsfolgenorientiert aufgebaut sind. Der zu erfüllende Tatbestand hat sich nach dem Telos der Norm zu richten und so können verschiedene Stadien der Krise Anknüpfungspunkte unterschiedlicher Normen sein. Dementsprechend muss die Krisendefinition immer normbezogen vorgenommen werden, auch wenn die formale Begrifflichkeit im Einzelfall gleich lautet.

Im Rahmen der Strafbarkeit nach §§ 283 ff. StGB wird hinsichtlich des notwendigen Merkmals der wirtschaftlichen Krise i.S.d. § 283 Absatz 1 StGB dem Wortlaut nach auf die Insolvenzgründe gem. §§ 17 ff. InsO verwiesen. Jedoch wurde die Verbindlichkeit dieser Merkmale im Gesetzgebungsverfahren zur InsO[27], mit Ausnahme der drohenden Zahlungsunfähigkeit[28], nicht behandelt. Strittig ist, inwieweit eine strikte Insolvenzrechtsakzessorietät[29] oder lediglich eine funktionale Akzessorietät[30] vorliegt. Bei letzterer ist den spezifisch strafrechtlichen Anforderun-

24 *Ehlers* NZI 2011, 161, 162.
25 *Häsemeyer* ZHR 160 (1996) 109, 126.
26 Insolvenzhandbuch, S. 39.
27 BT-Drucks. 12/2443 S. 114.
28 Begrifflichkeit stammt aus dem Insolvenzstrafrecht vgl. Braun/*Bußhardt* § 18 Rn. 3.
29 BGH, Beschluss vom 23. 5. 2007 – 1 StR 88/07 = NStZ 2007, 643; *Natale/Bader* wistra 2008, 413.
30 *Heine* in Schönke/Schröder § 283 Rn. 50; *Lackner/Kühl* § 283 Rn. 5; Park/*Sorgenfrei* Teil 3 Kap. 5 C Rn. 74; MünchKommStGB/*Radtke* Vor. §§ 283 Rn. 5 ff.

gen Rechnung zu tragen (bspw. in dubio pro reo) und so eine einheitliche straf- und insolvenzrechtliche Interpretation der Krisenmerkmale zu verneinen.[31] Zwar ist der Streitentscheid im Rahmen dieser Arbeit nicht erforderlich und kann demnach offen bleiben; jedoch macht dieses Beispiel deutlich, wie schwer es ist, die Krise als Zeitpunkt rechtlich zu konkretisieren, selbst bei einer expliziten Anknüpfung an die Begrifflichkeiten des Insolvenzrechts.

1998 versuchte sich der Gesetzgeber, im Rahmen des damaligen § 32 a GmbHG, durch das KonTraG[32] an einer Definition der Krise.[33] Gem. § 32 a Abs.1, S. 1 GmbHG a.F. war die Krise der GmbH definiert als „Zeitpunkt, in dem ihr die Gesellschafter als ordentliche Kaufleute Eigenkapital zugeführt hätten (*Krise der Gesellschaft*)".[34] Dieser Zeitpunkt wurde sodann als „Kreditunwürdigkeit" bezeichnet.[35] Aber auch dieser Begriff bereitete in seiner konkreten Bestimmung Schwierigkeiten, da zumeist keine Kreditentscheidung eines Dritten vorlag und sodann mit Hilfe von Indizien[36] eine fiktive[37] Beurteilung vorzunehmen war. Letztlich bedurfte es zur justitiablen Anwendung der „Definition" doch der „tatrichterlichen Würdigung",[38] da „der genaue Zeitpunkt des Eintritts einer finanziellen Krise [...] oft für die Betroffenen selbst nicht und für Außenstehende noch schwerer zu erkennen [ist]"[39]. Klar war lediglich: Die Kreditunwürdigkeit war zeitlich zwischen Insolvenz[40] und einem Zeitpunkt davor[41] anzusiedeln. In der Tat eine „unleugbare Rechtsunsicherheit"[42].

---

31 Park/*Sorgenfrei* Teil 3 Kap. 5 T2 Rn 5.

32 Gesetz zur Kontrolle und Transparenz im Unternehmensbereich (KonTraG) v. 27.04.1998, BGBl. I S. 786.

33 Dieser wurde später durch das MoMiG (Gesetz zur Modernisierung des GmbH-Rechts und zur Bekämpfung von Missbräuchen (MoMiG) v. 23. Oktober 2008, BGBl. I S. 2026) abgeschafft und damit einhergehend das „Eigenkapitalersatzrecht" vom Gesellschafts- in das Insolvenzrecht transportiert.

34 Für die Qualifikation eines Darlehens als eigenkapitalersetzend war jedoch erforderlich, dass bei der Gesellschaft auch tatsächlich Kreditbedarf bestand, vgl. *BGH*, Urteil vom 11.10.2011 – II ZR 18/10 – DStR 2012, 89, 91.

35 Beck PersG-HB/Eberhard § 10 Rn. 7 m.w.N.

36 Vgl. *Hueck/Fastrich* in Baumbach/Hueck, 18. Aufl. 2006, § 32 a GmbHG a.F. Rn. 51.

37 *OLG Hamm*, Urteil vom 20. 9. 2000 – 8 U 24/00 = NZG 2001, 517.

38 *BGH*, Urteil v. 07.11.1994 – II ZR 270/93 = NJW 1995, 326.

39 BGH, Urteil v. 06.04.2000 – IX ZR 422/98 = NJW 2000, 1950, 1952.

40 StRspr. *BGH*, Urteil v. 29.09.1977 – II ZR 157/76 = NJW 1978, 160; *BGH*, Urteil v. 23. 2. 2004 – II ZR 207/01 = NZG 2004, 619.

41 *BGH*, Urteil v. 23.02.2004 – II ZR 207/01 = NZG 2004, 619 = BB 2004, 1240; *Hueck/Fastrich* in Baumbach/Hueck, GmbH-Gesetz 18. Aufl. 2006, § 32 a GmbHG a.F. Rn. 51.

42 *Schmidt* GmbHR 2005, 707.

Uneingeschränkt wurde die GmbH-rechtliche „Krisendefinition" auch ins Aktienrecht übernommen, wo im Hinblick auf Aktionärsdarlehen i.S.d. § 57 AktG das Eigenkapitalersatzrecht der GmbH sinngemäß Anwendung fand[43]. Kreditunwürdig und somit in der Krise war eine AG, wenn ihr von dritter Seite zu marktüblichen Konditionen kein Kredit mehr eingeräumt wurde.[44] Auch nach der Abschaffung der (Rechtsprechungs-)Regeln über das Eigenkapitalersatzrecht durch das MoMiG[45] und deren nunmehrige Behandlung in der Insolvenzordnung (vgl. etwa §§ 39 Abs. 1, Nr. 5, 135 InsO), findet dieser Krisenbegriff jedenfalls noch steuerrechtlich Anwendung; etwa bei der Frage nach der gesellschaftsrechtlichen Veranlassung von Darlehensgewährungen zur Bestimmung von nachträglichen Anschaffungskosten (§ 17 Abs. 2 EStG) bei sog. „Krisendarlehen". Steuerrechtlich gelten in der Krise gewährte Darlehen grundsätzlich als gesellschaftlich veranlasst und führen zu nachträglichen Anschaffungskosten in Höhe des Nennwerts des Ausfalls.[46]

Einfacher ist es demgegenüber, wenn bestimmte rechtliche Pflichten an das Vorliegen exakt nachzuweisender Krisenmerkmale gebunden werden.[47] So dürfen den Gesellschaftern bei Vorliegen einer Unterbilanz keinerlei Gesellschaftsmittel ohne Ausgleich zugewandt werden (vgl. § 58 AktG; § 30 GmbHG). Weitergehend erkennt der Gesetzgeber die Erfolgskrise, indem er die Geschäftsführung verpflichtet, unverzüglich eine Gesellschafterversammlung einzuberufen, wenn das Grundkapital der Gesellschaft durch Verluste zur Hälfte aufgezehrt ist (vgl. § 92 AktG; § 49 Abs. 3 GmbHG).[48] Hierdurch soll den Gesellschaftern die Möglichkeit gegeben werden, selbst zur Rettung des Unternehmens beizutragen, Beschlüsse zu fassen, Handlungsanweisungen zu geben und im Falle der GmbH auch den Geschäftsführer auszuwechseln.[49] Dem fortschreitenden Ausmaß der Krise in diesem Stadium entsprechend, erstreckt sich die vorgenannte Pflicht zur Einberufung – im Falle der Missachtung durch den Vorstand – gem. § 111 Abs. 3 AktG auch auf den Aufsichtsrat der AG bzw. bei der GmbH das Recht auf Einberufung auf die Minderheitsge-

43 Grundlegend: *BGH*, Urteil v. 26.03.1984 – II ZR 171/83 = NJW 1984, 1893.

44 MünchKommAktG/*Bayer* § 57 Rn. 177 m.w.N.

45 Gesetz zur Modernisierung des GmbH-Rechts und zur Bekämpfung von Missbräuchen („MoMiG") vom 23. Oktober 2008, BGBl. I S. 2026.

46 *BMF* Schreiben vom 21.10.2010 – IV C 6 – S 2244/08/10001 = BB 2010, 2954.

47 „Die" rechtliche Krise besteht also aus gesellschaftsrechtlichen Krisenzeitpunkten (so auch *Bork* ZIP 2011, 101).

48 Gras in Nerlich/*Kreplin* § 2 Rn. 1.

49 *Thümmel* BB 2002, 1105.

sellschafter (Fall des § 50 Abs. 1 i.V.m. Abs. 3 GmbHG). Die rechtliche Krise wirkt sich insbesondere auf die Geschäftsführung der Gesellschaft durch die Entstehung bzw. Verstärkung von Prüfungs-, Anzeige- und Aufklärungspflichten aus.[50]

b. Pflicht zur Risikofrüherkennung

Da Krisen oftmals erst erkannt werden, wenn sie ein fortgeschrittenes Stadium erreichen, ist es ratsam ein System zur Risikofrüherkennung aufzubauen. Hierdurch können zum einen Risiken identifiziert werden, die erst zu einer Krise führen können, zum anderen werden auch effektive Krisenmerkmale erkannt, die in einem frühen Krisenverlauf auftreten. Das Risikomanagement kompensiert gewissermaßen das notwendig risikoreiche unternehmerische Wirtschaften. Dies erfolgt, indem die Einzelmaßnahmen der unternehmerischen Entscheidungen gesammelt werden und im Rahmen der Risikoanalyse der Betrachtungswinkel von der Renditeorientierung zur Bestandserhaltung verschoben wird.[51] Ohne entsprechende Vorkehrungen würde das Unternehmen häufig erst der Liquiditätskrise gewahr. Von Früherkennung kann dann keine Rede mehr sein.

Um vermeidbare Unternehmenszusammenbrüche zu verringern, wurde aktienrechtlich in § 91 Abs. 2 AktG die Pflicht an den Vorstand normiert, entsprechende Risikofrühwarnsysteme zu installieren, um somit „den Fortbestand der Gesellschaft gefährdende Entwicklungen" früh zu erkennen. Diese Bindung besteht zwar einfach gesetzlich normiert für den GmbH-Geschäftsführer nicht, dem Regierungsentwurf zum KonTraG[52] folgend ist aber von einer „Ausstrahlungswirkung auf den Pflichtenrahmen der Geschäftsführer auch anderer Gesellschaftsformen auszugehen"[53]. § 91 Abs. 2 AktG stellt die Konkretisierung der Kontroll- und Überwachungspflicht[54] dar, die für Geschäftsleiter jeder Kapitalge-

---

50 *Picot/Aleth* in Picot, S. 1162.

51 *Baums* ZGR 2011, 218, 271.

52 Begr. RegE, BR-Drucks. 872/97, 36.

53 Zustimmend MünchKommAktG/*Spindler* § 91 Rn. 42; Ulmer/*Paefgen* § 43 Rn. 26; *Scholz/Schmidt* § 43 Rn. 96; *Steffan* in Oppenländer/Trölitzsch § 37 Rn. 13; *Axhausen* in Beck Hdb GmbH, § 15 Rn. 40; *Brebeck* in Gesellschaftsrecht 1999, 181, 188; *Holzer* NZI 2005, 308, 309.

54 „Von dem organschaftlichen Vertreter wird erwartet, dass er sich über die wirtschaftliche Lage der Gesellschaft stets vergewissert. Hierzu gehört insbesondere die Prüfung der Überschuldung und der Zahlungsunfähigkeit" (*BGH* NJW 2003, 2118, 2120).

sellschaft ohnehin gilt.[55] Die abweichenden rechtlichen und tatsächlichen Strukturen bei der GmbH sind indes angemessen zu berücksichtigen.[56] Auch innerhalb des aktienrechtlichen Anwendungsbereiches wird zwischen Unternehmen verschiedener Größe und Komplexität unterschieden.[57] Der Grund für die Unterscheidung ist die Fülle verschiedener und in ihrer Komplexität differierender (strategischer) Frühwarnsysteme.[58] Vor allem der Aufwand, der mit der Errichtung und dem Unterhalt eines solches Systems einhergeht, muss in Relation zur Größe, Struktur und Leistungsfähigkeit des Unternehmens und zum Nutzen stehen.[59] Großen börsennotierten Unternehmen ist zuzumuten „operative" (bilanzgestützte) Frühwarnsysteme zu unterhalten und auch der Geschäftsführer einer mittleren GmbH ist in der Lage, ein sog. „strategisches Frühwarnsystem" einzurichten. Hier mag schon das turnusgemäße Abhaken einer Checkliste des Nichtvorliegens von typischerweise auftretenden Krisenmerkmalen ausreichen. Es ist denkbar, de lege ferenda konkretere Vorschriften über die Art der einzurichtenden Systeme und die Häufigkeit der erforderlichen Prüfungen zu normieren. Mittels einer Unterscheidung zwischen kleinen, mittleren und großen Unternehmen wäre es möglich, abstrakte Verpflichtungen festzusetzen. Die Möglichkeiten würden von einer alljährlich von der Geschäftsleistung abzuarbeitenden Checkliste für kleine, bis hin zur Einrichtungspflicht von Risikofrüherkennungssystemen für große Unternehmen reichen.

In diesem Zusammenhang wird darüber gestritten, welche Verpflichtung mit der Formulierung in § 91 Abs. 2 AktG einhergeht, in der die Einrichtung eines „Überwachungssystems" gefordert wird. Teilweise wird angenommen, hiermit sei die Errichtung eines betriebswirtschaftlichen sog. „Risk Management"-Systems vorgeschrieben.[60] Der herrschen-

55 *Kleindiek* in Lutter/Hommelhoff § 43 Rn. 23; *Altmeppen* in Roth/Altmeppen § 43 Rn. 18; *Picot/Aleth* in Picot, S. 1162; *Schoberth/Servatius/Thees* BB 2006, 2571, 2575; a.A. *Hommelhoff* FS Sandrock, 2000, S 373, 376 f.

56 Michalski/*Haas/Ziemons* § 43 Rn. 65a; *Kleindiek* in Lutter/Hommelhoff § 43 Rn. 23; *Bork* ZIP 2011, 101, 103.

57 Begr. RegE, BR-Drucks. 872/97, 37; *Hüffer* § 91 Rn. 7; *Krieger/Sailer-Conceani* in Schmidt/Lutter, § 91 Rn. 12; MünchKommAktG/*Spindler* § 91 Rn. 42; *Huth* BB 2007, 2167.

58 Vertiefend *Zwick*/Spencer in Hommel/Knecht/Wohlenberg, S. 203 ff.; *Steffan* in Oppenländer/Trölitzsch § 37 Rn. 6 ff.

59 *Brebeck* in Gesellschaftsrecht 1999, 181, 188.

60 *Strieder* BB 2009, 1002, 1004; *Berg* AG 2007, 271; *Preußner/Becker* NZG 2002, 846, 847; *Preußner/Zimmermann* AG 2002, 658, 659; *Wolf* DStR 2002, 1729 ff.

den Meinung folgend, ist dies zu verneinen.[61] Intention des § 91 Abs. 2 AktG ist es, sicher zu stellen, dass existenzgefährdende Entwicklungen frühestmöglich erkannt werden, wobei hierzu ein Früherkennungs- und Überwachungssystem ausreichend ist. Es handelt sich um eine Anweisung an den Vorstand, Maßnahmen zu ergreifen, um – etwa durch die Zuweisung von Zuständigkeiten und Abläufen – die ordnungsgemäße Organisation der Gesellschaft zu gewährleisten (wobei hier eine Überschneidung zu § 93 AktG besteht) und dafür Sorge zu tragen, dass erkannte Risiken auch übermittelt und geprüft werden. Letzterer Ansicht ist zuzustimmen. Auch könnte die unbedingte Einrichtung eines umfassenden „Risk Management"-Systems der individuellen Struktur des Unternehmens keine Rechnung tragen. Entgegen dem unglücklichen Wortlaut der Vorschrift,[62] ist der Wille des Gesetzgebers zu berücksichtigen.[63] Zwar fordert § 91 Abs. 2 AktG den Vorstand auf ein Überwachungssystem einzurichten, durch welche Maßnahmen dieser aber das Unternehmen organisiert und die Früherkennung gewährleistet, liegt im Leistungsermessen des Vorstands (vgl. § 91 Abs. 1 AktG / § 43 GmbHG). Hier müssen die Anforderungen vor allem aus betriebswirtschaftlicher Sicht definiert werden.[64] Gleiches gilt für die Errichtung eines solchen Warnsystems bei der GmbH. Noch augenfälliger als bei der AG würde ein umfassendes Risikofrüherkennungssystem unverhältnismäßigen Aufwand verursachen und in der Regel unverhältnismäßig sein. Bei der Bestimmung des notwendigen Umfangs ist die unternehmerische Freiheit der Gesellschafter, bzw. mangels Anweisung die des Geschäftsführers, gefragt.[65] Aus der Argumentation, der Geschäftsführer sei bei besonders außergewöhnlichen Maßnahmen der Geschäftsführung verpflichtet, bei den Gesellschaftern Bestätigung einzuholen[66], kann rückgeschlossen werden: auch die jeweilige Entscheidung über den Umfang eines einzurichtenden Warnsystems muss bestätigt werden, da hiervon der Grad der latenten, warnlos möglichen Risikoeingehung abhängt. Ein sol-

61 *OLG Celle*, Urteil vom 28.05.2008 – 9 U 184/07 = AG 2008, 711; *Fleischer* in Spindler/Stilz § 91 Rn. 34; *Krieger/Sailer-Conceani* in Schmidt/Lutter, § 91 Rn. 14; MünchKommAktG/*Spindler* § 91 Rn. 25; *Huth* BB 2007, 2167.

62 „Insbesondere" hat eher die Bedeutung von: besonders, vor allem, speziell.

63 Begr. RegE, BR-Drucks. 872/97, 37.

64 *Brebeck* in Gesellschaftsrecht 1999, 181, 193.

65 Michalski/*Haas/Ziemons* § 43 Rn. 75 c; Roth/Altmeppen/*Altmeppen* § 41 Rn. 15; Zur unternehmerischen Freiheit des GmbH-Geschäftsführers vgl. *Fleischer* NZG 2011, 521.

66 Lutter/Hommelhoff/*Bayer* § 49 Rn. 13; Scholz/*Schmidt* § 49 Rn. 22; Michalski/*Römermann* § 49 Rn. 90.

cher Beschluss kann auch besonders im Interesse des Geschäftsführers stehen, da er hinsichtlich dieser grundsätzlichen Entscheidung die Wirkung einer vorgezogenen Entlastung hätte.[67]

Da jedoch ein eingerichtetes Frühwarnsystem in der Regel mit Folgeabläufen und Zuständigkeitszuordnungen ausgestattet ist, wird man auch mit der a.A. dazu kommen, dass es sich bei einem angemessenen Frühwarnsystem (mit „Überwachungssystem" im obigen Sinne) um ein gesellschaftsadäquates „Risk Management"-System handelt. *Fleischer* ist beizupflichten: hieran hat sich auch durch die im Rahmen des BilMoG in § 289 Abs. 5 HGB und § 107 Abs. 3 S. 2 AktG erfolgten Hinweise auf Beschreibung von „Risikomanagementsystemen" in Abschluss und Überwachung durch den Prüfungsausschuss (gem. § 107 Abs. 3 AktG) nichts geändert.[68] Auch laut der Begründung zum Regierungsentwurf zur Änderung des § 107 Abs. 3 S. 2 AktG, soll „dem Vorstand vorbehalten [bleiben], über das „Ob" und „Wie" eines umfassenden internen Risikomanagementsystems zu entscheiden".[69]

§ 91 Abs. 2 i.V.m. Abs. 1 AktG ist als gesetzlicher Niederschlag des Grundsatzes der ordnungsgemäßen Risikoüberwachung (GoR)[70] anzusehen. Weil in seinen Anforderungen an die Ausgestaltung des Unternehmens anknüpfend, ist er auch auf die GmbH anzuwenden. Die fehlende oder unzureichende Implementierung von Risikomanagementsystemen kann die Geschäftsführung nicht nur der Gesellschaft gegenüber haftbar machen, sondern auch individuell strafrechtliche Folgen haben.[71]

c. Stellungnahme

Jeder Unternehmer muss sich der Tatsache bewusst sein, dass die Erstellung einer konsistenten Unternehmensplanung der erste Schritt ist.[72] Selbst bei eingerichtetem Frühwarnsystem erfolgt jede Handlung zunächst als Reaktion auf offen gelegte Missstände. Die Vorsorge durch Unternehmensplanung eröffnet dagegen die Möglichkeit zur Aktion und stellt zusammen mit einem unternehmensadäquaten Frühwarnmecha-

---

67 Scholz/*Schmidt* § 46 Rn. 115.

68 So auch der Gesetzgeber hinsichtlich des § 289 HGB vgl. Begr RegE BilMoG, BT-Drucks. 16/10 067 S. 72; zustimmend Spindler/*Fleischer* § 91 Rn. 35; *Bork* ZIP 2011, 101, 105.

69 RegE BilMoG, BT-Drucks. 16/10 067 S. 102.

70 *Huth* BB 2007, 2167, 2168.

71 *Helmrich* NZG 2011, 1252.

72 *Berger* in Christians, S. 793.

nismus einen passenden Weg zur Krisenvermeidung dar. Der vorherrschende improvisierte bzw. nicht planende Führungsstil[73] führt dazu, dass die weitreichende Planung – zugunsten des Tagesgeschäfts – außer Acht gelassen wird. Der Zusammenhang zwischen mangelhafter Unternehmensplanung, fehlendem Risikomanagement und zu großer Fokussierung auf das Tagesgeschäft führt häufig zu falschen Einschätzungen hinsichtlich der Unternehmensgesamtentwicklung und -lage. Weitere Folge ist die unzureichende Informationsversorgung. Konsequenz dieser Fehlerkette sind Fehlentscheidungen des Managements, die wesentliche Ursache vieler Krisen sind.[74] In neuerer Zeit steht bezüglich der Unternehmensplanung ein alternativer, aus dem amerikanischen System stammender, Ansatz zur Diskussion. Durch die Entwicklung eines sog. „Betrieblichen Kontinuitätsmanagements" (BKM) sollen Früherkennung und Unternehmensplanung zusammengebracht und die Fortführung des Unternehmens auch in Krisenzeiten sichergestellt werden.[75] Eine große Rolle spielen hierbei Alternativplanungen.[76]

Diese Krisenvermeidung und daneben ein durchdachtes Krisenmanagement im Falle einer dennoch eintretenden Krise sind die Mittel, mit denen auf Ebene der Unternehmung selbst mit Krisen umgegangen werden kann. Sind Krisen jedoch von exogenen Umständen ausgehend und im gesamten (Volks-)Wirtschaftssystem beheimatet (z.B. die Ölkrise von 1973/1974 oder die aktuelle Wirtschaftskrise) liegt es auch im Interesse und der Verantwortung des Staates, ein kompetentes Krisenmanagement durchzuführen,[77] wobei insbesondere europarechtliche Regelungen dem strenge Grenzen auferlegen.[78] Staatliches Krisenmanagement kann durch die Gewährung wie auch immer gearteter Finanzmittel oder Gesetzgebung erfolgen.[79] Im Rahmen der Ölkrise wurden Sonntagsfahrverbote und Geschwindigkeitsbegrenzungen eingeführt, weiterhin sind Steuererleichterungen und die Kurzarbeit mögliche Gestaltungsmaßnahmen.[80] Zur Überwindung der Finanzkrise entschied sich der Gesetzgeber dazu,

---

73 *Preinfalk/Mühlböck* in Feldbauer-Durstmüller/Mayr, S. 285 f.

74 *Böckenförde*, S. 30 f., S. 54 „Ursachen für Unternehmenskrisen nahezu bei 90 % Managementfehler"; vgl. auch oben 1. Betriebswirtschaftliches Verständnis, S. 9.

75 Hdb KR, B.2.4.1.

76 Hdb KR, B.2.4.4.

77 *Hax* in Unternehmen in der Krise, S. 209, 217 ff.; Hierzu auch *Paulus* WM 2011, 2205, 2208.

78 Hierzu Theiselmann /*Arhold/Struckmann/Habighorst* Kap. 12 Rn. 6.

79 *Flessner*, S. 199.

80 *Müller*, Krisenmanagement, S. 6.

das Finanzmarktstabilisierungsgesetz[81] zu erlassen.[82] Dadurch wurde zum einen ein Finanzmarktstabilisierungsfonds ins Leben gerufen, der zur Überwindung von Liquiditätsengpässen dient und eine Stärkung der Eigenkapitalbasis betroffener Institute durch die Stellung von Garantien, Rekapitalisierung durch Eigenkapitalbeteiligung und die Übernahme von Risiken bezweckt (vgl. §§ 6-8 FMStFG). Zum anderen wurden umfangreiche Änderungen im Gesellschafts-, Kapitalmarkt- und Insolvenzrecht vorgenommen.[83] An dieses – als kurzfristige Sanierungsmaßnahme gedachte – Gesetz knüpfte im nächsten Schritt das am 01.01.2011 in Kraft getretene Restrukturierungsgesetz[84] an. Hierdurch soll eine dauerhafte Krisenfrüherkennung, Krisenvermeidung und Krisenüberwindung erfolgen.[85]

3. Insolvenzrechtliche Definition

Allgemein wird von der betriebswirtschaftlichen und der rechtlichen Krise die insolvenzrechtliche Krise unterschieden. Hier handelt es sich nicht um eine eigenständige dritte Kategorie, sondern um eine individuelle Definition im Rahmen der rechtlichen Krise. Aufgrund ihrer zentralen rechtlichen Bedeutung[86] und betriebswirtschaftlichen Auswirkungen soll sie dennoch eigenständig dargestellt werden.

Die insolvenzrechtliche Krise erfasst jede wirtschaftliche Notlage eines Unternehmens, die ein Insolvenzverfahren auslöst.[87] Erforderlich ist das Vorliegen einer der drei Insolvenzgründe der §§ 17 ff. InsO (drohende Zahlungsunfähigkeit, Zahlungsunfähigkeit oder Überschuldung).[88] Negativ definiert sind solche Krisen vom insolvenzrechtlichen Begriff nicht

---

81 Finanzmarktstabilisierungsgesetz (FMStG) vom 17. 10. 2008, BGBl I 2008, BGBl 2008 I, 1982.

82 Teilweise wird davon ausgegangen, dass ein Drittel aller 2009 gestellten Insolvenzanträge auf die Finanzkrise zurückzuführen sind (*Undritz* ZGR 2010, 202).

83 Einen Überblick vermittelt *Spindler* DStR 2008, 2268.

84 Gesetze zur Restrukturierung und geordneten Abwicklung von Kreditinstituten, zur Errichtung eines Restrukturierungsfonds für Kreditinstitute und zur Verlängerung der Verjährungsfrist der aktienrechtlichen Organhaftung (Restrukturierungsgesetz) vom 09. 12. 2010, BGBl. I, 1900.

85 *Obermüller* NZI 2011, 81.

86 Zum Insolvenzverfahren und dessen Auswirkungen, unten B. Die Insolvenz, S. 23.

87 *Loose/Maier* in Lüdike/Sistermann § 17 Rn.3; *Buchta* in Hölters Unternehmens- und Beteiligungskauf, Teil XII Rn. 25.

88 *Steffan* in Oppenländer/Trölitzsch § 37 Rn. 5; Zu den einzelnen Insolvenztatbeständen vgl. unten II. Ablauf eines Insolvenzverfahrens, S. 30.

erfasst, die noch nicht zur Einleitung eines Insolvenzverfahrens berechtigen, aber die wirtschaftliche Existenz gefährden.[89] Die „insolvenzrechtliche“ Krise war vor Einführung der Insolvenzordnung (InsO) im Jahre 1994[90] und ihrem Inkrafttreten 1999[91] noch dadurch relativ klar umrissen, dass nur Zahlungsunfähigkeit und Überschuldung als Insolvenzgründe normiert waren. Mit der Insolvenzordnung wurde dann jedoch der den Vorläufern der InsO (Vergleichs- und Konkursordnung) nicht bekannte Eröffnungstatbestand der „drohenden Zahlungsunfähigkeit“ eingeführt. Da er im Gegensatz zur „Zahlungsunfähigkeit“ und der „Überschuldung“ in das Vorfeld der Insolvenz (vor-)verlagert ist[92], kann es innerhalb eines gewissen zeitlichen Gleichlaufs dazu kommen, dass eine Krise sowohl vom Anwendungsbereich des betriebswirtschaftlichen (und rechtlichen), als auch des insolvenzrechtlichen Krisenbegriffs erfasst wird. Dies war vor Einführung des InsO nicht der Fall.

II. Zusammenfassung

Durch die Definition des Krisenbegriffes wird der zeitliche Abschnitt eingegrenzt, in dem Sanierungsmaßnahmen notwendig werden. Die Krise des Unternehmens reicht vom ersten betriebswirtschaftlichen Signal bis zur Liquidation der Gesellschaft, jedoch ist die Unterscheidung in betriebswirtschaftliche und rechtliche Krise einerseits und insolvenzrechtliche Krise andererseits deshalb von entscheidender Bedeutung, weil in den verschiedenen Krisenstadien die Abwendung der Krise (sog. „Turnaround“[93]) unter verschiedenen rechtlichen Rahmenbedingungen erfolgen kann. Am wichtigsten ist jedoch, dass den verantwortlichen Unternehmensleitern die Krise bewusst sein muss, damit so früh wie möglich Gegenmaßnahmen ergriffen werden können, denn mit Voranschreiten der Krise nimmt der Handlungsdruck zu und verschärfend dazu der Handlungsspielraum ab. Der Beginn der Krisenbewältigung setzt das Erkennen der Krisensituation voraus,[94] es ist das erste und wichtigste Element der Sanierung.[95] Die Einrichtung eines Risiko-Nutzen-adäquaten

89 *Buchta* in Hölters Unternehmens- und Beteiligungskauf, Teil XII Rn. 25
90 Gesetz vom 5. Oktober 1994 (BGBl. I S. 2866).
91 Vgl. Art .110 EGInsO.
92 *Leithaus* in Andres/Leithaus § 18 Rn. 2.
93 S.u. III. Begriffliche Abgrenzung, S. 42.
94 Hdb KR, C.1.2.1.
95 *Böckenförde*, S. 53; *Holzer* NZI 2005, 308, 309.

Frühwarnsystems muss unter Hinweis auf die Leitungsverantwortlichkeit der Geschäftsführung verlangt werden. So können auch sog. „schwache Krisensignale“[96] entdeckt und eingeordnet sowie die „Unternehmensumwelt“ stets im Auge behalten werden.

Befindet sich die Gesellschaft im Stadium einer insolvenzrechtlichen Krise, so ist es für eine Sanierung unter der Prämisse der freien Marktwirtschaft zu spät. Durch fehlende Risikovorsorge ist das Unternehmen bereits faktisch daran gehindert, den im individuellen Falle möglicherweise „besseren“ Weg der freien Sanierung[97] zu beschreiten. Hier sind die Besonderheiten der Insolvenzordnung zu beachten, bei der die Befriedigung der Gläubiger an erster Stelle steht. Auffallend an den rechtlichen Krisentatbeständen ist, dass diese zumeist an Symptome anknüpfen, die im Stadium der Liquiditätskrise auftreten. Demgegenüber haben Strategische Krise und Erfolgskrise regelmäßig keinerlei gravierende rechtliche Relevanz im Sinne von Straf- oder Insolvenz(straf-)tatbeständen.

B. Die Insolvenz

Regelmäßig folgt auf eine insolvenzrechtliche Krise der Insolvenzantrag und bei Vorliegen der Voraussetzungen die Eröffnung des Insolvenzverfahrens. Um die besonderen Voraussetzungen nachvollziehen zu können, die mit der insolvenzrechtlichen Sanierung einhergehen, ist ein Einblick auf das Insolvenzverfahren unerlässlich. Im Folgenden soll dementsprechend ein Überblick über Ziel und Ablauf des Insolvenzverfahrens gegeben werden.

I. Grundzüge und Zielsetzung des Insolvenzverfahrens

1. Historie bis zur Insolvenzordnung (InsO)

Bis zur Einführung der Insolvenzordnung 1994 gelangten im Falle des Zusammenbruchs von Unternehmen die Konkurs- bzw. die Vergleichsordnung zur Anwendung. Die Konkursordnung von 1877 ist hinsichtlich ihres Anwendungsbereiches als Vorgängerin der Insolvenzordnung zu

96 Zum Begriff vgl. *Bork* ZIP 2011, 101, 103.
97 S.u. 1. Freie Sanierung, S. 58.

sehen. Die Konkursordnung fußte ihrerseits im Wesentlichen auf der preußischen Konkursordnung. Während in den Vorgängern der preußischen Fassung (insb. die franz. „Ordonnance de commerce" und der spätere „code du commerce") noch die Überschuldung als maßgeblicher Konkursgrund angesehen wurde und das Konkursverfahren nur auf Kaufleute beschränkt war, veränderte sich mit der preußischen Konkursordnung die Gewichtung hin zur Anerkennung der Zahlungsunfähigkeit als allgemeinen Eröffnungsgrund für Kaufleute (vgl. § 133 Preußische KO). Zudem dehnte sie ihren Anwendungsbereich auf Nichtkaufleute aus. Mit Einführung der Konkursordnung von 1877 geschah eine Abkehr davon, die Insuffizienz des Vermögens (Überschuldung) als zentralen Eröffnungstatbestand vorauszusetzen und das Konkursverfahren wurde für kaufmännische und nichtkaufmännische Schuldner vereinheitlicht.[98] Der Überschuldungsbegriff fand nur noch auf Rechtssubjekte Anwendung, bei denen die Haftung auf das Vermögen einer Person reduziert war. Bis zur Einführung der Insolvenzordnung gab es demnach zum einen den allgemeinen (Konkurs)

Eröffnungsgrund der Zahlungsunfähigkeit und zum anderen die Überschuldung von Kapitalgesellschaften und Rechtsgemeinschaften. Die Konkursordnung galt als das beste aller Reichsjustizgesetze[99], als eine treffliche[100] und im Allgemeinen glückliche Regelung, „bei der es keine Voreingenommenheit [ist], sie als beste der kontinentalen Regelungen [zu] bezeichnen und die Erwartung auszusprechen, dass sie in Zukunft vielfältige Nachahmungen finden werde"[101].

Trotz ihrer Fortschrittlichkeit wurde die Konkursordnung, auch bedingt durch eine Vielzahl von inhaltlichen Änderungen[102] und durch äußere Bedingungen[103], in späterer Zeit als unzulänglich angesehen[104]. Man sprach gar von einem „Konkurs des Konkurs"[105] und Rufe nach Reformen wurden laut.[106] Dennoch erfolgte die einzige durchgreifende Verän-

98 *Willenbücher* Einleitung III. 8. a.; *Biermann*, S. 38.

99 *Hess* in Hess Vor § 1 Rn. 109; *Uhlenbruck* in Einhundert Jahre Konkursordnung, S. 17.

100 *Jäger* Einl. I, 1.

101 *Kohler* S. 54.

102 *Hess* in Hess Vor § 1 Rn. 109.

103 Gottwald/*Gottwald* § 1 Rn. 11.

104 *Foerste* § 3 Rn. 23.

105 Zu geringen Eröffnungsquoten von lediglich 25 % trat die Diskrepanz von Befriedigungsquoten i.H.v. 5 % bei nicht bevorrechtigten Gläubigern und 20 % bei Vorrechtsgläubigern (Schmerbach in FK-InsO Vor §§ 1 ff. Rn. 11).

106 *Kohler* S. 53 f.; Zur Reformdiskussion vgl. *Jäger* Einl. IV.

derung durch das Reformgesetz von 1898, das im Rahmen der Einführung des Allgemeinen Bürgerlichen Gesetzbuches notwendig wurde.[107]

Die 1927 eingeführte Vergleichsordnung[108] war als Mittel der Konkursabwendung durch Vergleich zu verstehen.[109] Ein solches Mittel wurde bereits im Kontext der ursprünglichen Konkursordnung diskutiert, jedoch nicht eingeführt.[110] Das Vergleichsverfahren trug dem (gerade im Rahmen der heutigen Wirtschaftskrise erneut auftretenden) Gedanken Rechnung, „dass (besonders in Krisenzeiten) auch solche Schuldner und Unternehmen in Zahlungsschwierigkeiten geraten können, die unter normalen Umständen durchaus erhaltenswert sind".[111] In Ziel und Zweck gleiche Bestrebungen sind auch heute durch Änderung des Überschuldungsbegriffs angesichts der Finanz- bzw. Wirtschaftskrise umgesetzt worden.[112] Der Erfolg der Vergleichsordnung war jedoch recht gering[113] und sank schließlich zur Bedeutungslosigkeit herab.[114] Grund waren konzeptionelle Schwächen,[115] aufgrund derer der außergerichtliche Vergleich oft missbraucht wurde[116] oder uneffektiv war. Bereits hier ist zu sehen: Der außergerichtliche Vergleich bereitete schon immer praktische Probleme.

Der Vergleichsordnung jedenfalls war das praktische Scheitern bereits mit in die Wiege gelegt.[117]

Aufgrund der Schwächen der Vergleichsordnung und der weitgehenden Funktionsunfähigkeit der Konkursordnung wurde das Konkurs- und Vergleichsrecht in den Jahren 1976 und 1977 kritischen Prüfungen unterzogen. Im Ergebnis war eine Reform im Sinne einer Neuregelung der Abänderung der bestehenden Vorschriften vorzuziehen. Folglich wurde

---

107 *Kohler* S. 53.

108 Vergleichsordnung vom 05.07.1927, RGBl. I 139, geändert durch Gesetz vom 26. Februar 1935, RGBl. I 321.

109 MünchKommInsO/*Stürner* Einl. Rn. 32.

110 *Bley/Mohrbutter* Einleitung Rn. 1; *Kohler* S. 54 unter der Bezeichnung „Präventivakkord".

111 *Jäger* Einleitung Rn. 8.

112 Zur Einführung des „neuen" „alten" § 19 Abs. 2 InsO vgl. *Wuschek* ZInsO 2011, 1734; *Ahrendt/Plischkaner* NJW 2009, 964.

113 Im Jahr 1997 wurden lediglich 35 Vergleichsverfahren eröffnet (*Schmerbach* in FK-InsO Vor §§ 1 ff. Rn. 12).

114 *Schmerbach* in FK-InsO Vor §§ 1 ff. Rn. 12.

115 Pape/Uhlenbruck/*Voigt-Salus* Kapitel 38 Rn. 1.

116 *Künne* S. XXII.

117 *Vallender* NZI 2010, 838.

im Jahr 1997 die neue Insolvenzordnung beschlossen. Am 01.01.1999 trat sie in Kraft.[118]

2. Zielsetzung der Insolvenzordnung (InsO)

Das Insolvenzrecht versucht einen ordnungsgemäßen Marktaustritt der insolventen Rechtssubjekte zu ermöglichen.[119] Dies soll durch eine bestmögliche Verwertung der verbliebenen Vermögenswerte (Insolvenzmasse) und deren gerechte Verteilung geschehen. Dabei steht die Gläubigerbefriedigung in der InsO – ebenso wie auch in der Konkursordnung – an erster Stelle. Doch entfiel im Rahmen der Reform die „Zerschlagungsautomatik" der Konkursordnung. Die Weiterführung oder Sanierung von Unternehmen ist zwar kein vorrangiges Ziel der Insolvenzordnung, jedoch wird die Erkenntnis, dass eine Zerschlagung – verglichen mit einer Fortführung – nicht immer der beste Weg zur optimalen Quote sein kann, berücksichtigt.[120] Die Befriedigung der Gläubiger erfolgt nicht mehr – wie noch in der KO – allein durch Liquidation (Abwicklung) des Schuldners und Verwertung des Schuldnervermögens, sondern durch die *bestmögliche* Form der Befriedigung[121].

Diese Anliegen gibt der Gesetzestext im Stil einer Präambel[122] wieder, wenn es in § 1 S. 1 InsO heißt:

„Das Insolvenzverfahren dient dazu, die Gläubiger eines Schuldners gemeinschaftlich zu befriedigen, indem das Vermögen des Schuldners verwertet wird und der Erlös verteilt oder in einem Insolvenzplan eine abweichende Regelung insbesondere zum Erhalt des Unternehmens getroffen wird."

Durch die InsO wurde das „duale System" (Nebeneinander) von Konkurs- und Vergleichsordnung aufgehoben. Beide Regelungsbereiche sind in einem Gesetz vereint[123] und Zerschlagung und Fortführung stehen sich so als gleichwertige Alternativen gegenüber. Es ist hervorzuheben: der Gesetzgeber hat sich nicht dafür entschieden, einer der Beiden den Vorrang einzuräumen.[124] Die bestmögliche Befriedigungsmethode soll insbesondere durch Mitwirken der Gläubiger gefunden werden (Gläubi-

---

118 Gesetz vom 5. Oktober 1994, BGBl. I S. 2866.

119 Gottwald/Gottwald § 1 Rn. 74; *Heckschen/Reul/Wienberg* A. I.

120 Uhlenbruck/*Pape* § 1 Rn. 1.

121 *Madaus* ZGR 2011, 749, 751.

122 Wohltuend kritisch zu § 1 *Becker* in Nerlich/Römermann § 1 Rn. 1.

123 *Leithaus* in Andres/Leithaus § 1 Rn. 5; *Schmerbach* in FK-InsO § 1 Rn. 12.

124 Braun/*Kießner* § 1 Rn. 3; Müller, Krisenmanagement, S. 9; *Hdb. KR* C.2.1.1.

gerautonomie). Die Beteiligung der Gläubiger im Verfahren ist ein besonderes Anliegen der Insolvenzordnung und auch ein Beitrag zum Rechtsfrieden.[125] Da die Verwertung des Schuldnervermögens auch durch die Fortführung bzw. Sanierung erfolgen kann, obliegt dem Insolvenzrecht ebenfalls eine Sanierungsaufgabe.[126]

Als besonderer Aspekt der Reform ist weiterhin die Einführung des neuen Insolvenzgrundes der drohenden Zahlungsunfähigkeit gem. § 18 InsO zu benennen.

3. Insb. die Neuerungen in der Insolvenzordnung durch das ESUG

Nachdem im Sommer 2010 erstmals ein Diskussionsentwurf[127] zur Änderung der InsO durch das ESUG vorgelegt wurde, folgten der Referenentwurf[128] im Januar 2011 und der Regierungsentwurf[129] im Februar 2011. Nachdem der Gesetzesentwurf[130] im Oktober 2011 vom Bundestag in der vom Rechtsausschuss geänderten Fassung[131] beschlossen und im November 2011 vom Bundesrat angenommen wurde[132], ist das „Gesetz zur weiteren Erleichterung der Sanierung von Unternehmen" am 13.12.2011 im Bundesgesetzblatt[133] verkündet worden und in Gänze am 01.03.2012 in Kraft getreten.

Um den nachfolgenden Untersuchungen inhaltlich nicht allzu sehr vorzugreifen und den Zusammenhang des ESUG mit anderen Gesetzesänderungen besser darstellen zu können, soll der hier relevante Gesetzesinhalt und die Motivation, die letztlich zur Gesetzesänderung führte, nur kurz dargestellt werden. Zur vertieften Auseinandersetzung mit Regelungen, die den für die vorliegende Arbeit wesentlichen Themenkreis betreffen, wird insoweit ausnahmsweise nach unten verwiesen.[134]

---

125 *Foerste* § 1 Rn. 13.

126 Rattunde ZIP 2003, 2103, 2104.

127 DiskE ESUG vom 01.09.2010, verfügbar unter www.bmj.de, abgedruckt in ZInsO 2010, 1440.

128 RefE ESUG vom 25.01.2011, abrufbar unter www.bmj.de.

129 RegE ESUG vom 23.02.2011, abrufbar unter www.bmj.de.

130 Gesetzesentwurf der Bundesregierung „Entwurf eines Gesetzes zur weiteren Erleichterung der Sanierung von Untenehmen", BT-Drucks. 17/5712 vom 04.05.2011.

131 BT-Drucks. 17/7511 vom 26.10.2011.

132 BR-Drucks. 679/11 (B) vom 25.11.2011.

133 BGBl. I S. 2582.

134 Unten b. Das ESUG, S. 239.

Bereits der Name des Gesetzes unterstreicht dessen Anwendungs- und Regelungsbereich, die „Erleichterung der Sanierung von Unternehmen" (ESUG). Ziel des ESUG ist es, eine Änderung der Insolvenzkultur anzustoßen und die insolvenzrechtliche Sanierung als Alternative zur freien Sanierung und insbesondere zur Sanierung im Ausland zu gestalten.[135] Bislang war es der große Nachteil des Insolvenzplanverfahrens, dass kein administrativer Eingriff in Gesellschafterrechte möglich war. Gesellschaftsrechtliche Zwangsmaßnahmen konnten nicht Gegenstand des gestaltenden Teils des Insolvenzplanes sein.[136] Dessen Regelungsmöglichkeiten legte der § 217 InsO a.F. abschließend fest. Somit bestand stets die Gefahr, dass sich Altgesellschafter nicht mit Sanierungsbeiträgen an der Rettung des Unternehmens beteiligen wollten oder konnten und die Gläubiger vor die Wahl stellten, sie entweder „mitzusanieren", oder die Zerschlagung des Unternehmens in Kauf zu nehmen (sog. „Trittbrettfahrer"-Problematik[137]). Ursächlich war die „gesellschaftsrechtliche Neutralität der Insolvenzordnung"[138] und die damit einhergehende fehlende Verzahnung der Regeln der insolvenzrechtlichen Instrumentarien (insb. des Planverfahrens) mit den gesellschaftsrechtlichen Rekapitalisierungsregeln.[139]

Um insbesondere diese strukturändernden Maßnahmen im Insolvenzplanverfahren durchführen zu können, ist die Möglichkeit auch die Anteils- oder Mitgliedschaftsrechte der am Schuldner beteiligten Personen in den Plan einbeziehen zu können, im neuen § 217 InsO ausdrücklich normiert.

Durch das ESUG können erstmals Eingriffe in die Mitgliedschaftsrechte der Gesellschafter vorgenommen werden.[140] Dem Gesetzgeber war und ist die Blockadeposition der Gesellschafter bekannt, weshalb diese nun in das Insolvenzverfahren als eigene Gruppe einzubeziehen sind und hierdurch eine Überstimmung der Gesellschafter bei Sanierungs-

---

135 *Paulus* WM 2011, 2205; *Undritz* BB 2011, Nr. 46, I; *Römermann* GmbHR 2011, R369; *Braun/Heinrich* NZI 2011, 505; *Vallender* NZI 2008, 838.

136 Theiselmann/*Frege/Nicht*, Kap. 15 Rn. 101; *Madaus* ZGR 2011, 749, 750.

137 Hierzu *Bitter* ZGR 2010, 147, 149; Priester ZIP 2010, 497, 501.

138 *Uhlenbruck* in, FS Lüer, S. 461; *Braun/Heinrich* NZI 2011, 505, 506; *Schmidt* BB 2011, 1603, 1607.

139 *Willemsen/Rechel* BB 2010, 2059, 2063; *Bitter* ZGR 2010, 147, 193; *Uhlenbruck* NZI 2008, 201, 204.

140 BTDrucks 17/7511 vom 26.10.2011., S. 5.

maßnahmen im Rahmen eines Insolvenzplanverfahrens gem. § 245 InsO (Obstruktionsverbot) möglich ist.[141]

Um eine „vom Schuldner *gemeinsam* mit seinen Gläubigern planbare und verfahrenssicher auszugestaltende Sanierung im Schutz des Insolvenzverfahrens"[142] zu erreichen, weist das ESUG eine Reihe weiterer Maßnahmen auf. Hervorzuheben ist die gewichtigere Rolle des – entweder qua Gesetz[143] oder auf Antrag – einzuberufenden vorläufigen Gläubigerausschusses, vgl. § 22 a InsO. Dieser kann nun durch einstimmigen Beschluss einen Insolvenzverwalter vorschlagen, von dessen Benennung das Gericht nur unter den Voraussetzungen des § 56 a Abs. 2 InsO abweichen darf,[144] was zu einer Stärkung der Gläubiger führt.[145] Synergieeffekte[146] können genutzt werden, weil eine bereits vor der Insolvenz in die Planung involvierte Person zum Insolvenzverwalter bestellt werden kann.[147] Eine weitere Neuerung der Insolvenzordnung stellt das „Schutzschirmverfahren" gem. § 270 b InsO dar.[148] Es kann bei drohender Zahlungsunfähigkeit oder Überschuldung auf Schuldnerantrag hin eröffnet werden. Ist die Sanierung nicht offensichtlich ausgeschlossen und liegt keine Zahlungsunfähigkeit vor, kann der Schuldner innerhalb einer Höchstfrist von drei Monaten einen Insolvenzplan ausarbeiten, gegebenenfalls geschützt durch die gerichtliche Anordnung von Maßnahmen gem. § 21 InsO. Somit ist es nun auch für den Schuldner möglich, bereits im Vorfeld der Insolvenz, die Sanierung unter Zuhilfenahme der insolvenzrechtlichen Instrumentarien zu planen und zu erreichen.[149] Hierdurch werden die insolvenzrechtlichen Sanierungsmöglichkeiten in ihrem Anwendungsbereich, über die akute insolvenzrechtliche Krise hinaus, auf den Zeitraum der drohenden Insolvenz erweitert.

141 Kritisch hierzu *Madaus* ZGR 2011, 749, 753 ff.

142 *Haarmeyer* ZInsO 2011, 2153.

143 Der Schuldner muss insoweit zwei von drei Kriterien des § 22 a Abs. 1 Nr. 1 – 3 InsO („Schwellenwerte") im letzten Geschäftsjahr erfüllt haben

144 Zum Thema *Obermüller* ZInsO 2012, 18; *Frind* ZInsO 2011, 2249, 2255; nicht nur auf den § 22 a InsO bezogen: *Becker* NZI 2011, 961.

145 *Undritz* BB 2011, Nr. 46, I.

146 „1+1=3-Effekt".

147 Vgl. § 56 Abs. 1 Nr. 2 InsO.

148 Hierzu *Hirte* ZInsO 2011, 401; *Hölzle/Pink* ZInsO 360, 364.

149 *Römermann* GmbHR 2011, R369.

II. Ablauf eines Insolvenzverfahrens

1. Insolvenzantrag und Verfahrenseröffnung

Mit Antrag auf Eröffnung des Insolvenzverfahrens beginnt die Prüfung des Gerichts, ob eine Verfahrenseröffnung erfolgen kann. In diesem Zeitraum muss das Gericht klären, ob alle formellen und materiellen Anforderungen für die Eröffnung des Insolvenzverfahrens vorliegen. Dies wird als Eröffnungsverfahren bezeichnet. Neben den speziell insolvenzrechtlichen Antragsvoraussetzungen[150] richtet sich die Zulässigkeit eines Antrages nach den allgemeinen Prozessvoraussetzungen der ZPO.[151]

Schon in der Konkursordnung wurde – abweichend von der Regelung im preußischen Konkursrecht – der Grundsatz geprägt, die Eröffnung des (Konkurs-)Verfahrens könne nur auf Antrag erfolgen.[152] Ein Einschreiten des Gerichts von Amts wegen war unstatthaft.[153] Dies hat sich durch Einführung der InsO nicht geändert. Die Eröffnung des Insolvenzverfahrens erfolgt ausschließlich, wenn Schuldner oder Gläubiger einen (zulässigen) Eröffnungsantrag gestellt haben (vgl. § 13 Abs. 1 S. 1 InsO). Im ersten Fall handelt es sich begrifflich um einen Eigenantrag, im letzten Fall um einen Fremdantrag.

Mit der InsO wurde neben den bereits aus der KO bekannten Insolvenzgründen der Überschuldung (§ 19 InsO)[154] und der Zahlungsunfähigkeit (§ 17 InsO) der Antragsgrund der „drohenden Zahlungsunfähigkeit" (§ 18 InsO) eingeführt. Dieser Grund steht zum einen im engen Zusammenhang mit der oben angeführten Zielsetzung des Insolvenzrechts nicht nur zu liquidieren, sondern Unternehmen die Möglichkeit bereitzustellen, mittels des Insolvenzverfahrens eine Sanierung herbeizuführen. Zum anderen sollte die frühe Verfahrenseröffnung auch, unabhängig von einer möglichen Fortführung, zu besseren Verfahrensergebnissen führen.[155] Die Verlagerung der Antragsmöglichkeit in ein frühes Stadium der insolvenzrechtlichen Krise war ein Kernstück[156] der Reform und ist als

---

150 S.u. insb. Vorliegen eines Insolvenzgrundes und Insolvenzfähigkeit des Schuldners.

151 *Uhlenbruck* in Uhlenbruck § 13 Rn. 7; *Foerste* § 10 Rn. 92; vgl. auch § 4 InsO.

152 § 103 KO; *Willenbücher* Einleitung III. 8. b.

153 In der preußischen Konkursordnung konnte der kaufmännische Konkurs auch von Amts wegen, der nichtkaufmännische nur auf Antrag eröffnet werden (*Kohler* S. 52).

154 Zur Modifikation des Überschuldungsbegriffs aufgrund der Finanzkrise, vgl. *Wuschke* ZInsO 2011, 1734.

155 *Uhlenbruck* in Uhlenbruck § 18 Rn. 1.

156 *Leithaus* in Andres/Leithaus § 18 Rn. 2.

Anreiz für Unternehmer zur relativ frühzeitigen Krisenbewältigung intendiert. Aus diesem Grund wurde der Antrag im Sinne einer „Innenlösung" konzipiert[157], d. h. es besteht keine Antragspflicht, sondern ein Antragsrecht und die Berechtigung zur Antragstellung steht nur dem Schuldner zu. Teilweise wird hier bereits der Geschäftsführung auch ein Antragsrecht gegen den Willen der Gesellschafter zugestanden.[158]

Der weitere Eröffnungsgrund der Überschuldung ist gem. § 19 Abs. 2 InsO gegeben, „wenn das Vermögen des Schuldners die bestehenden Verbindlichkeiten nicht mehr deckt, es sei denn, die Fortführung des Unternehmens ist nach den Umständen überwiegend wahrscheinlich". Das Unternehmen kann so, trotz rechnerischer Überschuldung, der Insolvenzantragspflicht entkommen, wenn es eine positive Fortführungsprognose aufweist.[159] Der Effekt der Fortführungsfähigkeit liegt nicht – wie früher – darin, bei Erstellung der Überschuldungsbilanz das Schuldnervermögens zu Fortführungswerten zu bewerten, sondern die insolvenzrechtliche Überschuldung ist bereits ausgeschlossen.[160]

Weitaus häufiger wird der Insolvenzantrag aber aufgrund der Zahlungsunfähigkeit eröffnet.[161] Dies hängt nicht nur mit den vielen Variablen in der Überschuldungsprüfung zusammen, zumal diese Prüfung in der Praxis tatsächlich nur selten vorgenommen wird.[162] Vielmehr sind Parallelen zur Krisenerkennung gegeben. Da die Krise der Gesellschaft zumeist erst im Stadium der Liquiditätskrise festgestellt wird,[163] ist in diesem zeitlichen Zusammenhang die Zahlungsunfähigkeit in naher Reichweite.

Der Insolvenzantrag hat gem. § 15 a Abs. 1 InsO „ohne schuldhaftes Zögern, spätestens aber drei Wochen nach Eintritt der Zahlungsunfähigkeit oder Überschuldung" zu erfolgen. Die Dreiwochenfrist stellt eine Maximalfrist[164] dar, die mit dem objektiven Eintritt der Insolvenzreife be-

---

157 Braun/*Bußhardt* § 18 Rn. 1.

158 Seit den Neuregelungen durch das ESUG, insb. § 276a InsO, wird teilweise eine „Verlagerung der Organkompetenzen" bereits im Vorfeld der Insolvenzantragstellung vertreten. So soll die Geschäftsführung jedenfalls im Fall der Überschuldung mit positiver Fortführungsprognose zur Antragstellung, auch gegen den Willen der Gesellschafter, berechtigt sein, vgl. *Hölzle* ZIP 2013, 1846, 1850.

159 Zu den Anforderungen an die Erstellung einer solchen, vgl. *Ehlers* NZI 2011, 161; *Aleth/Harlfinger* NZI 2011, 166.

160 *Aleth/Harlfinger* NZI 2011, 166, 167.

161 *Ahrendt/Plischkaner* NJW 2009, 964, 965.

162 *Pott* NZI 2012, 4, 9.

163 Oben 1. Betriebswirtschaftliches Verständnis, S. 9.

164 *BGH*, Urteil vom 09.07.1979 – II ZR 118/77 = NJW 1979, 1823.

ginnt.[165] Bei Ausschöpfen dieser Frist ohne sachliche Rechtfertigung macht sich das Antragsorgan haftbar.[166] Da dies aber auch für die zu früh erfolgte Antragstellung gilt,[167] befindet sich die Geschäftsführung in einer durchaus schwierigen, ambivalenten und pflichtenkonkurrierenden Situation.[168] Hier ist darauf hinzuweisen, dass eine Hemmung oder Verlängerung dieser Frist keinesfalls in Betracht kommt, auch nicht bei aussichtsreicher Sanierungslage. Begründet wird dies damit, dass die außergerichtliche sog. „freie Sanierung" bereits vor der Phase der Insolvenzreife zu erfolgen hat.[169] Zu diesem Zweck ist z. B. die Pflicht zur Einführung eines Risikofrüherkennungssystems geregelt.[170] Auch die Verlustanzeigepflichten der Leitungsorgane gem. § 49 Abs. 3 GmbHG und § 92 Abs. 1 AktG tragen diesen Gedanken in sich. Durch diese Elemente liegt es in den Händen der Gesellschaft, eine Gratwanderung[171] zwischen Sanierung und Antragstellung zu vermeiden.

Die Insolvenzverfahrenseröffnung hat weitreichende vermögens- und personenrechtliche Folgen.[172] Diie allgemeine Verwaltungs- und Verfügungsbefugnis geht auf den Insolvenzverwalter über[173] (§ 80 Abs. 1 InsO) und der Schuldner sieht sich einem absoluten Verfügungsverbot gegenüber. Der Insolvenzverwalter übernimmt in Begleitung der Gläubigerversammlung die Hoheit über das Unternehmen und verdrängt die Zu-

---

165 Ob in der Nichtantragstellung dagegen eine Pflichtverletzung zu sehen ist, bleibt eine nachgelagerte Fragestellung der subjektiven Erkennbarkeit der Insolvenzlage. Hinsichtlich der Pflichtverletzung der unterlassenen Antragstellung ist jedenfalls auf die positive Kenntnis (*BGH*, Urteil vom 09.07.1979 – II ZR 118/77 = NJW 1979, 1823; *BGH*, Urteil vom 24.01.1961 – 1 StR 132/60 = NJW 1961, 740, 742; *Schlitt* NZG 1998, 701, 707.), nach a.A. auch schon auf grob fahrlässige Unkenntnis (Uhlenbruck/*Hirte* § 15 a Rn. 14) des Verpflichteten abzustellen, beweispflichtig ist der Geschäftsleiter (*Mönning* in Nerlich/Römermann § 15 a Rn. 12).

166 Braun/*Bußhardt* § 15 a Rn. 9; *Schlitt* NZG 1998, 701, 707.

167 Vgl. *Leinekugel/Skauradszun* GmbHR 2011, 1121.

168 Hierzu *Poelzig/Thole* ZGR 2010, 836; *Lutz* NZG 2011, 1161; Ein schönes Beispiel für die Konfliktsituation eines Leitungsorgans im Vorfeld der Insolvenz geben *Kebekus/Zenker*, S. 335 f.

169 Uhlenbruck/*Hirte* § 15 a Rn. 16.

170 Vgl. oben b. Pflicht zur Risikofrüherkennung, S.16.

171 *Mönning* in Nerlich/Römermann § 15 a Rn. 12.

172 *Hess* Rn. 400; *Becker* § 18 Rn. 781.

173 Soweit nicht ausnahmsweise auf Antrag hin gerichtlich die Eigenverwaltung durch den Schuldner gem. §§ 270 ff. InsO angeordnet wird. Jedoch hat die Eigenverwaltung in der Praxis aus verschiedentlichen Gründen bisher keine große Rolle gespielt (hierzu *Vallender* NZI 2010, 838, 841 f.).

ständigkeit der (weiterhin bestehenden) Gesellschaftsorgane hinsichtlich massebezogener Angelegenheiten.[174]

Oft nicht hinlänglich betont wird der Umstand, dass die Insolvenzverfahrenseröffnung grundsätzlich die Auflösung der Gesellschaft zur Folge hat (vgl. § 60 Abs. 1 Nr. 4 GmbHG; § 262 Abs. 1 Nr. 4 AktG). Die Beendigung der Gesellschaft kann nur durch die Fassung eines aktiven Fortsetzungsbeschlusses der Gesellschafter im Sinne des § 60 Abs. 1 Nr. 4 GmbHG bzw. § 274 Abs. 1 i.V.m. Abs. 2 Nr. 1 AktG herbeigeführt werden.[175] Eine insolvenzrechtliche Fortführung und Sanierung des Unternehmensträgers ist ohne diese Zustimmung nicht möglich.

2. (Insolvenz-)Zielverwirklichung

a. Allgemein

Um die oben angeführten Ziele des Insolvenzverfahrens zu verwirklichen, stellt der Gesetzgeber den Beteiligten in der Insolvenzverordnung unterschiedliche Instrumentarien zur Verfügung. Welche Methode zur Haftungsverwirklichung und der damit einhergehenden Verwertung des Schuldnervermögens (vgl. § 1 InsO) konkret gewählt werden muss, schreibt der Gesetzgeber jedoch nicht vor. Dies bleibt der Gläubigerversammlung vorbehalten, die in einem Berichtstermin über den Fortgang des Verfahrens – nach vorheriger Information durch den Insolvenzverwalter – entscheidet (vgl. §§ 156, 157 InsO). Ansonsten ist der Insolvenzverwalter gemäß und in den Grenzen von §§ 80, 159 InsO berechtigt und verpflichtet, die Masse zu verwerten.

Eine Alternative – und die dem Insolvenzrecht ureigenste Form der Verwertung – ist die Liquidation (Vermögenszerschlagung) im Rahmen des Regelinsolvenzverfahrens (§ 1 S.1 1. Alternative InsO). Ein Unternehmen kann so in (Einzel-)Teilen oder im Ganzen veräußert werden.[176] Von besonderer Bedeutung ist hier die übertragende Sanierung[177], bei der oftmals die „Sahnestücke" des Unternehmens in eine Zweckgesellschaft ausgelagert und alle übrigen Unternehmensbestandteile anderweitig

174 *Hass* in Baumbach/Hueck § 60 Rn. 43 ff.; Gottwald/*Haas/Mock* § 93 Rn. 14 ff.

175 Vgl. *Willemsen/Rechel* BB 2010, 2059, 2063.

176 Vgl. § 160 Abs. 2 Nr. 1 InsO.

177 Der Begriff wurde von *Schmidt* (ZIP 1980, 328, 336) geprägt, jedoch recht unglücklich gewählt, da der fälschliche Eindruck einer Sanierung (zum Begriff vgl. § 5 A. II.) entsteht.

verwertet werden.[178] Das Unternehmen wird im Wege der übertragenden Sanierung nicht im eigentlichen Sinne *„saniert"*, es handelt sich vielmehr um eine Zerschlagung mit anschließender Teilfort-

führung.[179] Diese Verwertungsform findet aufgrund ihrer kalkulierbaren Dauer und Kosten sowie teilweisen Haftungsbefreiung[180] erheblichen Anklang.[181] Doch versagt sie in solchen Fällen, in denen das Unternehmen eine Vielzahl von Vertragsverhältnissen,[182] unübertragbare Rechtspositionen[183] oder immaterielle Wirtschaftsgüter aufweist.[184] Dann liegt ein nur dem konkreten Unternehmensträger anhaftender „going concern value" vor.[185] Mittels der übertragenden Sanierung ist es nicht möglich diese „rechtsträgerspezifischen Berechtigungen" nutzbar zu machen,[186] dazu wäre der Erwerb der Anteile am (insolventen) Unternehmensträger erforderlich. Zu einem „share-deal" ist der Insolvenzverwalter aber nicht berechtigt.[187] Daneben muss die regelmäßig kurze Dauer des Verfahrens der übertragenden Sanierung nicht immer von Vorteil sein. Der hohe Zeitdruck kann dazu führen, dass der endliche Kaufpreis im Vergleich

---

178 Kritisch informativ *Zipperer* NZI 2008, 206 ff.; *Menke* BB 2003, 1133; Vgl. zur Veräußerung im Eröffnungsverfahren *Haarmeyer/Wutzke/Förster* § 14 Rn. 12 ff.

179 *Steffan*, WPg-Sonderheft 2003, 148, 155; Wellensiek NZI 2002, 233, 234.

180 Haftungserleichterungen bestehen insb. hinsichtlich der Haftung aus Firmenfortführung gem. § 25 HGB (*BGH*, Urteil vom 11.04.1988 – II ZR 313/87 = NJW 1988, 1912) und der Haftung des Betriebserwerbers für Betriebssteuern gem. § 75 Abs. 2 AO. Weiterhin wendet das BAG § 613 a BGB unter bestimmten Voraussetzungen nicht an (*BAG*, Urteil vom 20. 6. 2002 – 8 AZR 459/01 = NZI 2003, 222).

181 *Undritz* ZGR 2010, 202, 208; *Zipperer* NZI 2008, 206, 207; *Rattunde* ZIP 2003, 2103, 2105; *Wellensiek* NZI 2002, 233; „90 % der im Rahmen eines Insolvenzverfahrens erfolgreich durchgeführten Unternehmensrestrukturierungen [erfolgten] im Wege der übertragenden Sanierung" (*Willemsen/Rechel* BB 2010, 2059).

182 Die Fortführungsgesellschaft tritt in die Vertragsverhältnisse der „Altgesellschaft" ein. Hierfür ist die Zustimmung der Vertragspartner nötig. Diese haben zwar grundsätzlich ein Interesse daran, einen haftungsfähigen Schuldner zu haben, jedoch übernimmt die Auffanggesellschaft nicht die Gewährleistung von etwa begonnenen Teilen von Aufträgen. Dies kann zu erheblichen Verhandlungsschwierigkeiten führen (*Haarmeyer/Wutzke/Förster* § 14 Rn. 25).

183 Problematisch sind Lizenz-, Leasing- und Mietverhältnisse oder daneben öffentliche Auftragsvergaben, Gestattungen, allgemeine Zertifizierungen und Lizenzen, die bei Wechsel des Vertragspartners nicht übergehen können oder neue Ausschreibungen oder Genehmigungsverfahren erforderlich machen. Auch steuerliche Verlustvorträge bleiben beim ursprünglichen Unternehmensträger.

184 *Müller*, Krisenmanagement , S. 321; *Braun/Heinrichs* NZI 2011, 505, 508.

185 *Braun* in FS Fischer, S. 53, 55; Mit anschaulichem Beispiel, S. 63 f.

186 *Bitter* ZGR 2010, 147, 157.

187 *Noack* in FS Zöllner, S. 416.

zum normalen „asset-deal“ oder gar hinsichtlich des Ertragswerts eines sanierten Unternehmens, zurücksteht.[188] Die übertragende Sanierung stellt nicht stets eine gleichwertige Alternative zur Reorganisation des Unternehmens unter Beibehaltung des Rechtsträgers dar.[189]

Der Gläubigerversammlung ist es unbenommen, eine vollständige oder teilweise Fortführung des Unternehmens, befristet oder dauerhaft, durch den Insolvenzverwalter zu beschließen.[190] Ist die Liquidation nicht die einzige Alternative, wird der vorläufige Insolvenzverwalter die Unternehmung zunächst fortführen[191], um sie dann noch übertragend oder durch Insolvenzplanverfahren sanieren zu können.[192]

Alle von der Insolvenzordnung zur Verfügung gestellten Sanierungsalternativen stehen sich grundsätzlich gleichwertig gegenüber und die Auswahl richtet sich nach der Möglichkeit der besten Verwertung der Insolvenzmasse.[193]

b. Das Insolvenzplanverfahren

Eine weitere Innovation der InsO stellt die Einführung des Insolvenzplanverfahrens dar,[194] das die Ansätze der damaligen Vergleichsordnung in die Insolvenzordnung einführt. Dieses Reorganisationsverfahren eröffnet die Möglichkeit Insolvenzen auf Grundlage der Gläubigerautonomie in vielfältiger unternehmens- und situationsbezogener Weise zu gestalten. Es wird als eine der bedeutsamsten Innovationen und Kernstück[195] der Insolvenzrechtsreform betrachtet. Durch das Planverfahren erhält das Insolvenzverfahren eine „Doppelspurigkeit“, indem – neben

---

188 *Hdb. KR* C.2.1.5.

189 *Verse* ZGR 2010, 299, 304; Vergleichend zur übertragenden Sanierung und dem Insolvenzplanverfahren *Priebe* ZInsO 2011, 467.

190 *Uhlenbruck*, § 157 Rn. 10.

191 Hierzu ist er gem. § 22 Abs. 1 Satz 2 Nr. 2 InsO verpflichtet.

192 *Undritz* ZGR 2010, 202, 203.

193 „Die marktwirtschaftliche Aufgabe der gerichtlichen wie der außergerichtlichen Insolvenzabwicklung ist es, die in dem insolventen Unternehmen gebundenen Ressourcen der wirtschaftlich produktivsten Verwendung zuzuführen. Welche Verwertung des Schuldnervermögens am sinnvollsten ist, läßt sich nur im Einzelfall entscheiden. Es gibt wirtschaftspolitisch keine Gründe, die Sanierung des Schuldners generell vor der übertragenden Sanierung des Unternehmens zu bevorzugen oder auch nur irgendeine Art der Sanierung stets und überall der Zerschlagungsliquidation vorzuziehen“ RegE InsO 1992, S. 77, BT-Drucks. 12/2443.

194 Pape/Uhlenbruck/*Voigt-Salus* Kapitel 38 Rn. 1.

195 Abgedruckt in *Balz/Landfermann*, vor § 217 InsO, S. 322.

der Liquidation – die (gleichrangige[196]) Option der Sanierung in den §§ 217 ff. InsO normiert wurde. Die Einführung des Insolvenzplanverfahrens ist im Zusammenhang mit der gleichzeitig aufgenommenen Insolvenzantragsoption des Schuldners gem. § 18 InsO zu sehen.[197] Die Kombination aus einer sanierungsfreundlichen Insolvenz, bestückt mit speziellen insolvenzrechtlichen Werkzeugen und bestenfalls einer frühzeitigen Antragstellung, die ein geeignetes Zeitfenster zur Verwirklichung eines Insolvenzplanes ermöglicht, ist die Idealsituation. Dass ein Planverfahren auch zur Liquidation genutzt werden kann (Liquidationsplan), ist Diskussionen im Rahmen der Reform geschuldet[198]. In dieser Hinsicht weicht die Insolvenzordnung von ihrem amerikanischen Pendant, dem sog. „Chapter 11"-Verfahren[199] deutlich ab, denn dieses dient ausschließlich der Reorganisation.[200] Der große Vorteil des Insolvenzplanverfahrens ist seine weitgehende Regelungsfreiheit. Sie fehlt im größtenteils vorgegebenen Regelverfahren. Allen Verfahrensbeteiligten wurde ein rechtlicher Rahmen gegeben, innerhalb dessen sie die Möglichkeit haben, durch Verhandlungen und – bestenfalls – durch allseitiges Nachgeben, eine individuelle und unter Umständen bessere Sanierungsalternative zu formen, als es das Regelinsolvenzverfahren im Einzelfall wäre. Weitergehend sollte eine schnelle Entscheidungsfindung in der Organisation des Insolvenzplanverfahrens dadurch gesichert werden, dass Gläubiger in Gruppen eingeteilt werden, um sich aufgrund gleich gelagerter Interessen besser einigen zu können. Das Funktionieren des Entscheidungsfindungsprozesses wird durch das sog. „Obstruktionsverbot" gem. § 245 InsO gefördert. Um die ungerechtfertigte Ablehnung des Planes durch einzelne opponierende Gruppen oder sog. „Akkordstörer"[201] zu unterbinden, kann die Zustimmung qua Gesetz fingiert

196 Pape/Uhlenbruck/*Voigt-Salus* Kapitel 2 Rn. 4; *Steffan* in Oppenländer/Trölitzsch, § 38 Rn. 98.

197 Theiselmann/*Frege*/*Nicht*, Kap. 15 Rn. 3.

198 *Uhlenbruck* in Uhlenbruck Vorbem. §§ 217-269 Rn. 9.

199 Offiziell: "Chapter 11 of Title 11 of the United States Code"; Title 11 ist dabei die Stellung des US bankruptcy codes in den United States Codes, welche eine Kodifikation des Bundesrechts der Vereinigten Staaten darstellt; Kurz hierzu *Priebe* ZInsO 2011, 1676.

200 *Uhlenbruck* in Uhlenbruck Vorbem. §§ 217-269 Rn. 10.

201 Das Problem der Akkordstörer ist schon aus Zeiten der VglO bzw. KO bekannt und verursachte auch dort regelmäßig Probleme im Konkursverfahren. (Vgl. *Künne* § 1 2.); So konnte im Rahmen des außergerichtlichen Vergleichs ein Akkord – vergleichbar mit einem Moratorium – herbeigeführt werden. Gläubiger konnten eine solche Einigung jedoch mittels „unverständigem, selbstsüchtigem oder boshaften Widerspruch, [aus]

werden, solange durch den Plan keine Benachteiligung der Verweigernden gegeben ist.

Der Insolvenzplan ist in einen darstellenden und einen gestaltenden Teil gegliedert. Ersterer ist die Informationsgrundlage für die Gläubiger und beinhaltet grundlegende Unternehmensdaten, eine Analyse der Krisenursache und eine Beschreibung der zur Sanierung erforderlichen Maßnahmen.[202] Letzterer enthält demgegenüber die materiellen Ausgestaltungen der zwischen den Beteiligten zu vereinbarenden Maßnahmen; er stellt den „Vergleich“ dar.

Ein Insolvenzplanverfahren setzt zumindest ein (Insolvenz-)Eröffnungsverfahren voraus und kann durch Vorlage eines Plans durch den Schuldner oder den Insolvenzverwalter in Gang gesetzt werden (§ 218 Abs. 1 InsO); das Recht zur Beauftragung des Insolvenzverwalters mit der Erstellung eines Insolvenzplanes steht daneben der Gläubigerversammlung zu (§ 218 Abs. 2 InsO). Ist der Plan bereits in einem früheren als dem insolvenzrechtlichen Krisenstadium erstellt und schon bei Insolvenzantragstellung eingereicht worden, spricht man von einem sog. „prepackaged plan“.[203] Neuerdings bietet sich das Schutzschirmverfahren gem. § 270 InsO zur Erstellung des Plans an.

Zur Umsetzung eines Insolvenzplanes bedarf der Zustimmung der Gläubiger (§§ 235, 243, 244 InsO) sowie der Bestätigung durch das Insolvenzgericht (§ 248 InsO). Ist der Plan rechtskräftig, entfaltet er in mehrfacher Hinsicht rechtliche Wirkung. Gem. § 254 Abs. 1 InsO treten die im Plan festgelegten Wirkungen für und gegen alle Beteiligten ein. Auch gelten enthaltene Willenserklärungen als in der vorgeschriebenen Form abgegeben.

Bereits oben[204] wurde ausgeführt, dass ein Insolvenzplanverfahren in bestimmten Sachverhalten (rechtsträgerspezifische Vermögen) die einzige Möglichkeit der insolvenzrechtlichen Sanierung darstellt.

Trotz der großen Hoffnungen die in das Insolvenzplanverfahren gesetzt wurden, konnte es sich bisher nicht konsequent durchsetzen.[205] Die

bösem Willen oder Unverstand, verhindern.“ Da dies den Akkord verhinderte der Begriff der sog. „Akkordstörer“ (*Jäger* 1936, § 173 Rn. 4. u. 16).

202 Theiselmann/*De Bra*, Kap. 14 Rn. 208.

203 *Liebig/Witt* DB 2011, 1929, 1931; *Steffan*, WPg-Sonderheft 2003, 148, 157; *Kussmaul/Steffan* DB 2000, 1849.

204 Vgl. II. 1.

205 *Schelo* DB 2010, 2209; *Vallender* NZI 2010, 838, 841; „Die Insolvenzrechtsreform von 1999 hat den angestrebten Übergang zum Insolvenzplanverfahren nur in wenigen Fällen ermöglicht. Das Insolvenzplanverfahren führt bei derzeitigen Insolvenzen ein

komplexe Struktur und Störanfälligkeit des Verfahrens[206] halten Insolvenzverwalter bis heute vielfach davon ab, das bei guter Planung Erfolg versprechende[207] Insolvenzplanverfahren zu befürworten. Allerdings scheint in letzter Zeit die Tendenz zu mehr Akzeptanz zuzunehmen,[208] auch aufgrund einiger erfolgreicher Sanierungen.[209]

Schlechte Unternehmensplanung und das dadurch späte Erkennen der Krise vereiteln die frühe Vorbereitung eines „prepackaged-Insolvenzplans", der bei guter Ausarbeitung die Durchsetzung eines Insolvenzplanverfahrens stark begünstigt.[210] Nicht auszuschließen ist jedoch, dass sich die Akzeptanz der Insolvenzplansanierung in naher Zukunft durch bereits in dieser Form durchgeführte erfolgreiche Sanierungen,[211] begleitet von positiven Strukturveränderungen durch das ESUG, erhöht. Eine dahingehende Entwicklung ist abzusehen, es wird sogar eine Angleichung der Insolvenzplanquote an die des Chapter 11-Verfahrens in den USA (immerhin 25 %) in Aussicht gestellt.[212] Bereits im Jahr 2013 wird das ESUG von Sanierern positiv aufgenommen und scheint geeignet zum angestrebten Mentalitätswechsel führen zu können.[213]

3. Die Stellung der Organe in der Insolvenz

Mit Eröffnung des Insolvenzverfahrens verliert der Schuldner gem. § 80 InsO die Befähigung, das zur Insolvenzmasse gehörende Vermögen zu verwalten und darüber zu verfügen. Diese Aufgaben werden ab diesem Zeitpunkt vom Insolvenzverwalter wahrgenommen. Nach herrschender Auffassung ersetzt der Insolvenzverwalter aber die Gesellschaftsorgane nicht in organisatorischer Hinsicht. Er wird nicht zu einem Organ[214] der

---

Schattendasein. Es wurde nur in rd. 2 Prozent der Fälle angewandt" (BT-Drucks 17/2008, S. 1),

206 *Pape* ZInsO 2010, 2155, 2159.

207 Teilweise wird dem Insolvenzplanverfahren eine „dreimal höhere Quotenaussicht für ungesicherte Insolvenzgläubiger" bescheinigt (vgl. Jacobi ZinsO 2010, 2316, 2317; Verweis auf höhere Quoten auch bei *Stapper* ZInsO 2009, 2361).

208 Vgl. *Verse* ZGR 2010, 299, 300.

209 Etwa *Fritze* DZWiR 2007, 89.

210 *Undritz* ZGR 2010, 202, 209.

211 Vgl. *Rattunde* ZIP 2003, 596, 600; *Kussmaul/Steffan* DB 2000, 1849.

212 Theiselmann/*Frege/Nicht*, Kap. 15 Rn. 5.

213 *Kremers/Hoffmann* ZInsO 2013, 289.

214 Zur (modifizierten) Organtheorie *Schmidt* NJW 1987, 1905; kritisch *Müller*, S. 56.

Gesellschaft, sondern erlangt – der ständigen Rechtsprechung[215] und h. L.[216] folgend – Kraft des ihm verliehenen Amtes („Amtstheorie") die Verwaltungs- und Verfügungsbefugnis über die Insolvenzmasse im eigenen Namen. Das Insolvenzverfahren hat insgesamt keine unmittelbare Auswirkung auf die Organisationsstruktur der Gesellschaft,[217] lediglich die Zuständigkeit der Organe wird in der Weise beschränkt, dass der Insolvenzverwalter die massebezogenen Rechte und Pflichten vereinnahmt.[218] Durch diesen Umstand beschränkt sich der Zuständigkeitsbereich der Organe auf den sog. „insolvenzfreien" Bereich.[219] So können auch in der Insolvenz weiterhin die Leitungsorgane durch die Gesellschafter besetzt werden, in der GmbH direkt, in der AG mittelbar über die Besetzung des Aufsichtsrats. Die Gesellschafter können aber dort nicht frei entscheiden, wo ein Massebezug gegeben ist, z. B. bei der Entlastung der Geschäftsführer in der GmbH, da dieser – im Gegensatz zur aktienrechtlichen Entlastungsentscheidung[220] – Verzichtswirkung zukommt.

III. Zusammenfassung

Das Insolvenzrecht hat eine lange Entwicklung durchlaufen. Unter dem Primat der Insolvenzordnung erfolgte die (konzeptionelle) Wandlung von einem reinen „Zerschlagungs- und Marktaustrittsrecht" zu einem doppelgleisigen System. „In die Insolvenz gehen" hat nicht die gleiche Bedeutung wie „in Konkurs gehen"; die Liquidation ist nicht mehr die logische Folge. Das Stigma, dass ein insolventes Unternehmen nicht mehr wirtschaftlich arbeiten kann und eine Insolvenz den „Untergang" bedeutet[221] muss abgelegt werden. Das Insolvenzrecht gibt insbesondere

---

215 *RG*, Urteil vom 30.03.1892 – V 255/91 = RGZ 29, 29; *RG*, Urteil vom 22.02.1928 – I 219/27 = RGZ 120, 192; *BGH*, Urteil vom 24.06.1957 – VII ZR 310/56 – NJW 1957, 1361; *BGH*, Urteil vom 14.04.1987 – IX ZR 260/86 = NJW 1987, 3133; *BGH*, Urteil vom 14.07.2006 – IX ZR 282/03 = ZInsO 2009, 260.

216 *Uhlenbruck* in Uhlenbruck § 80 Rn. 80; MünchKommInsO/*Ott/Vuia* § 80 Rn. 35; *Leithaus* in Andres/Leithaus § 80 Rn. 4; *Wittkowski* in Nerlich/Römermann § 80 Rn. 38; *Müller*, S. 63,

217 *Hirte* in Uhlenbruck § 11 Rn. 118; Gottwald/*Haas/Hossfeld* § 92 Rn. 268; *Müller* S. 63.

218 *Hüffer* § 264 Rn. 44; *Müller*, S. 106.

219 Scholz/Schmidt/*Bitter*, Vor § 64 GmbHG Rn. 105; Lutter/Hommelhoff/*Kleindiek*, Anh. § 64 GmbHG Rn. 57; *Haas* in Baumbach/Hueck, § 60 GmbHG Rn. 43; *Müller*, S. 115.

220 Vgl. hierzu *Litzenberger* NZG 2009, 854.

221 *Rattunde* ZIP 2003, 2103.

durch die Möglichkeit der Antragsstellung aufgrund der drohenden Zahlungsunfähigkeit gem. § 18 InsO dem Unternehmen die Chance, schon in der betriebswirtschaftlichen bzw. rechtlichen Krise ihre Sanierung unter Zuhilfenahme der insolvenzrechtlichen Instrumentarien zu bewerkstelligen. Dies wird durch die Einführung des Schutzschirmverfahrens gem. § 270 b InsO unterstützt. Im Vordergrund steht allerdings immer die bestmögliche Verwertung des Schuldnervermögens. Die Zielrichtung der Insolvenzordnung *auch* ein geeignetes „Vehikel" zur Sanierung zu sein, darf nicht zu einem Bestandsschutz für Verlustproduktion führen.[222] Der Gesetzgeber hat jedoch bereits bestehende Schwächen, vor allem des Insolvenzplanverfahrens, durch geeignete Maßnahmen eliminiert und durch die Möglichkeit in die Rechte der Anteilseigner eingreifen zu können, die Insolvenz „attraktiver" gestaltet. Dies war auch erforderlich um den Unternehmen in der Krise die insolvenzrechtliche Sanierung bei der Entscheidungsfindung objektiv als bedenkenswerte Alternative – zum „Wirtschaften bis zum letzten" und dem „Festhalten am Prinzip Hoffnung"[223] in Erwartung des „Turnaround" – zu bieten.[224]

C. Die Sanierung

I. Einführung

Bei der Sanierung von Unternehmen steht das Verständnis für die Vielschichtigkeit des Sanierungskonzeptes und die interdisziplinären Anforderungen an die in ihm gebündelten Maßnahmen im Vordergrund. Das auf die Zukunft gerichtete Sanierungskonzept an sich und die besonderen Heraus- und Anforderungen, die mit seiner Erstellung einhergehen, haben großen Einfluss auf die Sanierungssituation. Kenntnisse des Sanierungsvorgangs im Allgemeinen und im Besonderen in Bezug auf bestehende Einschätzungsspielräume sind für eine Entscheidung für oder wider die Sanierungspflicht unentbehrlich. Auch die Unterscheidung zwischen „freier" und „insolvenzrechtlicher" Sanierung ist ein wichtiges Element. Zum einen geben die Vor- und Nachteile beider Sanierungsalternativen einen Einblick in die Motivationslage der an der Sanierung Beteiligten und zum anderen ist die Klärung der Frage nach der Sanie-

---

222 *Rattunde* ZIP 2003, 2103, 2104.

223 Gottwald/*Kraus*/*Buschmann* § 5 Rn. 9.

224 *Holzer* NZI 2005, 308, 315.

rungspflicht mit dem Umstand verknüpft, ob eine der beiden Alternativen der anderen (offensichtlich) überlegen ist.

II. Grundlagen

Der Begriff der Sanierung leitet sich aus dem lateinischen Wort „sanare" ab und kann mit „gesunden", „heilen"[225] oder – in diesem Kontext passender – mit „wieder leistungsfähig gestalten" übersetzt werden.[226] Die Unternehmenssanierung zielt folglich drauf ab, ein „krankes" Unternehmen wieder „gesund zu machen". Zu unterscheiden ist hierbei zwischen der Sanierung im engeren und im weiteren Sinne. Sanierung im engeren Sinne umfasst alle finanzwirtschaftlichen Sanierungsmaßnahmen. Sanierung im weiteren Sinne beinhaltet dagegen umfassend alle Maßnahmen in den verschiedenen Organisationsbereichen eines Unternehmens, die zur Krisenbewältigung[227] notwendig sind.

Die Sanierung ist die Gesamtheit aller Maßnahmen, „die die finanzielle Gesundung eines notleidenden Unternehmens bezwecken und geeignet sind, ein Unternehmen vor dem Zusammenbruch zu bewahren und wieder [dauerhaft; Anm. d. Verf.] ertragsfähig zu machen"[228]. Mehrere Aspekte vereinend ist sie in der Regel nicht durch einen einzelnen Eingriff durchzuführen. Erforderlich ist ein Sanierungskonzept, ein „Masterplan"[229], der die Rettung des Unternehmens durch ein Bündel verschiedener Maßnahmen realisiert. Die Sanierung ist aufgrund der Komplexität von Planung, Durchführung und Abstimmung vieler verschiedener Maßnahmen die „Königsdisziplin"[230] unter den Managementaufgaben. Sie verknüpft betriebswirtschaftliche und rechtliche Themengebiete,[231] weshalb beide Aspekte stets gemeinsam zu betrachten sind.[232] Eine erfolgreiche Sanierung erfordert „ein interdisziplinäres Zusammenwirken von Betriebswirten, Wirtschaftsprüfern, Steuerberatern und

225 *Handelsblatt*, Wirtschafts-Lexikon, S. 5114.

226 *Hdb KR*, C.1.1.2.

227 Von der Krisenbewältigung ist die Krisenvermeidung abzugrenzen. Letztere erfolgt insbesondere durch vorausschauende Unternehmensplanung und die oben angesprochenen (b. Pflicht zur Risikofrüherkennung, S. 16) Krisenfrüherkennungssysteme.

228 *Häuser* in Schimansky/Bunte/Lwowski § 85 Rn. 1.

229 Gottwald/*Kraus/Buschmann* § 5 Rn. 11.

230 *Kall/Robeck* in Brühl/Göpfert, S. 70; Gottwald/*Kraus/Buschmann* § 5 Rn. 2.

231 *Maus* in Schmidt/Uhlenbruck 3. Aufl. Rn. 358.

232 *Lachman* in Nerlich/Kreplin § 8 Rn. 3; *Krystek/Klein* DB 2010, 1769.

Rechtsanwälten aus einer Hand"[233]. Bei der Sanierung handelt es sich also um eine wirtschaftlich-unternehmerische Aufgabe[234] im rechtlichen Rahmen, bei der in allen diesen Bereichen Maßnahmen in Angriff genommen werden müssen, um das Unternehmen aus der Krise zu führen.

Müsste man aus der Gesamtheit der Anforderungen, die die Sanierung an den Sanierer stellt, die zentralen Anforderungen herausstellen, so sind es gewiss die Unsicherheit und der Zeitdruck.

Anzumerken bleibt in diesem Zusammenhang, dass die nachfolgenden Untersuchungen zur Sanierung auf solche des Unternehmens, unter Erhaltung des Unternehmensträgers, gerichtet sind. Eine „sanierende Übertragung" ist, wie bereits oben herausgestellt wurde[235], kein Fall der „Sanierung" und bleibt deshalb außer Betracht. Der Fokus liegt demnach auf der „freien Sanierung" und der Sanierung durch das Insolvenzplanverfahren.

III. Begriffliche Abgrenzung

Im Schrifttum werden verschiedene Begriffe verwendet, um die Gesamtheit der Handlungen, die in Krisenzeiten zur Unternehmensumgestaltung oder -rettung ergriffen werden, zu umschreiben; die genaue begriffliche Zuordnung bleibt insgesamt recht unklar.[236] Teilweise werden daneben gleiche Begriffe mit unterschiedlichen Interpretationen und daraus folgend mit divergierenden Definitionen belegt. Der Eindruck entsteht, dass eher negativ besetzte Begriffe wie „Sanierung"[237], mit modernen und dynamisch klingenden Anglizismen, wie „Turnaround" oder der ebenfalls etwas positiver klingenden Restrukturierung (ebenfalls aus dem Englischen: „restructuring") ersetzt werden. Wiewohl die Vorstellung von Fehlentwicklung und Krise verhindert werden soll, um zu suggerieren, man „restrukturiere", „optimiere" nur und das, im Rahmen einer „strategischen Neuausrichtung".

---

233 *Steffan* Oppenländer/Trölitzsch § 37 Rn. 50.

234 *Häuser* in Schimansky/Bunte/Lwowski § 85 Rn. 1.

235 S.o. a. Allgemein, S. 33

236 „Der Restrukturierungsmarkt in Deutschland boomt. Das ist umso beachtlicher, weil niemand genau erklären kann, was sich hinter dem Begriff "Restrukturierung" genau verbirgt" (*Undritz* ZGR 2010, 201, 202). „Die Terminologie ist uneinheitlich" (*Noack* in FS Zöllner, S. 414).

237 Die ersten begrifflichen Assoziationen werden im gemeinhin „baufälliges Haus" („Ruine") oder die Beseitigung von Bodenverunreinigungen sein.

Dies macht es insgesamt erforderlich, kurz darauf einzugehen, welchen begrifflichen Einordnungen diese Arbeit folgt und wie die angewandten Begriffe verwendet werden.

Bereits oben wurde dargestellt, was unter „Sanierung" zu verstehen ist.[238] Wird der Begriff ohne Modifikation genutzt, meint er im hier definierten Verständnis immer die Sanierung im weiten Sinne.[239] Konsistent dazu wird in diesem weiten Sinne auch der Begriff des „Sanierungskonzepts" verstanden.[240] Ein sich in der Krise befindliches Unternehmen ist sanierungsbedürftig. Charakteristisch für die Sanierung ist also das Vorliegen einer Krisensituation. Wenn diese Situation erkannt und mit der Intention einer Sanierung angegangen wird, beginnt „die Sanierung". Unbedeutend ist, ob sie zum Erhalt der Unternehmung führt oder später doch eine Liquidation erfolgt.

Synonym wird die Sanierung – vor allem im betriebswirtschaftlichen Schrifttum – als „Turnaround" bezeichnet. Er ist das angelsächsische Pendant zur Sanierung.[241] Der Turnaround definiert sich in diesem Sinne als eine Folge von Managementaktivitäten, die darauf gerichtet sind, einen länger andauernden, Existenz bedrohenden Ergebnisrückgang eines Unternehmens aufzuhalten, umzukehren und das Unternehmen wieder zu nachhaltiger Profitabilität zurückzuführen. Als kennzeichnend für den Turnaround wird die oft erforderliche „Kursänderung" angesehen[242]. Die Entsprechung zum oben beschriebenen Sanierungsbegriff ist auffallend. Im sachlichen Gesamtzusammenhang knüpft der Vorgang „Turnaround" jedoch bereits an einem Zeitpunkt an, zu dem noch keine existenzbedrohende Krise vorliegt, der Geschäftserfolg aber bereits unter ein (von der Geschäftsführung) akzeptiertes Minimum gesunken ist[243]. Zeitlich kann der Turnaround schon in der Phase der Krisenfrüherkennung[244] beginnen. Der Begriff des Turnarounds hat jedoch zwei Perspektiven. Zum einen die eben geschilderte Parallele zur Sanierung, nämlich durch verschiedene Maßnahmen in einer (potenziell existenz-) bedrohenden Situation zu versuchen, „das Ruder herumzureißen". Zum anderen aber auch die Beschreibung einer konkreten zeitlichen und sachlichen Situation. Der Turnaround ist der *Zeitpunkt* in dem einer Unternehmung

238 Oben, III. Begriffliche Abgrenzung, S. 42.

239 Vgl. auch *Hommel/Knecht/Wohlenberg* in Hommel/Knecht/Wohlenberg S. 34.

240 Vgl. unten 1. Sanierungskonzept, S. 44.

241 Böckenförde, S. 7.

242 *Pictot/Aleth* in Picot, S. 1140.

243 Böckenförde, S. 8.

244 *Hdb KR*, C.1.1.1.

„die Wende“ – heraus aus der Verlustsituation hin zu einer (überlebenssichernden) Gewinnsituation – gelingt.[245] Dies ist die im Folgenden beigelegte Bedeutung.

Zuletzt ist auf den Begriff der Restrukturierung einzugehen. Er beschreibt alle Formen von Prozessen, die auf einen tief greifenden Wandel eines Unternehmens abzielen[246] und wird oft als mit dem Turnaround oder der Sanierung synonym bezeichnet.[247] Die Restrukturierung als technischer Eingriff, somit als konkrete Einwirkung, auf die operative und finanzielle Ebene des Unternehmens. Dies deckt sich mit der im Weiteren vorgenommenen Differenzierung zwischen Sanierungs- und Restrukturierungs*konzept*.

Eine Restrukturierung kann sowohl im Vorfeld einer Krise vorgenommen werden als auch Sanierungsmaßnahme sein. In einem frühen Krisenstadium vorgenommen (Strategie- bzw. Absatzkrise), ist die Restrukturierung mit dem technischem Eingriff „Turnaround“ gleichzusetzen, weshalb, wie oben dargestellt, letzterem eher der zeitpunktdefinierende Charakter zugeordnet werden soll. In diesem Bereich kommt es auch zu faktischen Überschneidungen der Verwendung der Begrifflichkeiten. So wird in der Praxis ein sich in der Strategiekrise befindliches Unternehmen „saniert“, wenn es sich um eine schon alsbald existenzbedrohende Strategiekrise handelt. Regelmäßig wird in diesem Krisenstadium aber nicht eine solch tiefgreifende Gefährdung der Unternehmung vorliegen und daher mit dem Begriff der Restrukturierung vorlieb genommen, der eben keine Krise voraussetzt, aber auch in der Krise Anwendung finden kann.

IV. Sanierungskonzept, Sanierungsfähig- und -würdigkeit

1. Sanierungskonzept

Ist ein Unternehmen in die Krise geraten, gibt es nur zwei Möglichkeiten: die Krise überwinden oder an ihr zugrunde gehen. Um den Führungsorganen der Unternehmen einen Einblick zu geben, wie es um ihr Unternehmen in der aktuellen Lage „bestellt ist“, wird regelmäßig eine Sanierungsprüfung in Auftrag gegeben, bzw. diese selbst vorgenommen. Das

245 *Portisch*, S. 14; *Gabler*, Wirtschaftslexikon, S. 3096.

246 *Pictot/Aleth* in Picot, S. 1140.; *Böckenförde*, S. 9.

247 *Klein*, S. 56 f.; Hdb KR, C.1.1.3; *Böckenforde*, S. 9; *Undritz* ZGR 2010, 202.

Ergebnis der Sanierungsprüfung stellt das Sanierungskonzept dar.[248] Dieses dient verschiedenen Zwecken. Zum einen soll es den gegenwärtigen Zustand der Gesellschaft beschreiben und bestehende Probleme analysieren. Zum anderen soll es aber auch mögliche Lösungen aufzeigen und Wege aufzeigen, wie das Unternehmen im Ganzen aus der Krise geführt werden kann. Es dient der Unternehmensführung sodann als Entscheidungsgrundlage für künftige Handlungsalternativen.[249] Gemäß dem in der Praxis als Leitfaden dienenden IDW Standard 6 zu den „Anforderungen an die Erstellung von Sanierungskonzepten"[250] sind Kernbestandteile eines vollständigen Sanierungskonzepts: die Beschreibung des konkreten Auftragsgegenstands und -umfangs, die Darstellung der wirtschaftlichen Ausgangslage, die Analyse von Krisenstadium und -ursachen, die Darstellung des Leitbilds des zu sanierenden Unternehmens, die Maßnahmen zur Bewältigung der Unternehmenskrise und ein integrierter Unternehmensplan. Nicht synonym wird der *Begriff des „Restrukturierungskonzepts"* verwendet. Dieser soll, dem Verständnis Krysteks und Moldenhauers folgend, als detaillierte Planung, den konkreten nachhaltig dienenden Maßnahmen in der Sanierung Geltung verschaffen. Das Restrukturierungskonzept ist ein Teil des umfassenden Restrukturierungsplans.

Zunächst müssen sich die Gesellschafter darüber klar werden, ob die Gesellschaft überhaupt sanierungsfähig und sanierungswürdig ist,[251] was durch eine sog. „Sanierungsprüfung" erfolgt. Sie ist eine Grobanalyse[252], in deren Rahmen alle Unternehmensbereiche untersucht werden und schließlich eine Prognose erstellt wird, ob durch geeignete Maßnahmen nicht nur die Fortführungsfähigkeit, sondern auch die nachhaltige Wettbewerbsfähigkeit, d. h. die dauerhafte Leistungsfähigkeit, wiedererlangt werden kann.[253] Es wird eine „Krisen- Due Diligence"[254] durchgeführt.

248 Grundsätzlich ist ein Sanierungskonzept „eine schriftliche Handlungs- und Verfahrensanweisung, von der deren Verfasser glaubt und behauptet, dass [sic] bei folgerichtiger und sachgerechter Anwendung die nachhaltige Überwindung der wirtschaftlichen Schwierigkeiten eines Krisenunternehmens erreicht" (*Krystek/Klein* DB 2010, 1769).

249 *Eisolt* BB 2010, 427.

250 *IDW* S 6 – Anforderungen an die Erstellung von Sanierungskonzepten vom 20.08.2012, FN-IDW 12/2012, S. 719 = WPg Beilage 4/2012.

251 Gummert/*Gehde* § 11 Rn. 14.

252 *Böckenförde*, S. 57; *Hdb KR*, C.1.2.3; *Andersch/Schneider* in Hommel/Knecht/Wohlenberg, S. 316.

253 *IDW* S 6. Rn. 11.

254 *Lachman* in Nerlich/Kreplin § 8 Rn. 1.

Insbesondere und mit größter Genauigkeit[255] muss untersucht werden, in welchem Krisenstadium sich das Unternehmen befindet und welche Ursachen zur Krise geführt haben.[256] Bei angenommener Fortführungsfähig und -würdigkeit werden Sofortmaßnahmen eingeleitet, um das kurzfristige Überleben der Gesellschaft zu sichern[257]. Alle erforderlichen Sofortmaßnahmen werden in einem (kurzfristigen) Fortführungskonzept niedergelegt.[258] Das Sanierungskonzept ist in diesem Stadium nur grob ausgestaltet, weil ein Zuwarten auf eine detaillierte Ausarbeitung in der Phase der akuten Existenzbedrohung oft nicht möglich ist. Teilweise müssen die Sofortmaßnahmen bereits in der Phase der Grobanalyse eingeleitet werden,[259] abhängig davon, in welchem Krisenstadium der Gesellschaft die Sanierung in Angriff genommen wird. Mit der Erarbeitung des Restrukturierungskonzepts erhöht sich der Detaillierungsgrad[260] des Sanierungskonzepts und es beginnt die Phase der konkreten Krisenbewältigung, hierzu gehört die Implementierung der geplanten Maßnahmen. Freilich muss sich der Detaillierungsgrad des Sanierungskonzepts in gewissem Maße auch an der Größe des Unternehmens orientieren.[261]

2. Sanierungsfähigkeit

Aus den zur Verfügung stehenden Informationen muss herausdestilliert werden, ob das Unternehmen sanierungs- und fortführungsfähig ist, eine Sanierung also überhaupt möglich erscheint. Grundlage der Beurteilung ist eine Analyse des gesamten Geschäftssystems des Unternehmens, also interner und externer Faktoren.[262] Betriebswirtschaftlich ist ein Unternehmen sanierungsfähig, wenn durch die Sanierung wieder eine auskömmliche strategische Position erreicht wird[263], die Fortführung günsti-

---

255 Zutreffend *Brandstätter*, S. 155: „Die richtige Diagnose der Krisenursachen ist daher für den Erfolg der Sanierung von ebenso großer Bedeutung wie die durchgeführten Sanierungsmaßnahmen selber."

256 *Steffan* in Oppenländer/Trölitzsch § 37 Rn. 33; *Amshoff* KrV 2010, 303, 304.

257 Hierzu gehören bspw. das Factoring, das „Sale and lease back", die Forderungsstundung mit u. U. (teilweisen) Forderungsverzicht und der Gewinn neuer Sicherheiten aus dem Gesellschafterbereich.

258 *Steffan* in Oppenländer/Trölitzsch § 37 Rn. 46.

259 Böckenförde, S. 67.

260 *Hdb KR*, C.1.2.5; *Andersch/Schneider* in Hommel/Knecht/Wohlenberg,, S. 316.

261 *Andersch/Philipp* CF 2010, 205, 208.

262 *Hdb KR*, Abb. C 3; *Steffen* in Oppenländer/Trölitzsch § 37 Rn. 44 f.

263 Also ein nachhaltiger Überschuss der Einnahmen über die Ausgaben erzielt werden kann (*Maus* in Schmidt/Uhlenbruck 3. Aufl. Rn. 355).

ger als die Zerschlagung ist und somit die Ertragswerte die Kosten der Sanierung übersteigen.[264] Die Prüfung erfolgt aus objektiver Sicht. Auf dieser Stufe kommt es nicht darauf an, ob die Sanierung aus Sicht der Beteiligten betriebswirtschaftlich „vernünftig" ist.

Zeitlich findet dieser Entscheidungsprozess – je nach Krisenstadium – zwischen der Grobanalyse und der Vornahme von Sofortmaßnahmen statt. Das stellt gleichzeitig ein Problem dar: Grundsätzlich muss zur optimalen Prüfung der Sanierungsfähigkeit bereits ein voll ausgearbeitetes Sanierungskonzept (insb. Restrukturierungskonzept) vorliegen[265], da die geplanten Sanierungsmaßnahmen „in concreto" auf ihre Erfolgsaussichten hin zu überprüfen sind. Weil die Sanierung aber oft erst in der Liquiditätskrise beginnt, steht nur ein enger zeitlicher Korridor für die Entscheidungsfindung zur Verfügung. Schon kurze Zeit nach Entdeckung der Krise muss über die Vornahme von u.U. bereits kostenintensiven Sofortmaßnahmen entschieden werden[266]. Um nicht in diese missliche Lage zu gelangen und folgenreiche Entscheidungen auf „unsicherer" Grundlage[267] treffen zu müssen, gilt auch hier das Credo: Die Beschäftigung mit der Krise kann nicht früh genug beginnen.

Aus juristischer Perspektive muss das Unternehmen handelsrechtlich fortführungsfähig sein, vgl. § 252 Abs. 1 Nr. 2 HGB. Insolvenztatbestände dürfen weder aktuell noch prognostisch im aktuellen bzw. nachfolgenden Jahr erfüllt sein (ggfs. ist ein Liquiditäts- bzw. Überschuldungsstatus aufzustellen).[268] Der Fortführungsfähigkeit dürfen auch keine anderen rechtlichen oder tatsächlichen Gegebenheiten entgegenstehen.[269] Wobei diese bei Heranziehung des Sanierungskonzepts und unter Beachtung bereits eingeleiteter bzw. hinreichend konkreten (Sanierungs-)Maßnahmen entkräftet werden können und müssen. Liegen keine schwerwiegenden Bedenken vor, ist – auch aufgrund der gesetzlich unterstellten *Vermutung* der Fortführung[270] – bei der Erstellung der (prognostizierten) Jahresabschlüsse bilanziell vom „going concern" oder „Fortführungs-

264 *Hdb KR*, C.1.2.3.

265 Brandstätter, S. 156

266 Insbesondere wenn Gesellschafter, Banken oder andere Dritte Sicherheiten bereitstellen auf deren Basis Mittel zur Abwendung der Zahlungsunfähigkeit aufgebracht werden oder so die Überschuldung verhindert wird.

267 *Andersch/Schneider* in Hommel/Knecht/Wohlenberg, S.316.

268 *IDW* S 6 Rdnr. 13.; *Steffan* in Oppenländer/Trölitzsch § 37 Rn. 49.

269 Vgl. § 252 Abs. 1 Nr. 1 2. HS HGB.

270 Vgl. § 252 Abs. 1 Nr. 2 HGB: „Bei der Bewertung *ist* von der Fortführung der Unternehmenstätigkeit *auszugehen, sofern* dem nicht tatsächliche oder rechtliche Gegebenheiten entgegenstehen."; *Merkt* in Baumbach/Hopt § 252 Rn. 7.

prinzip" auszugehen.[271] Grundsätzlich wird eine rationale auf nachprüfbaren objektiven[272] oder zumindest objektivierbaren Kriterien beruhende Prüfung angestrebt,[273] allerdings kann dies rechtstatsächlich nicht vollständig durchgehalten werden. Hinsichtlich der Bedenken i.S.d. § 252 Abs. 1 Nr. 2 HGB und der Heranziehung des Sanierungskonzepts sowie der Erstellung von zukünftigen Jahresabschlüssen ist der Sache nach ein zwar nicht rechtlich definierter aber praktisch bestehender Prognosespielraum gegeben.[274] Es wird – trotz der teilweise eingesetzten Expertensysteme[275] – im Grunde eine der Unternehmensbewertung ähnliche[276] „Wette auf die Zukunft" vorgenommen, wobei hier zusätzlich die Variablen der weiteren Krisenentwicklung und der sachgerechten Umsetzung der Sanierungsmaßnahmen „eingerechnet" werden müssen.[277]

Die zur Prognose herangezogenen Altbilanzen und Altinformationen[278] können– insb. in Krisenzeiten[279] – hinsichtlich Ausnutzung der zulässigen Bilanzierungs- und Bewertungswahlrechte „interessengeleitet"[280] (sog. „Bilanzpolitik" und „kreative Buchführung"[281]), nicht notwendigerweise „falsch", erstellt worden sein. Sie sind, wie auch alle anderen internen Informationen des Krisenunternehmens,[282] „mit Vorsicht zu genießen".[283] Gerade die Geschäftsführung nimmt dem Sanierenden

---

271 *Winkeljohann/Büssow* in Beck-BK, § 252 Rn. 9; *Eisolt* BB 2010, 427, 429.

272 Brandstätter, S. 9.

273 *IDW* S 6 Rn. 18.

274 *Hdb KR*, C.1.2.3.; *Buth/Hermanns* DStR 2010, 288.

275 „Expertensysteme sind Programme, mit denen das Spezialwissen und die Schlussfolgerungsfähigkeit qualifizierter Fachleute auf eng begrenzten Aufgabengebieten nachgebildet werden soll." vgl. *Brandstätter*, S. 109.

276 *Maus* in Schmidt/Uhlenbruck 3. Aufl. Rn. 356; *Picot/Aleth* in Picot, S. 1169.

277 *IDW* S 6 Rn. 19; In der Regel werden verschiedene "Szenarien" erstellt, welche zum größten Teil auf der Prognose der zukünftigen Marktentwicklung beruhen (*Krystek/Klein* DB 2010, 1769). Anzutreffen sind Berechnungen der zukünftigen Unternehmensentwicklung anhand eines bestmöglichen („best-case), eines unter normalen Umständen denkbaren („base-case") und schließlich eines die ungünstigste Entwicklung berücksichtigenden („worst-case") Szenarios.

278 Bspw. Gewinn- und Verlustrechungen, Liquiditätsplanungen, Cash-Flow-Rechnungen und Strategiepapiere.

279 *IDW* S 6 Rn. 35 ff.

280 Brandstätter, S. 81.

281 *Wlecke* in Brühl/Göpfert, S. 39; Zur möglichen Bilanzpolitik im Rahmen des Jahrsabschlusses nach BilMoG: *Kirsch* BC 2009, 254 bzw. zur Steuerbilanzpolitik, *Künkele/Zwirner* DStR 2010, 2263;

282 Böckenförde, S. 59.

283 *Brandstätter*, S. 79 ff.; Gummert/*Gehde* § 11 Rn. 16: „So ist eine derartige Prüfung inhaltlich sehr komplex, beruht zudem häufig auf unzureichenden oder nicht verlässlichen

gegenüber eine paradoxe Position ein, denn auf der einen Seite ist sie von allen Beteiligten am exaktesten über das operative Geschäft informiert und in der Lage, zu erkennen, wo die Krise liegt und wie sie zu Stande gekommen ist. Auf der anderen Seite hat sie aber auch das größte Interesse, die Krise „herunter zu spielen“[284] oder zu verschleiern[285], um eigene Fehler zu verdecken und ihre Position im Unternehmen nicht zu verlieren.[286] Auch die Angst, einzugestehen,[287] dass eigene Fehler für die Krise (mit-) verantwortlich sind und der dadurch unterdrückte oder verfälschte Informationsfluss kann die frühzeitige Sanierung und Insolvenzabwendung – trotz enormer Haftungsgefahren[288] – in Einzelfällen bis zuletzt verhindern.[289] Zu Recht spricht Fleischer von einem „gesunde[n] Misstrauen gegenüber Geschäftsleitern zu Zeiten finanzieller Schieflagen“.[290] Der Unternehmenskrise ist vielfach auch eine Vertrauenskrise inhärent.[291] Deshalb, wiewohl auch aufgrund der Komplexität der Materie, ist die Einbeziehung externer Sanierungsberater die Regel. Hierdurch werden die Erfolgsaussichten einer Sanierung erheblich gesteigert.[292]

Trotz allem stellen gerade die Jahresabschlüsse mangels Alternative[293] den zentralen Ausgangs- und Anknüpfungspunkt für die Unternehmensprüfung dar.[294] Ihr Vorteil liegt in den gesetzlichen Leitlinien, denen der Bilanzierende folgen muss. Die Notwendigkeit die §§ 238 ff. HGB sowie die Grundsätze ordnungsgemäßer Buchführung (GoB) bei der Erstellung der Handelsbilanz zu beachten, steigert die Integrität der vermittelten In-

---

Unterlagen und die entsprechenden Entscheidungsträger sind häufig als befangen einzustufen.“; *Buth/Hermanns* DStR 2010, 288, 289: „Die sich aus dem Finanz- und Rechnungswesen ergebenden Daten sind zu plausibilisieren bzw. auf ihren Wahrheitsgehalt zu überprüfen“.

284 Steffan in Oppenländer/Trölitzsch § 37 Rn. 110.

285 *Eidenmüller*, S. 267; Böckenförde, S. 54 f.

286 *Portisch*, S. 9: „Befangenheit der betroffenen Personen“.

287 Sog. „Lebenslüge“, vgl. *Böckenförde*, S. 54.

288 Allein zivilrechtlich u.a.: § 15 a Abs. 1 InsO i.V.m. § 823 Abs. 2 BGB; § 823 Abs. 2 BGB i.V.m. §§ 263, 265 b StGB; § 826 BGB; §§ 311 Abs. 2, 3, 241 Abs. 2, 280 BGB (c.i.c.); Erstattung eines Kostenvorschusses gem. § 26 Abs. 3 InsO; §§ 93 Abs 3 Nr 6 iVm § 92 Abs 2 AktG; § 64 GmbHG.

289 *Berger* in Christians, S. 769; Rattunde ZIP 2003, 2103, 2105.

290 Fleischer ZGR 2004, 437, 446.

291 *Andersch/Schneider* in Hommel/Knecht/Wohlenberg, S.309.

292 Zu den Vorteilen der Beratung durch externe Sanierer vgl. *Andersch/Schneider* in Hommel/Knecht/Wohlenberg, S. 309 ff.

293 Alternativen sind insbesondere Informationen von unternehmensexternen Interessengruppen wie Kunden, Lieferanten und insb. Banken (*Böckenförde*, S. 59).

294 Brandstätter, S. 79.

formationen in gewissem Maße. Gleiches gilt für die Steuerbilanz, die auf der nach den GoB aufgestellten Handelsbilanz (sog. Maßgeblichkeitsgrundsatz, vgl. § 5 Abs. 1, S. 1 EStG) beruht. Bestenfalls liegt ein vom Abschlussprüfer testierter Jahresabschluss vor, dem eine erhöhte Glaubwürdigkeit inne wohnt.[295] Gem. § 316 Abs. 1 HGB müssen alle Kapitalgesellschaften geprüfte Jahresabschlüsse vorlegen, die nicht kleine Gesellschaften im Sinne des § 267 Abs. 1 HGB sind.[296]

3. Sanierungswürdigkeit

Ob die Rettung eines sanierungsfähigen Unternehmens tatsächlich in Angriff genommen wird richtet sich danach, ob das Unternehmen auch der Sanierung würdig ist. Hier erfolgt die Beantwortung einer der zentralen Fragen: „Sanieren oder Liquidieren?". Das ist eine subjektive[297] Entscheidung die letztlich ausschließlich von Geschäftsführung, Gesellschaftern und/oder Gläubigern getroffen wird.[298] Je komplexer die Unternehmensstruktur und je umfangreicher und komplizierter das nötige Restrukturierungskonzept, desto höher ist das Risiko, dass eine Sanierung scheitert. Da das Sanierungskonzept und die aus diesem abgeleiteten Erfolgsaussichten auf (notwendig zukunftsorientierten) Prognoseentscheidungen während der Erstellung beruhen[299], werden diese durch den Konzeptempfänger eine erneute Bewertung auf individueller Schlüssigkeits-, Deutungs- und Prognoseebene erfahren. Damit einhergehend können die verschiedenen Sanierungsinteressenten vom Sanierungskonzept abweichende Risikoeinschätzungen hinsichtlich des Sanierungserfolgs haben.[300] Alle Beteiligten nehmen eine Abwägung von Sanierungsrisiken und Verlustpotenzial gegenüber möglichen (zukünftigen) Gewinnen vor. Das Restrukturierungskonzept beinhaltet diesbezüglich Plandaten über die zukünftige Unternehmensentwicklung aufgrund derer die Investoren ihre Entscheidung treffen. Eine Rolle bei der Entscheidung über die Sanierungswürdigkeit spielen auch die subjekti-

---

295 *Buth/Hermanns* DStR 2010, 288, 289.

296 Kleine Gesellschaften sind solche, die von den in § 267 Abs. 1 HGB normierten Kriterien (1. 4.840.000 Euro Bilanzsumme nach Abzug eines Fehlbetrags i.S.d. § 268 Abs. 3; 2. 9.680.000 Euro Umsatzerlöse in den zwölf Monaten vor dem Abschlussstichtag; 3. im Jahresdurchschnitt mehr als 50 Arbeiter) nicht mehr als eines überschreiten.

297 Brandstätter, S. 9.

298 *Andersch/Schneider* in Hommel/Knecht/Wohlenberg, S. 315.

299 *IDW* S 6 Rn. 15 ff.

300 *Hdb KR*, C.1.2.3.; *Wlecke* in Brühl/Göpfert, S. 56.

ven Interessen der tatsächlich zur Verfügung stehenden Investoren. Zu Investitionen bereite Stakeholder (u. a. Mitarbeiter und Banken) sind an einer langfristigen Entwicklung des Unternehmens interessiert und nehmen auch eine „nur“ mittel- bzw. langfristige Amortisation ihres Einsatzes hin. Anders mag die Interessenlage bei Private-Equity-Investoren beschaffen sein.[301] Sie möchten regelmäßig kurz- bis mittelfristige Erträge erwirtschaften und ihr Engagement bei einem Unternehmen bereits nach kurzer Zeit wieder (lukrativ) beenden.[302]

Auch die zeitliche Komponente wirft in diesen Fällen Probleme auf, da die für die einzelnen Beteiligten zu treffende Entscheidung zeitnah zu treffen ist. Auf Grund des juristischen Zeitdrucks und dem Umstand des regelmäßig zu späten Erkennens der Krise im Stadium der Liquiditätskrise[303], beruhen betriebswirtschaftliche Bestandsaufnahmen vor der Entscheidung – z. B. über Sofortmaßnahmen – oftmals nur auf rudimentären Daten.[304]

So fließen viele verschieden Faktoren – insb. auch außerökonomische – in die intersubjektive[305] Entscheidung über die Sanierungswürdigkeit ein,[306] die deshalb eine aus diametral interpretierten Größen zusammengesetzte ökonomische Wertung darstellt.[307]

V. Strategische und operative Sanierungsebene

Wenn die Entscheidung, die Unternehmung nicht einzustellen und (frei oder im Insolvenzverfahren) nicht zu liquidieren gefallen ist, setzt die eigentliche Sanierung ein. Auch und gerade hier sieht sich die Unternehmensleitung einer der größten Leistungsanforderungen im Rahmen der Erstellung des Restrukturierungskonzepts gegenüber: der Auswahl des geeigneten Sanierungsansatzes. Hier ist es Aufgabe des Sanierers dem Weg der Krise unter umgekehrten Vorzeichen zu folgen. Das heißt: die

---

301 Zum Entscheidungsverhalten von Stakeholdern vgl. *Mayr* in Feldbauer-Durstmüller/Mayr, S. 92 ff.

302 *Hdb KR*, S. 299.

303 Oben 1. Betriebswirtschaftliches Verständnis, S. 9.

304 *Eidenmüller*, S. 277 f.; *Andersch/Schneider* in Hommel/Knecht/Wohlenberg,, S.317.

305 In den meisten Fällen liegt es nicht in der Hand nur einer Interessengruppe über die Sanierung zu entscheiden. Regelmäßig ist ein Konsens zwischen Geschäftsführung, Gläubigern und Investoren nötig.

306 Böckenförde, S. 45.

307 *Hdb KR*, C.1.2.3.

Abwendung der Krise orientiert sich am Ablauf derselben. Bereits oben[308] wurde der Krisenverlauf als in der Regel von Strategie-, über Erfolgs-, bis hin zur Liquiditätskrise verlaufend beschrieben. Es ist demnach erste Aufgabe der Unternehmensleitung, das kurzfristige Überleben des Unternehmens durch Abwendung der Liquiditätskrise zu erreichen.[309] Erst dann kann der Produktabsatz (Abwendung der Erfolgskrise) und die langfristige Unternehmensplanung (Abwendung der Strategiekrise[310]) beginnen.

1. Strategische Ebene

Tragende Säule des Sanierungskonzeptes ist die Planung auf strategischer Ebene. Sie umfasst langfristige Maßnahmen, die der Dauerhaftigkeit des Unternehmenserfolgs dienen und auf Nachhaltigkeit ausgerichtet sind. Es ist wichtig, sowohl für die Stakeholder als auch die (zukünftigen) Shareholder, dass die Unternehmung von einem Leitbild bestimmt wird. Ein bestehendes Leitbild muss einer kritischen Prüfung unterzogen werden.[311] „Im Leitbild werden die aufzubauenden bzw. zu stärkenden Wettbewerbspotenziale und Vorgehensweisen des Unternehmens in der Zukunft skizziert".[312] Die unter Umständen erforderliche Bearbeitung dieses bestehenden oder gar die Ausrichtung an einem neuen Leitbild ist ein zentraler Auftrag des Sanierungskonzepts. Investoren und Beteiligten muss die „Vision" eines zukünftigen Unternehmens vor Augen geführt werden, das (wieder) attraktiv für Eigen- und Fremdkapitalgeber ist.[313] Mitarbeiter und Geschäftsführung bedürfen in der Krise besonderer Identifikation mit ihrem Unternehmen („corporate identity"), um im Vertrauen auf die mögliche Sanierung auch zu Opfern bereit zu sein. Das Sanierungskonzept muss schlüssig darlegen, wie durch strategische und operative Maßnahmen dieses Leitbild erreicht werden kann.[314] Die „Vision" des zukünftigen Unternehmens muss auf einem realisierbaren, zukunftsfähigen Geschäftsmodell fußen.[315]

---

308 Oben I. Begriff der Krise, S. 9.
309 *IDW* S 6 Rn. 13.
310 Sogleich unten.
311 *IDW* S 6 Rn. 90 ff.
312 *Andersch/Schneider* in Hommel/Knecht/Wohlenberg, S.322.
313 *IDW* S 6 Rn. 90.
314 *IDW* S 6 Rn. 91, 99.; *Steffen* in Oppenländer/Trölitzsch § 37 Rn. 53.
315 *IDW* S 6 Rn. 92.

Ist auf der strategischen Ebene das Leitbild des Unternehmens festgesetzt worden, obliegt es dem Sanierungskonzept, darzulegen, mittels welcher Sanierungsstrategie es erreicht werden soll. Verschiedene Sanierungsstrategien stehen zur Verfügung. Eine allgemein anerkannte Systematisierung besteht in der grundsätzlichen Kategorisierung nach der strategischen Grundhaltung (offensiv oder defensiv) einerseits und der Taktik innerhalb des Tätigkeitsbereichs (Marktwechsel oder Marktbehauptung) andererseits. Aus der Kombination des Strategieelements mit einem solchen aus dem Tätigkeitsbereich ergeben sich vier denkbare Grundstrategien der Krisenbewältigung.

Zunächst bei offensiver strategischer Grundhaltung die Diversifikationsstrategie[316] (bei Kombination mit „Marktwechsel") und die Verdrängungsstrategie[317] (bei Kombination mit „Marktbehauptung"), oder bei Einnahme einer defensiven Strategie und gleicher Kombination der zweiten Kategorie die Aufgabestrategie[318] und die Konsolidierungsstrategie[319].

2. Operative Ebene

Die Sanierungsbemühungen im kurz- bis mittelfristigen Bereich fokussieren sich auf die Restrukturierung der operativen Ebene.[320] Im kurzfristigen Bereich liegen die (operativen) Sofortmaßnahmen zur Abwendung

---

316 Vorhandene Ressourcen und Know-How werden zu einer neuen, hinsichtlich Markt- und Renditeentwicklung attraktiveren, Anwendung nutzbar gemacht (*Berger* in Christians, S. 800).

317 Ziel ist die Erreichung einer führenden Marktposition im beheimateten Markt oder die extreme Konzentration in ausgewählten Marktsegmenten (*Hdb KR*, C.1.2.3.). Doch steht diese Option im Allgemeinen nicht zur Verfügung, da eine bereits bevorzugte Stellung im Markt erforderlich ist und die Mittel zur Erreichung des Ziels (erhöhte Produktion, niedrigere Preise, umfangreiches aggressives Marketing etc.) eine (zu) umfangreiche Finanzierung benötigen, die Unternehmen in der Krise nicht leisten könnten.

318 Aktiv bewirtschaftete Märkte werden aufgegeben. Dies kann einzelne verlustträchtige Bereiche betreffen, jedoch auch in einer langsamen Bewegung zu einem Marktaustritt führen.

319 Diese häufig anzutreffende Sanierungsstrategie (*Berger* in Christians, S. 799) beinhaltet Kapazitätsabbau und Synergieerreichung, Bereinigung der angebotenen Leistungs- und Produktpalette und Kostensenkungsprogramme, insgesamt eine Konsolidierung auf niedrigem Niveau. Die Konsolidierung kann einerseits durch sog. „Gesundschrumpfen", andererseits durch Konzentration auf lukrative Nischen („Nischenstrategie") erfolgen (*Brandstätter*, S. 251).

320 *Liebig/Witt* DB 2011, 1929, 1930.

der Insolvenz. Eine konkrete Zuordnung einer Maßnahme als operative Sofortmaßnahme oder als eine, die auf eine dauerhafte Gesundung des Unternehmens zielt, ist nicht immer trennscharf möglich[321]. Insgesamt können alle Eingriffe, die eine Verbesserung der operativen Ziele des Unternehmens hinsichtlich Erfolg und Liquidität betreffen, als operative Maßnahmen zusammengefasst werden.[322] Zu unterscheiden sind operative Maßnahmen im leistungs- bzw. ertragswirtschaftlichen und im finanzwirtschaftlichen Bereich.

a. Leistungs- bzw. ertragswirtschaftliche Maßnahmen

Gründe, eine Änderung an der Unternehmensstruktur, explizit an der Gesellschaftsorganisation vorzunehmen, können mannigfaltig sein. Im Verlauf des Wachstumsprozesses eines Unternehmens kann die Organisation durch fehlende strategische Planung leiden. Ohne konkreten Organisationsplan und eine durchdachte Struktur kann schnelles organisches und/oder externes Wachstum zu strukturellen Dissonanzen innerhalb der Unternehmung führen.[323] Schnell ist ein aus einem Einzelunternehmen ein Konzern geworden.[324] Möglicherweise schließen sich Gesellschaften ausländischer Rechtsform dem Unternehmen an, deren Verwaltung und gesellschaftsrechtliches Gepräge der „einheimischen Mutter" fremd sein mögen und sich so der tatsächlichen Kontrolle entziehen.

Daneben kommen verschiedene andere Eingriffe, etwa im Personalbereich (Kurzarbeit, Einstellungsstopp, Frühpensionierung, Kündigungen etc.) und in den verschiedenen im Einzelfall vorhandenen Funktionsbereichen (Management, Organisation, Materialwesen, Produktion, Vertrieb, Forschung und Entwicklung etc.) in Betracht.[325] Im Personalbereich hat das Gesetz zur Angemessenheit der Vorstandsvergütung (VorstAG[326]) neue Einsparungspotenziale eröffnet. So können die Vor-

---

321 *Steffen* in Oppenländer/Trölitzsch § 37 Rn. 53.

322 *Hdb KR*, C.1.3.2.

323 Zu den Begrifflichkeiten vgl. *Thommen/Achleitner* S. 86.

324 Effektiv schon bei der Gründung der ersten Tochtergesellschaft, vgl. § 18 AktG: „Sind ein herrschendes und ein oder mehrere abhängige Unternehmen unter der einheitlichen Leitung des herrschenden Unternehmens zusammengefaßt, so bilden sie einen Konzern.".

325 Vgl. *Picot/Aleth* in Picot, S. 1179 f.; *Steffen* in *Oppenländer/Trölitzsch* § 37 Rn. 54 ff; weitere Beispiele *Hdb KR*, C.1.2.3.1

326 „Gesetz zur Angemessenheit der Vorstandsvergütung" (VorstAG) vom 31. Juli 2009, BGBl. I S. 2509.

standsbezüge[327] schon in der betriebswirtschaftlichen Krise[328] einseitig herabgesetzt werden. Diese Regelung kann jedoch nicht analog auf die GmbH angewendet werden,[329] bei dieser verbleibt lediglich der Rückgriff auf die Treupflicht des Geschäftsführers,[330] in der akuten Unternehmenskrise[331] einer Anpassung seines Gehalts zuzustimmen.[332]

Leistungs- und ertragwirtschaftliche Ansätze stellen gesellschaftsinterne Reorganisations- und Restrukturierungsmaßnahmen dar, die das Ziel haben eine Kostensenkung einerseits und eine Ergebnisverbesserung andererseits herbeizuführen.[333] Eine leistungswirtschaftliche Maßnahme, die früh im Sanierungsverfahren getroffen wird und für den Gesamterfolg entscheidend ist, liegt in der Auswahl eines geeigneten Sanierungsberaters.[334] Auch wenn die Sanierung ebenso von der Geschäftsführung durchgeführt werden kann, ist zur Einbeziehung Dritter in die Sanierung zu raten. Der externe Berater bringt Impulse von außen, kennt sich mit der Vorgehensweise in Krisensituationen aus und ist in der Lage, zum passenden Zeitpunkt die richtigen Ansprechpartner zu finden (Stakeholderkommunikation). Selbstverständlich ist in Sanierungssituationen das Unternehmen hinsichtlich der einzelnen Sparten separat zu analysieren und diese daraufhin zu überprüfen ob die Renditeerwartungen im Vergleich zu den Eigenkapitalkosten der Gesellschaft jeweils positiv verlaufen. Eine Krise kann durchaus darauf zurückzuführen sein, dass einzelne Sparten mittels Quersubvention trotz negativer Ergebnisse „durchgefüttert" werden. Hier empfiehlt es sich, bei der Prüfung der Aufgabe von nicht produktiven Betriebsteilen auch die Insolvenz – aufgrund besonde-

---

327 Selbst Ruhegehälter, Hinterbliebenenbezüge und Leistungen verwandter Art können noch in den ersten drei Jahren nach Ausscheiden herabgesetzt werden (vgl. § 87 Abs. 2 S.2 AktG).

328 In der alten Fassung des § 87 AktG wurde noch eine „wesentliche" Verschlechterung vorausgesetzt.

329 So ausdrücklich Beschlussempfehlung VorstAG, BT-Drucks. 16/13433, S. 16; zustimmend *Wurth*, S. 923; *Feddersen/Von Cube* NJW 2010, 576, 577; *Greven* BB 2009, 2154, 2157; kritisch *Wübbelsmann* GmbHR 2009, 988, 990.

330 *Lunk/Stolz* NZA 2010, 121, 123; *Baeck/Götze/Arnold*, NZG 2009, 1121, 1124.

331 Über eine Ausstrahlungswirkung der Vorziehung des möglichen Zeitpunkts der Reduzierung (vgl. oben).

332 *BGH*, Urteil vom 15.06.1992 – II ZR 88/91 = GmbHR 1992, 605, 607. Es bleibt abzuwarten ob und wie sich diese Rechtsprechung in Anbetracht des VorstAG verändern wird.

333 *Hdb KR*, C.1.3.2.1.

334 *Portisch*, S. 142.

rer Instrumente zur Reorganisation – als möglichen Sanierungsrahmen in Betracht zu ziehen.[335]

b. Finanzwirtschaftliche Maßnahmen

Letztlich schlägt sich die Krisensituation immer offen in der Finanzsphäre nieder. Im Gegensatz zu den ertragswirtschaftlichen Krisensymptomen tritt der Umstand „fehlendes Geld" offensichtlich zu Tage. Letztlich wird die Gesellschaft durch Dritte darauf aufmerksam gemacht werden. Schon die Überwindung der regelmäßig vorliegenden Liquiditätskrise erfolgt – naheliegenderweise – durch Finanzierungsmaßnahmen, die gerade in der frühen Phase der insolvenzvermeidenden Sofortmaßnahmen eine entscheidende Rolle spielen [336]. Ohne Sanierungsbeiträge und somit frisches Kapital wird keine dauerhafte Sanierung gelingen.[337] Selbst wenn eine „passive" Sanierung durch Maßnahmen erfolgt, die keine aktiven finanziellen Investitionen erfordern (Aufgabe- oder Konsolidierungsstrategie[338]), muss die „Durststrecke" bis zum Turnaround überstanden und in diesem Zeitraum eine Überschuldung und Zahlungsunfähigkeit verhindert werden. In jedem Fall sind größere Aufwendungen erforderlich um leistungswirtschaftliche Expansionsmaßnahmen umzusetzen, die bei Ausrichtung an einer Diversifikations- bzw. Verdrängungsstrategie erforderlich sind. Strategische und operative Maßnahmen erfordern, bevor sie zum Erfolg führen und Erträge generieren können, grundsätzlich zusätzliche Finanzmittel.[339] Dementsprechend ist der Finanzbereich auch der wichtigste Ansatzpunkt der Unternehmenssanierung.[340] Hat man aufgrund eines stimmigen Sanierungskonzepts Geldgeber dazu bewegen können, in die kriselnde Gesellschaft zu investieren, sind die zur Umsetzung in Betracht kommenden Optionen vielfältig.[341] Da (auch) die finanzielle Gesundung im Regelfall nicht durch eine einzige Maßnahme erlangt werden kann, wird der Restrukturierungsplan im finanzwirtschaftlichen Aspekt ein Bündel (sich bedingender) Maßnahmen vorse-

---

335 Vgl. unten VI. Rechtlicher Sanierungsrahmen, S. 57; Zum Problem den mit dem Sanierung vorbefassten Berater zum Insolvenzverwalter zu ernennen, vgl. unten Fn. 388.

336 *Steffen* in Oppenländer/Trölitzsch § 37 Rn. 79.

337 *Lachman* in Nerlich/Kreplin § 8 Rn. 3.

338 S.o. 1. Strategische Ebene, S. 52

339 *Hdb. KR*. C.2.2.1.

340 *Picot/Aleth* in Picot, S. 1180; *Gless/Undritz* in Brühl/Göpfert, S. 353.

341 Böckenförde, S. 138.

hen.[342] Einige können von der Gesellschaft selber durchgeführt werden (autonome Finanzierungsmaßnahmen) während andere nur mit Zustimmung Dritter möglich sind (heteronome Finanzierungsmaßnahmen).[343] Erstere umfassen beispielsweise den Verkauf nicht betriebsnotwendigen Vermögens, den Einzug ausstehender Forderungen, das „sale and lease back" und den Forderungsverkauf (sog. „Factoring"). Daneben kommt die Kapitalzufuhr durch die Gesellschafter im Wege von Kapitalerhöhungen, Forderungsverzichten, Gesellschafterdarlehen oder andere Zuzahlungen in das Eigenkapital (§ 272 Abs. 4 Nr. 4 HGB) in Betracht. Die Innenfinanzierungskraft der Gesellschaft ist im offen zu Tage getretenen Krisenfalle aber regelmäßig aufgebraucht oder nicht ausreichend, um den zur Sanierung erforderlichen Kapitalbedarf zu decken. In Fällen, in denen die Krise so weit vorangeschritten ist, dass sie ohne äußere Hilfe nicht überwunden werden kann, ist es unumgänglich, die Sanierung auf das externe Verhältnis auszudehnen und somit Gläubiger und interessierte Investoren einzubeziehen. Der Nachteil dieser Vorgehensweise liegt darin, dass die Krise zwingend nach außen dringt.[344]

In dem hier dargestellten (Finanzierungs-)Zeitpunkt des Sanierungsprozesses tritt die im Rahmen dieser Arbeit untersuchte Frage nach der Zustimmungspflicht der Gesellschafter zu notwendigen (vor allem) finanzwirtschaftlichen Maßnahmen regelmäßig zu Tage.

VI. Rechtlicher Sanierungsrahmen

Die Sanierung eines Unternehmens kommt in zwei voneinander zu unterscheidenden Zeitpunkten in Betracht. Wird die Krise frühzeitig erkannt, rückt zunächst eine sogenannte „freie Sanierung" ins Blickfeld. Sie erfolgt unter allgemeinen rechtlichen Rahmenbedingungen und stellt das Gegenstück zur insolvenzrechtlichen Sanierung dar. Bei letzterer kann der Sanierende auf spezielle „Werkzeuge" des Insolvenzrechts zurückgreifen, muss im Gegenzug jedoch auch nachteilige Regelungen „in Kauf nehmen". Im besten Falle wird die Krise in einem frühen Stadium er-

342 Die im Einzelnen möglichen finanziellen Maßnahmen sind ebenso vielfältig wie die leistungswirtschaftlichen und hängen in der gleichen Weise wie letztere vom individuellen Gepräge der Unternehmung ab. Zu allgemeinen finanziellen Restrukturierungsmöglichkeiten vgl. *Hdb KR*, D.2.

343 Böckenförde, S. 139.

344 Zum Problem des Bekanntwerdens der Krise, unten 2. Sanierung im Rahmen eines Insolvenzverfahrens, S. 62.

kannt und aus den vorhandenen Möglichkeiten kann der am günstigsten erscheinende Sanierungsrahmen ausgewählt werden. Wird die Fehlentwicklung erst im Stadium der akuten oder der insolvenzrechtlichen Krise offenbar, bleibt in der Regel nur die Sanierung im Rahmen des Insolvenzverfahrens. Dies ist durch die Insolvenzantragspflicht aus § 15 a Abs. 1 InsO bedingt. Nach ihr haben die geschäftsführenden Organe juristischer Personen „ohne schuldhaftes Zögern, spätestens aber drei Wochen nach Eintritt der Zahlungsunfähigkeit oder Überschuldung, einen Insolvenzantrag zu stellen". Diese Zeit reicht regelmäßig[345] nicht mehr für eine Sanierung aus.[346] Zudem macht die Verletzung der Antragspflicht die Geschäftsführung gegenüber der Gesellschaft und Dritten schadensersatzpflichtig und ist nach § 15 a Abs. 4 und 5 InsO strafbewehrt.[347] Wenn noch kein Tatbestand vorliegt, der die Geschäftsführung dazu zwingt, einen Insolvenzantrag zu stellen und ist die Fragestellung „Sanieren oder Liquidieren" im ersteren Sinne beantwortet, steht die nächste Alternativenwahl bevor: „Sanieren innerhalb oder außerhalb der Insolvenz?". Um diese Frage zu beantworten, müssen zunächst die Vor- und Nachteile einer gerichtlichen (= insolvenzrechtlichen) und einer freien Sanierung herausgestellt werden. Die Kenntnis des Umfeldes, in dem Sanierungsmaßnahmen erfolgen, ist für das spätere Verständnis bestimmter Verfahrensabläufe von Bedeutung, so etwa die Bewertung der Effektivität der Sanierungsoptionen und die Notwendigkeit von Änderungen und Anpassungen gesetzlicher Vorschriften.

1. Freie Sanierung

Als „frei" oder „außergerichtlich" wird eine Sanierung bezeichnet, die außerhalb eines Insolvenzverfahrens und somit ohne gerichtliche Überwachung durchgeführt wird.[348] Auf diesem Weg, unter Zuhilfenahme

---

345 *Steffan* in Oppenländer/Trölitzsch, § 38 Rn. 79; *Eidenmüller*, S. 410.

346 Insbesondere Kapitalerhöhungsmaßnahmen nehmen in der Vorbereitung und Durchführung erhebliche Zeit in Anspruch. Neben den Verzögerungen durch Beachtung der formellen und materiellen gesellschaftsrechtlichen Voraussetzungen, werden sich die Kapitalgeber vor einer (erneuten) Investition in die Gesellschaft über die objektive Fortführungsfähig- und die subjektive Fortführungswürdigkeit (S. 46 ff.) informieren wollen.

347 Zum Problem der Kollision zwischen Insolvenzantragspflicht und Sanierungsversuch, vgl. oben S. 32.

348 *Eidenmüller*, S. 262.

von nur rechtsgeschäftlicher Gestaltungsalternativen[349], werden die Mehrzahl der Sanierungsvorgänge durchgeführt.[350] Die Freiheit von gerichtlichen Zwängen ist der maßgebende Vorteil einer freien Sanierung, denn so lassen sich dem Einzelfall angepasste Lösungen auf dem Verhandlungsweg erzielen. Hier liegt jedoch zugleich ein Risiko, denn wie bereits bei der Beurteilung der Sanierungswürdigkeit gezeigt, sind Entscheidungsprozesse in Krisen- und Sanierungssituationen häufig heterogen ausgeprägt und von subjektiven Einschätzungen geleitet. Es ist eine andere Frage, inwiefern diesem Nachteil durch die Annahme einer „Kooperationspflicht" der verschiedenen an der freien Sanierung beteiligten Gruppen begegnet werden kann.[351] Probleme ergeben sich insbesondere bei der Aushandlung der jeweiligen Befriedigungsquoten der verschiedenen Gläubiger im Rahmen des außergerichtlichen Vergleichs. Hier können sich durch sogenannte „Akkordstörer" besondere Probleme ergeben.[352] Einzelnen (mehr oder minder wesentlich) beteiligten Gläubigern ist es möglich, den ganzen Vergleich zu Fall zu bringen und dies als Druckmittel einzusetzen. Positiv ist die Möglichkeit zu sehen, die Gruppen der Gläubiger, mit denen verhandelt wird, selbst zu bestimmen. Je kleiner der Kreis der einbezogenen Gläubiger gefasst werden kann und je homogener die Ausgangslagen sind[353], desto höher ist die Wahrscheinlichkeit einer kooperativen Zusammenarbeit und die Möglichkeit effizienter Kommunikation sowie die Akzeptanz der Interessen anderer Beteiligter.[354] Auch die Transaktionskosten sind dementsprechend geringer.[355] In der Regel hat ein Unternehmen einige große Gläubiger und viele kleinere. Zu den Großen zählen vor allem die Gläubigerbanken und bedeutende Zulieferer oder, etwa im Fall bestehender Warenkreditversicherungen, Versicherer.[356] In Betracht kommt auch die Beteiligung von

---

349 Schimansky/Bunte/Lokowski/*Häuser* § 85 Rn. 3.

350 *Eidenmüller*, S. 263.

351 Auf die Gesellschafter bezogen unten Kapitel 2 – Gesellschaftsrechtliche Grundlagen, S. 75; Kooperationspflichten zwischen Gläubigern und Gesellschaftern, aber auch den Gläubigern untereinander sind nur schwerlich zu begründen; eine solche Kooperationspflicht versuchend *Eidenmüller*, Unternehmenssanierung zwischen Markt und Gesetz; kurz hierzu *Hölzle* NZI 2010, 207, 208.

352 Vgl. *BGH*, Urteil vom 12.12.1991 – IX ZR 178/91 = NJW 1992, 967 („Akkordstörer"); *Hölzle* NZI 2010, 207.

353 Insbesondere hinsichtlich der den Gläubigern zustehenden Finanztitel.

354 *Eidenmüller*, S. 421.

355 *Hdb. KR*, D.3.2.2.1.

356 *Eidenmüller*, S. 271.

Vertretern des Staates bzw. der Länder, je nach „Systemrelevanz“[357] der Unternehmung. Wenn nur solche Gläubiger beteiligt werden, deren Forderungen in Relation zur absoluten Höhe der Forderungen ein „wesentliches“ Maß betragen, kann faktisch allein mit diesen über die Zukunft des Unternehmens entschieden werden.[358] Die kleineren Gläubiger werden hinsichtlich ihrer Forderungen schlicht, ohne Abweichung vom üblichen Procedere, bedient und merken unter Umständen gar nichts von der Krise der Gesellschaft. Hier liegt ein Vorteil der außergerichtlichen Sanierung, diese kann – in bestimmtem Rahmen – frei von Publizität durchgeführt werden.[359] Jedenfalls bestehen keine Veröffentlichungspflichten, wie im Falle der Insolvenz. Gelingt es also nur mit Hilfe einiger Gläubiger „im Stillen“ die Sanierung zu betreiben, kann der vielfach beschriebene Dominoeffekt[360] des Bekanntwerdens von Zahlungsschwierigkeiten und Krise vermieden werden.[361] Die negative Publizität einer Insolvenz wirkt sich gerade in der kritischen Phase des Unternehmens auf eine entscheidende Größe aus: den Absatzmarkt.[362] Produktion und Absatz werden durch die Angst Dritter, mit einem insolventen Partner zu kontrahieren und in der Insolvenz auszufallen, erschwert. Wichtige Partner werden darauf verzichten, neue Geschäfte mit dem Unternehmen zu tätigen und davon absehen die Kreditlinien zu erhöhen und z.B. nur noch gegen Barzahlung liefern.

Daneben verfügt das freie Sanierungsverfahren über einen erhöhten Grad an Dynamik. Den Beteiligten ist es möglich wichtige Entscheidungen innerhalb kürzester Zeit zu treffen; die unternehmerischen Entscheidungsbefugnisse liegen weiterhin im vollen Umfang beim Management. Das Fehlen insolvenzrechtlicher Fristen und Regelungen sowie die Barrierefreiheit der Entscheidungsfindung, eröffnen die Möglichkeit, auf

357 Diese pflegt nicht nur äquivalent zum Steueraufkommen des Unternehmens, sondern daneben auch exponentiell zur Zahl der gefährdeten Arbeitnehmer und dem damit einhergehenden öffentliche Interesse, zu steigen.

358 Beispielhaft ist auch auf den im Zuge der Finanz- und Wirtschaftskrise beschlossenen „Schuldenschnitt“ Griechenlands zu verweisen. Hierbei handelte es sich prinzipiell auch um eine freie Sanierung unter der Beteiligung der wesentlichen Gläubiger, welche vor allem Deutschland, Frankreich und ein Konsortium von Banken darstellten.

359 *Müller*, S. 264; *Madaus* NZI 2011, 622, 623; *Hölzle* NZI 2010, 207; *Uhlenbruck* BB 2001, 1641, 1643.

360 *Müller*, S. 264; *Kussmaul/Steffan* DB 2000, 1849, 1850.

361 *Heinzmann* BWNotZ 1994, 118.

362 *Steffan*, WPG Sonderheft 2003, 149, 160.

Gläubiger individuell[363] einzugehen.[364] Der mögliche Zeitgewinn und der damit einhergehende Effizienzvorteil werden häufig als großes Plus der freien Sanierung genannt.[365] Dem Zeitgewinn steht aber auch ein gewisser Zeitdruck gegenüber, da im Rahmen der freien Sanierung die Insolvenzantragspflichten nicht suspendiert sind.[366]

Dennoch kann auf plötzliche Umstände effektiv reagiert werden und ein Strategiewechsel ist jederzeit möglich, alles unterliegt der Privatautonomie.[367]

Daneben entspricht es der Natur des Menschen einem selbst ausgehandelten Kompromiss loyaler beizustehen, als einer gerichtlichen bzw. von einer (Gläubiger-)Mehrheit oktroyierten Entscheidung.

Die Planung der Sanierung und insbesondere die Koordinierung der verschiedenen Gläubigerinteressen übernimmt der Schuldner[368] oder ein die Sanierung initiierender Dritter[369],[370] gegebenenfalls kann hier auch eine Einteilung in Gläubigergruppen vorgenommen oder ein „Gläubigerausschuss" gebildet werden. „Herren des Verfahrens" sind ausschließlich die an der Sanierung beteiligten Parteien. Je nach Größe der zu sanierenden Unternehmung und der Anzahl der Gläubiger, wird die Geschäftsführung alleine nicht dazu in der Lage sein, eine außergerichtliche Sanierung vorzunehmen. Zur Planung der Sanierung, aber auch um einen objektiven Blick auf den Sachstand zu erlangen, sollte dann ein Sanierungsberater engagiert werden. Der Geschäftsführung ist der Einsatz eines Experten schon aus haftungsrechtlicher Sicht zu empfehlen. Im

363 Insolvenzrechtlich gilt dagegen grundsätzlich ein Gleichbehandlungsgebot („par conditio creditorum") (*Uhlenbruck*, § 226 Rn. 1 f.).

364 *Eidenmüller*, S. 338.

365 *Eidenmüller*, S. 410; *Madaus* NZI 2011, 622, 623; *Hölzle* NZI 2010, 207.

366 *Hölzle* NZI 2010, 207.

367 *Eidenmüller*, S. 340.

368 *Eidenmüller*, S. 275.

369 So bilden Banken sog. „workout Gruppen" um Kreditrisikomanagement zu betreiben. Durch die allgemeine Kreditüberwachung („Kreditrisiko-Controlling"), zu der sie gem. § 25 a Abs. 1 KWG i.V.m. MaRisk BTO 1.2.2 Tz. 2 mindestens turnusmäßig verpflichtet ist und besondere Kreditbedingungen, sowie ggfs. den Kontakt zu Dritten, hat die Bank oftmals gute und zeitnahe Kenntnis über die Lage des betreffenden Unternehmens (*Preinfalk/Mühlböck* in Feldbauer-Durstmüller/Mayr, S. 298 f.). Wird eine Krise festgestellt, werden die anhängigen „Problemkredite" an spezialisierte Mitarbeiter abgegeben (MaRisk BTO 1.2.5. Tz. 1), welche Kontakt zur Geschäftsführung des betroffenen Unternehmens aufnehmen. Für diese Aufgabe unterhalten Banken im Allgemeinen eine Sanierungsabteilung mit Sanierungsteams („work-out-Gruppen"), die innere Organisation (*Portisch*, S. 82 ff, 109) ist jedoch nicht explizit vorgeschrieben.

370 *Eidenmüller*, S. 303.

Zweifel wird der im Allgemeinen größte Gläubiger, die Hausbank, auf die Zuziehung eines Sanierungsberaters drängen. Die freie Sanierung zeichnet aus, dass seine Auswahl privatautonom erfolgt und dementsprechend für den konkreten Fall der subjektiv beste Berater gefunden werden kann.[371] Die Vorteile aus Dynamik und Koordinierung sind jedoch eng an die Organisation und Durchführung der freien Sanierung geknüpft. Eine schnelle „stille Sanierung" *kann* direkte[372] und indirekte[373] Insolvenzkosten vermeiden.[374]

2. Sanierung im Rahmen eines Insolvenzverfahrens

Der freien Sanierung steht die Sanierung unter dem gerichtlich überwachten Regime des Insolvenzrechts gegenüber. Hier sind, im Gegensatz zum freien Verfahren, alle Insolvenzgläubiger (§§ 38, 174 InsO) in das Insolvenzverfahren einzubeziehen. Sie sind in der Gläubigerversammlung repräsentiert (vgl. § 74 Abs. 1 InsO); nur mit den „Großen" zu verhandeln ist nicht möglich. Das Verfahren liegt in den Händen der Gläubiger. Eine Vielzahl kleiner Gläubiger kann (etwa durch teilweisen Forderungsverzicht, Stundung oder weitere Belieferung auf Kredit) erhebliche Sanierungsbeiträge leisten, die in einer freien Sanierung nicht immer zu erreichen sind. Bei „erfolgreicher" insolvenzrechtlicher Sanierung besteht die Möglichkeit, insgesamt eine niedrigere Quote zu bedienen, als dies bei Aushandlung der Quote im freien Verfahren möglich sein wird.[375]

Durch die Gläubigerversammlung wird Transparenz geschaffen. Daneben erfährt das Insolvenzverfahren durch die gesetzliche Regelung des Ablaufs und die Pflicht des Insolvenzverwalters zu informieren und zu kooperieren[376], eine nachvollziehbare Struktur.[377] Das erschwert es Ein-

---

371 „Die zuweilen völlige Unsicherheit darüber, welche Person schließlich vom Gericht als Sachverständiger, vorläufiger Insolvenzverwalter bzw. Insolvenzverwalter im eröffneten Verfahren eingesetzt wird, kann in ihrer Bedeutung gar nicht hoch genug eingeschätzt werden" (*Westpfahl* ZGR 2010, 385, 390).

372 Direkte Insolvenzkosten sind die der Verfahrensabwicklung (Kosten des gerichtlichen Verfahrens; Vergütung des Insolvenzverwalters, Gläubigerausschusses, Berater etc; auch die u. U. hohe Dauer des gerichtlichen Verfahrens kann Kostenfaktor sein).

373 Indirekte Insolvenzkosten sind solche Nachteile, die sich der Publizität der Insolvenz ergeben, also nachteilige Reaktionen von Abnehmern, Kreditgebern und anderen Stakeholdern (s.o.), vgl. *Madaus* NZI 2011, 622, 623.

374 *Hdb. KR*, D.3.2.2.4.1.; *Eidenmüller*, S. 332; Müller, S. 264; *Hölzle* NZI 2010, 207.

375 *Steffan* WPG Sonderheft 2003, S. 148, 159.

376 Vgl. §§ 156, 158, 160 InsO; Im Insolvenzplanverfahren auch § 261 Abs. 2 InsO.

377 *Neuhof* NJW 1998, 3225.

zelnen, sich Vorteile zu Lasten Dritter zu verschaffen und kann verhindern, dass am Sanierungsprozess beteiligte Dritte den Vorgang zu ihren eigenen Gunsten in die Länge ziehen.[378] Die Informationen bezüglich der Unternehmenslage und Entwicklung sowie zu den Sanierungschancen und den erforderlichen Sanierungsbeiträgen werden von objektiver Verwalterseite an die Gläubiger herangetragen. In der freien Sanierung liegt in der Präsentation von Informationen erhebliches Gestaltungs- und Verschleierungspotenzial. Die Gläubiger könnten die Grundlagen, auf denen ihre Entscheidung beruht, als intransparent und damit unglaubwürdig betrachten.[379]

Das Insolvenzrecht stellt spezielle Sanierungsinstrumente zur Verfügung. Der Schuldner kann sich von nachteiligen Dauerschuldverhältnissen privilegiert lösen (§ 109 InsO) und im Personalwesen abgekürzte Kündigungsfristen (§ 113 InsO) sowie verfahrensrechtliche Vorteile (z.B. § 125 InsO) nutzen. Letzteres stellt kombiniert mit der Möglichkeit der Beantragung des dreimonatigen Insolvenzgeldes eine erhebliche Entlastung des regelmäßig strapazierten Cash-Flows dar. Gerade die Belastung durch langwierige Kündigungsprozeduren und hohe Abfindungszahlungen belasten kriselnde Unternehmen.[380] Des Weiteren kann der Insolvenzverwalter unrechtmäßige Abflüsse aus dem Gesellschaftsvermögen durch Ausübung seines Anfechtungsrechts wieder rückgängig machen (§§ 129 ff InsO). Auch die „Rückschlagsperre" des § 88 InsO hilft die Gesellschaft mit notwendigen Mitteln zu versorgen. Gleiches gilt für die Möglichkeit des Gerichts bereits im Eröffnungsverfahren Sicherungsmaßnahmen anzuordnen, etwa die Aussetzung der Zwangsvollstreckung (§ 21 Abs. 2 Nr. 3 InsO) oder das Verbot einer Aussonderung beweglicher Gegenstände (§ 21 Abs. 2 Nr. 5 InsO). Hierdurch kann der Geschäftsbetrieb aufrechterhalten und opponierenden Gläubigern ein erhebliches Druckmittel genommen werden[381].

Ein in diesem Zusammenhang besonders wichtiges Instrument ist das Obstruktionsverbot gem. § 245 InsO. So ist es bei Durchführung des Planverfahrens möglich, eine sich dem Sanierungsverfahren widersetzende Minderheit von Gläubigern oder Gesellschaftern zu überstim-

378 *Eidenmüller*, S. 364; *Rattunde* ZIP 2003, 2103, 2105.

379 *Kassing* ZKM 2010, 116, 117.

380 *Reuter*, S. 206 (zur freien Sanierung): „Im Jahr der Personalreduzierung kommt es auf Grund der Abfindungen fast nie zu einer Einsparung, manchmal sogar zu einem Kostenaufbau, wodurch sich in kritischen Situationen die Überlebenschancen nicht gerade erhöhen":

381 *Eidenmüller*, S. 354.

men.[382] Der Umstand, dass Einzelne ein ganzes Verfahren blockieren können, stellt sich als eklatantes Risiko einer außergerichtlichen Sanierung dar,[383] denn darin liegt erhebliches Erpressungspotential.[384] Gläubiger oder Gesellschafter können sich zum Versuch verführt sehen auf diesem Wege bessere individuelle Quoten zu erlangen oder sich als sog. „Trittbrettfahrer"[385], ohne Sanierungsbeitrag, am späteren Sanierungserfolg zu „beteiligen".

Ein weiterer Umstand, der mit der Eröffnung eines Insolvenzverfahrens einhergeht, ist der Übergang der Unternehmensleitung auf den (vorläufigen) Insolvenzverwalter bzw. die Gläubigerversammlung. Auch wenn das Unternehmen im Vorhinein ein Sanierungskonzept erarbeitet hat („prepackaged plan"), um die Gesellschaft zu erhalten und fortzuführen, liegt die Entscheidung über das Verwertungsziel bei den Gläubigern.[386] Das macht den Verlauf des Insolvenzverfahrens für die Verwaltung und Anteilsinhaber der Gesellschaft im Vorhinein nur schwer kalkulierbar.[387] Das wird durch den Umstand erschwert, dass die den Plan ausarbeitende Person regelmäßig als Insolvenzverwalter ausscheiden wird, was auch gilt, wenn er durch einstimmigen Beschluss des Gläubigerausschusses vorgeschlagen wird.[388]

Vorteile gegenüber der freien Sanierung sind dagegen in der geringeren Haftungsgefahr zu sehen. Zunächst laufen Investoren in der außergerichtlichen Rettung des Unternehmens Gefahr, im Rahmen der Kreditgewährung zu haften (z. B. Konkursverschleppung, Übersicherung von Krediten). Weitere „Stolpersteine" liegen im insolvenzrechtlichen Eigenkapitalersatz (§§ 39, 135 InsO) und bei zu starken Eingriffen in die Geschäftsführung besteht die Gefahr der „faktischen Geschäftsführerhaftung".[389]

Große Probleme der insolvenzrechtlichen Sanierung sind die *Publizität* der Insolvenzantragstellung und die mit ihr einhergehenden indirekten

382 Eingehend oben 3. Insb. die Neuerungen in der Insolvenzordnung durch das ESUG, S. 27 und unten b. Das ESUG, S. 239.

383 *Kassing* ZKM 2010, 116, 117.

384 *Eidenmüller*, S. 348.

385 *Bitter* ZGR 2010, 148, 149.

386 S.o. a. Allgemein, S. 33

387 Gottwald/*Uhlenbruck*/*Vuia* § 4 Rn. 23; *Westpfahl* ZGR 2010, 385, 389; *Rattunde* ZIP 2003, 2103, 2105.

388 *Bork* ZIP 2013, 149, 151; *Frind* ZInsO 2013, 59, 62; a.A. *Schmidt*/*Hölzle* ZIP 2013, 2238; einschränkend auch *Römermann* ZInsO 2013, 218.

389 Vgl. *Hoffmann* WM 2012, 10, 12.

Insolvenzkosten („Abschmelzverluste").[390] Ist „die Insolvenz" einer Unternehmung erst bekannt geworden, werden sich viele Vertragspartner von diesem Umstand abschrecken lassen, was in einer kritischen Phase zu einem Wettbewerbsnachteil führt.[391] Die Insolvenz wird mit dem Konkurs[392] gleichgesetzt und die Neuerung der Insolvenzordnung[393], u. a. in Form der gleichgestellten Fortführungsmöglichkeit und dem Insolvenzplan- und Schutzschirmverfahren, außer Acht gelassen. Die Insolvenz wird als das endgültige wirtschaftliche Ende begriffen, nicht aber als Chance, das Unternehmen erhalten zu können.[394] Ein solcher Vertrauensverlust war mit dafür verantwortlich, dass im Verlauf der Finanzkrise versucht wurde, Bankeninsolvenzen unter allen Umständen zu verhindern.[395] Die Einstellung „Sanierung statt Insolvenz" ist noch immer vorhanden,[396] Insolvenzvermeidung höchstes Gebot.[397] Es entsteht ein allgemeiner Imageschaden[398] durch den Makel[399] der Insolvenz, der sich etwa im Rückzug von Lieferanten und Kunden aus vertraglichen Beziehungen und der Verknappung oder Kündigung von Kreditlinien niederschlägt und weiteren Schaden verursacht.[400] Ebenfalls in Betracht kommt der Verlust von gerade in der Krise wichtigem „Know-How" von Angestellten oder des Managements, die sich angesichts des drohenden „Ungeheuers" der Insolvenz nach alternativen Anstellungen umsehen[401] –

390 *Korch*, S. 29; *Uhlenbruck* NZI 2008, 201, 205, j.m.w.N.; Zu Reaktionen der Öffentlichkeit *Paulus* WM 2011, 2205, 2008.

391 *Neuhof* NJW 1998, 3225.

392 S.o. 1. Historie bis zur Insolvenzordnung (InsO), S. 23.

393 S.o. 2. Zielsetzung der Insolvenzordnung (InsO), S. 26.

394 *Undritz* ZGR 2010, 202, 203; *Rattunde* ZIP 2003, 2103.

395 *Schuster* ZGR 2010, 325, 328, mit Hinweis auf entsprechende Äußerungen Peer Steinbrücks, damaliger Bundesministers der Finanzen; Wie hoch „Vertrauen" in der Wirtschaft bewertet wird war zu ersehen, als die EZB am 06.09.2012 ankündigte unbegrenzt Staatsanleihen zu kaufen, um das Vertrauen der Wirtschaft in den Euro und den Euro-Raum zu erhalten (http://www.faz.net/aktuell/wirtschaft/europas-schuldenkrise/ratssitzung-ezb-will-ohne-limit-staatsanleihen-kaufen-11880988.html); Vertrauensverlust und Vertrauensschaden als kritische Größe standen auch im Mittelpunkt der „Zypern" Diskussion und der Ankündigung der Euro-Gruppe private (einlagengesicherte) Sparer mit einer Zwangsabgabe an der Sanierung der Banken und des Landes beteiligen zu wollen (http://www.faz.net/aktuell/wirtschaft/europas-schuldenkrise/zypern/zyperns-krise-rettungs-chaostage-12127790.html).

396 *Rattunde* ZIP 2003, 2103.

397 *Hölzle* KTS 2011, 291, 296; *Kassing* ZKM 2010, 116.

398 *Hdb. KR*, D.3.2.2.4.1.

399 *Vallender* NZI 2010, 838, 839.

400 *Häsemeyer* ZHR 160 (1996) 109, 127.

401 *Hdb. KR* C.2.1.2.

der Verlust qualifizierter Arbeitskräfte in der Krise wiegt schwer.[402] Hier kann die Wettbewerbsposition des Unternehmens stark geschädigt werden. Das und der oben aufgeführte Widerwille der Geschäftsführung führen dazu, dass der notwendige Insolvenzantrag bis zuletzt hinausgezögert wird und zu großen Teilen erst nach Eintritt der materiellen Insolvenzgründe erfolgt.[403] Ein frühzeitig gestellter Insolvenzantrag mit dem Ziel der Sanierung des Unternehmens, stellt nach wie vor die große Ausnahme dar. In der Regel wird der Insolvenzantrag erst gestellt, wenn das Vermögen des Schuldners restlos aufgezehrt ist und keine Sanierungschancen mehr bestehen.[404] Auch hält das Stigma, das der Insolvenz anhaftet, die Geschäftsleiter und Gesellschafter davon ab, sich mit einer möglichen Krise – auch der insolvenzrechtlichen – auseinanderzusetzen und für den Fall der Fälle „prepackaged"-Pläne vorzuhalten.[405]

In dieser Hinsicht soll jedoch nicht verkannt werden, dass insbesondere das Management und auch sanierungswillige Gläubiger auf diesen Prozess Einfluss nehmen können. Durch einen offensiven Umgang mit den Vorzügen der insolvenzrechtlichen Sanierungsmöglichkeiten und der Präsentation eines fundierten und erfolgversprechenden Sanierungskonzepts kann Beträchtliches erreicht werden. Eine zeitnahe und professionelle Kommunikation gegenüber allen an der Sanierung Beteiligten ist für den Abbau von Vorbehalten und damit für das Gelingen einer insolvenzrechtlichen Sanierung unerlässlich.[406] Letztlich stellt die Insolvenz eine auf Neutralität und gerichtliche Überprüfung angelegte Alternative zur freien Sanierung dar.[407]

3. Stellungnahme

Eine allgemeingültige Aussage darüber, ob die Sanierung im Rahmen des Insolvenzverfahrens oder „frei" durchgeführt werden sollte, ist pauschal nicht möglich. Beide Verfahren haben ihre Eigenheiten und die Wahl muss an der konkreten Unternehmenssituation gemessen werden müssen.[408] Für die freie Sanierung streiten vor allem die Möglichkeiten,

---

402 *Bitter* ZGR 2010, 147, 150; *Buchalik* NZI 2000, 294, 295.
403 *Hölzle* KTS 2011, 291, 296; *Undritz* ZGR 2010, 201, 203; *Hirte* ZGR 2010, 224, 234.
404 Vgl. Begr. RegE ESUG, S. 24, abrufbar unter www.bmj.de.
405 *Kassing* ZKM 2010, 116.
406 *Hdb. KR* C.2.1.2.
407 *IDW* S 6 Rn. 105; *Häsemeyer* ZHR 160 (1996) 109, 126; *Neuhof* NJW 1998, 3225.
408 Vgl. *Liebig/Witt* DB 2011, 1929, 1935.

selbst[409] über den Weg der Sanierung bestimmen zu können und in der Lage zu sein, den geeigneten Sanierungsberater[410] nach eigenem Gutdünken auszuwählen.[411] Auch der mögliche Zeit- und Kostengewinn wiegt schwer. Doch letztlich fußen alle Vorteile auf dem Ausfluss der Privatautonomie, die es erlaubt, das Verfahren individuell zu gestalten. Darin liegt zugleich auch die größte Schwäche des außergerichtlichen Verfahrens. Nur wenn es tatsächlich gelingt, eine passende Kommunikationsstruktur zu den (wichtigen) Gläubigern aufzubauen und diese zu einer zeitnahen Handlung im Sinne des Sanierungskonzept anzuhalten, kann das Potenzial der freien Sanierung genutzt werden. Hierdurch und mittels klarer Entwicklungsanalysen und objektiven, glaubwürdigen Bestandsaufnahmen kann der Anschein verhindert werden, dass der Weg der freien Sanierung von der Mehrheit der Gesellschafter oder der Geschäftsführung nur dazu gewählt sei, um sich im hoheitlich freien Raum der Privatautonomie übermäßige Vorteile zu verschaffen (Seriosität der Sanierung).[412] Eine gute Informations- und Kommunikationspolitik ist deshalb für den Erfolg der freien Sanierung unerlässlich.[413] Wenn beispielsweise die Gläubiger ihre eigenen Interessen – aus eigennützigen oder objektiven Gründen – nicht ausreichend in der Sanierung gesichert sehen, wird es problematisch. Ihnen ist durch bloße Ablehnung der außergerichtlichen Einigung, der Verweigerung weiterer Kredite und insbesondere durch die Betreibung der Zwangsvollstreckung erhebliches Druckpotential gegenüber dem Unternehmen gegeben. All das sind den Gläubigern rechtlich zustehende Maßnahmen und die Möglichkeiten. Die Gläubiger durch Majorisierung zu einer (möglicherweise erfolgversprechenden) Sanierung zu zwingen, besteht nicht.[414] Die Vorteile einer

409 Im Insolvenzverfahren wird der vorläufige Verwalter in jedem Falle (vgl. § 21 Abs. 2 Nr. 1 InsO) und auch der erste Insolvenzverwalter nach Verfahrenseröffnung nach reinem Ermessen durch das Gericht bestellt (vgl. § 56 InsO). Die Gläubiger haben erst in der ersten Gläubigerversammlung Einfluss auf die Bestellung des Verwalters. Zumeist hat dieser aber sodann schon wesentliche Entscheidungen getroffen, die die Verwertungsweise prädestinieren (*Zipperer* NZI 2008, 206, 207).

410 *Portisch*, S. 142.

411 „Das Insolvenzverfahren gleicht zuweilen einer lebensgefährlichen Operation, bei der das Operationsteam zusammengelost wird" (*Rattunde* ZIP 2103, 2105).

412 *Häsemeyer* ZHR 160 (1996) 109, 127.

413 *Liebig/Witt* DB 2011, 1929, 1930.

414 „Die Annahme einer Gefahrengemeinschaft aller Gläubiger des in eine Krise geratenen Unternehmens mit der Folge einer Zulassung von Mehrheitsentscheidungen zum Zweck seiner *außergerichtlichen* Sanierung, die auch für nicht zustimmende Gläubiger verbindlich sind, würde die Grenzen richterlicher Rechtsfortbildung überschreiten und

freien Sanierung können also nur im Wege der einvernehmlichen Kooperation aller Beteiligten aktiviert werden.[415]

Anders stellt sich, wie oben geschildert, die Situation im Insolvenzverfahren dar. Eine sanierungswillige Mehrheit kann sich gegen eine opponierende Minderheit durchsetzen. Was umso nötiger ist, je mehr Beteiligte das Sanierungsverfahren aufweist.[416] Daraus ergibt sich aber auch ein prinzipieller Nachteil. Hoheitlich überwachte und gesetzlich ausgeformte Verfahren sind stets starrer als private. Im Fall der Insolvenz dadurch, dass der Gesetzgeber die Eingriffe in die Rechte der Minderheit („Obstruktionsverbot") zum einen an die Legitimation durch Mehrheitsentscheidung gebunden hat und zum anderen der überstimmten Minderheit Wege des Rechtsschutzes offen stehen. Der Mehrheitsentscheid ist an eine formale Beschlussfassung und an die Individualentscheidung vieler gebunden. Das ist der Preis um den die Insolvenzordnung den am Verfahren Beteiligten die Möglichkeit eröffnet, die Sanierung unter privilegierten Bedingungen zu betreiben, sie haben Zugriff auf das insolvenzrechtliche „Arsenal" der Sanierungsinstrumente. Das Insolvenzverfahren kann so, abgesehen von Abschmelzverlusten, Vermögensabflüsse stoppen und die Liquiditätslage des Unternehmens zumindest vor der Verschlechterung schützen, beispielsweise durch die Aussetzung von Zwangsvollstreckungsmaßnahmen.[417] Zu den nützlichen Instrumenten zählt auch die Option, strukturändernde Maßnahmen gegen den Willen der Gesellschafter durchführen zu können. Beispielweise kann der ausdrücklich geregelte Debt-to-Equity-Swap grundsätzlich mit der Mehrheit der Abstimmungsgruppen auch gegen den Widerstand von Gesellschaftern durchgesetzt werden.

Ein Nachteil ist wiederum die hieraus resultierende Verlagerung der Sanierungsherrschaft vom Unternehmen auf die Gläubiger („totaler Kontrollverlust des Unternehmensmanagements")[418] und die somit mangelnde Plan- und Vorhersehbarkeit des Insolvenzablaufs aus Sicht des Schuldners.[419] Auch nach dem ESUG ist die Umsetzung eines von der

---

gegen die verfassungsrechtliche Bindung des Richters an Gesetz und Recht verstoßen" (*BGH*, Urteil vom 12.12.1991 – IX ZR 178/91 = NJW 1992, 967); kritisch aber zustimmend *Madaus* NZI 2011, 622, 624; a.A. *Eidenmüller*, S. 551 ff.

415 *Madaus* NZI 2011, 622, 623.

416 *Liebig/Witt* DB 2011, 1929, 1934.

417 *Liebig/Witt* DB 2011, 1929, 1934.

418 *Madaus* NZI 2011, 622, 623.

419 *Hölzle* KTS 2011, 291, 294; *Eidenmüller* ZIP 2010, 649, 651 f.

Verwaltung erarbeiteten Sanierungskonzepts nicht sicher.[420] Die Gläubigerversammlung kann den Planvorschlag jederzeit zugunsten einer anderen Verwertungsmethode ablehnen, was ein latentes Risiko für die schuldnerseitige Einleitung des Insolvenzverfahrens darstellt.[421] Eine definitive Einigung mit den Großgläubigern ist deshalb (auch) für die erfolgreiche insolvenzrechtliche Sanierung in gewissem Umfang Voraussetzung.

Die in der InsO klar austarierte Verfahrensordnung und die gerichtliche Kontrolle kann gläubigerseitig für eine erhöhte Sanierungsbereitschaft sorgen, da sich die Gläubiger außerhalb der Insolvenz auf die Informationen der u. U. eigene Ziele verfolgenden Geschäftsführung verlassen müssen. Hieraus resultiert oft Publizität. Die Folgen, die durch ein Bekanntwerden der Krise und der (noch) negativ behafteten Insolvenz auftreten, sind umfangreich und zeitigen einen „Dominoeffekt", der zum totalen Vertrauensverlust und Abschmelzverlusten führt.

Schlussendlich scheint die Möglichkeit einer Sanierung in der Insolvenz dann vom Gesamtzusammenhang her als die bessere Möglichkeit, wenn bereits ein „prepackaged Plan" zur Sanierung im Insolvenzplanverfahren besteht. Die kurze Zeitspanne vom Vorliegen des Insolvenzgrundes bis zur Antragstellung reicht regelmäßig nicht aus, um einen passenden Sanierungsplan zu erstellen. Doch bereits bei Antragstellung müsste dieser dem vorläufigen Insolvenzverwalter zur Verfügung gestellt werden, um das „Durchbringen" des Planes Erfolg versprechend erreichen zu können.[422]

Einen Ausweg kann in der insolvenzrechtlichen Sanierung jedoch das durch das ESUG eingeführte Schutzschirmverfahren gem. § 270 b InsO aufbieten, das eben solche Situationen ins Auge fasst. Im Rahmen dieses eigenständigen Sanierungsverfahrens,[423] kann das Unternehmen für maximal drei Monate unter den Schutzschirm schlüpfen und einen Insolvenzplan ausarbeiten.

Liegt aber ein „Notfallsanierungskonzept" vor, wird man bei noch rechtzeitiger Wahrnehmung der Krise zunächst versuchen, das Unternehmen im freien Umfeld zu sanieren. Auch wenn dies nicht risikofrei

---

420 *Madaus* NZI 2011, 622, 623.

421 *Uhlenbruck* NZI 2008, 201, 205.

422 Nach Ansichten in der Literatur meiden Insolvenzverwalter vielfach das komplexe Insolvenzplanverfahren und sehen von dieser Möglichkeit, zu Gunsten z. B. der übertragenden Sanierung im Regelverfahren, ab (*Zipperer* NZI 2008, 206; *Steffan* WPg-Sonderheft 2003, 148, 161 f.).

423 Braun/*Riggert* § 270 b Rn. 1.

ist, denn sollte dieser Versuch scheitern, sei es auch unverschuldet, wird eine Sanierung im Rahmen eines Insolvenzverfahrens nicht mehr erfolgreich durchgeführt werden können;[424] regelmäßig sind die letzten Werte beim Sanierungsversuch „draufgegangen“[425]. Lediglich die übertragende „Sanierung“ kann noch in Betracht kommen. Ohne einen „prepackaged-Plan“ wird eine wirkliche Wahl zwischen freier Sanierung und einer solchen im Rahmen eines Insolvenzverfahrens somit lediglich in der Situation bestehen, in der maximal eine Antragstellung wegen drohender Zahlungsunfähigkeit gem. § 18 InsO, zumindest in naher Zukunft, in Betracht kommt.[426] Nur in diesem Falle wäre genug Zeit, um eine alternative freie Sanierung in Betracht ziehen zu können und gleichzeitig die Eröffnung des Insolvenzverfahrens zu ermöglichen. Wird die Sanierung im freien Verfahren durchgeführt, ist darauf zu achten, eine genaue Dokumentation aller Konzepte, Prüfungen und Maßnahmen durchzuführen, da bei Scheitern der Sanierung die Haftung[427] in der Insolvenz droht.[428] Auch ist es ratsam, für diesen Fall Notfallmaßnahmen zu planen um die geringe Chance nutzen zu können, die Unternehmung noch in der Insolvenz zu retten.

Die Geschäftsleitung bzw. die Anteilseigner haben nicht in jedem Falle die Macht, über die Vornahme einer Sanierung autark zu entscheiden. In der Regel sind Moratorien und Forderungsverzichte der Gläubiger für die Sanierung unerlässlich. Die Gläubiger haben es in der Hand, die Vor- und Nachteile des Sanierungsrahmens eigenständig abzuwägen. Das Insolvenzverfahren ist nicht der größte, anzunehmende Unfall und nach dem ESUG muss das „Erpressungspotenzial“ des Schuldnerunternehmens, bei Nichteinigung mit der Insolvenz zu drohen, in seinem Gewicht neu beurteilt werden. Folglich muss davon abgeraten werden, jedem noch so ehrgeizigen freien Sanierungsversuch auf „Gedeih und Verderb“ zuzustimmen. Verwaltung und Gesellschafter können gewichtige außerbetriebswirtschaftliche Interessen daran haben, die Insolvenz zu fürchten „wie der Teufel das Weihwasser“. Denn in der freien Sanierung wird ein Verschulden der Geschäftsführung nicht problematisiert oder zumindest nicht sanktioniert werden. Das Unternehmen wird sich davor hüten, Anhaltspunkte für einen existenzvernichtenden Eingriff zu liefern und auch

---

424 *Müller*, S. 265; *Westpfahl* ZGR 2010, 385, 389; *Rattunde* ZIP 2003, 2103, 2104 f..

425 *Ehlers* NZI 2011, 161, 162.

426 *Steffan* WPg-Sonderheft 2003, 148, 162.

427 U. a. und insb. aus Insolvenzverschleppung, aber auch die oftmals unbekannte Haftung aus §§ 49 Abs. 3, § 84 GmbHG bzw. §§ 92 Abs. 1, 401 AktG kann relevant werden.

428 *Spahlinger/Fischer* in Brühl/Göpfert, S. 299; *Uhlenbruck* BB 2001, 1641, 1644.

die Gesellschafter mögen einer Sanierung auf Kosten der Gläubiger wohlwollender gegenüberstehen, als dem vollständigen Verlust ihres „eigenkapitalersetzenden“[429] Darlehens. Gleichzeitig sind die Gläubiger in der freien Sanierung auf die Integrität der Informationen durch den Schuldner angewiesen. Diese sind nicht nur durch die hektische Situation der Krise unzuverlässig, sondern bergen die Gefahr der interessengeleiteten Erstellung und Präsentation.[430] Eine bessere Aufklärung und Geltendmachung solcher Ansprüche durch den Insolvenzverwalter ist wahrscheinlich.

Festzuhalten bleibt jedoch, dass weder die freie noch die insolvenzrechtliche Sanierung solchermaßen Vor- oder Nachteile bietet, dass sie die in jedem Falle vorzuziehende Alternative ist. Wer sich darauf beruft, die freie Sanierung sei der Insolvenz überlegen (oder andersherum), ist deshalb dazu verpflichtet, dies darzulegen und zu beweisen.[431] Die Insolvenz darf als strategische Option nicht (mehr) außer Acht gelassen werden.[432]

Ein Umdenken hinsichtlich der Möglichkeit, eine Unternehmung auch im Insolvenzverfahren erfolgreich sanieren zu können, ist zumindest erkennbar und wird durch die aktuellen Änderungen in der InsO forciert.[433] Kapitalgeber nehmen die Insolvenz von Unternehmen zunehmend billigend in Kauf.[434] Die große Mehrheit der sich mit diesem Themenbereich beschäftigenden Personen plädiert dafür, die Insolvenz als gleichberechtigte strategische Option anzuerkennen und von den Sanierungswerkzeugen, die sie bietet, Gebrauch zu machen.[435] Dies kann jedoch nur gelingen, wenn sich Unternehmen und Gläubiger für diese Option entscheiden und die insolvenzrechtliche Sanierung auch von Gericht und Insolvenzverwalter mitgetragen und gefördert wird.

---

429 Nunmehr in § 39 Abs. 1 Nr. 5 InsO; § 135 InsO.

430 Hierzu auch oben 2. Sanierungsfähigkeit, S. 46.

431 *Hasemeyer* ZHR 160 (1996) 109, 128.

432 *IDW* S 6 Rn. 105; Zutreffend stellt das Ausblenden der Insolvenz als Sanierungsoption einen Beratungsfehler dar, vgl. auch *Haarmeyer* ZInsO 2011, 2153; *Ehlers* ZInsO 2013, 105, 109.

433 Bereits kurz nach Einführung des ESUG beginnt gar die Diskussion, ob das Insolvenzverfahren nicht nunmehr zu „schuldnerfreundlich“ und die Insolvenz so „attraktiv“ sei, dass sie missbräuchlich durch den Schuldner eingesetzt werden könne, vgl. hierzu *OLG Frankfurt a.M.*, Beschluss vom 01.10.2013 – 5 U 145/13 = BeckRS 2013, 17141 („Suhrkamp“), dazu *Thole* ZIP 2013, 1937; *Fölsing* ZInsO 2013, 1325.

434 Hdb. KR C.2.

435 Vgl. *Hdb. KR* C.2.1.

Sobald also eine Sanierung in Betracht kommt, sind die Chancen, Vorteile, Kosten und Risiken beider Sanierungsrahmen zu prüfen[436] und dies von allen beteiligten Parteien. Entscheiden muss eine objektive und vorurteilsfreie Bewertung, damit schlussendlich die effizienteste Verwertungsart den Vorzug erlangt.

D. Zwischenergebnis

Bis hierhin konnten die hohen Anforderungen aufgezeigt werden, die an Unternehmen in Krise und Insolvenz gestellt werden. Die Sanierung, gleich ob im freien Marktumfeld oder insolvenzrechtlich, erfordert ein Bündel verschiedener Maßnahmen, die unter erheblichem Zeit- und Kostendruck realisiert werden müssen. Das hierzu benötigte Sanierungskonzept enthält Sofortmaßnahmen, um die Insolvenz zu vermeiden bzw. den Geschäftsbetrieb aufrechterhalten zu können und Restrukturierungsmaßnahmen im leistungswirtschaftlichen und finanzwirtschaftlichen Bereich, die das Unternehmen zur Rückkehr in eine dauerhafte Gewinnerwirtschaftung befähigen sollen. Anhand der möglichen Maßnahmen und der konkreten Situation des zu sanierenden Unternehmens muss die Sanierungsfähigkeit beurteilt werden. Ob eine Sanierung tatsächlich durchgeführt werden soll, richtet sich nach der individuellen Entscheidung der Sanierungsbeteiligten. Diese hängt von vielen unterschiedlichen Faktoren, insbesondere der persönlichen Risikoeinschätzung und Risikofreudigkeit sowie der Art des bisherigen (finanziellen) Engagements, ab. Im Zusammenhang damit ist die Stellung des Sanierungsbeauftragten hervorzuheben. Nicht nur bei der Erreichung der Zustimmung zur Sanierung – die Beteiligten werden vor allem ihr Engagement vom Vorliegen eines realistischen Sanierungskonzepts mit klarer Zukunftsperspektive abhängig machen[437] – sind besondere Fähigkeiten[438] gefragt. Die Erstellung eines Sanierungskonzepts erfordert weitreichende und gebietsübergreifende Kenntnisse im rechtlichen und betriebswirtschaftlichen Bereich. Die kritische Größe im Gesamtprozess der Krisenbewältigung stellt der Zeitpunkt der Krisenerkennung dar. Je rechtzeitiger die Krise erkannt wird, desto eher ist es möglich, die Vorteile einer freien oder insolvenz-

---

436 *Spahlinger/Fischer* in Brühl/Göpfert, S. 291; *Brühl* in Brühl/Göpfert, S. 31.

437 *Jäger* NZG 1999, 238, 240.

438 Im konkreten Fall die Vermittlung und Verteilung von Informationen. Daneben Verhandlungsgeschick in der Aushandlung von Quote und Sanierungsbeiträgen.

rechtlichen Sanierung nutzen zu können. Wird die Fehlentwicklung des Unternehmens erst erkannt, nachdem Strategie- und Erfolgskrise durchlaufen wurden, ist es in der Liquiditätskrise für die sachgerechte Sanierung oft zu spät. Die Ausarbeitung eines Sanierungskonzepts bzw. dessen Einflechtung in einen Insolvenzplan erfordert ausreichend Zeit. Die Tatsache, dass die häufigste Krisenursache Managementfehler sind, befördert die Fehlentwicklung der zu späten Krisenoffenbarung und Insolvenzantragstellung.[439] Dies trägt dazu bei, dass Fehlentwicklungen, je weiter sie im Krisenprozess vorgelagert sind – bspw. in der Strategiekrise – umso schwerer zu erkennen sind. Dem kann durch eine unternehmensadäquate Risikovorsorge Rechnung getragen werden. Die Einrichtung eines Risikofrüherkennungssystems ist grundsätzlich jedem Unternehmensleitungsorgan zuzumuten. Durch die verschiedenen zur Verfügung stehenden Systemarten, von der manuellen Checkliste bis zur hochkomplexen Software, erfordert dies zudem keine überobligatorischen Mittelaufwendungen. In diesen Kontext passt sich auch das Erfordernis einer passenden Unternehmensplanung ein, die Fehlentwicklungen verhindert, die sich aufgrund zu starker Konzentration auf das Tagesgeschäft „einschleichen" und sind der Bilanzanalyse dadurch überlegen, dass sie einen „Soll-Ist-Vergleich" erlauben. Bilanzen gestatten dagegen „nur" die Analyse der Vergangenheit. Darüber hinaus sollte bei der Unternehmensplanung (soweit möglich) die Gelegenheit genutzt werden, über Reaktionsmöglichkeiten im Falle der Krise nachzudenken. Sind im Krisenfalle bereits prepackaged-Pläne vorhanden, unterstützt dies eine erfolgreiche Sanierung. Befindet sich die Gesellschaft noch in ausreichendem Abstand zur insolvenzrechtlichen Krise oder ist die Sanierung durch andere Umstände innerhalb der dreiwöchigen Insolvenzantragspflicht planbar[440], so kann sich die Frage stellen, ob diese „frei" oder im Insolvenzverfahren durchgeführt werden soll. In der Gesamtheit kann hierüber kein Urteil abgegeben werden, da der konkrete Sachverhalt den Ausschlag gibt. In beiden Verfahren ist der vorrangigen Stärke (Privatautonomie im freien Verfahren und Gesetzeszwang in der Insol-

439 Das Problem liegt auch darin, dass die Gesellschafter nach dem faktischen Verlust des Eigenkapitals zumeist nichts mehr zu verlieren haben und sich dem „gambling for ressurection" hingeben, anstatt rational mit der Krise umzugehen. Zur Problematik *Veil* ZGR 2006, 374.

440 Eine Erleichterung bringt in diesem Zusammenhang das Schutzschirmverfahren gem. § 270 b InsO, das auch bei kurzfristigem Eintreten der Insolvenzantragspflicht die Erstellung eines Sanierungskonzepts ermöglicht, vgl. *Riggert* in Nerlich/Römermann Vorbemerkung vor §§ 270 bis 285 InsO Rn. 7.

venz) zugleich Schwäche inhärent (Privatautonomie führt zu Druckmöglichkeiten der Gläubiger und fehlenden Zwangsmitteln; die gesetzliche Ausformung der Insolvenz zu Unbeweglichkeit, Formzwang und – im Verhältnis – fehlender Individualisierungsmöglichkeit).

Im Einzelfall kann die Möglichkeit, wichtige finanzielle Sanierungsmaßnahmen unter besseren Bedingungen durchführen zu können, den Ausschlag zur Wahl eines bestimmten Sanierungsrahmens geben.

Kapitel 2 – Gesellschaftsrechtliche Grundlagen

A. Einführung und Problemstellung

Eine Sanierung muss nicht immer im Interesse aller Beteiligten liegen. Wie bereits oben dargestellt, setzt sich die Entscheidung für oder wider die Sanierung aus multiplen Faktoren zusammen.[441] Die Gesellschafter können in ihren individuellen Entscheidungen zu unterschiedlichen Ergebnissen kommen. Hier stellt sich die Frage, ob der einzelne Gesellschafter in seiner Entscheidungsfindung über die Sanierung der Gesellschaft frei ist oder ob er auf die Interessen von Gesellschaft und Mitgesellschaftern Rücksicht nehmen muss. Aufschlussreich ist ein näherer Blick auf die körperschaftlichen Willensbildungsprinzipien der Mehrheitsherrschaft und des Minderheitenschutzes. Zusammen mit der Treupflicht stellen sie grundsätzliche Leitlinien, sowohl für die Beschlussfassung an sich, als auch das Verhältnis der Gesellschafter untereinander, auf.

Weil mit der Gesellschaft nicht nur die Gesellschafter verbunden sind, sondern faktisch auch eine Vielzahl weiterer Stakeholder, die von der Sanierungsentscheidung betroffen sind, ist es darüber hinaus denkbar, von den Gesellschaftern zu verlangen auch die Unternehmensinteressen zu berücksichtigen. Fraglich ist, ob sich der Einzelne oder die Entscheidungsinstanz in ihrer Gemeinschaft Beschränkungen ausgesetzt sehen, die gewissermaßen einen „Entscheidungskorridor" bilden bzw. den Entscheidungsspielraum gar zu einer bestimmten Entscheidung verengen.[442] Als Faktoren sind das Interesse einzelner denkbar, aber eben auch das zusammengesetzte Interesse mehrerer oder aller. Ein solchermaßen zusammengesetztes Interesse kann das Unternehmensinteresse sein. Je nach Definition des Unternehmensbegriffs sind hierin unterschiedliche Gruppen vereint, im weitesten Sinne alle am Unternehmen „Beteiligte". Kann ein Unternehmen auch ein eigenes Interesse, losgelöst von anderen, an seinem Bestand und der Fortführung haben? Gibt es daneben Grundsät-

441 Oben 3. Sanierungswürdigkeit, S. 50.

442 Zur insbesondere aus dem öffentlichen Recht bekannten „Ermessensreduzierung auf Null", vgl. *Gerhardt* in Schoch/Schneider/Bier § 114 Rn. 27 ff. m.w.N.

ze nach denen das Interesse ausgerichtet ist bzw. – bei mehreren kollidierenden Interessengesichtspunkten verschiedener Beteiligter – eine Leitlinie, nach der eine Abwägung zu treffen ist? Diese Fragestellungen werden im Folgenden aufzugreifen sein. Wichtige Bezugspunkte und in ihrer Bedeutung interdependent sind hierbei die Begriffspaare von Gesellschaft und Unternehmen einerseits und Gesellschafts- und Unternehmensinteresse andererseits. Über allem steht das Problem, wie die jeweiligen Interessen miteinander in Einklang zu bringen sind und ob gewichtige Interessen dazu führen können, dass sich daran die Entscheidungsfindung aller ultimativ auszurichten hat.

B. Körperschaftliche Willensbildungsprinzipien

Schließen sich mehrere Personen zusammen, um einen gemeinsamen Zweck zu erreichen, ist stets fraglich, auf welchem konkreten Weg dies erfolgen soll. Regelmäßig wird man sich über den Zweck der Unternehmung einig sein, es aber verschiedene Auffassungen über die richtigen Mittel zur Zweckerreichung geben. Zur Lösung dieses Problems verbleiben zwei Möglichkeiten: Entweder bestimmt eine einzelne übergeordnete Instanz, oder der Wille der Gesamtheit setzt sich aus dem der einzelnen Mitglieder zusammen. Während Vorgänge des allgemeinen Wirtschaftslebens den Exekutivorganen der Gesellschaften vorbehalten bleiben (Geschäftsführer, Vorstand), entscheiden über grundsätzliches die zuständigen Gremien der Anteilsinhaber im Rahmen von Beschlussverfahren. Im Falle der GmbH ist das für die Willensbildung zuständige Gremium die Gesellschafterversammlung, bei der AG die Hauptversammlung. Nur die mitgliedschaftlich an der Gesellschaft beteiligten Gesellschafter bzw. Aktionäre sind zur Abgabe ihrer Stimme berechtigt und nur sie besitzen die Legitimation, Grundsatzentscheidungen zu treffen. Die Stimmen können bejahend, verneinend oder enthaltend sein, sie stellen jedoch sämtlich einseitige Willenserklärungen dar, deren Empfänger der Verband, vertreten durch den Versammlungsleiter oder die Mitglieder, ist.[443] Der Beschluss ist das Ergebnis der Abstimmung und da er aus Willenserklärungen besteht, die, weil gewollt, eine bestimmte Rechtsfolge herbeiführen, ist er zugleich (nicht vertragliches) ein Rechtsgeschäft (eigener Art).[444]

---

443 *Lutter/Hommelhoff* in Lutter/Hommelhoff § 47 Rn. 1.

444 MünchKommAktG/*Schröer* § 133 Rn. 4; Hölters/*Hirschmann* § 133 Rn. 3; Münch. Hdb. GesR III/*Wolff* § 39 Rn. 3; Brox AT BGB, Rn. 96.

Dies gilt auch, soweit der Beschluss sich in seiner Wirkung auf innergesellschaftliche Beziehungen beschränkt.[445] Aufgrund seiner rechtsgeschäftlichen Natur sind auf den Beschluss die allgemeinen Normen des bürgerlichen Rechts über Rechtsgeschäfte grundsätzlich anzuwenden,[446] jedoch nur insoweit als keine speziellen gesetzlichen Regelungen (hier GmbHG und AktG) bestehen.[447]

I. Mehrheitsprinzip und Minderheitenschutz

1. Das Mehrheitsprinzip

Anders als bei Privat- und Handelsgesellschaften ist bei Kapitalgesellschaften für den Entscheid nicht die Kopfmehrheit, sondern die Kapitalmehrheit ausschlaggebend. Auch wenn dies in der GmbH durch Satzungsbestimmung abweichend geregelt werden kann,[448] stellt eine Orientierung des Stimmrechts an der Höhe der Kapitalbeteiligung, mithin am Majoritätsprinzip, die Regel dar. Dementsprechend erfolgt gem. § 47 Abs. 1 GmbHG die Willensbildung bei der Gesellschaft mit beschränkter Haftung durch Abstimmung der Gesellschafter mit dispositiver, einfacher Mehrheit. Werden nicht durch Gesellschaftsvertrag oder Gesetz besondere Erfordernisse bestimmt, so ist der Beschluss nach Abgabe der letzten Stimme formfrei gefasst. § 133 AktG normiert ebenfalls den Grundsatz der einfachen Stimmenmehrheit. Einfache Stimmenmehrheit bedeutet nach herrschender Meinung, den Verbleib mindestens einer Ja-Stimme[449], nachdem von allen abgegebenen Ja-Stimmen die Nein-Stimmen subtrahiert wurden. Enthaltungen gelten, mangels anderweitiger satzungsmäßiger Bestimmungen, hierbei als nicht abgegebene Stimmen.[450] Damit entspricht die einfache Mehrheit in diesem Sinne der absoluten Mehrheit der abgegebenen (gültigen) Stimmen.[451]

Hauptversammlungsbeschlüsse können bei der AG allerdings nicht formfrei gefasst werden, sie sind durch den erforderlichen Versamm-

445 *Zöllner* in Baumbach/Hueck § 47 Rn. 4.
446 *Zöllner* in Baumbach/Hueck § 47 Rn. 5.
447 *Hüffer* § 133 Rn. 4.
448 *Zöllner* in Baumbach/Hueck § 47 Rn. 67; *Roth* in Roth/Altmeppen § 47 Rn. 24.
449 Bzw. Nein-Stimmen nach Abzug aller Ja-Stimmen, je nach Formulierung des Beschlussantrages.
450 *Zöllner* in Baumbach/Hueck § 47 Rn. 23.
451 MünchKommAktG/*Schröer* § 133 Rn. 27.

lungsleiter[452] festzustellen und das Beschlussergebnis ist notariell niederzuschreiben (vgl. § 130 Abs. 1 AktG).

2. Beschlüsse von besonderer Bedeutung

Beschlüsse von besonderer Bedeutung erfordern eine erhöhte Legitimation. In Fällen, in denen der Gesetzgeber Beschlussgegenständen eine solche Bedeutung zugemessen hat oder dies im Rahmen der Satzungshoheit durch die Gesellschafter geschehen ist, bestehen daher neben der Bedingung der einfachen Stimmenmehrheit zusätzliche, qualifizierte Erfordernisse. Solche, zumeist in Form erhöhter Quoren, sind im Sanierungsfall regelmäßig einschlägig. Gerade bei den Kapitalmaßnahmen (Kapitalherabsetzung[453] und Kapitalerhöhung[454]), sowie dem in der Insolvenz notwendigen Fortsetzungsbeschluss[455], handelt es sich um vom Gesetzgeber mit der Notwendigkeit der Dreiviertelmehrheit – des bei der Beschlussfassung gültig mit „Ja" oder „Nein" abstimmenden Grundkapitals (AG)[456], bzw. der in diesem Sinne gültig abgegebenen Stimmen (GmbH) – versehene Beschlussgegenstände.

II. Der Minderheitenschutz

Wie bereits dargelegt, werden Entscheidungen der Gesellschafter von Kapitalgesellschaften im Wege des Mehrheitsentscheids getroffen. Die den Beschluss unterstützende oder ablehnende Mehrheit majorisiert die Minderheit, die sich gegen ihren Willen am getroffenen Beschluss festhalten lassen muss. Dass Entscheidungen nicht im Wege des Einstimmigkeitsprinzips getroffen werden können ist anhand des Leitbilds der Publikumsaktiengesellschaft gesehen einleuchtend. Nur durch den Mehrheitsentscheid ist eine Gesellschaft mit einer Vielzahl von Gesellschaftern, mithin ihr Kollektivorgan, in der Lage, handlungsfähig zu

452 Hölters/*Drinhausen* Anhang zu § 129 Rn. 1.

453 § 222 Abs. 1 S. 1 AktG bzw. §§ 58, 53 GmbHG.

454 § 182 Abs. 1, S. 1 AktG bzw. §§ 55, 53 GmbHG.

455 Vgl. § 274 Abs. 1 i.V.m. Abs. 2, Nr. 1 AktG bzw. § 60 Abs. 1, Nr. 4 GmbHG.

456 Hierbei handelt es sich um eine weitergehende Voraussetzung neben der Erreichung der einfachen Stimmenmehrheit. Die Erreichung der Kapitalmehrheit suspendiert also nicht von der Stimmenmehrheit, MünchKommAktG/*Schröer* § 133 Rn. 39; *Hüffer* § 133 Rn. 14.

bleiben.[457] Auch in der GmbH ist die Mehrheitsmacht richtigerweise kodifiziert (vgl. § 47 Abs. 1 GmbHG). Die GmbH stellt den Mittler zwischen der AG als Kapitalsammelbecken und den Personengesellschaften als persönlichen Zusammenschluss dar.[458] Grundsätzlich könnte man hier zu der Auffassung kommen, in Anbetracht der Realstruktur von zwei bis fünf Gesellschaftern (in über der Hälfte der Fälle),[459] wäre ein an die Personengesellschaft angelegtes Beschlussverfahren, mit Einstimmigkeits- oder Kopfprinzip, passender.[460] Es überwiegt aber das Interesse daran, ein entscheidungsfähiges und am Veränderungsinteresse der Gesellschafter orientiertes Organ zu erhalten. Das Mehrheitsprinzip ist dem Verbandsrecht als technische Notwendigkeit eigen.[461] Der Einstimmigkeit inhärent ist dagegen die Möglichkeit des Einzelnen, die Beschlussfassung aus jedwedem Grund und Motiv zu verschleppen oder zu vereiteln.[462] Tatsächlich wird auch in den Personengesellschaften zumeist von der Option Gebrauch gemacht, das gesetzlich vorgesehene Einstimmigkeitsprinzips (vgl. § 709 BGB bzw. § 109 HGB) durch den Mehrheitsbeschluss – nach Köpfen oder üblicherweise durch feste Kapitalkonten – zu ersetzen.[463]

Wenn jedoch eine Mehrheit die Minderheit gegen ihren Willen an einen Beschluss binden kann, stellt sich die Frage, in welchem Umfang dies möglich sein soll und ob – und wenn ja, inwieweit – der Minderheitsgesellschafter Möglichkeiten hat, unliebsame oder rechtswidrige Beschlüsse abzuwehren. Dies ist das Feld des sog. Minderheitenschutzes. Das Bedürfnis nach einem Schutz der opponierenden Gesellschafter ist die Kehrseite der Mehrheitsmacht,[464] die ihrer Natur nach missbrauchsanfällig ist. Die Diskussion um Notwendigkeit und Intensität des Schutzes der Minderheit stellt sich insgesamt im Gesellschaftsrecht. Sie wird noch verstärkt, je weiter sich die Gesellschaft vom personalistischen Idealtypus der BGB-Gesellschaft entfernt und je näher sie der verbandsrechtlich am

457 *Schmidt* GesR S. 451.

458 Michalski/*Michalski* System. Darstell. 1 Rn. 2.

459 Michalski/*Michalski* System. Darstell. 1 Rn. 177.

460 Ähnlich wird in der Diskussion um die Geltendmachung von Beschlussmängeln in der Gesellschafterversammlung der GmbH argumentiert. Hier wird teilweise darauf hingewiesen, die Nichtigkeit nach personengesellschaftsrechtlichen Regelungen passe zur GmbH besser, als die aktienrechtliche Unterscheidung zwischen Anfechtbarkeit und Nichtigkeit, näher: *Zöllner* in Baumbach/Hueck Anh. nach § 47 Rn. 3 f.

461 *Schmidt* GesR, S. 452.

462 MünchKommHGB/*Enzinger* § 119 Rn. 61.

463 Vgl. MünchKommHGB/*Priester* § 120 Rn. 100; *Hopt* in Baumbach/Hopt § 120 Rn. 15.

464 *Müller*, S. 323.

Weitesten – im Verhältnis zu ihren Mitgliedern – verselbständigten Form, der Aktiengesellschaft, kommt.

Nun ist der Minderheitenschutz aber kein rechtlich konkretes Konstrukt, das gleichbleibenden Inhalt und Bedeutung im Verhältnis zu allen Gesellschaftsformen aufweist, vielmehr handelt es sich hierbei um einen Leitgedanken, der seine Verwirklichung in unterschiedlichen rechtlichen Ausformungen erlangt.[465]

Zunächst hat der Gesetzgeber bereits Maßnahmen vorgesehen, um einen Minderheitenschutz zu etablieren. Bereits oben wurde dargestellt, dass Beschlüsse von besonderer Bedeutung auch höherer Legitimation bedürfen. Das sog. qualifizierte Mehrheitserfordernis ist ein Element des Minderheitenschutzes. Weitere kodifizierte Elemente sind das Recht fehlerhafte Beschlüsse anzufechten (§§ 243 ff. AktG bzw. analog für die GmbH[466]), das Informationsrecht (§ 131 AktG; § 51 a GmbHG) oder aber das Anrecht eines jeden Gesellschafters, grundsätzlich uneingeschränkt an Gesellschafterversammlungen teilzunehmen[467]. Diese Rechte stellen jedoch keine spezifischen Minderheiten(schutz)rechte dar, sie dienen vielmehr dem Rechtsschutz aller Aktionäre, jedoch in diesem Sinne auch dem Minderheitenschutz, gewährleistet durch Rechte, die allgemein der Mitgliedschaft im Verband entspringen. Echte Minderheitenschutzrechte im technischen Sinne[468] sind die Möglichkeit einer Minderheit, zweckgebunden die Einberufung einer Gesellschafterversammlung bzw. Hauptversammlung zu verlangen (§ 49 GmbHG; § 122 AktG), der Antrag auf Bestellung eines Sonderprüfers nach § 142 Abs. 2 AktG oder die Geltendmachung von Ersatzansprüchen gem. § 147 Abs. 2 AktG.

Die Tatsache, dass etwa die Möglichkeit zur Einberufung der Hauptversammlung bzw. zur Ergänzung von Tagesordnungspunkten im Aktienrecht von der Minderheit praktisch nicht genutzt wird, ist eher der Verfassung der Aktiengesellschaft als Kapitalsammelbecken, mit einer Vielzahl von (auch Kleinst-)Aktionären und der mangelnden Organisation der Gesellschafter im Verhältnis zueinander zuzuschreiben. Doch dies ist im Wandel begriffen und das Einberufungsrecht erfreut sich immer größerer Beliebtheit.[469] Von größerer Relevanz ist die Parallelvor-

---

465 *Schmidt* GesR, S. 466.

466 *Zöllner* in Baumbach/Hueck Anhang nach § 47 Rn. 1 ff. m.w.N.

467 *Schmidt/Seibt* in Scholz § 48 Rn. 18; *Zöllner* in Baumbach/Hueck § 48 Rn. 6; Hölters/*Drinhausen* § 118 Rn. 34.

468 *Schmidt* GesR, S. 468.

469 MünchKommAktG/*Kubis* § 122 Rn. 2; *Paschos/Goslar* AG 2008, 605, 609; *Halberkamp/Gierke* NZG 2004, 494.

schrift zur Einberufung einer Gesellschafterversammlung im GmbH-Recht. Gerade bei Streitigkeiten um die Geschäftsführung wird die so einberufene Gesellschafterversammlung einzig für die Abstimmung zum Tagesordnungspunkt „Abberufung des Geschäftsführers" verbunden und nach der regelmäßigen Beschlussablehnung durch die Mehrheit, der Beschluss in Verbindung mit einer positiven Beschlussfeststellungsklage angefochten.[470] Die nach dem AktG und GmbHG erforderlichen Quoren sind – in einem vom Gedanken der Mehrheitsherrschaft geleiteten Umfeld – für einen Ausgleich zwischen der Durchsetzung der Rechte der Minderheit und dem Schutz der Mehrheit vor dauerhafter Blockade und querulatorischem Verhalten nötig.

C. Treupflicht und Stimmrecht

I. Einführung

Grundsätzlich erfolgt die gesellschaftsrechtliche Willensbildung nach dem oben dargestellten Schema. Beschlüsse werden mit einfacher Mehrheit gefasst. Soweit der Sache nach besondere Maßnahmen vorgenommen werden, beispielsweise Satzungs- und Strukturänderungen, ist eine qualifizierte Mehrheit erforderlich. Somit liegt der Schluss nahe, dass der mit erforderlicher Mehrheit gefasste Entscheid ohne Rücksicht auf die Intentionen der abstimmenden Gesellschafter zu akzeptieren ist; wer überstimmt wird, muss sich der Mehrheit beugen. Wir befinden uns im Rechtsgebiet der Kapitalgesellschaften, in dem das Stimmrecht nach Anteilen bemessen wird.[471] Hat sich der Gesellschafter mit einer Beteiligung, die ihn nicht dazu befähigt, seine Rechte unabhängig vom Willen anderer durchzusetzen, in ein Gesellschaftsverhältnis begeben, musste ihm klar sein, eher kontrolliert zu werden, als kontrollieren zu können.[472] Die Minderheitsbeteiligung ist im Verhältnis zur Mehrheit die „Fessel der selbstverschuldeten Unfreiheit". Unter der Herrschaft des Mehrheitsprinzips kann „die Mehrheit der Minderheit ganz legal ihren Willen aufzwingen"[473], doch leicht ersichtlich liegt in der schrankenlosen Befolgung der Mehrheitsherrschaft ein vielfaches Missbrauchspotential.

470 Michalski/*Römermann* § 50 Rn. 2.

471 Oben B. Körperschaftliche Willensbildungsprinzipien, S. 76.

472 Grundsätzlich *RG*, Urteil 08.04.1908 – I 595/07 = RGZ 68, 235, 246 („Hibernia").

473 *Timm* ZGR 1987, 403, 404.

- Schon das Reichsgericht brachte diesen Gedanken zum Ausdruck:

„Aus der Befugnis, im Wege des Mehrheitsbeschlusses zugleich auch für die Minderheit zu beschließen und damit mittelbar über deren in der Gesellschaft gebundene Vermögenswerte zu verfügen, ergibt sich ohne weiteres die gesellschaftliche Pflicht der Mehrheit, im Rahmen des Gesamtinteresses auch den berechtigten Belangen der Minderheit Berücksichtigung angedeihen zu lassen und deren Rechte nicht über Gebühr zu verkürzen".[474]

Aber auch die (einfache) Mehrheit kann auf die Mitwirkung der Minderheit angewiesen sein, so im Falle einer Satzungs- oder Strukturänderung und dem einhergehenden Erfordernis einer qualifizierten Mehrheit oder bei notwendig einstimmigen Entscheidungen.

In den oben beschriebenen Konstellationen stellt sich die Frage, ob eine Pflicht des Gesellschafters bestehen kann, sein Stimmrecht – unabhängig von persönlichen Präferenzen – für oder wider eine Maßnahme auszuüben. Als Element, um eine solche Bindung herbeizuführen, kann die sog. „Treupflicht" dienen. Deren Grundlagen sollen zunächst kurz ausgeführt werden, sodann wird zu untersuchen sein, ob die Treupflicht dazu geeignet ist, Stimmpflichten – positive oder negative/enthaltende – zu zeitigen.

II. Grundlagen der Treupflicht

1. Bestehens- und Rechtsgrund

Die Anerkennung von Treupflichten ist heute als gesichert anzusehen, kritische Stimmen[475] sind vereinzelt geblieben. Bei der Treupflicht handelt es sich um ein verbandsrechtliches Prinzip;[476] grob umschrieben sind Treupflichten „allgemeine Loyalitätspflichten" [477], die sich zu konkreten Förderungs- und Interessenwahrungspflichten verdichten können.[478] In der Entwicklung[479] wurden sie zuerst im Personengesellschaftsrecht an-

474 *RG*, Urteil vom 31.03.1931 – II 223/30 = RGZ 132, 149, 162 = JW 1931, 295.

475 *Altmeppen* NJW 1995, 1739, 1751; *Flume* ZIP 1996, 161; *Wilhelm* in FS Huber, S. 1019, 1027.

476 *Wiedemann* in Gestaltungsfreiheit, S. 21; *Henze* ZHR 162 (1998) 186.

477 *Schmidt* GesR, S. 588.

478 *Fastrich* in Baumbach/Hueck § 13 Rn. 20; Wachter/*Servatius* § 53 a Rn. 39 f.

479 Entscheidungen hinführend zur ersten Bildung des Treupflichtgedankens in *RG* Warn. 1908 Nr. 511 = LZ 1912, 545 = JW 1913, 29. Aus der Literatur insbesondere *Hueck* in FS Hübner, S. 72 ff.; *Zöllner*, Mitgliedschaft, S. 335 ff.

erkannt[480] und in den Anfängen hielt man sie für eine Erscheinungsform, die aus der Pflichtenbindung, aus dem persönlichen Vertrauen der Gesellschafter in einem personenrechtlichen Zusammenschluss resultiere.[481] Eine Ausdehnung auf die Körperschaften erfolgte deshalb zunächst nicht.[482] Angeführt wurde, die Übertragung käme, aufgrund der Entrückung zwischen Gesellschafter und Gesellschaft in Form der juristischen Person und der somit fehlenden persönlichen Nähe und Vertrauensbeziehung[483] (Gemeinschaftsverhältnis)[484], nicht in Betracht. Weder das, noch der Hinweis[485] auf im Aktiengesetz bereits angelegte Schutzvorschriften[486], konnten die Erstreckung auf die Kapitalgesellschaften aufhalten.[487] Die Argumentation über die fehlende persönliche Nähe war nicht durchgreifend.[488] *Zöllner* drückt dies zutreffend aus indem er feststellt, dass die Treupflicht um vieles „mehr dem Maß des Einflusses korrespondiert, als dem Maß des persönlichen Vertrauens".[489] Dies entspricht dem Geltungsgrund, den die herrschende Meinung der Treupflicht zuspricht.[490] Die Anfänge der Übertragung der Treupflicht in das Recht der Kapitalgesellschaften wurden bei der, den Personengesellschaften (faktisch) näher stehenden,[491] GmbH gemacht.[492] Später erfolgte

480 *RG*, Urteil vom 23.11.1917 – II 242/17 = RGZ 91, 166, 168; *BGH*, Urteil vom 02.07.1973 – II ZR 94/71 = WM 1973, 1291, 1293; Untersuchungen mit Beschränkung auf das Recht der Personengesellschaften bei: *Zöllner*, Mitgliedschaft, S. 335 ff.; *Lutter* AcP 180, 84, 102 ff.

481 *Nehls*, S. 16 f.

482 „Recht zweifelhafte Frage der Treuepflicht des Aktionärs gegenüber der AG" *Fischer* in GroßKomm HGB § 105 Rn 31 a.

483 *Henze/Notz* in GroßkommAktG Anh. § 53 a Rn. 8.

484 *Hueck*, Treuegedanke, 1947, S 12 f.

485 *BGH*, Urteil vom 9. 6. 1954 – II ZR 70/53 = NJW 1954, 1401 („Audi/NSU").

486 MünchKommAktG/*Bungeroth* Vor § 53a Rn. 18; Siehe auch oben II. Der Minderheitenschutz, S. 78.

487 Bekannt und eingehend, das auf *Wiedemann* (FS Barz, S. 561, 569) zurückgehende Bildnis, welches die Frage aufwarf, warum ein Personengesellschafter, nach Umwandlung seiner Personengesellschaft in eine AG, in der Lage sein sollte, seine Pflichtenstellungen „beim Eintritt in die Kapitalgesellschaft an der Garderobe abgeben [zu können]".

488 *Nehls*, S. 16 ff., 23 f. und insb. S. 32.

489 *Zöllner*, Mitgliedschaft, S. 350.

490 GroßKommAktG/*Henze/Notz* Anh. § 53 a Rn. 8; *Zöllner*, Mitgliedschaft, S. 350; *Winter*, Treuebindungen, S. 16; *Nehls*, S. 17; *Korehnke*, S. 28; *Kunze*, S. 96; *Beckerhoff*, S. 36.

491 *Fastrich* in Baumbach/Hueck § 13 Rn. 18; *Henze* BB 1996, 489.

492 „Wenn auch anders als bei der OHG kein Gemeinschaftsverhältnis besteht und darum nicht schon hieraus die Pflicht zu gegenseitiger Treue abgeleitet werden kann, so obliegt den Gesellschaftern einer GmbH doch eine echte, nicht bloß den Grundsatz von Treu und Glauben (§ 242 BGB) beinhaltende Treupflicht, weil die Beziehungen des Gesellschafters zur GmbH und seinen Mitgesellschaftern nicht rein kapitalistisch, son-

die konsequente Weiterentwicklung auf das Recht der Aktiengesellschaft.[493] In beiden Fällen geschah dies zunächst nur auf der vertikalen Beziehung Gesellschaft-Gesellschafter[494], später auf horizontaler Ebene zwischen den Gesellschaftern[495]. Mittlerweile bildet der Treupflichtgedanke eine Institution des gesamten Gesellschaftsrechts und wird in allen Verbandsarten anerkannt.[496]

Trotz Einigkeit über das grundsätzliche Bestehen der Treupflicht, ist deren Entstehungs- und Rechtsgrund (immer noch) umstritten. Das Bestehen von treupflichtigen Verbindungen zwischen den betreffenden Bezugsobjekten resultiert nicht aus einem dahingehend lautenden spezifischen Rechtssatz,[497] ein solcher existiert nicht. Eine höchstrichterliche Entscheidung zu den konkret dogmatischen Grundlagen der Treupflicht ist bisher nicht erfolgt. Wenngleich auf Grund des aktuellen Entwicklungsstandes und der unumstrittenen, grundsätzlichen Anerkennung der Treupflicht damit auch nicht zu rechnen sein dürfte.[498] In der Kommentarliteratur wird die Diskussion zumeist kurz angerissen, zum Teil aber auch bereits vollständig ausgeblendet[499] oder mit wenigen Bemerkungen abgehandelt.[500] Es handelt sich heute eher um einen akademischen Dis-

---

dern auch persönlicher Art sind" *BGH*, Urteil vom 14.02.1953 – VI ZR 136/52 = NJW 1953, 780, 781; Eingehend: *Wiedemann* Bd I § 8 I 2, S. 412 ff.; Kritisch *Raiser* ZHR 1987, 423, 432.

493 *BGH*, Urteil vom 01.02.1988 – II ZR 75/87 = NJW 1988, 1579 (AG – „Linotype"); *BGH*, Urteil vom 22.06.1992 – II ZR 178/90 = NJW 1992, 3167 („IBH/Scheich Kamel").

494 Aber nicht nur ausgehend vom Gesellschafter zur Gesellschaft, sondern auch in umgekehrter Beziehung, vgl. *BGH*, Urteil vom 19.09.1994 – II ZR 248/92 = NJW 1994, 3094 („BMW").

495 Schon zu Beginn seiner Rechtsprechung postulierte der BGH: Auch „trifft die Gesellschafter der GmbH die Pflicht, sich persönlich für die Belange der GmbH einzusetzen oder alles zu unterlassen, was deren Interesse schädigen könnte"; Sodann bahnbrechend jeweils: *BGH*, Urteil vom 05.06.1975 – II ZR 23/74 = NJW 1976, 191 (GmbH – „ITT"); *BGH*, Urteil vom 01.02.1988 – II ZR 75/87 = NJW 1988, 1579 (AG – „Linotype"); Explizit zum Verhältnis Minderheits- zu Mehrheitsgesellschafter in der AG, *BGH*, Urteil vom 20.03.1995 – II ZR 205/94 = NJW 1995, 1739 („Girmes"): „In der Aktiengesellschaft ist nicht nur der Mehrheitsaktionär dem Minderheits- oder Kleinaktionär zur Treue verpflichtet; es besteht umgekehrt auch eine Treuepflicht des Minderheits- oder des Kleinaktionärs gegenüber dem Mehrheitsaktionär oder gegenüber anderen Minderheits- oder Kleinaktionären."

496 KK-AktG/*Drygala* § 53a Rn. 82; *Wiedemann* in Gestaltungsfreiheit, S. 20.

497 *Henze/Notz* in GroßkommAktG Anh. § 53 a Rn. 1.

498 *Henze/Notz* in GroßkommAktG Anh. § 53 a Rn. 13; *Lutter* ZHR 162 (1998) 164, 166.

499 *Fastrich* in Baumbach/Hueck § 13 Rn. 20; *Müller*, S. 326; *Brüning*, S. 192.

500 MünchKommBGB/*Ulmer* § 705 Rn. 222; *Lutter* ZHR 1998, 164, 166; *Timm* WM 1991, 481, 183; *Windbichler* in Gesellschaftsrecht 1995, S. 35.

kurs[501], der sicherlich interessante Argumentationsketten aufweist, jedoch letztlich nichts an den Inhalten ändert[502], nicht „ergiebig" scheint[503] und in seiner Bedeutung „keinesfalls überschätzt werden sollte"[504]. Entscheidender als das „Etikett" ist der Inhalt.[505]

Zu unterscheiden sind jedenfalls der Rechtsgrund der Treupflichten im Sinne einer Rechtsquelle und der Entstehungsgrund, der „tatbestandlich" die aus der Rechtsquelle entspringenden Rechte und Pflichten „aktiviert".

Als Rechtsquelle werden zum Teil konkrete Normen herangezogen (§ 242 BGB[506] bzw. § 705 BGB[507]), zum Teil die Gemeinschaft der vorgenannten Normen.[508] Teilweise wird nach angesprochenem Pflichtenkreis unterschieden (Treupflicht als Förderungspflicht [§ 705 BGB] oder als Schranke [§ 242 BGB])[509], teilweise wird auf andere Normen des jeweiligen Gesetzes verwiesen[510] und schlussendlich wird – von der wohl herrschenden Meinung – vertreten, dass die Treupflicht eine richterrechtlich entwickelte und von einer Gesamtheit von Normen abgeleitete (eigene)

---

501 Ob es selbst noch ein akademischer Diskurs ist, scheint auch fraglich, denn bereits in der ZHR Tagung 1998 sahen „die Teilnehmer keinen Diskussionsbedarf [mehr] zu den Grundlagen der Treupflicht" (vgl. Diskussionsbericht ZHR 1998, 197).

502 „Auf die in der Literatur umstrittene Frage [...] kommt es angesichts der Übereinstimmung über ihre vertragliche Wurzel nicht an" (vgl. MünchKommBGB/*Ulmer* § 705 Rn. 222).

503 Wiedemann folgend „wird man allgemein die praktische Bedeutung des Anknüpfungspunktes nicht überschätzen dürfen" (*Wiedemann* Bd I § 8 II 1, S. 425).

504 *Winter,* Treubindungen, S. 13.

505 *Hennrichs* AcP 195, 221, 233.

506 Vgl. *BGH,* Urteil vom 22.05.1989 – II ZR 206/88 = NJW 1989, 2689, 2691 (zur missbräuchlichen Anfechtungsklage – AG); *OLG Köln,* Urteil vom 9. 3. 1999 – 22 U 145/98 = NZG 1999, 1166, 1168; Roth/*Altmeppen* § 13 Rn 30; *Emmerich* in Scholz § 13 Rn. 38; MünchKommBGB/*Roth/Schubert* § 242 Rn. 173; Jauernig/*Stürner* § 705 Rn. 3; Bamberger/Roth/*Timm/Schöne* § 705 Rn. 101; *Windbichler* in Gesellschaftsrecht 1995, S. 35; *Burgard* ZIP 2002, 827, 834; *Häsemeyer* ZHR 160 (1996), 109, 113 ff; *Hennrichs* AcP 195 (1995), 221, 228.

507 *Marsch-Barner* ZHR 157 (1993) 172, 173; *Lutter* AcP 180, 84, 102 f.

508 Rowedder/Schmidt-Leithoff/*Pentz* § 13 Rn. 36; *Winter,* Treubindungen, S. 12 ff.; nach *Beckerhoff* findet die Treupflicht gegenüber der Gesellschaft in § 705 BGB und gegenüber Gesellschaftern in § 242 BGB ihre Grundlage (*Beckerhoff,* S. 41, 46); so auch *Nehls,* S. 21.

509 Rowedder/Schmidt-Leithoff/*Pentz,* § 13 Rn 36; *Winter,* Treubindungen, S. 13.

510 So sieht *Kunze* die Grundlage der Treupflicht im GmbH-Recht in einer Gesamtschau von §§ 50 Abs. 1, 51a, 53 Abs. 2, 60 Abs. 1 Nr. 2 GmbHG (S. 75) und im Aktienrecht aus 254 Abs. 1, 243 Abs. 2, 255 Abs. 2, 117 Abs. 1 AktG (S. 99 ff.).

Generalklausel darstellt[511]. Ohne vertiefend auf den Problemstand einzugehen ist festzustellen, dass eine Beziehung auf die konkreten Normen von §§ 242, 705 BGB vorzugswürdig erscheint.[512] Eine richterrechtlich entwickelte Generalklausel zu ersinnen, die sodann an die Stelle einer anderen Generalklausel (§ 242 BGB) bzw. Grundnorm (§ 705 BGB) tritt, um sich nachfolgend wieder auf diese rückzubeziehen, scheint „um die Ecke gedacht". Einfacher ist es, direkt an § 242 BGB anzuknüpfen, dies ist auch der (alleinigen) Orientierung an § 705 BGB überlegen.[513] Der Begriff der Treupflicht dient hierbei als ausfüllungsbedürftiger Rechtsbegriff und Sammelbecken für ungeschriebene Pflichten im Rahmen des Gesellschaftsverhältnisses. Wenn davon gesprochen wird, dass dieses oder jenes Verhalten durch *die* Treupflicht geboten oder versagt werde, dann darf dies nicht dahingehend verstanden werden, dass es eine einzelne Treupflicht in diesem Sinne gibt. Vielmehr wird im einzelnen Sachverhalt stets nur eine Pflicht herangezogen, die unter dem Oberbegriff der Treupflicht einzuordnen ist.

Hinsichtlich des Entstehungsgrundes der Pflicht ist man sich jedoch einig. Hier rekurriert die ganz h.M. auf die Sonderbeziehung zwischen den Gesellschaftern, die durch das Gesellschaftsverhältnis – im Sinne des Organisationsvertrages – und somit durch die Mitgliedschaft, vermittelt wird.[514]

2. Wirkung und Intensität

a. Wirkung

Aufgrund der Verwurzelung der Treupflicht im Gesellschaftsverhältnis kann sie nur für Gesellschafter und Gesellschaft Bindung entfalten, au-

---

511 *Hüffer* § 53a Rn. 15; Michalski/*Funke* § 13 Rn. 140; *Henze/Notz* in GroßkommAktG Anh. § 53 a Rn. 18; MünchKommAktG/*Bungeroth* Vor § 53a Rn. 18; *Henze* ZHR 1998, 186, 291; *Henze* BB 1996, 489, 492.

512 *Winter*, Treubindungen, S. 14 f; *Beckerhoff*, S. 41, 46.

513 Eingehend *Hennrichs* AcP 195, 221, 228 ff.; *Fastrich* in Baumbach/Hueck § 13 Rn. 30; a.A. *Lutter* AcP 180, 84, 103; *Hüffer* § 53a Rn. 15; *Bayer* in Lutter/Hommelhoff § 14 Rn. 20 mit Hinweis auf den Charakter der Treu- als eigenständige Hauptleistungspflicht; ebenso *Kunze*, S. 72.

514 *Henze/Notz* in GroßkommAktG Anh. § 53 a Rn. 21; *Janssen* in Heidel § 53 a Rn. 17; Münch Hdb. GesR V/*Wiesner* § 17 Rn. 15; *Roth/Altmeppen* § 13 Rn. 29; *Hüffer* § 53a Rn. 15; Hölter/*Solveen* § 53a Rn. 14; *Bayer* in Lutter/Hommelhoff § 14 Rn. 20; *Lutter* ZHR 1998, 164, 168; *Altmeppen* NJW 1995, 1739, 1751; *Hennrichs* AcP 195 (1995), 221, 234; *Dreher* ZHR 157 (1993), 150, 157; *Lutter* AcP 180, 84, 103.

ßenstehende Dritte werden von ihr nicht erfasst.[515] Die im gesamten Bereich des Gesellschaftsrechts geltende Treupflicht stellt sich als ein Mittel dar, um Gesellschaftsverhältnisse außerhalb der positiv rechtlich normierten Bereiche zu steuern und Lücken zu füllen.[516] Dies geschieht durch die Zwitterstellung der Treupflicht, denn ihr können sowohl Handlungs- als auch Unterlassungspflichten entspringen. Die Gesellschafter müssen dazu in die Lage versetzt werden, ihre mitgliedschaftlichen Rechte gegen solche Eingriffe verteidigen zu können, die nicht durch das übergeordnete Interesse der Gesellschaft gerechtfertigt sind.[517] Die Treupflicht dient als Instrument dazu, Eingriffe und Rechte dort zu definieren, wo privat- und gesellschaftsrechtliche Regelungen nicht einschlägig sind und die Grenzen des Deliktsrechts nicht erreicht werden. In solchen Fällen besteht für die Mehr- oder Minderheit die Möglichkeit, auf die gesellschaftsbezogenen Interessen der Mitgesellschafter Einfluss zu nehmen und diese zu beeinträchtigen.[518] Der Kern des Treupflichtgedanken besteht darin, „daß dem Maß des Einflusses des Gesellschafters das Maß seiner Verantwortung mit der sich daraus ergebenden Pflicht zur Rücksichtnahme auf die Interessen der Gesellschaft und die gesellschaftsbezogenen Belange der Mitgesellschafter entspricht".[519] Hier ist die Treupflicht als Gegengewicht erforderlich, um eine angemessene Rücksichtnahme zu gewährleisten.[520]

Lutter fasst treffend zusammen: Die Treupflicht hat das Ziel „die Gesellschafter im offenen, normenlosen Gelände in ihrem Vertrauen auf die Mitgesellschafter und deren Loyalität bei der Zielverfolgung und in ihrem wechselseitigen Verhältnis zueinander ebenso zu schützen wie deren Einwirkungsmacht auf die eigene Mitgliedschaft zu begrenzen".[521]

Die Mitglieder des Verbandes müssen über die Anwendung des Deliktsrechts hinaus vor treuwidrigem Verhalten geschützt werden. Gerade hier ist die Nähe zu § 242 BGB zu sehen, der beim Vorliegen besonderer Verbindungen einen Schutz gewährt, der über den allgemeinen hinausgeht. Oftmals wird darauf verwiesen, die Treupflicht sei als Korrelat zwi-

---

515 MünchKommAktG/*Bungeroth* Vor § 53a Rn. 22; KK-AktG/*Drygala* § 53a Rn. 84; *Michalski/Funke* in Michalski § 13 Rn. 141.

516 Spindler/Stilz/*Cahn/v.Spannenberg* § 53 a Rn. 36; Wachter/*Servatius* § 53 a Rn. 38.

517 *Goette* ZGR 2008, 436, 438.

518 *Dreher* ZHR 157 (1993), 150, 153.

519 *BGH*, Urteil vom 20.03.1995 – II ZR 205/94 = NJW 1995, 1739, 1741 („Girmes").

520 *BGH*, Urteil vom 01.02.1988 – II ZR 75/87 = NJW 1988, 1579, 1581; *Dreher* ZHR 157 (1993), 150, 156.

521 *Lutter* ZHR 162 (1998) 164, 167.

schen Macht und Verantwortung von Nöten.[522] Dies ist sicherlich zutreffend, genauer gesagt sollte sie aber als Korrelat zwischen Einwirkungsmöglichkeit und Verantwortung angesehen werden. Eine bloß formale Machtposition (im Sinne von Stimmrecht und Beteiligung) ist in keinem Falle ausreichend, sie würde die Minderheit ausklammern. Auch der Minderheitsgesellschafter kann mit einer einzigen Stimme, etwa über das Zustandekommen einer qualifizierten Mehrheit, entscheiden oder mittels seines aus der Aktie entspringenden Mitgliedschaftsrechts auf formelle und materielle Richtigkeit von Beschlüssen diese durch Anfechtung (mit hehren Motiven oder aus Eigennutz) verzögern oder zu Fall bringen.[523] Gleiches gilt für den Sachverhalt sog. „Zufallsmehrheiten".[524] Vor diesem Hintergrund ist es falsch, die Treupflicht nur auf den Mehrheit-Minderheit-Konflikt zu beschränken[525], denn ihre Stoßrichtung reicht von der Mehrheit zur Minderheit und umgekehrt.[526] Die heutige Treupflicht ist kein reines Instrument des Minderheitenschutzes (mehr),[527] sie erkennt an, dass „Treupflicht und Missbrauch nicht nur ein Majoritätsproblem ist, sondern auch ein Problem des Majoritätsschutzes gegen Sperrminoritäten".[528]

b. Intensität

Alle Beteiligten an einer gesellschaftsrechtlichen Beziehung unterliegen der Treupflicht, denn: Sie folgt aus der Mitgliedschaft.[529] Ihr Bestehen kann niemals fraglich sein.

---

522 *Schmidt* GesR, S. 588; vgl. auch unten cc. Korrelation zwischen Rechtsmacht und Verantwortung, S. 96.

523 *Henze* ZHR 162 (1998), 186, 187.

524 Wachter/*Servatius* § 53 a Rn. 52; *Winter,* Treubindungen, S. 81; *Nehls,* S. 85.

525 Die Tatsache, dass sie in der Vergangenheit eher auf den Minderheitenschutz zentriert judiziert und diskutiert wurde, ändert nichts am persönlichen und sachlichen Anwendungsbereich. Dass der Minderheitenschutz nicht allein Feld der Treupflicht ist, zeigt sich in neuerer Zeit insbesondere auch durch die Diskussionen zur Missbräuchlichkeit des Anfechtungsrechts (Ausschluss aus § 242 BGB oder aus Treupflicht, vgl. *Henze/Notz* in GroßkommAktG Anh. § 53 a Rn. 24) und eben auch der Stimmabgabe bei Sanierungsentscheidungen (aktuell *BGH,* Urteil vom 19.10.2009 – II ZR 240/08 = NJW 2010, 65 [„Sanieren oder Ausscheiden"]). Beides sind Konfliktfälle in denen die Treubindung der Minderheit in Frage steht.

526 *Goette* ZGR 2008, 436, 437; *Henze* ZHR 162, (1998), 186, 187; *Marsch-Barner* ZIP 1996, 853, 854; *Krieger* ZGR 2000, 883, 904.

527 Rowedder/Schmidt-Leithoff/*Pentz* § 13 Rn. 38; *Dreher* ZHR 157 (1993), 150, 156.

528 *Schmidt* JZ 2010, 125, 127.

529 Hierzu auch unten b. Stimmpflicht als Belastung, S. 210.

Ungewiss ist aber, welche Kriterien den Umfang bestimmen, in dem die Treupflicht die gesellschaftsrechtlichen Rechtsverhältnisse beeinflusst. Hier stellt die Treupflicht als gesellschaftsrechtliche Generalklausel einen konkretisierungsbedürftigen Tatbestand dar.[530] Um dennoch ein grobes Raster zu finden, das auf abstrakter Ebene eine erste Orientierung für die materielle Anwendung der Treupflicht bietet, hat die Lehre verschiedene Ansätze entwickelt.

aa. Realstruktur der Gesellschaft

Es wird vertreten, dass die Intensität der Treupflicht und die daraus folgenden Rechte und Pflichten an der Verfassung der Gesellschaft orientiert sein müssen.[531] Das macht es nachvollziehbarer, dass z.B. ein Bruder, der 49 % der Geschäftsanteile hält, seinem Bruder gegenüber, der 51 % der Geschäftsanteile hält, erwarten kann, dass er nach langen Jahren der Zusammenarbeit nicht schon wegen eines geringen Verstoßes als Geschäftsführer abberufen und so um seine berufliche Lebensgrundlage gebracht wird.[532] Jedoch kann dies nur eine Tendenz darstellen, da ähnliche Konstellationen in einer kapitalistisch strukturierten GmbH – d. h. anstatt zweier Brüder zwei anonyme Investoren –, nicht so entschieden würden. Spätestens durch die *Girmes*-Entscheidung ist Klarheit in dieses Missverständnis gebracht worden.[533]

Die Treupflicht kann in ihrer Wirkung nicht allein an der Struktur der Gesellschaft als kapitalistisch oder personell festgemacht werden, sie ist insoweit rechtsformunabhängig.[534] Dass eine Anknüpfung an die Verfassung der Gesellschaft Probleme bereitet zeigt der Umstand, dass sich die Gesellschafter ansonsten durch Änderung der Rechtsform ihren treupflichtigen Bindungen entziehen könnten; die Treupflicht kann nicht durch Rechtsformwechsel gleichsam „an der Garderobe abgegeben werden“[535]. Sicherlich kann die Verfassung ein Anhaltspunkt für das Verhältnis der Gesellschafter untereinander[536] und somit ein wertungsrele-

530 *Marsch-Barner* ZIP 1996, 853.

531 Schmidt/Lutter/*Fleischer* § 53 a Rn. 54 m.w.N.

532 *BGH*, Beschluss vom 29.11.1993 – II ZR 61/93 = DStR 1994, 214 (Leitsatz).

533 *BGH*, Urteil vom 20.03.1995 – II ZR 205/94 = NJW 1995, 1739 („Girmes“); *Lutter* ZHR 2998, 164, 165.

534 *Kunze*, S. 123.

535 *Wiedemann* in FS Barz, S. 561, 569.

536 Bedeutung erlangt die Realstruktur daher vor allem im treupflichtigen Verhältnis der Gesellschafter untereinander, weniger in Beziehung zur Gesellschaft, vgl. *Winter*, Treubindungen, S. 75, 185.

vanter Umstand sein[537]. So mag gedeutet werden, dass, wer sich in einer GmbH organisiert, dies unter Inkaufnahme von kapitalistischer Mehrheitsherrschaft und unter Abwendung vom personalistischen Verbundenheitspostulat tut. Dies kann aber auch lediglich eine steuerlich bzw. betriebswirtschaftlich motivierte Entscheidung gewesen oder gewachsenen Strukturen geschuldet sein. Zwar mag die GmbH hinsichtlich der Weisungsrechte der Gesellschafter und deren regelungstechnisch weitreichenden Kompetenzen einem persönlichen Zusammenschluss besonders zugänglich sein, hieraus aber abzuleiten, es handele sich grundsätzlich um solche und die GmbH werde nur vom schutzwürdigen „kleinen Handwerkerle“ betrieben, ist eine Verklärung. Nehmen die eng vertrauten Gesellschafter ihre Mitwirkungsbefugnisse nicht wahr, kann der Geschäftsführer durchaus mit dem Vorstand einer AG gleichgesetzt werden und die GmbH ist nur reines Investitionsvehikel (mit einem nützlichen Haftungsschirm), das nach dem Autopiloten des Gesellschaftszwecks[538] navigiert.

Insgesamt bringt die Orientierung treupflichtiger Bindungen an der Realstruktur der Gesellschaft erhebliche Abgrenzungsschwierigkeiten mit sich. Sie wirft viele Abgrenzungsfragen auf. Gelten für die Bindungen in einer zweiköpfigen GmbH die gleichen Grundsätze, wie für eine AG mit nur zwei Aktionären? Wann ist auch in einer GmbH die personelle Verbundenheit aufgrund einer kapitalistischen Ausgestaltung nicht mehr gegeben; muss die Grenze bei einer bestimmten Anzahl von Gesellschaftern gezogen werden? Wann ist ein persönliches Vertrauensverhältnis so stark, dass es eine besondere treupflichtige Bindung generiert? Kann ein solches Vertrauen durch gesellschaftsvertragliche Regelungen (bspw. ausdrücklich streng kapitalistische Ausgestaltung des Innenverhältnisses) konterkariert werden? Unterliegen zwei Gesellschafter einer GmbH, die privat enge Vertraute sind, jedoch die GmbH ausschließlich als Investitionsobjekt sehen und sich nicht persönlich ins Unternehmen einbringen, einer erhöhten Treupflicht?

Dass die Intensität der Treupflicht je nach Gesellschaftstyp und der jeweiligen Struktur unterschiedlich weit reicht,[539] ist im Grunde nur ein Zugeständnis dahingehend, dass Treupflichtentscheidungen immer Ein-

537 *Winter*, Treubindungen, S. 188; *Lutter* AcP 180, 84, 108.

538 Unten, aa. Der Gesellschaftszweck, S. 108.

539 *Hopt* in Baumbach/Hopt § 109 Rn. 23; *Emmerich* in Scholz § 13 Rn. 39g; *Bayer* in Lutter/Hommelhoff § 14 Rn. 20; Wachter/*Servatius* § 53 a Rn. 35; *Lutter* AcP 180, 84, 105.

zelfallentscheidungen sind[540]. Verstünde man den Hinweis auf die Beachtlichkeit der Realstruktur in diesem Sinne, dann wäre ihr vollkommen zuzustimmen, sie wäre aber als abstraktes Kriterium nicht mehr dienlich. Als Orientierungsquelle taugt damit die Ausrichtung an der Struktur der Gesellschaft und am Maß des persönlichen Vertrauens nur in beschränktem Maße; insbesondere weist sie keinerlei dogmatische Anknüpfungspunkte auf. Vorgenanntes zeigt die Schwierigkeit anhand dieses Kriteriums abstrakte, allgemeingültige Aussagen in diesem Bereich zu treffen. Ist beispielsweise über eine Maßnahme der Geschäftsführung zu entscheiden, die im dringenden Interesse der Gesellschaft geboten ist und bei der die Gesellschafter bei Zustimmung keine Nachteile erleiden, so ist es letztlich gleich, ob der Vorgang in einer GmbH oder großen AG beurteilt wird.[541]

Somit kann die Realstruktur der Gesellschaft nur ein Abwägungskriterium (von vielen) für eine spätere Entscheidung des treupflichtigen Konflikts sein. Als abstrakte Orientierungslinie ist sie weder zielführend noch der Rechtssicherheit dienlich.

bb. Eigen- und uneigennützige Rechte

Teilweise wird vertreten, der Umfang der Treupflicht hänge davon ab, ob es sich bei den relevanten Rechten um eigen- oder uneigennützige handelt.[542] Die Unterteilung der beiden Fallgruppen wurde anfänglich im Personengesellschaftsrecht entwickelt, findet jedoch heute breite Anwendung auch im Recht der Kapitalgesellschaften.[543] Es handelt sich hierbei um den Versuch, Treubindungen abstrakt nach dem Maß der angestrebten Zweckverfolgung[544], zu kategorisieren.[545]

---

540 *BGH*, Beschluss vom 02.07.2007 – II ZR 181/06 = DStR 2007, 2021; Ulmer/*Raiser* § 14 Rn. 69, 85; *Schmidt* ZGR 1982, 519, 524.

541 Freilich muss die Entscheidung bei der AG zunächst an die Hauptversammlung delegiert werden, vgl. § 119 Abs. 2 AktG.

542 Grundlegend *Hueck* in FS Hübner, S. 72 ff; *Zöllner*, Anpassung, S. 40 ff; *Hüffer* § 53a Rn. 16; Hölters/*Solveen* § 53a Rn. 17; Rowedder/Schmidt-Leithoff/*Pentz* § 13 Rn. 40; Michalski/*Funke* § 13 Rn. 146; *Zöllner*, Mitgliedschaft, S. 344 ff; *Winter*, Treuebindungen, S.20; *Henze* in Gesellschaftsrecht 1995, S. 9; *Jäger* NZG 1999, 238, 240; *Lutter* ZHR 162 (1998), 164, 168; *Marsch-Barner* ZHR 157 (1993), 172, 175; *Henze* BB 1996, 489, 494.

543 GroßKommAktG/*Henze*/*Notz* Anh. § 53 a Rn. 52 ff.; *Winter*, Treuebindungen, S. 121; *Beckerhoff*, S. 68; *Korehnke*, S. 39.

544 Vgl. unten und 2. Die Richtschnur des Gesellschafts- bzw. Unternehmensinteresses, S. 102.

545 Zutreffend *Nehls*, S. 80, dazu *Nehls*, S. 76.

Wie der Name bereits nahe legt, verfolgt der Gesellschafter bei der Ausübung eigennütziger Mitgliedschaftsrechte seine eigenen Interessen in der Gesellschaft.[546] Zu den eigennützigen Rechten werden gemeinhin die Vermögensrechte, das Auskunftsrecht, individuelle Kontrollrechte (insb. die Anfechtung) und das Recht an der Hauptversammlung teilzunehmen, gezählt.[547] Der Gesellschafter braucht bei der Wahrnehmung dieser Rechte das Gesellschaftsinteresse nicht generell hinter den eigenen Interessen anzustellen.[548]

Uneigennützige Rechte sind hingegen solche, die der Gesellschafter im Gesellschaftsinteresse[549] ausübt. Hier ist eine vorrangige Orientierung am Interesse der Gesellschaft geboten,[550] da das Gesetz dem Gesellschafter die Ausübung des Rechts nicht primär zum eigenen Nutzen einräumt.[551] Nur soweit es dem Gesellschaftsinteresse nicht abträglich ist, dürfen eigene Interessen beachtet werden.

Es ist freilich nicht einfach, alle in Betracht kommenden Rechte zutreffend zu klassifizieren. Angesichts der verschiedentlich in Betracht kommenden „Gemengelagen"[552] fällt es der individuellen Schwerpunktsetzung anheim, den „richtigen" Inhalt zu finden.[553]

Wie ist beispielsweise zu entscheiden, wenn die Vornahme bzw. Nichtvornahme einer Geschäftsführungsmaßnahme, die der Hauptversammlung der AG aufgrund ihrer Wichtigkeit gem. § 119 Abs. 2 AktG vom Vorstand zur Entscheidung vorgelegt wird, letztlich über die Beendigung der Gesellschaft entscheidet? Etwa darüber, ob das wesentliche Betriebsvermögen mittels sale-and-lease-back-Verfahren veräußert wird, um die überlebensnotwendige Liquidität zu beschaffen. Betrifft dies nun den Bereich der eigen- oder uneigennützigen Rechte? Unbedingte Be-

---

546 Münch Hdb. GesR V/*Wiesner* § 17 Rn. 5.

547 KK-Aktg/*Drygala* § 53 a Rn. 97 m.w.N.

548 *Henze/Kort* in GroßkommAktG Anh § 53 a Rn. 53; *Winter,* Treuebindungen, S. 121; *Marsch-Barner* ZHR 157 (1993), 172, 175.

549 bb. Bestimmung des Gesellschaftsinteresses, S. 112.

550 *Winter,* Treuebindungen, S. 96; *Marsch-Barner* ZHR 157 (1993), 172, 175.

551 *Henze/Kort* in GroßkommAktG Anh § 53 a Rn. 53.

552 *Zöllner,* Mitgliedschaft, S. 344, attestiert, dass „zwischen diesen beiden Extremen [...] in fließenden Übergängen eine ganze Skala von Maßnahmen [liegt], bei denen mittelbar ein Zusammenhang mit der Zweckverfolgung besteht, in naher, gelockerter oder sehr entfernter Form".

553 Kritisch auch *Windbichler* in Gesellschaftsrecht 1995, S. 26; Vgl. auch Diskussionsbericht in Gesellschaftsrecht 1995, S. 43, 44; Schmidt/Lutter/*Fleischer* § 53 a Rn. 55; Spindler/Stilz/*Cahn/v.Spannenberg* § 53 a Rn. 52; *Beckerhoff,* S. 68; *Nehls,* S. 79; kritisch auch *Winter,* Treuebindungen, S. 121.

achtlichkeit des Gesellschaftsinteresses oder Ausübungsfreiheit zum eigenen Nutzen?

Ein weiteres Beispiel wird von *Zöllner* angeführt[554]: Eine Vertragsänderung wird nötig, um die Geschäftsführervergütung des Gesellschafter-Geschäftsführers anzupassen. Aus Sicht *Zöllners* ist hinsichtlich der Verpflichtungen der Mitgesellschafter zur Zustimmung nicht darauf abzustellen, ob die Anpassung der Geschäftsführervergütung für eine verständige Weiterführung des Gesellschaftszwecks erforderlich ist, da diese nicht in erster Linie erhöht werde damit die Geschäfte ordnungsgemäß weitergeführt würden, sondern damit der Gesellschafter-Geschäftsführer seinen gerechten Anteil an den Erträgen erhält.[555] Anders wäre die Sache wohl zu entscheiden, wenn es sich hier um einen Dritt-Geschäftsführer handeln würde, denn die Frage, ob dessen Gehalt erhöht werden muss, um diesen etwa von der Abwanderung abzuhalten und die Gesellschaft mit dessen Know-How weiterzuführen, wäre eine Geschäftsführungsmaßnahme und deshalb das Gesellschaftsinteresse vorrangig.

Das hier bei der Sanierungsentscheidung virulent werdende Stimmrecht wird von der h.M. grundsätzlich dem Bereich der uneigennützigen Rechte zugeordnet,[556] da der Gesellschafter seine diesbezüglichen Rechte in den Angelegenheiten der Gesellschaft und in seiner Stellung als Teil der Gesellschafterversammlung ausübt.[557] Die Gesamtheit der Gesellschafter selbst kennt in ihrer rechtlichen Funktion als Gesellschaftsorgan keine individuelle Sphäre, wie sie den Gesellschaftern zugebilligt wird.[558] Davon ausgehend wäre es auch aus formeller Sicht richtig, dem Beschluss die strikte Befolgung des Gesellschaftszwecks aufzuerlegen.[559] Eine solch strikte Einordnung lässt aber die Rechtsnatur des Beschlusses, als mehrseitiges, jedoch nicht vertragliches Rechtsgeschäft eigener Art,[560] das aus den individuellen Stimmabgaben resultiert, außer Acht. Weiterhin ist das Stimmrecht bzw. die Beschlussfassung ein höchst ambivalenter Gegenstand, denn im Kern kann es bei der Bestimmung, in welcher

554 *Zöllner*, Anpassung, S. 52.

555 Das folgt aus dem Gleichbehandlungsgrundsatz, der es gebietet alle Gesellschafter gleich zu behandeln bzw. sie nicht willkürlich, ohne sachlichen Grund und gegen ihren Willen ungleich zu behandeln (BGH Urteil vom 16. 12. 1991 – II ZR 58/91 = NJW 1992, 892, 895; MünchKomm AktG/*Merkt* § 13 Rn. 286).

556 *Hüffer* § 53a Rn. 16; Vgl. *Henze* in Gesellschaftsrecht 1995, S. 9.

557 *Henze* in Gesellschaftsrecht 1995, S. 9; *Henze* BB 1996, 489, 493.

558 S.o. bb. Eigen- und uneigennützige Rechte, S. 91.

559 Münch Hdb. GesR V/*Wiesner* § 17 Rn. 6.

560 *Hüffer* § 133 Rn. 4;

Weise das Stimmrecht ausgeübt wird, nur darauf ankommen, welchen konkreten Inhalt der zu fassende Beschluss aufweist.[561] Soll auf Anfrage des Vorstandes einer AG über eine Geschäftsführungsmaßnahme abgestimmt werden, weist das Stimmrecht uneigennützigen Charakter auf; beim Gewinnverwendungsbeschluss ist das Gegenteil der Fall. Im einen Fall hat die Beachtung des Gesellschaftsinteresses ein größeres Gewicht, im anderen kann der Gesellschafter unter Beachtung der Schranken, die sich aus dem Verbot einer willkürlichen und unverhältnismäßigen Rechtsausübung ergeben, seinen individuellen Interessen den Vorrang gewähren.[562] Dieses Recht wäre ihm bei ausschließlichem Abstellen auf die formale Sicht genommen, daher kann die vorgenannte Differenzierung nach eigennützigen oder uneigennützigen Rechten beim Stimmrecht keine Anwendung finden. Das Stimmrecht an sich ist neutral. Erst bezogen auf den Beschlussgegenstand ist die „Eingruppierung" vorzunehmen.

Die gewichtigste Folge der Unterscheidung zwischen eigennützigen und uneigennützigen Rechten ist der Vorrang des Gesellschaftsinteresses bei der Ausübung uneigennütziger Rechte, wenn eigene Interessen und die der Gesellschaft kollidieren. Soweit die Gesellschaft durch eigeninteressierte Ausübung solcher Rechte Nachteile erleidet oder nicht im gebotenen Maß gefördert wird, darf der Gesellschafter sie nicht dergestalt, sondern ausschließlich am Gesellschaftsinteresse orientiert ausüben.[563]

Im Rahmen von eigennützigen Rechten ist dies jedoch nicht der Fall, was aber nicht besagt, dass der Beachtung der Gesellschaftsinteressen keinerlei Bedeutung zukäme.[564] Die Interessen der Mitgesellschafter und der Gesellschaft sind weiterhin zu beachten. Es greift lediglich in diesem Fall keine „Zweifelsfallregelung" dergestalt, dass im Falle eines Interessenkonflikts zwischen dem einzelnen Gesellschafter und den Interessen der Gesellschaft bzw. der anderen Gesellschafter, stets dem Rechtsausübenden die Handlung auferlegt sei, die jedweden Nachteil der Gesamtheit vermeidet. Im Gegenteil: Der einzelne Gesellschafter kann seine Rechte auch ausüben, wenn dies der Gesellschaft gewisse Nachteile bringt.[565] Im Bereich der eigennützigen Rechte ist die Waagschale nicht

---

561 *Henze/Kort* in GroßkommAktG Anh § 53 a Rn. 54; KK-AktG/*Drygala* § 53 a Rn. 98; *Henze* in Gesellschaftsrecht 1995, S. 10; *Henze* BB 1996, 489, 492; *Kunze*, S. 125.

562 Münch Hdb. GesR V/*Wiesner* § 17 Rn. 5.

563 Ganz h.M., *Hüffer* § 53 a Rn. 16; GroßKommAktG/*Henze/Notz* Anh. § 53 a Rn. 53; Michalski/*Michalski/Funke* § 13 Rn. 146; *Fastrich* in Baumbach/Hueck, § 13 Rn 22, 26.

564 GroßKommAktG/*Henze/Notz* Anh. § 53 a Rn. 112; *Winter*, Treuebindungen, S. 121.

565 *Winter*, Treuebindungen, S. 21.

von Grund auf mit einem überwiegenden Maß an Gesellschaftsinteresse vorbelastet. Somit steht dem Gesellschafter hinsichtlich seiner Stimmabgabe ein pflichtiges (unternehmerisches) Ermessen[566] zu, das nicht durch eine ermessensidentierende Zweifelsfallregelung gelenkt wird. Eine Aussage aber dahingehend, es bestehe bei eigennützigen Rechten, insbesondere bei Vermögensrechten wie der Gewinnausschüttung, „keine Pflicht zur Unterordnung unter das Gesellschaftsinteresse“[567], ist in ihrer Allgemeinheit ebenso falsch, wie die Aussage, das Gesellschaftsinteresse ginge bei uneigennützigen Rechten stets vor. Der *BGH*[568] hat ausdrücklich entschieden, die Gesellschafter einer KG hätten einem Beschluss, der die Verpflichtung zur Verzinsung von Kapitaleinlagen aufhebt, aus der Treupflicht heraus zuzustimmen und zwar, weil „der Verzicht auf die Zinsen im Interesse der Gesellschaft in dem dargelegten Sinne geboten“ war.[569] Auch bei uneigennützigen Rechten muss das Gesellschaftsinteresse dem eigenen Interesse nicht stets vorgehen, dies würde nämlich zum einen implizieren, das Gesellschaftsinteresse sei immer mit der erforderlichen und gebotenen Handlungsalternative gleichzusetzen und darüber hinaus würde das unternehmerische Ermessen des Gesellschafters in unangemessener Weise verkürzt bzw. ausgeschaltet.[570]

Schwierig zu sagen ist, wo die bestehenden Grenzen zu ziehen sind. Solange sich der Gesellschafter in der Gemeinschaft befindet, ist er durch sie gleichzeitig beschränkt.[571] Immer dann, wenn die eigene Rechtsausübung mit erheblichen Nachteilen für alle anderen einhergeht und daher unverhältnismäßig ist oder die Entscheidung reiner Willkür entspringt, setzt die Treupflicht auch in diesem Bereich Grenzen.[572] Wenn der freien Ausübung eigennütziger Rechte zugesprochen wird, dass sie nicht „per se“ unzulässig sei, wenn der Gesellschaft dadurch Nachteile beigebracht werden und der Gesellschafter sich in diesem Bereich nicht ausschließlich am Gesellschaftsinteresse zu orientieren hat, dann lässt sich im Um-

566 *BGH*, Urteil vom 08.07.1985 – II ZR 4/85 = NJW 1986, 844; *BGH*, Urteil vom 07.03.1994 II ZR 52/93 = NJW 1994, 1410; GroßKommAktG/*Henze/Notz* Anh. § 53 a Rn. 98; MünchKommAktG/*Bungeroth* Vorbem. § 53 a Rn. 38; *Fastrich* in Baumbach/Hueck § 13 Rn. 26; Rowedder/Schmidt-Leithoff/Schnorbus § 53 Rn. 83; *Winter*, Treuebindungen,, S. 106; *Kunze*, S. 163; *Beckerhoff*, S. 74; *Westermann* ZHR 156 (1992) 203, 217.

567 KK-AktG/*Drygala* § 53 a Rn. 97.

568 *BGH*, Urteil vom 05.11.1984 – II ZR 111/84 = NJW 1985, 974.

569 *BGH*, Urteil vom 05.11.1984 – II ZR 111/84 = NJW 1985, 974, 975.

570 Vgl. auch 1. Ermessensentscheidungen und die nötige Evidenz, S. 187.

571 Korehnke, S. 38.

572 *Henze/Kort* in GroßkommAktG Anh § 53 a Rn. 54; *Hüffer* § 53 a Rn. 16; Spindler/Stilz/*Cahn/v.Spannenberg* § 53 a Rn. 51; KK-AktG/*Drygala* § 53 a Rn. 97.

kehrschluss daraus ableiten: *a)* es gibt Fälle in denen ein erheblicher Nachteil die Ausübung des Rechts hindert (Verhältnismäßigkeit) und *b)* der Gesellschafter hat sich auch (wenn auch nicht im vorrangigen Maße) am Gesellschaftsinteresse bzw. den Interessen der anderen Gesellschafter zu orientieren.

Nach hier vertretener Ansicht handelt es sich bei der Ermessensausübung letztlich um eine, der Interessenabwägung nachgeordnete, Auswahlentscheidung angesichts mehrerer pflichtmäßig ermittelter Alternativen, unter denen der Gesellschafter dann frei wählen kann.

Das vorher ausgeführte bringt zum Ausdruck, dass die Unterscheidung zwischen eigen- und uneigennützigen Rechten zwar eine abstrakte erste Orientierung bildet, sich aus dieser aber keine sichere Handhabe ableiten lässt[573], da die Klassifizierung der einzelnen Rechte im Einzelfall nicht stringent durchzusetzen ist. Jedenfalls lässt sich aber folgende Leitlinie konkludieren:

Bei uneigennützigen Rechten geht in starkem Umfang das Gesellschaftsinteresse vor, während bei eigennützigen Entscheidungen (auch) das Eigeninteresse des Gesellschafters beachtlich ist. Beides ist im Einzelfall nicht zwingend. Während hinsichtlich der uneigennützigen Rechte neben der Bestimmung des Gesellschaftsinteresses vor allem der Freiraum der unternehmerischen Ermessensentscheidung weite Spielräume bietet, trifft dies bei eigennützigen Rechten auf die Erheblichkeit des Nachteils der Gesellschaft und vorrangig auf den Tatbestand der Verhältnismäßigkeit zu.

cc. Korrelation zwischen Rechtsmacht und Verantwortung

Die Korrelation von Rechtsmacht und Verantwortung[574] wird – zu Recht – als funktionaler Anknüpfungspunkt der Treupflicht[575] und weitergehend als allgemeines Prinzip (insb. im System des Aktienrechts)[576] aner-

---

573 Schmidt/Lutter/*Fleischer* § 53 a Rn. 55; Spindler/Stilz/*Cahn/v.Spannenberg* § 53 a Rn. 52; *Beckerhoff*, S. 68; in diesem Sinne auch *Nehls*, S. 79.

574 *Geier* bezeichnet die Korrelationsthese als „sozialethische Grundlage" der Treupflicht (*Geier*, S. 19 f.).

575 Schmidt GesR, S. 588; *Kort*, ZIP 1990, 294, 296; i.E. auch *Dreher* ZHR 157 (1993), 150, 155; Zutreffend *Windbichler* in Gesellschaftsrecht 1995, S. 36: „In der Machtkontrolle ist wohl eher eine Funktion denn eine Begründung der Treuepflicht zu sehen. ... Als „Rechtsprinzip" dürfte die Korrelation von Einfluß und Verantwortung allerdings ein ähnliches Schicksal erleiden wie diejenige von Herrschaft und Haftung".

576 *Dreher* ZHR 157 (1993), 150, 155.

kannt. Darüber hinaus ist es aber durchaus eine abstrakte Größe, um die Intensität der Treupflicht zu bestimmen.[577] Mit wachsender Einflussmöglichkeit geht eine steigende Gefährdung der „Machtlosen“ einher. Als Gegengewicht ist ein höheres Maß an Rücksicht zu fordern.[578] Eine solche erste Definition des Prinzips der Korrelation von Rechtsmacht und Verantwortung verführt dazu, das Maß an Einflussmöglichkeiten mit der Höhe der Beteiligung gleichzusetzen. Dies wäre aber verfehlt, denn es würde nicht nur der Mehrheit grundsätzlich überproportional Pflichten auferlegen, sondern gleichzeitig dazu führen, dass Minderheiten, jedenfalls unterhalb der Sperrminorität, keinerlei Verantwortung unterliegen. Den Kleinaktionären ist auch keinesfalls prinzipiell das vielzitierte „Recht zum Desinteresse“ zuzubilligen.[579] Dies widerspricht zunächst dem Richtsatz, wonach sowohl Mehrheits- als auch Minderheitsgesellschafter der Treupflicht unterliegen.[580] Das Bestehen der Treupflicht zu bejahen und sie gleichzeitig in ihrer „Intensität“ faktisch zu verneinen geht nicht an. Die Treupflicht ist in ihrer *Existenz* nicht wirkungsbezogen[581]. Dem kleinsten „Zünglein an der Waage“ kann im Zusammenspiel einer Abstimmung im Einzelfall der entscheidende Einfluss zukommen. Ein solches Verständnis leugnet aber darüber hinaus die Basis des Kapitalgesellschaftsrechts, nämlich das Mehrheitsprinzip mit der allgemeinen Folge der Herrschaft der Stimmenmehrheit.[582] Dies erkennt auch der *BGH* an: Zwar „ist die Möglichkeit des Kleinaktionärs zur Einflußnahme recht gering“, aber „[…] auch dem Kleinaktionär [stehen] Rechte zu, deren Wahrnehmung im Einzelfall in einer Art und Weise möglich ist, die den

---

577 Rowedder/Schmidt-Leithoff/*Pentz* § 13 Rn. 40.

578 *BGH*, Urteil vom 05.06.1975 – II ZR 23/74 = NJW 1976, 191 (GmbH – „ITT“); *BGH*, Urteil vom 01.02.1988 – II ZR 75/87 = NJW 1988, 1579 (AG – „Linotype“); MünchKommGmbHG/*Liebscher* § 45 Rn. 136; *Zöllner*, Mitgliedschaft, S. *342*; *Timm* WM 1992, 209, 212; *Lutter* ZHR 153 (1989) 446, 455.

579 So wörtlich, MünchKommAktG/*Bungeroth* Vorbem. § 53 a Rn. 29; Der Minderheitsaktionär unterliegt den gleichen Schranken und Pflichten wie jeder andere Aktionär. Zwar mag seine anderslautende Rechtsausübung im Einzelfall keine Sanktion nach sich ziehen, dies hat aber keine Auswirkung auf die Pflichtenbindung. Dies gesteht auch *Bungeroth* ein, wenn er nachfolgend sagt, dass den Kleinaktionär Zustimmungspflichten „dann treffen, wenn Beschlüsse, die die Zustimmung aller erfordern […] dringend geboten sind“. Natürlich wird die Minderheitenstimme, unterhalb der Sperrgrenze regelmäßig nur in diesem Fall relevant.

580 Unten, a. Wirkung, S. 86.

581 Ganz herrschende Meinung, vgl. GroßKommAktG/*Henze/Notz* Anh. § 53 a Rn. 73 m.w.N.; aA *Dreher* ZHR 157 (1993) 150, 158 ff.

582 Oben B. Körperschaftliche Willensbildungsprinzipien, S. 76; I. Einführung, S. 81; vgl. auch *Hennrichs* AcP 195 (1995) 222, 236.

gesellschaftsbezogenen Belangen der übrigen Aktionäre nachteilig sein kann und deren Ausübung daher unter das Gebot der Rücksichtnahme auf diese Interessen zu stellen ist".[583] Ein Gesellschafter mit hoher Beteiligung kommt zwar naturgemäß öfter in einen intensiv treupflichtig relevanten Bereich,[584] da seine Einflussmöglichkeiten groß sind, dem Minderheitsgesellschafter kann eine solche Position im Einzelfall jedoch auch zukommen und seine treupflichtige Bindung dann ebenso stark sein, wie die des Mehrheitsgesellschafters.

Neben dem Maß an Einflussmöglichkeit[585] ist jedoch noch ein weiteres Merkmal erforderlich, das die Ausübung der Mehrheitsmacht im Einzelfalle unbillig macht. Nicht allein das formelle Machtpotenzial kann als Kriterium dienen,[586] sondern berücksichtigt werden muss daneben die Art der Verwendung und hierbei speziell in welcher Weise und welchem Umfang die Ausübung die geschützte Rechtspositionen Anderer beeinflusst;[587] also die Einwirkung bzw. die Einwirkungsmöglichkeit.[588] Somit ist wiederum ein Bezug auf den konkreten Einzelfall erforderlich und hierdurch das Prinzip von Mehrheitsmacht und Verantwortung nur beschränkt als Konkretisierungshilfe der Treupflicht nützlich.[589]

3. Zwischenergebnis

Die Treupflicht ist eine innergesellschaftliche[590] „Allzweckwaffe". Sie wirkt im Rahmen des Gesellschaftsverhältnisses und zwar sowohl zwischen Gesellschaft und Gesellschaftern als auch zwischen den Gesellschaftern selbst; bei letzteren im Verhältnis Mehrheit zur Minderheit und Minderheit zur Mehrheit. Ihre Quelle ist die Mitgliedschaft. Sie besteht immer, in ihrem Inhalt und Ausmaß kann sie sich jedoch betreffend einzelner Kooperationsmitglieder unterschiedlich gestalten. Entscheidende Messlatte ist das Maß der gegebenen Einflussmöglichkeit auf die gesell-

583 *BGH*, Urteil v. 20.03.1995 – II ZR 205/94 = NJW 1995, 1739, 1741 („Girmes).

584 *Nehls*, S. 74.

585 *Emmerich* in Scholz § 13 Rn. 39g.

586 *Krieger* ZGR 2000, 883, 904.

587 *Timm* WM 1992, 209, 212.

588 *Zöllner*, Mitgliedschaft, S. 342; *Dreher* ZHR 157 (1993), 150, 154.

589 *Hennrichs* AcP 195 (1995) 222, 239.

590 Die Treubindung des Aktionärs und der Gesellschaft ist richtigerweise dem Inhalt nach auf den innergesellschaftlichen Bereich beschränkt, d. h. außergesellschaftliche Interessen und persönliche Rechte unterliegen nicht dem von Gesellschaftszweck und Gesellschaftsvertrag (Satzung) umschriebenen Wirkungsbereich.

schaftsbezogenen Interessen.[591] Die Treupflicht kann sich zum einen rechtsbegrenzend auswirken und Pflichten generieren, sich zum anderen aber auch rechtsbegründend verhalten und Rechte schaffen.

Die Gefahr eines solchen „Rechtsinstituts“ liegt im großen Anwendungsbereich und den breiten Auswirkungsmöglichkeiten. Es ist die Generalität, die die Generalklausel in Gefahr bringt, durch raumgreifende Anwendung die geschriebenen Rechtsregeln auszuhebeln und das Normgefüge des jeweiligen (Teil-)Rechtsgebiets sowie die Grundsätze der Privatautonomie[592] zu unterlaufen.[593] Es ist daher darauf zu achten, Konflikte zunächst mit spezielleren gesetzlichen und individualvertraglichen Regelungen zu lösen und darüber hinaus den Anwendungsbereich der Treupflicht auf notwendige Fälle zu beschränken.

Hinsichtlich der Intensität der Treupflicht verbleibt zur Konkretisierung allein die Handhabe, auf das Maß der möglichen Rechtausübung und dem daraus resultierenden Eingriff in die mitgliedschaftlich bezogenen Rechte der Gesellschafter im Einzelfall abzustellen. Die dargestellten Möglichkeiten zur abstrakten Bestimmung der Reichweite der Treupflicht sind sicherlich ein Indiz für eine erste Bewertung, tatsächlich konkretisierend wirken sie jedoch nicht. Von welcher Art das betroffene mitgliedschaftliche Recht (eigennützig/uneigennützig) und in welcher Weise die Gesellschaftsstruktur ausgeformt ist (kapitialistisch/personell), fließt zwar in die vorzunehmende Abwägung ein, auf diesen Grundlagen aber eine Wertung für den Umfang der Treupflicht vorzunehmen, ist nicht möglich. Die Treupflicht entzieht sich weitgehend der abstrakten Vereinheitlichung; dies ist ein Wesensmerkmal der „beweglichen Schranken“ und durch ihre Funktion bedingt.[594]

Grundsätzlich gilt: Wer sich bewusst mit anderen zusammenschließt, um ein gemeinsames Ziel zu erreichen und in dieser Verbindung eine Machtposition erlangt, die es ihm erlaubt, in die Rechte der anderen einzugreifen, hat ein gewisses Maß an Rücksicht auf deren Interessen zu nehmen. „Ich verfüge mit meiner (Stimmrechts-)Macht über fremde In-

591 *Timm* WM 1991, 481, 483.

592 So auch die (erneute) Eingrenzung des „Anwendungsbereichs“ der Treupflicht im richterlichen Gebrauch durch *BGH*, Urteil vom 21.01.2011- II ZR 122/09 = NZG 2011, 510, 513: „Der Gesichtspunkt der gesellschafterlichen Treuepflicht rechtfertigt es nicht, in eine sachlich nicht unvertretbare gesellschaftsvertragliche Regelung ändernd einzugreifen, nur weil dies für angemessener erachtet wird“.

593 Vgl. KK-AktG/*Drygala* § 53a Rn. 81.

594 Vgl. Wachter/*Servatius* § 53 a Rn. 35, 38; *Windbichler* in Gesellschaftsrecht 1995, S. 37.

teressen mit; deshalb schulde ich Rücksicht".[595] Wie viel geschuldet ist, hängt von einer Abwägung im Einzelfall ab und kann nicht pauschalisierend im Vorhinein bewertet werden.

III. Die Treubindung des Stimmrechts

1. Einführung

Wie oben[596] bereits angesprochen, ist die – teilweise als „Leerformel"[597] bezeichnete – Treupflicht ein Sammelbecken verschiedener Rechte und Pflichten. Will man die hinter ihr stehende Intention, trotz der vielfachen Anwendungsbereiche, zusammenfassen, so stellt sie an *alle*[598] Gesellschafter die Anforderung, ihre Rechte unter Berücksichtigung des Gesellschaftszwecks und unter gebotener Rücksichtnahme gegenüber den Mitgesellschaftern auszuüben.[599]

Gesellschafter nehmen auf das Verhältnis zwischen ihnen und der Gesellschaft bzw. den Mitgesellschaftern zentral durch Ausübung ihres Stimmrechts Einfluss. Während die Gesellschafter einer GmbH noch die Möglichkeit haben, durch Ausübung ihres Weisungsrechts in die Geschäftsführung der Gesellschaft einzugreifen (vgl. § 37 Abs. 1 GmbHG), bleibt den Mitgliedern der Aktiengesellschaft grundsätzlich nur die Mitwirkung in den Beschlussgegenständen gem. § 119 AktG.

Die Stimmrechtsausübung ist die wichtigste Einflussnahmemöglichkeit der Gesellschafter. Nur im Rahmen der Beschlussfassung haben sie die Möglichkeit, ihre Interessen durchzusetzen. Durch diese Tatsache ist das Recht zur Stimmausübung zugleich höchstes Gut[600] und größte Gefahr, da genau in diesem Punkt die höchste wechselseitige Einwirkungsmöglichkeit auf Bestand und Ausrichtung der Gesellschaft und

595 *Timm* WM 1991, 481, 484.

596 Unten, II. Grundlagen der Treupflicht, S. 82.

597 *Flume*, ZIP 1996, 161.

598 Die Höhe der Beteiligung spielt dabei abstrakt keine Rolle (*Henze/Notz* in GroßKommAktG Anh. § 53a Rn. 62); *Hennrichs* AcP 195 (1995) 222, 241.

599 GroßKommAktG/*Henze/Notz* Anh. § 53 a Rn. 52 m.w.N.

600 Die freie Stimmrechtsausübung ist Ausfluss des dem deutschen Gesetz inhärenten Grundsatzes der Allg. Handlungsfreiheit (Art. 2 Abs. 1 GG) und damit der Privatautonomie. Weiterhin ist das Stimmrecht als Verwaltungsrecht Teil der durch Art. 14 GG geschützten Mitgliedschaft (*Henze/Notz* in GroßKommAktG Vor §§ 53a-75 Rn. 27), welche durch den Anteilsbesitz vermittelt wird.

somit auch auf die Mitgesellschafter besteht. Da – aufgrund der notwendigen Mehrheitsverhältnisse – die Stimmrechtsausübung ein hohes Maß an potentieller Missbräuchlichkeit beinhaltet, ist nachvollziehbar, dass hier ein Kernbereich der Anwendungsfälle der Treupflicht liegt. Es geht vor allem um die Abgrenzung zwischen den vernünftigerweise durch die Treupflicht zu setzenden Grenzen und dem Freiheitsbereich des Gesellschafters.

Im Falle der Sanierung einer Gesellschaft sind es vor allem Maßnahmen im finanzwirtschaftlichen Bereich, die Konfliktpotential in sich bergen. In der Sanierung steigt der Mut des Einzelnen zum Risiko und jeder ist versucht zu retten, was noch zu retten ist. Das macht die getroffenen Entscheidungen streitanfälliger und unberechenbarer, man möchte meinen, das getroffene Abstimmungsverhalten entbehrt jeder (wirtschaftlichen) Vernunft.[601] Doch kann die „wirtschaftliche Vernunft" auch darin liegen, einer wirtschaftlich vernünftigen Maßnahme zu widersprechen. Dies vor allem, wenn es um die „private Wirtschaft" der opponierenden Gesellschafter schlecht bestellt ist und diese versucht sind, ihrem Stimmrecht Erpressungspotential zu entlocken. Darüber hinaus sind, je weiter sich die faktische Gesellschaftsstruktur vom personellen Ideal der GmbH[602] weg, hin zur anonymen Vielgesellschafterkörperschaft der AG entwickelt, die Anzahl der Interessen und die damit verknüpften potenziellen Interessendivergenzen erhöht. Naturgemäß unterscheiden sich die Prioritäten eines langfristig an Dividendenausschüttung interessierten Aktionärs, der die Aktie z. B. zur Altersvorsorge hält, von denen eines ausschließlich an kurzfristigen Kursgewinnen interessierten Equity-Investors, der den baldigen „Exit" vor Augen hat. Wenn nun danach gefragt werden soll, inwieweit der einzelne einer „höheren Vernunft" aufgrund einer treupflichtigen Bindung Folge zu leisten hat, muss zunächst klar gestellt werden, welche Leitlinien in Betracht kommen. Hierzu zählen die beiden pflichtigen Elemente der Treubindung, nämlich das Unternehmens- bzw. Gesellschaftsinteresse und die Interessen der anderen Aktionäre. Ein näherer Blick auf die Unterscheidung und den Inhalt dieser beiden abstrakten Begriffe ist erforderlich.

601 Zu den verschiedenen Interessen und Standpunkten, die von vielen Faktoren abhängen, vgl. oben 3. Sanierungswürdigkeit, S. 50.

602 Freilich ist dies nur ein Ideal und genauso wie die GmbH innergesellschaftlich einer OHG gleichen kann – so kann man die GmbH als „OHG mit Haftungsbeschränkung" bezeichnen –, mag sie auch dahingehend strukturiert sein, dass sie einen Gesellschafter-Geschäftsführer aufweist und sich die anderen Gesellschafter – u. U. ganz ohne persönliches Verhältnis – auf die Kapitalgeberrolle beschränken.

2. Die Richtschnur des Gesellschafts- bzw. Unternehmensinteresses

Die gängigen Formulierungen hinsichtlich des abstrakten Inhalts der Treupflicht sind in zwei Komponenten unterteilt. So muss der Gesellschafter – und nur um diesen geht es, wenn der Anwendungsbereich auf die Stimmrechtsausübung analysiert wird – zum einen auf die (gesellschaftsbezogenen) Interessen seiner Mitgesellschafter und zum anderen auf die Interessen der Gesellschaft, Rücksicht nehmen.

Doch was ist in diesem Sinne das Interesse der Gesellschaft und kann eine Gesellschaft oder ein Unternehmen überhaupt ein Interesse haben? Das Gesetz kennt weder den Begriff des Gesellschafts- noch den des Unternehmensinteresses. Lediglich in § 49 Abs. 2 GmbHG wird das Gesellschaftsinteresse, wenn auch nicht wörtlich, angedeutet. Die Gesellschafterversammlung sei einzuberufen, wenn „es im Interesse der Gesellschaft erforderlich erscheint". Ähnliches kommt in § 121 Abs. 1 AktG und § 93 Abs. 1 AktG („Wohl der Gesellschaft") zum Ausdruck.

In der Wissenschaft sind bereits die verwendeten Begrifflichkeiten uneinheitlich. Teilweise orientiert man sich daran, der Gesellschafter müsse auf das „wohlverstandene Unternehmensinteresse" Rücksicht nehmen[603], andere sprechen von einer Bindung an das „Gesellschaftsinteresse"[604]. Ungenauigkeiten sind hier zu vermeiden[605], denn wie gezeigt werden wird, besteht zwischen der Gesellschaft und dem Unternehmen ein Unterschied und folgerichtig ebenfalls zwischen dem Gesellschafts- und dem Unternehmensinteresse. Die Rechtsprechung hat bisher keine Definition der Begrifflichkeiten vorgenommen und verwendet die Begriffe Unternehmens- und Gesellschaftsinteresse deckungsgleich bzw. synonym.[606]

a. Die Gesellschaft und das Unternehmen (an sich)

Begrifflich scheint die Unterscheidung zwischen Gesellschaft und Unternehmen auf den ersten Blick einfach zu sein. Während die „Gesellschaft" – im Bereich der GmbH und AG – letztlich die Kapitalgesellschaft als juristische Person kennzeichnet, beschreibt das „Unternehmen" die Ge-

---

603 *Henze/Notz* in GroßKommAktG Anh. § 53 Rn. 52.

604 *Zöllner* in Baumbach/Hueck § 13 Rn. 23 f.

605 Roth/*Altmeppen* § 13 Rn. 32: „Unternehmensinteresse beziehungsweise Gemeinschaftsinteresse der Gesellschafter".

606 *Henze* BB 2000, 209, 212 m.w.N.

samtheit aus Sachen, Rechten und sonstigen (Rechts-) Beziehungen[607]. Schon hier lässt sich erkennen: Das aus der Gesamtheit aller Beziehungen bestehende Interesse – sonstige Rechtsbeziehungen bestehen auch im Verhältnis zu Angestellten und anderen Dritten – muss notwendigerweise weiter gefasst sein, als ein Interesse, das sich nur an den Subjekten orientiert, die unmittelbar an der Gesellschaft beteiligt sind.

Hieran anschließend sind zwei Problemkreise zu beachten. Zunächst die Frage danach, ob sich die Qualität des Unternehmens darin erschöpft, ein Sammelbegriff für die Zuordnung und Zusammenfassung zu sein oder ob es möglich ist das Unternehmen selbst als – wie auch immer gearteten – Rechtsgegenstand anzuerkennen.

Im Mittelpunkt des zweiten Problemkreises steht die sich anschließende Debatte darüber, ob ein künstliches Rechtsgebilde ein eigenes Interesse haben kann und wenn ja, wie dessen Bildung vonstatten geht.

aa. Das Unternehmen als Rechtssubjekt

Die Diskussion um das Unternehmen als Rechtssubjekt geht bis in das letzte Jahrtausend zurück. Aufkommend im 19. Jahrhundert, ist sie in „neuerer" Zeit in den 1920er und -30er Jahren unter dem Oberbegriff des „Unternehmens an sich" und bis heute unter immer anderen Gesichtspunkten geführt worden.

Dabei kann der letztlich fruchtlos gebliebene Vorstoß in Richtung einer Verselbständigung des Unternehmens als Rechtsobjekt und damit als Gegenstand des Rechtsverkehrs kurz abgehandelt werden. Die durch *Endemann*[608] begründete Theorie von der Rechtspersönlichkeit des Unternehmens war der eigentliche Ursprung der Theorie des „Unternehmens an sich"[609] und wurde einhellig abgelehnt. Daran änderte auch das (rechtsphilosophische) Aufgreifen der Problemstellung durch *Brecher* in den 1950er Jahren nichts mehr.[610] Das „Attentat gegen die Integrität des Persönlichkeitsbegriffs"[611] blieb ein (möglicherweise untauglicher) Versuch.

Auch der Versuch, menschliche Gemeinschaften allgemein als Träger eigener Interessen zu konzipieren, geht fehl. Nach diesem von *Otto von*

607 *Creifeldts* S. 1207.

608 *Endemann*, Handelsrecht, S. 188 ff.

609 *Flume*, S. 35 f.

610 *Brecher*, das Unternehmen als Rechtsgegenstand, S. 128 ff.

611 *Laband* ZGR 1865, S. 643, 647.

Gierke konzipierten Ansatz einer „organischen Theorie“[612]der „realen Verbandspersönlichkeit“ ist die Gemeinschaft von Mehreren ein selbständiges Ganzes. Auch das Organhandeln sei deshalb nicht Vertretung, sondern durch dieses „offenbart sich also die unsichtbare Verbandsperson als wahrnehmende und urtheilende, wollende und handelnde Einheit“.[613] Soweit *Von Gierke* schreibt: „nur aus dem höheren Werthe des Ganzen gegenüber dem Theil lässt sich die sittliche Pflicht des Menschen begründen, für das Ganze zu leben und, wenn es sein muss, zu sterben“, dann ist diesem Ansatz zu folgen, wenn hierdurch dem hohen metaphysischen[614] und sozialen Rang der Gemeinschaft[615] Bedeutung verschafft werden soll. Aus rechtswissenschaftlicher Sicht ist dieser Theorie – neben anderen Gründen[616] – aufgrund der totalen Abstrahierung von Verband und Mitgliedern nicht zu folgen. Auch würde das Ausmaß der einer Gemeinschaft zuzuerkennenden Rechte unbegrenzt. Gem. Art. 19 Abs.3 2. HS GG gelten aber Grundrechte für inländische juristische Personen nur, soweit sie ihrem Wesen nach auf diese anwendbar sind.

Ähnliches gilt für den im Rahmen der Einführung der Mitbestimmung getätigten Versuch, die Verselbständigung des Unternehmens mittels der sog. „Sozialverbandstheorie“ zu erreichen.[617] Dieser Vorstoß wurde vor allem durch *Raiser*[618] initiiert und erfolgte mittels eines „organisationssoziologischen Ansatzes“[619]. Er mündete in der Forderung an den Gesetzgeber danach: „künftig mit aller Entschiedenheit das Unternehmen als juristische Person [...] seinen Vorschriften zu Grunde zu legen“.[620] Von einer „Fortentwicklung“ weg vom „Gesellschaftsrecht“, hin zum „Unternehmensrecht“ war die Rede.[621] Die Sozialverbandstheorie musste sich jedoch schon früh den Vorwurf entgegenhalten lassen, sie sei lediglich

612 Von Gierke, S. 13.

613 Von Gierke, S. 26 f.

614 „Auch für die irdische Gemeinschaft aber heisst es hier: Liebe das Ganze mehr als dich selbst! Und dies hat nur dann einen Sinn, wenn das Ganze ein Höheres und Werthvolleres als die Summe der Individuen ist, wenn das Gemeinwesen mehr als ein Mittel für die Zwecke der Einzelnen bedeutet und wenn nicht für leere Namen lebt und stirbt, wer für die Ehre und das Wohl, für die Freiheit und das Recht seines Volkes und Staates wirkt und kämpft“, *von Gierke*, S. 32.

615 Und ihre Schutzbedürftigkeit i. S. v. Art. 19 Abs. 3 GG.

616 Weitere Argumente bei *Wiedemann* Band I, S. 194 f.

617 Hierzu *Jürgenmeyer*, S. 149 ff.

618 *Raiser*, Unternehmen als Organisation, S. 93 ff.

619 *Raiser*, Unternehmen als Organisation, S. 167.

620 *Raiser*, Unternehmen als Organisation, S. 171.

621 *Flume* ZGR 1978, 678, 680.

eine „geschickte Ideologie um jedwede Mitbestimmungsforderung zu begründen".[622] In letzter Konsequenz hätte ihre Anerkennung des Unternehmens als juristische Person und die damit einhergehende Besinnung auf ein Unternehmensrecht die Beseitigung der Personenunternehmen zur Folge.[623] Dies zeigt sich insbesondere an Fällen der Umwandlung von Kapital- in Personengesellschaften. Letztlich führte diese Auseinandersetzung zwar zur Einführung der Mitbestimmung[624], jedoch nicht etwa zur Anerkennung eines verselbständigten Rechtssubjekts „Unternehmen".

Festzuhalten ist: „hier, wie in allen anderen Fällen auch, bleibt das Unternehmen aber letztlich Objekt, das allerdings immer existenziell auf ein Subjekt, den Unternehmensträger angewiesen ist".[625]

bb. Das Unternehmen an sich

Beachtenswert und bis heute in seinen Facetten bestehend, ist der Streitpunkt des „Unternehmens an sich". Im Kontext dieses Schlagwortes[626] wurde eine Diskussion entfacht, die von einer objektähnlichen Verselbständigung des Unternehmens ausging, ihm so rechtstatsächliche Auswirkungen zuschrieb und von einer eigenständigen Einrichtung im Rechtssinn sprach.[627] Im Kern dieser – eher aktienrechtlichen – Debatte stand der Ausgleich zwischen Verwaltung („dem Unternehmen") und den Gesellschaftern („der Gesellschaft"). Tragender Aspekt war die Erkenntnis, dass eine große Gesellschaft (am Beispiel der AG) den „Hang zur Institutionalisierung"[628] aufweist[629] und sich so mehr und mehr zu einem eigenen „organischen" Gebilde – eben dem Konglomerat des Unter-

---

622 *Wiedemann* ZGR 1975, 385, 402.

623 Flume, S. 47.

624 Nach *Flume*, „steht es aber außer Frage, daß die Sozialverbandstheorie für die Durchsetzung der Mitbestimmungsforderung eine entscheidende Rolle gespielt hat und dafür auch bewußt eingesetzt worden ist" (ZGR 1978, 678, 681).

625 *Jürgenmeyer*, S. 170.

626 Der Begriff geht zurück auf *Haussmann* (Vom Aktienwesen und Aktienrecht, 1928), der diesen unter missgedeutetem Rückgriff auf *Rathenau* (Vom Aktienwesen – eine geschäftliche Betrachtung, 1917) entwickelte.

627 *Zöllner*, Mitgliedschaft, S. 69.

628 *Fischer* AcP 154, 83, 91.

629 Die AG ist von ihrer Grundkonzeption, mit Fremdorganschaft, Wahl der Vorstände durch den (mitbestimmten) Aufsichtsrat und der Unzuständigkeit der Gesellschafter betreffs der Geschäftsführung, für die Institutionalisierung besonders anfällig.

nehmens – versteigt, dabei aber gleichzeitig, im Wege einer „stillen Selbstsozialisierung“[630], die Bindung zu den Aktionären verliert.

Diese Debatte muss jedoch im Geist der Zeit gesehen werden. In Zeiten der Wirtschaftskrise waren in den 20er Jahren des 20. Jahrhunderts sog. „Schutz- und Vorratsaktien“[631] sowie „Mehrstimmrechtsaktien“[632] eingeführt worden, um insbesondere zu verhindern, dass ausländische Investoren deutsche Aktien zu „Schleuderpreisen“ erwerben konnten. Man sprach von der Abwehr „äußerer Überfremdung“. Doch auch zur Aufrechterhaltung der von der aktuellen Mehrheit gehaltenen, amtierenden Verwaltung wurden diese neu geschaffenen Mittel genutzt. Hier sollte es gleichläufig um die Abwehr der „inneren Überfremdung“ gehen. Man kann zu der Auffassung gelangen, dass die Theorie vom „Unternehmen an sich“ und die damit einhergehende Schutzbedürftigkeit des Unternehmens lediglich ein Mittel dazu war, den durch o. g. Maßnahmen herbeigeführten und vom aktienrechtlichen Mehrheitsprinzip abweichenden, „Verwaltungsabsolutismus“[633] nach Wegfall des „Notstandes“ der Wirtschaftskrise zu legitimieren.[634] Die marxistischen Tendenzen einer Herrschaft der Verwaltung durch Mehrstimmrechte und Schutzaktien, losgelöst von einer Kapitalmehrheit der Aktionäre, sind nicht zu verkennen und entsprechen in ihrem Ursprung auch dem damaligen Zeitgeist, denn: wenn „die Macht und Entscheidungsgewalt den eigentlichen Inhabern entgleitet“, wird nicht nur ein „Auseinanderfallen von Kapitalrisiko und Entscheidungsgewalt“ realisiert, es ist daneben auch zu erkennen, dass durch den „Übergang der Macht auf die an hohen Aktionärsgewinnen nicht interessierten Direktoren die allgemeinwirtschaftlichen Belange gefördert werden“.[635] Ironischerweise werden in der aktuellen Wirtschaftskrise die Direktoren für rücksichtslosen Kapitalismus verantwortlich gemacht.[636]

---

630 *Fischer* AcP 154, 85, 92.

631 Auch „Verwaltungsaktien“ genannt. Merkmal war, dass die Inhaber zugunsten der AG in der Veräußerung und sonstigen Verfügung gebunden waren (vgl. *Spindler* in Aktienrecht im Wandel I, S. 459).

632 Besonderheit: Der Inhaber verfügte über ein, im Verhältnis zum Kapitalanteil, überproportionales Stimmrecht (vgl. *Spindler* in Aktienrecht im Wandel I, S. 457).

633 *Fischer* AcP 154, 85, 105.

634 Böse Geister könnten eine solche bloße Legitimationswirkung auch der oben angeführten „Sozialverbandstheorie“ (aa. Das Unternehmen als Rechtssubjekt, S. 103) nachsagen.

635 *Zöllner*, Mitgliedschaft, S. 68.

636 Vgl. unten cc. Die Zielerreichung, S. 117.

Ohne weiter auf die umfassende Grundlegung des Streits einzugehen[637], seien die Bezugspunkte herausgestellt, die die Darstellung im Verlauf dieser Arbeit rechtfertigen. Es ging in dieser Debatte darum, ob der Aktionär die Gesellschaft allein für sein „individuelles Gewinnstreben“ nutzen kann, oder ob er darüber hinaus mit ihr nicht auch „in verschiedenen Abstufungen den allgemeinen Interessen des Volkes zu dienen hat“.[638] Ob also das Unternehmen „einen vom Schöpfer unabhängigen Eigenwert erlangen kann, dem sich […] alle feststellbaren und an deren Gestaltung beteiligten Bestrebungen unterzuordnen haben“.[639] Fraglich war, ob „das Unternehmen an sich“ in seiner Gesamtheit (Interessen der Minderheitsaktionäre, Arbeitnehmer und Dritter – zusammengefasst durch das „Allgemeinwohl“) schutzbedürftige Interessen gegenüber dem Prinzipal aufweist und der Aktionär, allgemein und insbesondere die Mehrheit, die Gesellschaft also nicht nach eigenem Gutdünken in rein kapitalistischer Interessenfreiheit, sondern unter Beachtung der sozialen Belange der Mitgesellschafter und Dritter (!), zu leiten haben. In dieser Diskussion wurde deutlich, dass es einen Unterschied geben kann, zwischen den Interessen der Mitglieder des Verbandes (Verbandsinteresse) und dem Unternehmensinteresse oder schlagwortartig: „des Unternehmens an sich“, als abgeleitete Interessen von Verbandsmitgliedern und der Allgemeinheit (Minderheit der Mitglieder, Arbeitnehmer, Gläubiger, dem Allgemeinwohl an sich). Das Unternehmensinteresse ist interessenpluralistisch definiert. Konvektion und Symbolcharakter wies der im Aktiengesetz von 1937 eingeführte Rechtssatz (§ 70 Abs. 1 AktG 1937) auf, wonach der Vorstand die Gesellschaft zu leiten hat, „wie das Wohl des Betriebs und seiner Gefolgschaft und der gemeine Nutzen von Volk und Reich es erfordern“. Hierin war bereits die – vorliegend überproportional postulierte – Sozialpflichtigkeit des Eigentums im Sinne des Art. 14 Abs. 2 GG[640] zu erkennen. Konturen hat die Diskussion um das Unternehmensinteresse vor allem im Rahmen der „theoretisch anspruchsvollen, aber auch sehr abstrakten Auseinandersetzung“[641] um das Leitungs-

637 Siehe hierzu ausführlich: *Flume*, S. 37 ff.; *Zöllner*, Mitgliedschaft, S. 67 ff; *Fischer* AcP 154, 85, 101 ff.

638 Entwurf eines Gesetzes über Aktiengesellschaften und Kommanditgesellschaften auf Aktien, veröffentlicht durch das Reichsjustizministerium, 1930, S. 94; abgedruckt in *Schubert*, Quellen, Band 2.

639 *Mandel*, S. 79.

640 „Eigentum verpflichtet. Sein Gebrauch soll zugleich dem Wohle der Allgemeinheit dienen.“

641 *Fleischer* in Spindler/Stilz § 76 Rn. 43.

ermessen des Vorstands und die aktienrechtlichen Zielvorgaben erfahren. Hier besteht ein lang gefochtener Kampf zwischen jenen, die den Vorstand an die Beachtung des Unternehmensinteresses binden und denen, die ihn ausschließlich den Aktionärsinteressen verpflichtet sehen wollen.[642]

b. Das Gesellschafts- oder Verbandsinteresse

Für die treupflichtige Stimmrechtsausübung ist ausschließlich das Gesellschaftsinteresse beachtlich. Interessen Dritter bzw. am Unternehmen Beteiligter werden nicht schon bereits begrifflich im Sinne eines maßgeblichen Unternehmensinteresses einbezogen. Nichtsdestoweniger bleibt noch unklar, worum was es sich beim Gesellschaftsinteresse genau handelt und ob bei dessen Bestimmung nicht doch, möglicherweise mittelbar, Unternehmensinteressen einfließen könnten.

Nach herrschender Meinung stellt das Verbands- oder Gesellschaftsinteresse das überindividuell – also am Gesellschaftsinteresse – aggregierte Anteilseignerinteresse dar.[643] Maßgeblich sind nur Interessen, die auch dem Gesellschafts- bzw. Verbandszweck unterfallen,[644] also legitim verfolgt werden. Um eine erste Eingrenzung vornehmen zu können, wird nachfolgend zunächst untersucht, wie der Begriff des Gesellschaftszwecks zu bestimmen ist. Darauf aufbauend wird nachfolgend die Bestimmung des abstrakten Gesellschaftsinteresses vorgenommen. Ein zentraler Punkt der Untersuchung ist dabei die Bestimmung des Formalziels und die Frage danach, auf welchem Wege der Zweck der Gesellschaft erreicht werden soll. Ist der Gesellschafter nämlich bei seiner Stimmabgabe durch die Treupflicht an das Gesellschaftsinteresse gebunden, muss nicht nur klar sein, worauf dieses abstrakt gerichtet ist, sondern auch, anhand welcher Interessen die Zielerreichung abzuleiten ist.

aa. Der Gesellschaftszweck

Nach wohl h. M. bildet sich der Gesellschaftszweck anhand des formalen Unternehmensziels[645] (auch Formalziel genannt) bezogen auf den Unter-

---

642 Ausführlich KK-AktG/*Mertens/Cahn* § 76 Rn. 15 ff; *Fleischer* in Spindler/Stilz § 76 Rn. 21 ff.

643 GroßkommAktG/*Kort* § 76 Rn. 53; Hölters/*Weber* § 76 Rn. 19; *Roth* in Roth/Altmeppen § 50 Rn. 20; *Kunze*, S. 51; *Kuhner* ZGR 2004, 244, 246; *Mülbert* ZGR 1997, 129, 141.

644 *Zöllner*, Mitgliedschaft, S. 24; *Tettinger*, S. 78.

645 In der Regel Gewinnmaximierung oder angemessene Gewinnerzielung, aber auch nur kosten- bzw. bedarfsdeckendes Wirtschaften bis hin zu einer lediglich geistig-ideellen Zielsetzung sind denkbar (Wiedemann Band I, S. 326).

nehmensgegenstand (sachliches Unternehmensziel).[646] Während ersteres das „Ziel" des Gesellschaftshandelns konkretisiert, bestimmt letzteres, durch welches „Mittel" dies zu erreichen ist[647] und legt den Wirtschaftsbereich fest, in dem das Unternehmen am Markt agieren will.[648] Beides zusammen ergibt den Gesellschaftszweck als den „finalen Sinn" der Unternehmung, auch als „Geschäftsgrundlage" oder „Leitidee" bezeichnet.[649] Abseits dieser „Gemeinplätze" herrscht Uneinigkeit über die genaue Definition des Gesellschaftszwecks und insbesondere die Hierarchie von „Zweck" und „Mittel".[650] Das GmbHG kennt die Unterscheidung zwischen Unternehmensgegenstand (§§ 3 Abs. 1, Nr. 2, 10 Abs. 1, 75 Abs. 1, 76 GmbHG) und -zweck (§§ 1, 61 Abs. 1 GmbHG). Im Aktienrecht ist lediglich der Begriff der notwendigen Angabe des Unternehmensgegenstands normiert, vgl. § 23 Abs. 3, Nr. 2 AktG, es herrscht aber auch hier Einigkeit über die Existenz eines vom Unternehmensgegenstand zu unterscheidenden Gesellschaftszwecks.[651] Der Unternehmensgegenstand ist aufgrund seiner obligatorischen Niederlegung in der Satzung bzw. im Gesellschaftsvertrag leicht zu bestimmen. Der Gesellschaftszweck ist jedoch in beiden Gesellschaftsformen kein zwingender Satzungsinhalt.[652] Werden – was nicht selten der Fall ist[653] – keine Angaben zum formellen Unternehmensziel gemacht, ist es unter Bezugnahme auf den Gesellschaftsvertrag bzw. die Satzung als Ganzes und unter Beachtung des Unternehmensgegenstandes durch Auslegung zu ermitteln.[654] Die Unterscheidung zwischen Unternehmensgegenstand und Gesellschaftszweck ist aufgrund der grundlegenden Bedeutung des Gesellschaftszwecks rechtsbedeutsam.[655] Die Mitglieder haben sich in Ansehung der Tatsache, dass sie einen bestimmten Zweck nicht allein verfolgen können oder wollen, dafür entschieden, einen Verband zu gründen

---

646 MünchKommAktG/*Pentz* § 23 Rn. 76; *Wiedemann,* Band I, S. 155; Henssler/Strohn/*Verse* GmbHG § 14 Rn. 104; *Birke,* S. 141; *Jürgenmeyer,* S. 112; *Kuhner* ZGR 2004, 244, 246.

647 So auch die h.M. *Hüffer* § 23 Rn. 22; KK AktG § 23 Rn. 75, Hölters/*Solveen* § 23 Rn. 21; *Emmerich* in Scholz § 1 Rn 2 a, 2 b; *Falkenhausen,* S. 67; *Kort* NZG 2011, 929, 931.

648 *Wiedemann* ZGR 1975, 385, 416.

649 GroßkommAktG/*Röhricht* § 23 Rn. 90 m.w.N.

650 Darstellend MünchKommAktG/*Pentz* § 23 Rn. 70 ff.

651 *Kort* NZG 2011, 929, 930.

652 *Michalski* in Michalski § 1 Rn. 6; MünchKommAktG/*Stein* § 179 Rn. 130.

653 GroßkommAktG/*Röhricht* § 23 Rn. 92; *Birke,* S. 142.

654 KK-*AktG/Zöllner* § 179 Rn. 111; GroßKommAktG/*Brändel* § 3 Rn. 24; Spindler/Stilz/*Holzborn* § 179 Rn. 58; *Emmerich* in Scholz § 1 Rn. 3a; MünchKommGmbHG/*Fleischer* § 1 Rn. 14; *Kort* NZG 2011, 929, 931.

655 *Kort* NZG 2011, 929, 931.

oder einem solchen beizutreten. Die Synergien, die der Zusammenschluss mehrerer zeitigt, können jedoch nur dann genutzt werden, wenn – zumindest in groben Zügen – klargestellt ist, welches Ziel auf welchem Wege erreicht werden soll. Die Gesellschafter schließen sich also zusammen, um dieses gemeinschaftliche Ziel zu erreichen. Dass Einzelinteressen, die nicht dem Ziel dienen bzw. den Zweck fördern, unberücksichtigt bleiben müssen, versteht sich von selbst. Denn ansonsten wäre zum einen die Handlungsfähigkeit des Verbandes in Frage gestellt, da die divergierenden Einzelinteressen (aufgrund der fehlenden Ableitungsbasis) nicht miteinander in Einklang gebracht werden könnten und zum anderen fände sich der Einzelne plötzlich in einer Gesellschaft wieder, die gesellschaftsfremde Zwecke verfolgt und sich im Einzelfall von seiner errechneten Eigenkapital-Risiko-Nutzen-Kalkulation[656] weit entfernt.

Aus diesem Grund handelt es sich beim Gesellschaftszweck um eine Materie von allerhöchster Wichtigkeit. Wie bereits oben[657] dargestellt, unterliegen Grundlagenentscheidungen beschlussrechtlich besonderen Anforderungen – und die Entscheidung über den Gesellschaftszweck ist sicherlich eine solche Grundlage –, wenn nicht sogar die Fundamentalentscheidung; man bedenke nur, ein DAX-Unternehmen würde anstatt der Gewinnerzielung nunmehr ausschließlich den Zweck der Gemeinnützigkeit verfolgen. Soweit man dem Unternehmensgegenstand unmittelbare Beziehungen zum Gesellschafszweck zuweist, hieße dies, dessen Änderung nur unter gleichen Voraussetzungen zu gestatten. Nach h. A. in GmbH und Aktienrecht kann der Gesellschaftszweck jedoch grundsätzlich[658] nur durch einstimmige Entscheidung geändert werden, insoweit wird in § 33 Abs. 1 S. 2 BGB ein allgemeines Prinzip gesehen[659], denn „Kein Gesellschafter soll in einen Verband gezwungen werden können, dessen Zweck er nicht teilt".[660]

---

656 Vgl. hierzu auch die Ausführungen zur Risikodiversifikation auf S. 119 f.

657 Oben, I. Mehrheitsprinzip und Minderheitenschutz, S. 77.

658 Aufgrund der Dispositivität des § 33 Abs. 1, S. 2 BGB (*Flume* S. 264; *Reuter* ZGR 1987, 475, 484) sind nach unten abweichende Bestimmungen – bei expliziter Ausnahme in der Satzung – , bis zur Grenze der einfachen Mehrheit kombiniert mit qualifizierter Kapitalmehrheit (AG) (MünchKommAktG/*Stein* § 179 Rn. 132) und bei der GmbH mit – qualifizierter – Mehrheit (*Priester/Veil* in Lutter/Hommelhoff § 53 Rn. 181) möglich; Zum Verein *BGH*, Beschluss vom 11.11.1985 – II ZB 5/85 = NJW 1986, 1033.

659 *Hüffer* § 23 Rn. 22; GroßkommAktG/*Röhricht* § 23 Rn. 91; GroßkommAktG/*Wiedemann* § 179 Rn. 55; Hölters/*Haberstock/Greitemann* § 179 Rn. 19; MünchKommAktG/*Stein* § 179 Rn. 129; *Zöllner* in Baumbach/Hueck § 53 Rn. 29; *Michalski* in Michalski § 1 Rn. 7; *Birke*, S. 143; *Kort* NZG 2011, 929, 931.

660 *Hoffmann* in Michalski § 53 Rn. 91.

Die Unterscheidung danach, ob sich Unternehmenszweck und -gegenstand als Relation von Zweck und Mittel verhalten[661] oder wesentliche Bestandteile im Verhältnis zueinander sind,[662] ist vor allem im GmbH-Recht von Bedeutung. Denn im Gegensatz zum Aktienrecht, bei dem in § 179 Abs. 2 AktG die Änderung mittels Dreiviertelmehrheit gesetzlich festgeschrieben ist,[663] unterfiele eine solche Änderung bei der GmbH der Bedingung des § 33 Abs. 1, S. 2 BGB, da es sich zugleich um eine Zweckänderung handeln würde.

So mag eine Aktiengesellschaft (dem Formalziel) der Gewinnerzielung verpflichtet sein und dies durch den „Handel mit Gemüse" (Unternehmensgegenstand) zu erreichen versuchen. Wenn nun eingewendet wird, dass der Unternehmensgegenstand für die „Gesellschafter letztlich zweitrangig ist"[664], stimmt dies, soweit es sich – im vorliegenden Beispiel – in einer angedachten Änderung etwa um eine in „Handel mit Lebensmitteln und Säften" handelt. Lautet die Änderung hingegen – sicherlich ein drastisches Beispiel – auf „Handel mit Lebensmitteln und Kreditderivaten", wäre vorgenannte Sichtweise sicherlich nicht zu vermitteln. Ändert sich durch den Unternehmensgegenstand daher zugleich der Zweck, ist § 33 Abs. 1, S. 2 BGB einschlägig. Verwunderlich ist dennoch die Tatsache, dass jeweils der Unternehmensgegenstand verpflichtender Bestandteil der Satzung ist und der – in dieser Diskussion eindeutig höher gewichtete – Unternehmenszweck einer Niederlegung nicht bedarf. Letztlich handelt es sich jedoch beim Unternehmensgegenstand um einen „normalen", wenn auch wichtigen, Satzungsbestandteil, der einer den Anforderungen des § 53 Abs. 2 GmbHG entsprechenden Satzungsänderung zugänglich ist. Die besonderen Voraussetzungen des § 33 Abs. 1, S. 2 BGB hinsichtlich des Gesellschaftszwecks stellen ein Erfordernis dar, das mittels Analogie oder eines Verständnisses als allg. Rechtsgrundsatz, in das GmbHG und AktG transportiert wurde. Da dem GmbHG jedoch die Begriffe des Gesellschaftszwecks und –gegenstands wie oben dargestellt vertraut sind, kann hier sowohl der Analogie als auch der „Ergänzung durch einen Rechtsgedanken", kein Raum zugestanden werden. Beides ist vielmehr restriktiv auszulegen, zum einen aufgrund der damit erfolgenden Übertragung der höchstmöglichen Beschlussvoraussetzung der Einstimmigkeit und daneben wegen des damit einhergehenden dras-

661 *Michalski* in Michalski § 1 Rn 5; *Emmerich* in Scholz § 1 Rn 2b.

662 *Fastrich* in Baumbach/Hueck § 1 Rn. 5.

663 *Kort* NZG 2011, 929, 931 m.w.N.

664 KK-AktG/*Arnold* § 23 Rn. 76.

tischen Eingriffs in die Privatautonomie. So stellt der Unternehmensgegenstand zwar eine gewichtige Erkenntnisquelle zur Bestimmung des Gesellschaftszwecks dar[665], dies aber nur soweit dieser nicht, bzw. nicht eindeutig zu ermitteln ist. Dies stellt jedoch in der Tat „keine Gleichsetzung zwischen Zweck und Gegenstand"[666] dar.[667] In der Regel wird der Unternehmensgegenstand Aufschluss über den Gesellschaftszweck geben, was aber nicht rückbezüglich der Fall ist, weswegen die Einwirkungsrichtung des Zwecks bestimmend ist, nicht die des Mittels.

bb. Bestimmung des Gesellschaftsinteresses

Doch gleichwohl ist hiermit auch nur eine grobe Richtlinie an die Hand gegeben. Im Einzelfall können sowohl bei Geschäftsführungsmaßnahmen als auch bei Grundlagen- oder Strukturentscheidungen Fälle eintreten, in denen mehrere legitime Handlungsalternativen bestehen. In einem solchen Fall darf das überindividuell aggregierte Anteilseignerinteresse – also das Gesellschaftsinteresse – nicht mit dem Interesse der Mehrheit an einer bestimmten Vorgehensweise verwechselt werden.[668] Sollte die Mehrheit ein missbräuchliches Verhalten einfordern und steht eine Minderheit im Sinne des Interesses der Gesellschaft dagegen, dann stimmt das Gesellschaftsinteresse im Einzelfall mit dem Interesse der Minderheit überein. Da das Gesellschaftsinteresse eine „praktikable Größe auch und gerade dann sein [soll], wenn die Mitglieder uneins sind"[669], ist es nicht zwingend mit der Beschlussmehrheit gleichzusetzen.

Handelt beispielsweise der Vorstand, muss es schon vom Gedanken her losgelöst vom aktuellen Interesse der Gesellschafter sein, denn selbst wenn es in der GmbH im Gegensatz zur AG prinzipiell denkbar ist, die Gesellschafter vor jeder unternehmerischen Entscheidung zu befragen, wäre dies zumindest sehr unpraktikabel. Das Gesellschaftsinteresse ist in

---

665 Ist der Unternehmensgegenstand erwerbswirtschaftlicher Natur, spricht eine Vermutung dafür, dass auch der Zweck der Unternehmung auf Gewinnerzielung ausgerichtet ist, vgl. GroßKommAktG/*Brändel* § 3 Rn. 25.

666 *Michalski* in Michalski § 1 Rn. 6.

667 GroßkommAktG/*Röhricht* § 23 Rn. 91; *Zöllner,* Mitgliedschaft, S. 27.

668 *Flume,* S. 59; MünchKommAktG/*Peifer* § 186 Rn. 75; *Lutter* AG 1972, 125, 132: „Als Organ der Gesellschaft kann die Hauptversammlung ihre Entscheidung nur *im Interesse der AG* treffen"; Anders im Grundsatz das *RG* in der „Hibernia" Entscheidung, wonach „die Mehrheit des Aktienbesitzes über die Verwaltung der Gesellschaft und darüber entscheidet, was im Interesse der Gesellschaft und ihrer Aktionäre zu tun und zu unterlassen ist" (vgl. *RG,* Urteil 08.04.1908 – I 595/07 = RGZ 68, 235, 245.

669 *Zöllner,* Mitgliedschaft, S. 18.

diesem Sinne die Leitschnur für das Handeln des Vorstands, nämlich die Vorstellung, wie ein objektiver Gesellschafter des konkreten Unternehmens unter Beachtung des Gesellschaftszwecks bzw. des formalen Unternehmensziels bezogen auf den Unternehmensgegenstand, entscheiden würde.

An dieser Stelle kann erneut auf das Gefüge von Unternehmens- und Gesellschaftsinteresse zurückgekommen werden. Man mag sich unter dem Eindruck der Entwicklung des Begriffs des Unternehmensinteresses, also der Mitbestimmung, der sozialen Verantwortung[670] des Eigentums und der überragenden Bedeutung großer Unternehmen fragen,[671] ob bei der Entscheidung darüber, inwieweit die Treupflicht das Abstimmungsverhalten der Anteilseigner leitet, das Gesellschaftsinteresse als Richtschnur maßgebend ist, oder nicht doch das Unternehmensinteresse der gewichtigere Faktor ist. Eine ähnlich gelagerte Diskussion wird hierzu rund um den Komplex „Corporate Governance" und dabei insb. bei der Leitungsbefugnis des Vorstands[672] und – weniger heftig – der des Geschäftsführers[673] geführt. Die Zusammenhänge beider Konstellationen sind unverkennbar.[674] Es stellt sich die Frage, welche Interessen der Vorstand bei seiner Entscheidungsfindung zu berücksichtigen hat: nur die der Anteilseigner (Verbandsinteresse) oder auch die anderer am Unternehmen „beteiligter" (Unternehmensinteresse). Schlagbegriffe sind hier der Interessenmonismus[675] als Sinnbild für die Aktiengesellschaft als vielgeschundene „Veranstaltung der Aktionäre"[676] und der Interessenpluralismus im Sinne des „Unternehmens an sich".[677] Hier kann im Falle der Abstimmung der Mitglieder des Verbandes gefragt werden, ob diese nicht auch gehalten seien, die Interessen des Unternehmens zumindest zu beachten und auch den Stakeholder-Value zu fördern, oder ob für sie allein das ursprüngliche Gesellschaftsinteresse im Sinne des Shareholder-Values beachtlich ist.[678]

---

670 Vgl. hierzu MünchKommAktG/*Spindler* § 76 Rn. 65 ff.

671 Weitere Anknüpfungspunkte des Unternehmensinteresses bei *Kuhner* ZGR 2004, 244, 247.

672 *Fleischer* in Hdb. Vorstandsrecht § 1 Rn. 18.

673 *Fleischer* GmbHR 2010, 1307, 1310.

674 *Ulmer* AcP (202), 2002, 143, 155.

675 *Kuhner* ZGR 2004, 244, 258.

676 *Seibt* in Schmidt/Lutter § 76 Rn. 12; *Fleischer* in Hdb Vorstandsrecht § 1 Rn. 30; *Flume*, S. 33, 62; *Müller-Michaels/Ringel* AG 2011, 101, 107; *Schilling* BB 1997, 373, 378.

677 Vgl. *Wiedemann* Band I, S. 626.

678 *Fleischer* in Hdb. Vorstandsrecht, § 1 Rn. 26.

Die Beantwortung beider inhaltlich zusammenhängenden Fragen – Leitlinie des Gesellschafts- oder Unternehmensinteresses und Shareholder- oder Stakeholdervalue – ist bedeutend für die Bestimmung der Variablen, die der Gesellschafter im Rahmen seiner Stimmrechtsausübung zu berücksichtigen hat. Bei Ermessensentscheidungen hat er danach im Rahmen seiner Treubindung die gesellschaftlichen Interessen und den Verbandszweck zu beachten.[679] Wenn die gesellschaftlichen Interessen aber (vor allem) am Formalziel anzulehnen sind, dann ist dieses auch ausschlaggebend für das „Gesellschaftsinteresse". Somit muss also zwingend auf die Diskussion um das Formalziel eingegangen werden.

(1) Das Formalziel

Nach dem voranstehend ausgeführten ist leitender Bestandteil für die Identifizierung des Gesellschaftszwecks der formelle Unternehmensgegenstand, auch Formalziel genannt.[680] Im Zusammenhang mit der fehlenden Verpflichtung, diesen in Satzung oder Gesellschaftsvertrag anzugeben, ist es nachvollziehbar, dass sich die Diskussion um das Gesellschaftsinteresse bzw. die Unternehmensziele vorrangig auf die Identifizierung der Formalziele konzentriert.[681]

Herausgestellt sei zunächst nocheinmal die Berechtigung der Verbandsmitglieder, das Formalziel in Satzung und Gesellschaftsvertrag zu bestimmen; schon aus dem vorher zur erforderlichen Mehrheit bei Satzungsänderungen dargelegten ergibt sich dieser Schluss. Beim formalen Unternehmensziel handelt es sich um einen fakultativen Satzungsbestandteil, dessen inhaltliche Ausformung allein der privatautonomen Entscheidung der Mitglieder unterliegt.[682]

Wie lautet aber das Formalziel bei unterlassener Festlegung? Wie ist also der „Autopilot" der typischen Kapitalgesellschaft eingestellt? Nach einem vereinzelt gebliebenen Vorstoß von *Grossmann*[683] ist aus dem AktG ein operationales Unternehmensziel rechtlich nicht begründbar.[684]

Das Ziel einer Kapitalgesellschaft besteht jedoch, mangels abweichender Zielbestimmung, in der Gewinnerzielung.[685] In der Regel dient die

---

679 *Wiedemann* Band I, S. 11.

680 Das Formalziel als Kernelement des Verbandszwecks, *Mülbert* ZGR 1997, 129, 141.

681 *Birke,* S. 113 m.w.N.

682 *Birke,* S. 143; *Mülbert,* ZGR 1997, 129, 157 Rn. 104.

683 *Adolf Grossmann*, Unternehmensziele im Aktienrecht, Köln 1980.

684 *Grossmann*, S. 125.

685 Falkenhausen, S. 67.

Kapitalgesellschaft dazu, Vermögen für Investitionen zu sammeln, unter Zuhilfenahme des Kapitals ein Unternehmen zu betreiben und erwirtschaftete Gewinne an die Anteilseigner auszukehren. Ohne Frage kann jede Gesellschaft auch als gemeinnützige oder kostendeckende Einheit betrieben werden; in diesem Sinne sind auch die meisten Vorschriften auslegbar, doch kann hierin nicht der grundsätzliche Zweck einer AG oder GmbH gesehen werden. Zwar sind die Kapitalgesellschaften grundsätzlich zweckfreie – besser: nicht zweckgebundene – Verbandsformen, jedoch geht das GmbHG und AktG von einer Gewinnverwendungs- und Erzielungsabsicht aus.[686] Die marktwirtschaftliche Verwendung steht zu allen anderen Verwendungsarten offenkundig im Regel-Ausnahme-Verhältnis. Der Umstand, dass es aufgrund fehlender formeller Zielbestimmung in der Satzung und gleichsam in dieser Hinsicht aussagelosem Unternehmensgegenstand fraglich sein kann, ob überhaupt eine Gewinnerzielungsabsicht vorliegt, scheint stark konstruiert.

Soweit also nicht ein konkret abweichendes Formalziel festgesetzt wird oder eine vom Grundsatz der Gewinnerzielung differierende Absicht durch den Unternehmensgegenstand erkennbar ist, bleibt das fakultative Formalziel einer normtypischen Kapitalgesellschaft nach ganz h. M. der Betrieb eines Unternehmens in Gewinnerzielungsabsicht.[687] Dem ist nichts hinzuzufügen, es ist richtig.

(2) Futuristisches Element im Gesellschaftsinteresse

Schließen sich die Gesellschafter zur Gewinnerzielung zusammen, bedingt dies zugleich ein futuristisches Element im Gesellschaftsinteresse. Zwar ist ein dauerhaftes Interesse am Bestand der Gesellschaft nicht schon durch den Zusammenschluss an sich gegeben – denn dieser kann, wie bereits dargestellt, vielen Zwecken dienen – die Gewinnerzielung durch Einsatz und Bewirtschaftung von Kapital steht aber in einem zeitlich vorausschauenden Zusammenhang. Obwohl die Gewinnerzielung auch als zeitlich begrenzter Zweck im Verständnis nach § 726 BGB gesehen werden kann, ist nicht davon auszugehen, dass die Auflösung der Gesellschaft nach einmaliger Gewinnerzielung, ohne ausdrückliche Fest-

686 §§ 29, 32 GmbHG; §§ 58, 174, 254 AktG.

687 *Hüffer* § 23 Rn. 22; Wachter/*Franz* § 3 Rn. 4; GroßkommAktG/*Wiedemann* § 179 Rn. 54; KK-AktG/*Arnold* § 23 Rn. 74; GroßkommAktG/*Röhricht* § 23 Rn. 93; *Westermann* in FS Carolsfeld, S. 517, 523; *Birke,* S. 153; *Timm,* S. 27; *Zöllner,* S. 29; *Wiedemann,* Band I, S. 626; *Mülbert* in FS Röhricht, S. 421, 432 f.; *ders.* ZGR 1997, 129, 157 Rn. 104; *Schön* ZGR 1996, 429, 440.

setzung, gewollt sein kann. Ein durchschnittlich auf Gewinnerzielung gerichteter kapitalgesellschaftlicher Zusammenschluss setzt darauf, durch den (möglichst) einmaligen Einsatz von Haftkapital dauerhaft Gewinne erwirtschaften zu können, idealerweise als „Perpetuum mobile". Hieraus ergibt sich schon ein ökonomisches Interesse am dauerhaften Erhalt der Gesellschaft (dauerhaftes Bestandsinteresse)[688], sowohl im Hinblick auf den einzelnen Gesellschafter als auch im Hinblick auf das Gesellschaftsinteresse. Für dauerhafte Rentabilität zu sorgen wird positiv als Handlungspflicht und negativ als Ermessenskorrektiv der Geschäftsführung angesehen.[689] Dies lässt den Rückschluss auf den Inhalt des Gesellschaftsinteresses an der dauerhaften Erhaltung des Unternehmens zu, denn die Geschäftsführung ist ein dem Gesellschaftsinteresse verpflichtetes Führungsorgan.[690] So steht beispielhaft dem Vorstand der AG für die Leitung des Unternehmens ein unternehmerisches Ermessen zu und er ist grundsätzlich zur eigenverantwortlichen Leitung berufen, dieses ist aber zuvorderst durch das Gesellschaftsinteresse beschränkt.[691]

Das Gesellschaftsinteresse enthält ein futuristisches Element, das darauf abzielt, die dauerhafte Erhaltung der Unternehmung zu gewährleisten.

(3) Zwischenergebnis

Das sachliche Unternehmensziel ist der in der Satzung obligatorisch niederzuschreibende Unternehmensgegenstand (Mittel). Das Formalziel (Zweck) ist nicht zwingender Satzungsbestandteil und wird oft nicht definiert sein. Es ist jedoch von höchster Wichtigkeit, weil es den bestimmenden Grund für den Zusammenschluss der Mitglieder darstellt, es handelt sich um die „Essenz des Zusammenschlusses". Aus diesem Grund ist das Formalziel die bestimmende Konstante für den Gesellschaftszweck und stellt mittelbar die Ableitungsbasis des Gesellschaftsinteresses dar.

Unterbleibt die Festlegung des Formalziels, ist im Zweifel die *dauerhafte* Gewinnerzielung als fakultatives Formalziel zu erkennen, denn jeden-

688 *Kuhner* ZGR 2004, 244, 253.

689 KK-AktG/*Merten/Cahn* § 76 Rn. 21; *Oltmanns* in Heidel § 76 Rn. 8.

690 KK-AktG/*Merten/Cahn* § 76 Rn. 15; MünchKommAktG/*Spindler* Vor §§ 76 – 94 Rn. 47; *Hölters/Weber* § 76 Rn. 19; Michalski/*Haas/Ziemons* § 43 Rn. 76; *Zöllner/Noack* in Baumbach/Hueck § 35 Rn. 29 f.

691 Spindler/Stilz/*Spindler* § 76 Rn. 73; KK-AktG/*Merten/Cahn* § 76 Rn. 15; Hölters/*Weber* § 76 Rn. 19.

falls im Kapitalgesellschaftsrecht (aber auch bei den Handelsgesellschaften) wird die Gesellschaft als Vehikel dazu genutzt, unter Zuhilfenahme des eingesetzten Kapitals ein Unternehmen zu betreiben und hiernach erwirtschaftete Gewinne an die Anteilseigner auszukehren. Die marktwirtschaftliche Verwendung steht zu allen anderen Verwendungsarten im Regel-Ausnahme-Verhältnis.

cc. Die Zielerreichung

Die Gewinnerzielung kann aber in verschiedener Hinsicht erfolgen. Hier kommt der Diskussion darum, welche Interessen im Rahmen der Gewinnerzielungsstrategie zu berücksichtigen sind und nach welchem ökonomischen Grundkonzept die Gesellschaft ausgerichtet ist, Raum zu. An diesem Punkt ist die Verbindungslinie zur Diskussion um das Gesellschafts- und Unternehmensinteresse zu erkennen. Erfolgt die Zielerreichung der Gewinnerzielung unter Beachtung der Unternehmensinteressen, geht das Unternehmensinteresse implizit im Gesellschaftsinteresse auf. Somit wären auch Unternehmensinteressen bei der treupflichtigen Entscheidung der Gesellschafter zu berücksichtigen.

Das hieraus zu erzielende Ergebnis ist umso bedeutsamer, als insbesondere Aktionäre in der AG keinerlei effektiven Einfluss auf das Tagesgeschäft und die Geschäftsführung insgesamt besitzen. Während also GmbH-Gesellschafter jederzeit und individuell über die einzuschlagenden Wege bestimmen und so das Abstrakte ins Konkrete überführen können, müssen sich Aktionäre darauf verlassen, dass der grundsätzlich vorgegebene Rahmen eingehalten wird.

Nach früher vorherrschender Meinung dürfe die Gewinnerzielung nicht allein an den Interessen der Aktionäre ausgerichtet werden.[692] Die zu wahrenden Interessen sollen vielmehr mindestens auch die der Arbeitnehmer und der Allgemeinheit umfassen.[693] Der Vorstand sei „weder berechtigt noch verpflichtet, sich bei der Erfüllung von Leitungsaufgaben allein von Aktionärsinteressen leiten zu lassen".[694] Dies entspreche dem Leitbild, den Bestand des Unternehmens durch die Schaffung dauerhafter Rentabilität zu erreichen. Ist eine Entscheidung unter mehreren Alternativen zu treffen, sei keine bestimmte Reihenfolge der maßgeblichen

692 *Hüffer* § 76 Rn. 12; GroßkommAktG/*Kort* § 76 Rn. 40; KK-AktG/*Mertens/Cahn* § 76 Rn. 16; So auch Wachter/*Eckert* § 76 Rn. 11; *Falkenhausen,* S. 68; *Goette* ZGR 2008, 436, 446 f.

693 *Hüffer* § 76 Rn. 12; *Goette* ZGR 2008, 436, 446 f.

694 *Hüffer* § 76 Rn. 12.

Interessen geboten, vielmehr ist die günstigste Alternative unter Berücksichtigung aller Interessen zu wählen, was einen gewissen Ermessenspielraum zulässt. So soll der Interessenpluralismus in eine „praktische Konkordanz" gebracht werden.[695] Die Beachtung der verschiedenen Interessen, die geforderte Entscheidung unter Vornahme eines Interessenausgleichs und eine Gewinnerzielung unter den Prämissen von Bestand und dauerhafter Rentabilität entspricht dem betriebswirtschaftlichen Konzept des sog. „Stakeholder-Values".[696] Die Rechtfertigung dieses Ansatzes entspricht im Ergebnis der des oben aufgeführten Unternehmensinteresses und wurzelt im ursprünglich verbandsrechtlichen Verständnis der Gesellschaft.[697] Zwar wird vielfach explizit auf die Abgrenzung vom Unternehmensinteresse und insb. den „Auswüchsen" des „Unternehmens an sich" und der soziologischen Verselbständigung des Unternehmens hingewiesen,[698] die Argumente um Mitbestimmung, soziale Marktwirtschaft und die Verpflichtung des Eigentums werden aber gleichlaufend für die Verankerung der Interessenpluralität verwendet. Teilweise wird darauf verwiesen, das Unternehmensinteresse dürfe nicht als im Sinne der oben genannten Begrifflichkeit verstanden werden, sondern als „sprachliche Abkürzung" für den Umstand der Gemengelage verschiedener Interessen.[699] Letztendlich entspricht die interessenpluralistische Zielkonzeption der Berücksichtigung des Unternehmensinteresses i. S. d § 70 Abs. 1 AktG 1937. Dessen inhaltlich nicht erfolgte Fortführung (jedenfalls hinsichtlich des Wortlauts) im Aktiengesetz von 1965 sei lediglich der Selbstverständlichkeit geschuldet.[700] Das Unternehmen könne abseits von exogenen Renditeanforderungen gelenkt werden und im Zentrum stehe die Mehrung des Gesellschaftsvermögens aus Sicht der Gesellschaft,[701] was dazu führe, dass nicht die Marktwertmaximierung, sondern die Maximierung des Gesellschaftsvermögens in den Vordergrund trete.[702] Anzumerken ist: die Mehrung des Gesellschaftsvermögens wird in weiten Teilen dazu führen, dass auch der Marktwert des Unter-

695 *Hüffer* § 76 Rn. 12 b; GroßkommAktG/*Kort* § 76 Rn. 64; *Falkenhausen*, S. 68.

696 Wachter/*Eckert* § 76 Rn. 11; *Fleischer* in Hdb. Vorstandsrecht S. § 1 Rn. 24; *Busse von Colbe* ZGR 1997, 271, 272.

697 Näher dazu die übertragbaren Argumente zu bb. Das Unternehmen an sich, S. 105.

698 GroßkommAktG/*Kort* § 76 Rn. 39.

699 Beispielhaft *Hüffer* § 76 Rn. 15, m.w.N.

700 Vgl. hierzu ebenfalls oben bb. Das Unternehmen an sich, S. 105; daneben *Falkenhausen*, S. 68 und Fn. 213, 214.

701 Wobei auch hier das Dilemma der Definition von Gesellschaft hinsichtlich des Unternehmens zu Tage tritt.

702 *Mülbert* in FS Röhricht, S. 421, 428.

nehmens steigt (Interpendenz). Wird eine Entscheidung zugunsten der Steigerung des Gesellschaftsvermögens getroffen, bedeutet dies jedoch nicht zwangsläufig die Erhöhung des Marktwerts in größtmöglicher (!) Weise. Endlich soll die Nichtbeachtung des „Gebots interessenpluralistischer Unternehmensführung" weitergehend zu einer Schadensersatzpflicht gem. § 93 AktG führen.[703]

Eine zunehmend im Vordringen[704] befindliche Auffassung sieht die Ausrichtung der Gesellschaft am Konzept des – in der zweiten Hälfte der achtziger Jahre des 20. Jahrhunderts durch die Schrift von *Rappaport*[705] aufkommenden – „Shareholder-Values" orientiert. Hinter diesem Schlagwort verbirgt sich – im Verständnis der juristischen Diskussion – eine einseitige Leitung der Gesellschaft im Sinne der Anteilseigner,[706] um die Ertragskraft des Unternehmens größtmöglich zu fördern.[707] Insbesondere das KonTraG[708] und dessen Regelungen zum Rückerwerb eigener Aktien, sowie der Möglichkeit einer bedingten Kapitalerhöhung zur Bedienung von Aktienoptionsprogrammen, werden als Öffnung des deutschen Rechts gegenüber dem Shareholder-Value Ansatz verstanden.[709]

Betriebswirtschaftlich[710] besteht das dringende Interesse, den aus den gesamten Zahlungsströmen des Unternehmens resultierenden Cashflow über den Kapitalkosten zu halten. Es ist nachvollziehbar, dass die Eigenkapitalgeber bei einer Investition in eine Unternehmung zumindest einen Eigenkapitalertrag erwarten, den sie auch in alternativen Anlageformen hätten erwirtschaftet können (sog. „Opportunitätskosten").[711] Die Konzentration des Ansatzes geht hierbei von einer höchstmöglichen Rendite bei Maximierung des Marktwerts des Unternehmens aus.[712] Dabei liegt dem Shareholder-Value-Ansatz der „Aktionärstypus eines auf portfolio-

703 GroßkommAktG/*Kort* § 76 Rn. 40.

704 Siegeszug des shareholder-value-Gedankens (*Fleischer* AG 2001, 171, 172); „Siegeszug des shareholder-value-Denkens" (*Zöllner* AG 2003, 2, 9).

705 Zurückgehend auf *Alfred Rappaport*, Shareholder Value – Wertsteigerung als Maßstab für die Unternehmensführung, 1995.

706 *Fleischer* in Spindler/Stilz § 76 Rn. 29.

707 GroßkommAktG/*Kort* § 76 Rn. 53.

708 Gesetz zur Kontrolle und Transparenz im Unternehmensbereich vom 30. April 1998, BGBl. I Nr.24 S. 786.

709 MünchKommAktG/*Spindler* § 76 Rn. 77; Hölters/*Weber* § 76 Rn. 20; *Mülbert* in FS Röhricht, S. 421, 435; *Ulmer* AcP 202 (2002), 143, 158.

710 Übersichtlich zu den *betriebswirtschaftlichen* Grundlagen: *Kuhner* ZGR 2004, 244, 259; *Mülbert* ZGR 1997, 129, 131.

711 Schmeisser/Rönsch/Zilch S. 1.

712 *Spindler* Gutachten, S. 10; *Mülbert* ZGR 1997, 129, 156.

theoretischer Basis agierenden, optimal risikodiversifizierten individuellen Investors zugrunde"[713]. Der Anleger streut seine Risiken also möglichst breit und tätigt die Anlage des Kapitals in ein Unternehmen gezielt und individuell.[714] Er greift damit auf die gedankliche Grundlage der Portfoliotheorie zurück, nach der die Verteilung der Anlagesumme auf mehrere Investitionsobjekte zu einer Risikoverringerung führt. Durch den Erwerb nicht miteinander korrelierender Investitionsalternativen[715] kann das unsystematische (unternehmenseigene) Risiko gemindert werden. Im Falle der Korrelation erhöht oder vermindert sich das Risiko umso mehr, je gleich- bzw. gegenläufiger sich die erwarteten Risiken entwickeln. Dies wird mit dem Korrelationskoeffizienten gemessen. Ein nach diesen Grundsätzen aufgestellter Anleger unterscheidet sich beispielsweise deutlich vom Stakeholder „Arbeitnehmer", der Anteile nur am arbeitgebenden Unternehmen aus Gründen der Altersvorsorge hält. Die diversifizierte und nichtdiversifizierte Anlage determiniert aus sich heraus die weiteren Präferenzen des Anlegers. Während der Arbeitnehmer-Aktionär, unter der Annahme der Risikoaversion, Mittel, die der Gesellschaft zur Investition zur Verfügung stehen, dafür verwendet wissen will, die Eigenkapitalbasis durch Thesaurierung zu stärken oder bei einer Wachstumsverwendung in die Breite investieren wollen wird – um die Risiken die aus einer Fokussierung auf bestimmte Produkte entstehen zu minimieren –, ist dies nicht zwingend das Interesse des Shareholders im Sinne der Portfoliotheorie. Dieser wird im Zweifel bei überschüssigem Kapital[716] die Ausschüttung einer Thesaurierung vorziehen, sofern nicht die Eigenkapitalrendite über der Alternativrendite liegt und er wird bei Neuinvestitionen das Kerngeschäft verstärken wollen, anstatt in die Breite zu wachsen, sofern nicht ebenfalls eine Überrendite zu erwirtschaften ist. Er ist daneben durchaus risikogeneigter, wenn dies zu einer negativen Korrelation mit anderen Anlagen führt (s. o.), was sich dann nach seinem Dafürhalten auch im Verhalten der Geschäftsführung niederschlagen sollte.[717] Dem Konzentrationsrisiko ist er durch die Diversifikation seines Portfolios „entkommen". Dies wird umso klarer, wenn er

713 *Mülbert*, 1997, 137.

714 *Mülbert*, 1997, 156 ff.

715 Marktverschiedenheit, sachlich durch verschiedene Unternehmensgegenstände, vgl. aa. Der Gesellschaftszweck, S. 108.

716 D. h. die Gesellschaft kann mit überschüssigem Kapital nicht „mindestens ein Investitionsvorhaben mit positivem Barwert realisieren" (vgl. *Mülbert* in FS Röhricht, S. 421, 429, 430).

717 *Fleischer* NZG 2011, 521, 522 f.; *Kuntz* GmbHR 2008, 121, 122.

das Unternehmen als Investitionsprojekt gerade auf Grund des Risikoprofils des „Unternehmensgegenstands" ausgewählt hat.[718]

Der Vorstand wirtschaftet im Sinne des Shareholder-Values in gewissem Umfange als „Treuhänder" der erbrachten Kapitalbeiträge. Die Gewinnerzielung hat in diesem Konzept unter absolutem Vorrang der Belange der Kapitalgeber zu erfolgen[719] und sich regelmäßig an einer Steigerung des Ertragswerts bzw. bei börsennotierten Unternehmen des Marktwerts der Beteiligung zu orientieren.[720]

Im deutschen Recht wird jedoch vorrangig eine vermittelnde Ansicht[721] vertreten, die den Ansatz eines sog. moderaten-Shareholder-Value-Konzepts[722] verwirklicht sehen will. Hiernach sei die Berücksichtigung auch von Unternehmensinteressen im o. g. Sinne möglich, jedoch habe im Zweifel den Aktionärsinteressen der Vorrang zu gebühren.

Vorbehalte ergeben sich gegen den Shareholder-Value Ansatz insbesondere auf Grund des Arguments, dass dieser mit sich bringe, die anderen am Unternehmen Beteiligten auszubeuten. Insbesondere wird postuliert, eine auf Maximierung der Eigenkapitalerträge gerichtete Zielsetzung würde dazu führen, Gesellschafter und Management auf Kosten der Arbeitnehmer zu bereichern. Dies führe zu kurzfristigem Denken. Das Interesse an langfristiger Planung, der Sicherung von Arbeitsstellen und der Bestand des Unternehmens, als wichtiger Faktor für die Gesamtwirtschaft, würden zugunsten kurzfristiger Planung und Gewinnerzielung zurücktreten.[723] Außerdem leiste jeder Bestandteil des Unternehmens[724] einen spezifischen Beitrag, deshalb seien auch alle bei der Unternehmensführung zu berücksichtigen. Dies gelte insbesondere hinsichtlich der hohen Abhängigkeit von bestimmten Gläubigern[725] und Arbeitnehmern, da diese in besonders hohem Maße „unternehmensspezifi-

---

718 Weitere Beispiele bei *Mülbert* ZGR 1997, 129, 138.

719 *Spindler* Gutachten, S. 10 f.

720 GroßkommAktG/*Kort* § 76 Rn. 54, KK-AktG/*Mertens/Cahn* § 76 Rn. 16.

721 Vgl. *Seibt* in Schmidt/Lutter § 76 Rn. 12; Hölters/*Weber* § 76 Rn. 22; MünchKommAktG/*Spindler* § 76 Rn. 79; *Fleischer* in Hdb. Vorstandsrecht, § 1 Rn. 29; *Kuhner* ZGR 2005, 244; *Groh* DB 2000, 2153; *Busse von Colbe* ZGR 1997, 271; *Schilling* BB 1997, 373.

722 Ebenso wie der Shareholder-Value Ansatz an sich, stammt auch dieser Vorstoß aus dem angelsächsischen Recht. Das britische Gesellschaftsrecht hat sich bereits auf eine Orientierung am enlightened shareholder-value festgelegt (vgl. *Witt* ZGR 2009, 872, 897). Ebenso die USA (vgl. *Klöhn* ZGR 2008, 110, 121).

723 *Fleischer* in Spindler/Stilz § 76 Rn. 31 m.N.

724 Mit Bestandteile gemeint: Kapitalgeber, Arbeitnehmer, Management, Kunden, Lieferanten und Allgemeinheit.

725 Etwa spezialisierte Zulieferbetriebe in der Automobilbranche.

sche Investitionen" erbrächten, deshalb stärker als andere von unternehmerischen Entscheidungen betroffen und somit schutzwürdig seien.[726]

Dem halten die Anhänger des Shareholder-Ansatzes entgegen, dass das Vorliegen der vielen – in der Regel diametralen – Interessen die Herstellung einer „praktischen Konkordanz" unmöglich mache und deshalb im Zweifel einem Interesse der Vorrang gebühre. Da es kein verbindliches Ziel des Stakeholder-Ansatzes gebe,[727] tauge dieser auch nicht als Kontrollinstrument. Auch aus Sicht der Principal-Agent-Theorie bringe der Ansatz bedeutende Vorteile,[728] da die Verringerung der zu berücksichtigenden Interessen die Entscheidungsfindung vereinfache. Manager seien weder besonders dazu legitimiert noch qualifiziert, Gemeinwohlbelange zu fördern, hierfür sind Staat und Politik zuständig.[729]

dd. Stellungnahme

Die Debatte um den Vorrang des Stakeholder- oder Shareholder-Value-Ansatzes hat als gesellschaftspolitische Frage[730] in großem Umfang öffentliche Wirkung. Das Verständnis der Begrifflichkeiten ist nicht immer einheitlich und sie werden in der juristischen Diskussion untechnischer gebraucht, als dies in der Wirtschaftswissenschaft der Fall ist.[731] Insgesamt könnte – im Sinne der öffentlichen und teils auch juristischen Diskussion – der Shareholder-Value Ansatz als eine puristisch wirtschaftsliberale Form des Kapitalismus eingeordnet werden, bei dem es heißt „ohne Rücksicht auf die Entwicklung des Gesellschaftsvermögens den Kurswert der Aktien möglichst zu steigern",[732] während der Stakeholder-Value Ansatz der sozialen-Marktwirtschaft entspräche; der sich grundsätzlich die Bundesrepublik Deutschland[733] sowie die Europäische Union[734] verschrieben haben.

---

726 KK-AktG/*Merten*/*Cahn* § 76 Rn. 16.

727 *Fleischer* in Hdb. Vorstandsrecht, § 1 Rn. 28; *Kuhner* ZGR 2004, 244, 254.

728 *Fleischer* in Spindler/Stilz § 76 Rn. 34.

729 *Fleischer* in Spindler/Stilz § 76 Rn. 34.

730 Wachter/*Eckert* § 76 Rn. 11.

731 *Mülbert* in FS Röhricht, S. 421, 425.

732 *Mülbert* in FS Röhricht, S. 421, 438.

733 Zwar gibt das Grundgesetz nicht ausdrücklich die Bindung an die Marktwirtschaft vor, jedoch ist aus der Gesamtheit der Grundrechte aus Art. 2 Abs. 1, 9 Abs. 1, 3, 12 Abs. 1 und 14 GG und dem Sozialstaatsprinzip der Ansicht zuzustimmen, die eine Bindung an eine (soziale) Marktwirtschaft annimmt (vgl. *Herzog*/*Grzeszick* in Maunz/Düring Art. 20 Rn. 60; *Kokott* in Sachs Art. 12 Rn. 22, 213).

734 Vgl. Art. 3 Abs. 3 EUV, hierzu *Ruffert* in Calliess/Rufert Art. 3 Rn. 38.

Gerade in Zeiten der durch die Finanzmärkte verursachten Wirtschaftskrise hat die (nie verebbte) oben genannte Debatte an Bedeutung gewonnen.[735] Hohe Managemententlohnungen, gekettet an Vergütungssysteme, die auf die Eigenkapitalertragssteigerung angelegt sind und auf Aktienoptionsprogrammen beruhen, haben beträchtliche Gewinne für Management und Gesellschafter generiert, während die durch den Zusammenbruch der Unternehmen entstandenen Risiken von den Stakeholdern und insb. der Allgemeinheit zu tragen sind.

Nichtsdestoweniger berücksichtigt der Shareholder-Value Ansatz das Risiko-Nutzen-Verhältnis einer Unternehmung angemessener. Die Gesellschafter nehmen das unternehmerische Risiko auf sich, im Zweifel bis zum Totalverlust. Sie ermächtigen den Vorstand nicht dazu, mit ihren eingesetzten Mitteln Drittinteressen zu verfolgen.[736] Die besondere Bindung von Arbeitnehmern an ihren Betrieb und die soziale Abhängigkeit werden bereits arbeitsvertraglich und -rechtlich berücksichtigt.[737] Dem trägt auch die, gleichsam Allgemeinwohlbelange schützende, Mitbestimmung Rechnung. Diese Sicherungen werden insbesondere auch durch Zahlungen der Unternehmen finanziert. Schon dies führt zu Nachteilen im internationalen Wettbewerb mit Staaten, die weniger soziale Belange berücksichtigen.[738] Die Gläubiger sind durch eine Vielzahl von gesellschafts- und insolvenzrechtlichen Regelungen gesichert. Ihnen steht daneben die Möglichkeit offen, ihre Rechte individualvertraglich zu sichern.

Doch auch das Shareholder-Value Konzept hat Schwächen. Diese werden zumeist in seiner rein mathematischen Bestimmung von Handlungsanweisungen gesehen. Hier ist immer nur die Wirtschaftlichkeit der einzelnen Investitionsentscheidung maßgeblich.[739] Ein mathematisches Denken, ausgerichtet an der größtmöglichen Steigerung des Unternehmenswerts, berücksichtigt beispielsweise das Schicksal der inländischen Arbeitnehmer bei einer profitablen Produktionsverlegung ins Ausland nicht. Vielfach wird daneben bemängelt, dass auch die Entscheidungsfindung nach dem Shareholder-Value Ansatz (höchstmögliche Rendite bei Maximierung des Marktwerts) bei mehreren Handlungsvarianten

---

735 So auch *Bachmann* AG 2011, 181, 186.

736 *Wiedemann* ZGR 2011, 183, 195.

737 *Wiedemann* ZGR 2011, 183, 195.

738 „Die Tatsache, daß – auch in einer sozialen Marktwirtschaft – nur rentable Unternehmen auf Dauer sichere Arbeitsplätze bieten können, wird dann schnell verdrängt" (Busse von Colbe ZGR 1997, 271, 289).

739 *Spindler,* Gutachten, S. 13.

nicht eine dominierende Handlungsoption hervorbringt.[740] In der Tat wird auch von Befürwortern des Shareholder-Value Konzepts beigegeben, dass es sich bei diesem insgesamt nur um eine „zweitbeste Lösung"[741] handelt.[742] Die „first-best" Lösung ist der Stakeholder-Value Ansatz jedenfalls nicht, denn zu stark divergierende Interessen sind in der Tat nicht in einen sinnvollen Einklang zu bringen, ohne die Lösung letztlich für alle Teile unfruchtbar zu machen. Es gilt der Grundsatz, dass der Diener zu vieler Herren letztlich niemandem dient.[743] Zwar kann eine nur im Interesse der Anteilseigner liegende Politik zu Lasten des Unternehmensbestands ungewünschte „Renditeblüten" treiben, hierbei jedoch den Interessen der Gesellschafter *grundsätzlich* eine „Heuschreckenmentalität" zu Grunde zu legen ist falsch und würde dem Shareholder-Value Ansatz eine „Selbstmordtendenz" zuschreiben. Die Erwirtschaftung kurzfristiger Gewinne steht nicht mit dem langfristigen Bestand des Unternehmens im Widerspruch.

Wiewohl fraglich ist, ob „Gewinn" – unerheblich ob kurz- oder langfristig – (die Höhe ist sowieso keine Konstante) überhaupt in diesem Zusammenhang ein geeignetes objektives Kriterium ist.[744] Da es sich beim Gewinn um eine bilanzielle Rechengröße handelt, ist er von vielen Faktoren abhängig und muss nicht zwingend etwas über die Unternehmenspolitik und den formellen Zielansatz aussagen.[745]

Schlussendlich ist der Shareholder-Value Ansatz auch dazu in der Lage, andere Gruppen als die der Shareholder zu fördern.[746] Wie bereits oben angesprochen, ist letzteren an einem langfristig ertragreichen Unternehmen gelegen. Ein solches erfordert aber qualifizierte und engagierte Mitarbeiter. Stellt das Unternehmen seinem Management keine adäquaten Arbeitsumstände und Gehälter zur Verfügung, wird dies zur Abwanderung und zur Verschlechterung der Unternehmensleistung führen. Auch die Befürchtung der Kurzsichtigkeit des unternehmerischen Handelns ist zwar nicht gänzlich zu widerlegen, wird jedoch durch die mittlerweile eingetretene Erwartung, dass Unternehmen auch in „weiche

740 *Spindler,* Gutachten, S. 16.

741 Spindler/Stilz/*Fleischer* § 76 Rn. 34.

742 Kritik am reinen Shareholder-Value Ansatz bei MünchKommAktG/*Spindler* § 76 Rn. 77 f., Spindler/Stilz/*Fleischer* § 76 Rn. 34 f.

743 *Fleischer* in Spindler/Stilz § 76 Rn. 34; *Kuhner* ZGR 2004, 244, 254.

744 *Schmeisser/Rönsch/Zilch* S. 2; *Mülbert* in FS Röhricht, S. 421, 427.

745 Hierzu MünchKommAktG/*Spindler* § 76 Rn. 75.

746 *Fleischer* in Hdb. Vorstandsrecht § 1 Rn. 34.

Faktoren" des Unternehmenserfolgs investieren, abgemildert.[747] Letztlich ist der Unternehmenserfolg – auch unter der Prämisse der Shareholder-Value Konzepts – nur unter Bezugnahme auf die Interessen des gesamten Unternehmens zu erreichen. Allerdings hängt die Intensität der Beachtung anderer als der Anteilseignerinteressen auch davon ab, unter welchen sozialen und politischen Rahmenbedingungen das Unternehmen wirtschaftet. Unternehmen sind also schon angesichts ihrer Stellung im sozialen Gefüge von Wirtschaft und Gesellschaft faktisch dazu „verdammt", Allgemeinwohlbelange in gewissem Maße zu fördern. Hieraus ergibt sich aber nicht, dass sie hierzu verpflichtet wären.[748] Doch auch „rechnerisch" kann eine Berücksichtigung der Allgemeinwohlbelange geboten sein, denn unfaires und unsoziales Verhalten zieht soziale Sanktionen nach sich und produziert somit Opportunitätskosten, die in der Entscheidungsfindung berücksichtigt werden.[749] Letztlich muss zur Bestimmung des äußeren Randbereichs der Beachtung sozialer Belange auch berücksichtigt werden, dass Entscheidungen in letzter Instanz von Menschen getroffen werden. Diese werden im Rahmen ihres zur Verfügung stehenden unüberprüfbaren Ermessens gewisse Fairness- und Sozialpräferenzen einbringen.[750]

Die richtige Wahl kann sich am moderaten Shareholder-Value Ansatz orientieren. Bei der Entscheidungsfindung darf sich auch an den Interessen der Stakeholder orientiert werden, soweit eine Entscheidung die Ertragslage und den Marktwert des Unternehmens vorrangig berücksichtigt.[751] Das heißt jedoch auch: Im Zweifel ist den Interessen der Anteilseigner Vorrang zu gewähren. Somit bleibt die Balance zwischen sozialer und liberaler Wirtschaftsverfassung gewahrt und gleichzeitig die privatautonomen Strukturen der Gesellschaften berücksichtigt. Die Gesellschafter sind nach alledem die Herren der Gesellschaft[752], was sich unter anderem dadurch zeigt, dass sie konsequenterweise die Shareholder-Value Orientierung auch im Rahmen ihrer Satzungsgewalt festschreiben können.[753]

---

747 *Mülbert* ZGR 1997, 129, 139.

748 *Mandel*, S. 83.

749 Ähnlich zur Eigennutzannahme *Fleischer/Schmolke/Zimmer* in ZHR Beiheft 75, S. 16 f. und insb. S. 28 f.

750 *Fleischer/Schmolke/Zimmer* in ZHR Beiheft 75, S. 29.

751 *Wiedemann* ZGR 2011, 183, 195.

752 GroßkommAktG/*Wiedemann* § 179 Rn. 67.

753 H.A. MünchKommAktG/*Spindler* § 76 Rn. 81; Hölters/*Weber* § 76 Rn. 24; *Fleischer* in Hdb. Vorstandsrecht § 1 Rn. 32; *Mülbert* FS Röhricht 2005, S 421, 440; *Birke* S. 219; *Ulmer*

c. Zwischenergebnis

Das Ergebnis der in diesem Abschnitt gemachten Untersuchungen ist die Beachtlichkeit des Gesellschaftsinteresses im Rahmen der Ausübung des Stimmrechts. Wenn die Treupflicht gebietet, auf das Interesse der Gesellschaft bei der Ausübung des Mitverwaltungsrechts Rücksicht zu nehmen, ist die Beachtung des Gesellschafts-, nicht des Unternehmensinteresses angesprochen. Letzteres findet in der Systematik des Gesetzes keinen Niederschlag und wird vielmehr durch „externe" Faktoren, wie etwa die Mitbestimmung, das Arbeitsrecht, den Sozialstaat, aber auch durch das Gesellschafts- und Insolvenzrecht durchgesetzt. Die Gesellschafter sind die Herren der Gesellschaft und *müssen* sich in diesem Zusammenhang nur nach dem verobjektivierten Interesse aller Gesellschafter, gebündelt als Gesellschaftsinteresse, richten. Hierbei kann auch nicht argumentiert werden, das „Gesellschaftsinteresse unterscheide sich inhaltlich nicht oder kaum vom Unternehmensinteresse"[754], denn je nach verfolgtem Ziel und in Diskussion stehender Maßnahme, ist es sehr wohl von Bedeutung welche Interessen in die Wegfindung und Zielerreichung eingehen.

Im Rahmen der finalen Ziele des Gesellschaftsinteresses als Handlungsmaxime *dürfen* die Interessen der anderen, nicht mitgliedschaftlich am Unternehmen Beteiligten, berücksichtigt werden. Eine Pflicht hierzu besteht mangels pflichtenbegründender Statuierung nicht. Dies entspricht dem juristischen Verständnis des moderaten bzw. „enlightened" Shareholder-Value Ansatz. Relevanz zeigt dies insbesondere bei der Erstellung von Sanierungskonzepten und der hiermit einhergehenden Entscheidung darüber, in welchem Maße die Interessen der Stakeholder Beachtung finden müssen.

Weiterhin steht es den Gesellschaftern frei sowohl bei Gründung als auch später, durch Änderung in der Satzung, den Gesellschaftszweck abweichend von der vorstehend beschriebenen grundsätzlichen Zielsetzung und -erreichung auszurichten; sowohl in Richtung des reinen Shareholder-Values, als auch in Richtung der Stakeholderinteressen. Oben wurde ausgeführt, dass sich nach dem Stakeholder-Value Ansatz die Geschäftsführung schadensersatzpflichtig mache, wenn sie das Gebot interessenpluralistischer Unternehmensführung nicht beachte. Folgerichtig

AcP 202 (2002), 143, 159.; *Groh* DB 2000, 2153, 2159; a.A. (noch) *Mülbert* ZGR 1997, 129, 164 f.

754 *Mandel*, S. 83.

ist dies – nach hier vertretener Ansicht – bei mangelnder Berücksichtigung der Anteilseignerinteressen spiegelbildlich, zu bejahen.

3. Eigenständiges Unternehmens- oder Gesellschaftsinteresse

Fraglich ist, ob das Interesse des Unternehmens, als eigenes selbständiges Interesse in die treupflichtige Abwägung einzubeziehen ist. Sieht man das Unternehmen als objektähnliche Verselbständigung an, ist es grundsätzlich möglich, diesem ein eigenes Interesse zuzusprechen, das im Rahmen der treupflichtigen Stimmrechtsausübung zu berücksichtigten wäre. Das Unternehmensinteresse weist einen weiten Einzugsbereich auf. Aufgrund der oben dargestellten Entstehungsgeschichte ist „das Unternehmensinteresse" nicht mit „dem Interesse der Aktionäre, aber auch nicht mit dem Arbeitnehmerinteresse gleichzusetzen"[755]. Nach herrschender Meinung ist das Unternehmensinteresse mindestens die Ableitung aus den Interessen der Anteilseigner, Arbeitnehmer und Gläubiger[756] und maximal auch zusätzlich unter Berücksichtigung der allgemeinen Öffentlichkeit zu verstehen[757]. Zunächst spricht die oben dargestellte Ablehnung einer rechtlichen Verselbständigung des Unternehmens an sich gegen ein eigenes Interesse des Unternehmens.[758] Schon hier könnte man die Diskussion beenden, denn das Unternehmen ist „nicht Träger, sondern Objekt des Unternehmensinteresses".[759] Doch daneben ist das eigene Interesse logisch zwingend zu verneinen. Denn, wenn es das zusammengesetzte Interesse verschiedener Gruppen ist, kann es kein eigenes Interesse geben. Fallen alle zu berücksichtigenden Gruppen hinfort, so entfällt mangels einer „Orientierungskonstante" auch das Interesse an sich. Wovon sollte es noch abgeleitet werden? Wie *Zöllner* zutreffend postuliert, kann der Verband an sich keine „Begehrensdispositionen" haben.[760]

Dies gilt sowohl für ein „eigenes" Interesse der Gesellschaft[761], als auch „des Unternehmens". Die Fähigkeit, Interesse zu haben, ist ein Individualpsychisches Phänomen das nur bei Menschen auftritt.[762] Sodann sind

755 *Flume* ZGR 1978, 678, 689.
756 MünchKommAktG/*Spindler* § 76 Rn. 69.
757 *Seibt* in Lutter § 76 Rn. 12.
758 S.o. aa. Das Unternehmen als Rechtssubjekt, S. 103.
759 *Zöllner*, Mitgliedschaft, S. 70; so auch *Hüffer* § 76 Rn. 15.
760 *Zöllner*, Mitgliedschaft, S: 18.
761 Wachter/*Servatius* § 53 a Rn. 47.
762 *Martens*, S. 173.

aber auch bei bestehenden Interessengruppen diese zu einem Ausgleich zu bringen und hier braucht es eine Instanz, die das Ergebnis dieses Ausgleichs bestimmt. Wer zwingend andere braucht, um sein Interesse abzuleiten und schließlich zu definieren, kann schon aus der Sache heraus kein „eigenes" Interesse innehaben. Auch angesichts der rechtsformübergreifenden Umwandlungsmöglichkeiten nach dem UmwG ist „die Anerkennung eines selbständigen Interesses der juristischen Person als Unternehmensträgerin gegenüber dem Personenverband kaum in Übereinstimmung zu bringen"[763].

Gleiches gilt sodann bei Entscheidungen der Gesellschafter, unabhängig davon, ob sie dabei Unternehmens- oder Verbandsinteressen zu berücksichtigen haben. Zwar ist die Gesellschaft gegenüber ihren Aktionären verbandsrechtlich als verselbständigter Rechtsträger einzuordnen,[764] maßgebend ist aber immer die Entscheidung des „personellen Substrats".[765] Dies zeigt sich in aller Deutlichkeit für das Gesellschaftsinteresse im Falle der Einmann-GmbH oder bei der AG[766], wenn sich alle Anteile in der Hand eines Aktionärs befinden.[767] Da bei der Einmann-GmbH die Willensbildung der Gesellschaft mit der des Gesellschafters zusammenfällt, decken sich ungeachtet ihrer rechtlichen Selbständigkeit auch die Interessen der Gesellschaft subjektiv mit dem Interesse des Gesellschafters;[768] in dieser Konstellation besteht sodann auch keine treupflichtige Bindung.[769]

4. Die Interessen der Mitgesellschafter

Es wurde bereits herausgestellt, dass die Treuepflicht die Beachtung von Gesellschaftsinteressen und gleichsam die der Mitgesellschafter fordert.[770] Hierbei stehen sich die beachtenswerten Interessen der Gesellschafter grundsätzlich gleichrangig gegenüber.[771]

---

763 *Zöllner*, Mitgliedschaft, S. 23.

764 *Mülbert* in FS Röhricht, S. 421, 431.

765 Vgl. *Zöllner*, Mitgliedschaft, S. 23.

766 Bisher keine Rspr., aber ganz h. M., vgl. GroßKommAktG/*Henze*/*Notz* Anh. § 53 a Rn. 44 f. m.w.N.

767 BGH, Urteil vom 16.09.1985 – II ZR 275/84 = NJW 1986, 188, 191 („Autokran").

768 BGH, Urteil vom 19.04. 1971 – II ZR 98/68 = NJW 1971, 1355, 1356.

769 BGH, Urteil vom 28.09.1992 – II ZR 299/91 = NJW 1993, 193.

770 Oben, II. Grundlagen der Treupflicht, 82.

771 Nonn, S. 95.

An dieser Stelle muss kurz eingegangen werden, welche Interessen treupflichtig berücksichtigt werden müssen.[772] Solche können nur gesellschaftsbezogene Belange der Mitgesellschafter sein, rein private Bedürfnisse bleiben außen vor.[773] Die Gesellschafter haben sich zusammengeschlossen, um gemeinsam den Gesellschaftszweck zu fördern. Richtigerweise geht die mitgliedschaftliche Bindung der Gesellschafter deshalb über das zufällige Nebeneinander von Verkehrsteilnehmern hinaus,[774] doch enden diese Bindungen dort, wo sich die Gesellschafter wieder wie Dritte gegenüber stehen. Dies ist der Fall soweit ein Konflikt nicht (mehr) durch das Gesellschafts- und Mitgliedschaftsverhältnis vermittelt ist. Stehen Motive und Motivationen des Einzelnen außerhalb des durch die Mitgliedschaft begründeten und durch den Gesellschaftszweck begrenzten Gesellschaftsverhältnisses, sind sie nicht von Belang;[775] außerhalb dieses „Schutzbereiches" können aus letzterem keine Abwehr- und Verpflichtungspositionen mehr erwachsen.[776]

Weiterhin finden aus diesem Grund solche Bestrebungen keine Beachtung, die mit einer Schädigung der Gesellschaft einhergehen. Dies bedingt sich schon aus dem Ursprung und dem Verständnis der Schutzrichtung der Treupflicht.[777]

5. Drittinteressen

Aus dem Umstand, dass selbst bei Gesellschaftern nicht gesellschaftsbezogene Interessen unbeachtlich sind, ergibt sich, dass Drittinteressen (z. B. Gläubigerinteressen oder auch Arbeitnehmerinteressen) erst recht nicht zu berücksichtigen sind.[778] Zwar kann die Beachtung von Drittinteressen im wohlverstandenen Gesellschaftsinteresse liegen, jedoch sind sie sodann nur über den „Umweg" des Gesellschaftsinteresses in die Treupflicht eingeflochten. Selber können sie unmittelbar keine anspruchsbegründende Wirkung entfalten.[779]

---

772 Vertiefend unten, D. Die Interessen in der Sanierungssituation, 162.

773 Rowedder/Schmidt-Leithoff/*Pentz* § 13 Rn. 40.Henssler/Strohn/*Verse* GmbHG § 14 Rn. 101.

774 *Henze/Notz* in GroßkommAktG Anh. § 53 a Rn. 21.

775 MünchKommBGB/*Ulmer* § 705 Rn. 229.

776 *BGH*, Urteil vom 22.06.1992 – II ZR 178/90 = NJW 1992, 3167.

777 II. Grundlagen der Treupflicht, S. 82.

778 *Henze/Notz* in GroßkommAktG Anh. § 53 a Rn. 28; *Kunze*, S. 129.

779 A.A. zumindest im Rahmen des Richterspruchs wohl Hennrichs AcP (195) 221, 250 f.

D. Zwischenergebnis

In der Sanierungssituation gelten die allgemeinen „Spielregeln" zur gesellschaftsrechtlichen Willensbildung. Das Schicksal der Gesellschaft liegt grundsätzlich in der Hand der einfachen Mehrheit. Die Minderheit wird durch echte Minderheitenrechte und die qualifizierten Mehrheitserfordernisse bei Grundlagen- und Strukturentscheidungen geschützt.[780] Mit die Treupflicht ist daneben jedoch im Gesellschaftsrecht ein weiteres, flexibles Schutzinstrument etabliert, das horizontal wie vertikal wirkt sowie zwischen Mehrheit und Minderheit und vice versa. Die Treupflicht vermag als bewegliche Schranke auf innergesellschaftliche Rechtsverhältnisse einzuwirken. Die Treupflicht ist aber nicht darauf beschränkt Abwehrrechte zu generieren, sie kann ebenfalls anspruchsbegründend wirken. In wie weit das möglich ist, ist vom Maß der möglichen Rechtausübung und dem daraus resultierenden Eingriff in die mitgliedschaftlich bezogenen Rechte im Einzelfall abhängig. Eine Einordnung allein nach eigen- und uneigennützigen Rechten ist insbesondere im Fall der Stimmrechtsausübung hierfür ungeeignet; aus dieser können jedoch Abwägungselemente im Einzelfall folgen. Gleiches gilt für die bei der Bestimmung der Intensität von Treupflichten diskutierten abstrakten Bestimmungshilfen von Realstruktur der Gesellschaft und der Korrelation von Rechtsmacht- und Verantwortlichkeit.

Die Treupflicht stellt an die Gesellschafter die Anforderung, bei der Ausübung ihrer mitgliedschaftlichen Rechte die Interessen ihrer Mitgesellschafter und der Gesellschaft zu beachten.[781] Mit dem angesprochenen Interesse der Gesellschaft ist das Gesellschaftsinteresse adressiert, nicht das Unternehmensinteresse. Das Gesellschaftsinteresse stellt das überindividuell aggregierte Anteilseignerinteresse daran dar, das sachliche und formale Unternehmensziel zu verwirklichen.[782] Das Ziel der Unternehmung ist grundsätzlich die dauerhafte Gewinnerzielung. Die Zielerreichung erfolgt durch Maßnahmen, die am Gesellschafsinteresse im Sinne des Shareholder-Value-Konzepts ausgerichtet sind. Unternehmensinteressen können dabei berücksichtigt werden, sie müssen es aber nicht. Auch über den „Umweg" der Zielerreichung fließen Stakeholderinteressen damit nicht in das Gesellschafsinteresse ein. Die Gesellschafter müssen sie auch nicht mittelbar beachten.

---

780 Hierzu B. Körperschaftliche Willensbildungsprinzipien, S. 76.

781 Oben. II. Grundlagen der Treupflicht, S. 82.

782 Vgl. 2. Die Richtschnur des Gesellschafts- bzw. Unternehmensinteresses, S. 102.

Aus vorstehenden Ergebnissen ist abzuleiten: Eine Einwirkung auf die Stimmabgabe durch die Treupflicht ist grundsätzlich möglich, wenn die Ausübung des Stimmrechts Interessen der Gesellschaft oder anderer Gesellschafter tangiert. Während ein eigenständig zu berücksichtigendes Unternehmensinteresse nicht existiert, sind Drittinteressen prinzipiell unbeachtlich.

Die in diesem Kapitel erworbenen Erkenntnisse sind nun im dritten Kapitel auf den konkreten Untersuchungsgegenstand zu übertragen.

Kapitel 3 – Die Sanierungspflicht der Gesellschafter

A. Einleitung – Die relevanten Konstellationen im Sanierungsfall

In der Sanierungssituation sind es vor allem strukturelle Entscheidungen, die höchste Relevanz besitzen. Maßnahmen der Geschäftsführung weisen, aufgrund ihrer meist mitgliedschaftlich neutralen Beschlussinhalte[783], in diesem Stadium nur geringe bis keine stimmrechtsrelevante Bedeutung auf, wobei dies bei der AG im Gegensatz zur GmbH noch verstärkt der Fall ist.

Um den Sprung aus der Krise zu schaffen, ist zwar eine Vielzahl verschiedener Maßnahmen möglich und notwendig, als Grundlage der Sanierung bzw. Restrukturierung ist jedoch regelmäßig frisches Kapital erforderlich.[784] Da die entsprechenden Investoren (interne oder externe)[785] zum einen den weiteren Kurs der Gesellschaft mitbestimmen und zum anderen von der wirtschaftlichen Erholung der Gesellschaft profitieren wollen, ist die Einbringung von Eigenkapital erste Wahl. Das Verlangen, bei einer Investition auch eine Beteiligung zu erlangen, ist nicht nur durch die Renditeorientierung erklärbar, der mitbestimmende Aspekt wiegt ebenso schwer. Das Risiko des Kapitalgebers hängt nicht nur allein vom Erfolg des Investitions- und im vorliegenden Sachverhalt Sanierungs- oder Restrukturierungskonzepts ab, sondern auch vom Verhalten der Unternehmensleitung der kapitalaufnehmenden Gesellschaft und der Mittelverwendung.[786] Zwar kann das immanente Risiko der Trennung von Kapitalgeber und Geschäftsleitung (insb. in der AG) zumeist nicht ganz überwunden werden[787], im Falle einer Eigenkapitalbeteiligung kann

---

783 Unten 1. Stimmpflicht bei nicht belastenden Maßnahmen, S. 208.

784 *Geißler* NZG 2000, 719, 720; *Schmidt* ZGR 1982, 519.

785 Zumeist werden die Investoren Gesellschafter oder Großgläubiger sein, die in der sanierenden Beteiligung an der Gesellschaft eine Möglichkeit sehen, ihr mit erheblichem Insolvenzrisiko belastetes Investment noch zu retten.

786 GroßkommAktG/*Wiedemann* Vor. § 182 Rn. 48.

787 Vgl. zum „Principal-Agent" Konflikt, *Klein*, S. 28 ff.; *Fleischer* ZGR 2001, 1, 7.

der Geldgeber aber, über die faktische Kontrollmöglichkeit des Drittkapitalgebers hinaus,[788] Druck auf die Geschäftsleitung ausüben und diese ggfs. auch ersetzen.[789]

Die Mitgliedschaft ist aber nur um den Preis des erhöhten Gewinn- und Verlustrisikos zu haben. Im Gegensatz zum Fremdkapitalgeber erhält der Gesellschafter keine feste Verzinsung und haftet mit seiner gesamten Einlage nachrangig.[790]

Geleistet werden können Einlagen grundsätzlich durch die Erbringung von Sach- oder Barkapital (vgl. §§ 5, 55, 56 GmbHG, §§ 27, 182, 183 AktG). Hinsichtlich der Stärkung der Gesellschaft ist die Eigenkapitalzufuhr besonders wirkungsvoll, da sie gleichsam eine bevorstehende Unterbilanz[791] bzw. Überschuldung[792] verhindern, als auch eine bestehende aufheben kann.[793] Wird sie darüber hinaus in Form einer Barkapitaleinlage geleistet, fördert sie auch die Liquidität der Gesellschaft („Freshmoney")[794] und vermeidet oder verhindert die Zahlungsunfähigkeit.[795] Die Gesellschaft profitiert daneben davon, für das Eigenkapital keine Zinsen zahlen zu müssen und eine grundsätzlich unbegrenzte Überlassungsdauer des Kapitals in Anspruch nehmen zu können.

Durch die Einbringung weiteren Eigenkapitals erhöhen die einbringenden Gesellschafter ihre mitgliedschaftliche Stellung in der Gesellschaft; soweit Dritte Einlagen einbringen, wird hierdurch ihre Gesellschafterstellung begründet. Beides hat unmittelbare Einwirkung auf die Struktur und das Machtgefüge der Gesellschaft.[796] Ist es den alten Gesellschaftern nicht möglich, an der Kapitalerhöhung im Verhältnis ihrer Beteiligung zu partizipieren, sinkt ihre Stimmrechtsmacht und ihre Gewinnerwartung anteilig; sie erleiden einen dauerhaften Eingriff in ihre

---

788 Neben der faktischen Abhängigkeit und der daraus resultierenden "ungeschriebenen" Einflussmöglichkeit, kann die Absicherung der Gläubigerinteressen durch sog. „Covenants" erfolgen. Hierbei handelt es sich um vertraglich fixierte, spezifische Mindestanforderungen an die wirtschaftliche und finanzielle Situation des Kapitalnehmers, vgl. ausführlich Buth/Hermanns/*Haghani/Holzamer* § 21 Rn. 1 ff.; Aus praktischer Sicht *Thurow* BC 2011, 545.

789 *Schmidt/Schlitt* Der Konzern 2009, 279.

790 GroßkommAktG/*Wiedemann* Vor. § 182 Rn. 50.

791 Die vorhandenen Aktiva erreichen nach Abzug aller Schuldposten nicht mehr die Höhe des Haftkapitals.

792 Das Aktivvermögen deckt die Schulden nicht mehr.

793 Buth/Hermanns/*Buth/Hermanns* § 16 Rn. 5.

794 Buth/Hermanns/*Buth/Hermanns* § 16 Rn. 5.

795 Theiselmann/Arnold/Spahlinger/Maske-Reiche Kap. 1 Rn. 224.

796 Hölters/*v.Dryander/Niggemann* Vorbem. § 182 Rn. 23.

Mitgliedschaft. Im Extremfall können Maßnahmen ihr Ausscheiden aus der Gesellschaft bedeuten. Aufgrund dieser mitgliedschaftlichen Folgen und dem damit verbundenen faktischen Druck auf die Altgesellschafter ist für einen solchen Vorgang stets ein mehrheitlich gefasster Beschluss erforderlich. Da es sich um eine Satzungsänderung, bzw. eine Abänderung des Gesellschaftsvertrags handelt, wird vom Gesetzgeber grundsätzlich ein qualifizierter Beschluss zur Legitimierung der Maßnahme verlangt (vgl. § 53 Abs. 2 GmbHG, § 182 Abs. 1, S. 1 AktG).

Im Sanierungsfall stellt sich oft das Problem, dass die Gesellschaft eine Unterbilanz aufweist, bzw. bei einer Überschuldung die bisherigen Beteiligungen der Gesellschafter faktisch wertlos sind. Aus diesem Grund ist es in diesen Fällen wirtschaftlich erforderlich, vor der geplanten Kapitalerhöhung eine Kapitalherabsetzung durchzuführen, um somit die Kapitalziffer an das reale Gesellschaftsvermögen anzupassen („Buchsanierung"). Nur so kann sichergestellt werden, dass die neuen Anteile einen Wert erhalten, der in Relation zum Gesellschaftsvermögen und in Hinsicht auf die Altanteile angemessen ist. Durch die Kombination einer Kapitalherabsetzung mit einer Kapitalerhöhung wird darüber hinaus auch die „Kapitalsanierung" erreicht; diese hat höchste praktische Relevanz.[797]

Insbesondere in Sanierungsfällen können sich Gläubiger dazu entschließen, ihre Forderungen gegen die Gesellschaft in Eigenkapital umzuwandeln und sich so an der Gesellschaft zu beteiligen. Die Umwandlung von Passiva in Aktiva wird im englischen Debt-Equity-Swap[798] genannt und mittels der Einbringung der Forderungen als Sacheinlage in die Gesellschaft vollzogen. Für die Gläubiger bietet sich ein solches Vorgehen an, wenn ihre Forderungen nicht ausreichend gesichert sind, oder bei bestehender Sicherung, wenn der Fortführungswert des Unternehmens höher geschätzt wird als sein Zerschlagungswert.[799]

Vorgenannte Konstellationen und Sanierungsmaßnahmen stellen Beispiele für Vorgänge dar, die zur Gesundung der Gesellschaft in der Sanierung in Betracht kommen. Da sie eine hohe Eingriffsintensität besitzen, ist zu ihrer Durchführung regelmäßig die Zustimmung von 2/3 der Gesellschafter erforderlich. Wird das benötigte Quorum nicht erreicht, kann die betreffende Maßnahme grundsätzlich nicht durchgeführt wer-

797 *Priester* ZIP 2010, 497, 499; *Pleister/Kindler* ZIP 2010, 503, 505.

798 Hierzu Theiselmann/*Schlitt/Ries* Kap. 9 Rn. 16 ff.; *Bay/Seeburg/Böhmer* ZInsO 2011, 1927; *Schmidt/Schlitt* Der Konzern 2009, 279; Heybrock/*Huntemann* B. II; *Eilers* GWR 2009, 3; *Paulus* DZWIR 2008, 6; *Redeker* BB 2007, 673.

799 *Schmidt/Schlitt* Der Konzern 2009, 279.

den und die Sanierung des Unternehmens droht zu scheitern. Wie bereits oben herausgestellt,[800] vermag die Treupflicht auf die mitgliedschaftlichen Rechte der Gesellschafter einzuwirken und zwar nicht nur rechtsbeschränkend sondern auch pflichtenbegründend. Es ist daher grundsätzlich denkbar, dass Gesellschafter durch die Treupflicht verpflichtet sein können Sanierungsmaßnahmen zuzustimmen.

B. Die treugebundene Stimmpflicht

Wenn es heißt, die Entscheidung für oder wider eine Sanierung bliebe in letzter Instanz den Gesellschaftern vorbehalten,[801] ist dies prinzipiell richtig. In der Phase des freien Wirtschaftens liegt es zunächst vollkommen in der Hand der (Mehrheits-)Gesellschafter den Rechtsträger aufzulösen und zu liquidieren.[802] Zeitlich erfolgt zuerst die Auflösung (z. B. durch Beschluss), nachfolgend die Abwicklung (Liquidation)[803] und letztlich die Vollbeendigung, die durch den Abschluss der Liquidation und die Eintragung der Löschung im Handelsregister erfolgt. Die Gesellschaft wird sodann gelöscht.[804]

Wenn die Gesellschafter in dieser Angelegenheit das „letzte Wort" haben, ist zu fragen, ob sie auch die „freie Wahl" haben. Die „Wahl" über das subjektiv erwünschte Schicksal der Unternehmung trifft jeder Gesellschafter für sich, durch die Ausübung seines Stimmrechts. Die am Ende stehende „Auswahlentscheidung" erfolgt durch den die einzelnen Stimmen zusammenfassenden Beschluss, der den von der Mehrheit favorisierten Beschlussinhalt festlegt. Soll über die Vornahme einer Sanierung entschieden werden, erfolgt dies ebenfalls mittels Beschlussfassung. Inhalt des Beschlusses kann die Vornahme einer bestimmten, zur Sanierung erforderlichen Maßnahme sein oder die „Absegnung" eines gesamten Sanierungskonzepts, das eine Vielzahl erforderlicher Maßnahmen beinhaltet; letzteres ist die Regel[805]. Hieraus wird deutlich, dass die „Sanierungspflicht" hauptsächlich auf das Stimmrecht bezogen ist. Bevor geklärt werden kann, ob ein Gesellschafter in der Sanierungssituation

800 C. Treupflicht und Stimmrecht, S. 81.

801 *Kleindiek* in Lutter/Hommelhoff § 43 Rn. 28; Westermann DZWIR 2006, 485, 490.

802 § 60 Abs. 1 Nr. 2 GmbHG; § 262 Abs. 1 Nr. 2 AktG.

803 § 66 Abs. 1 GmbHG bzw. § 264 Abs. 1 AktG, diese ist aber in den Fällen der Vermögenslosigkeit und Umwandlung nicht erforderlich.

804 Gem. § 74 Abs. 1 GmbHG bzw. § 273 Abs. 1 AktG.

805 Vgl. oben C. Die Sanierung, S. 40.

konkret zur „gelenkten" Ausübung seines Stimmrechts verpflichtet sein kann, ist abstrakt zu untersuchen, ob es positiver Stimmpflichten überhaupt Bedarf und nach welcher Methode sie zu bestimmen wären.

I. Erforderlichkeit positiver Stimmpflichten

1. Meinungsstand

Im Folgenden soll darauf eingegangen werden, ob es im Kapitalgesellschaftsrecht, allen voran im Aktienrecht, der Pflicht zur positiven Stimmabgabe überhaupt bedarf. Bei Personengesellschaften ist es unumstritten, dass eine Verpflichtung der Gesellschafter bestehen kann, bestimmten Beschlussgegenständen zuzustimmen.[806]

Die Antwort hinsichtlich der GmbH hat der *BGH*, im Anschluss an die Rechtsprechung zum Personengesellschaftsrecht, bereits gegeben. Im Zusammenhang mit der durch die GmbH-Novelle von 1980[807] erfolgten Anhebung der Mindestkapitalziffer bestand für viele Gesellschaften das Dilemma, ihre Unternehmung nur fortführen zu können, soweit sie zur Angleichung des Stammkapitals an die nun erforderlichen Kapitalziffer eine Kapitalerhöhungen durchführen konnten. Der *BGH* entschied, dass die im Personengesellschaftsrecht postulierten „Rechtsgrundsätze [...] auch auf die Beziehungen der Gesellschafter einer personalistisch ausgestalteten GmbH Anwendung [finden]", was zur Folge hat, dass „auch ein GmbH-Gesellschafter aufgrund seiner Treupflicht verpflichtet sein kann, einer Satzungsänderung zuzustimmen, die mit Rücksicht auf das Gesellschaftsverhältnis dringend geboten und ihm zumutbar ist".[808] Das entspricht der ganz herrschenden Meinung im Schrifttum.[809]

---

806 *BGH*, Urteil vom 10.06.1965 – II ZR 6/63 = NJW 1965, 1960; *BGH*, Urteil vom 05.11.1984 – II ZR 111/84 = NJW 1985, 974; *BGH*, Urteil vom 08.11.2004 – II ZR 350/02 = NZG 2005, 129; *BGH*, Urteil vom 04.07.2005 – II ZR 354/03 = NZG 2005, 753; *BGH*, Urteil vom 19.10.2009 – II ZR 240/08 = NJW 2010, 65 („Sanieren oder Ausscheiden").

807 „Gesetz zur Änderung des Gesetzes betreffend die Gesellschaften mit beschränkter Haftung und anderer handelsrechtlicher Vorschriften" vom 04.07.1980 (BGBl I, 836); – auch „GmbH-Novelle 1980".

808 *BGH*, Urteil vom 25.09.1986 – II ZR 262/85 = NJW 1987, 189, 190; vgl. auch *BGH*, Beschluss vom 02.07.2007 – II ZR 181/06 = DStR 2007, 202.

809 Ulmer/*Ulmer* § 53 Rn 70 ff; *Zöllner* in Baumbach/Hueck § 53 Rn 90; *Priester* in Scholz § 53 Rn 37; Michalski/*Hoffmann* § 53 Rn. 109; Henssler/Strohn/*Hillmann* GmbHG § 47 Rn. 28.

Zur AG ist bislang kein Urteil ergangen, das einem Gesellschafter eine positive Stimmpflicht im Sinne einer Zustimmungspflicht auferlegt hätte.[810]

2. Zustimmungspflicht und Mehrheitsprinzip

Als Argument gegen die Erforderlichkeit einer Pflicht zur bejahenden Stimmabgabe wird zunächst vorgebracht, eine Notwendigkeit bestünde, im Gegensatz zum Personengesellschaftsrecht, aufgrund des vorherrschenden Mehrheitsprinzips grundsätzlich nicht, da „die Gefahr der Blockierung notwendiger Änderungsbeschlüsse durch einzelne Gesellschafter entsprechend geringer ist"[811]. Daneben seien die treuwidrig abgegebenen (Gegen-)Stimmen nach herrschender Ansicht nichtig und dürften nicht zum vertretenen Kapital gezählt werden.[812] Somit käme der Beschluss auch ohne positive Stimmpflicht zu Stande. Die Pflicht zur Stimmenthaltung sei das geeignete, weil mildere Mittel.[813]

Gegen diese Ansicht können verschiedentliche Einwände vorgebracht werden. Zunächst wird von Teilen der Literatur vertreten, dass die treupflichtige Ausübung des Stimmrechts die Wirksamkeit der abgegebenen Stimme zunächst unberührt lasse.[814] Der Beschluss sei erst einmal anfechtbar und mit dem nach den abgegebenen Stimmen festzustellenden Ergebnis zu Stande gekommen.[815] Andernfalls käme insbesondere im Aktienrecht dem Versammlungsleiter[816] faktisch eine Inhaltskontrolle zu, da dieser bei der Auszählung die zu berücksichtigenden Stimmen zu er-

---

810 Jedenfalls hat die oftmals erwähnte *Girmes* – Entscheidung des *BGH*, Urteil vom 20.03.1995 – II ZR 205/94, explizit nur ein Verhinderungsverbot und kein Zustimmungsgebot judiziert. Näher unten bb. Der Fall „Girmes", S. 154.

811 *Bungeroth* in Geßler/Hefermehl/Eckardt/Kropff § 179 Rn. 196; so auch KölnKommAktG/*Zöllner* § 179 Rn. 213.

812 *BGH*, Urteil v. 19.11.1990 – II ZR 88/89 = NJW 1991, 846; *BGH*, Urteil v. 12.07.1993 – II ZR 65/92 = ZIP 1993, 1068; *Hüffer* § 53 a Rn. 22; GroßKommAktG/*Henze/Notz* Anh. § 53 a Rn. 128; MünchKommAktG/*Stein* § 179 Rn. 219; KölnKommAktG/*Zöllner* § 179 Rn. 213; a.A. Michalski/*Hoffmann* § 53 Rn. 108; *Windbichler*, Gesellschaftsrecht 1995, S. 38 f.; *Kunze*, S. 135; *Korehnke*, S. 203.

813 Hölters/*Haberstock/Greitemann* § 179 Rn. 68.

814 Michalski/*Hoffmann* § 53 Rn. 108; *Timm* WM 1991, 481, 485; wohl auch *Hennrichs* AcP 195 (1995), 221, 267.

815 *Windbichler* in Gesellschaftsrecht 1995, S. 39; *Koppensteiner* ZIP 1994, 1325.

816 Wiewohl durch gesellschaftsvertragliche Regelungen der fakultative Versammlungsleiter einer GmbH-Gesellschafterversammlung faktisch die gleichen Kompetenzen inne hat und sich damit auch die Konfliktlage deckt, vgl. allg. MünchKommGmbHG/*Liebscher* § 48 Rn. 116 ff.

kennen und zu beurteilen hätte. Eine solche Beurteilung ist aber den Gerichten vorbehalten, nicht der Gesellschaft.[817] Es liegt auf der Hand, dass es dem Versammlungsleiter in der Regel nicht möglich sein wird, eine eindeutige Feststellung über Wirksamkeit oder Unwirksamkeit der abgegebenen Stimmen vorzunehmen. Schon die dogmatische Tiefe, die Einzelfallabhängigkeit und letztlich der „diffuse Abgrenzungsbereich der Treuepflicht"[818] machen dies zu einem gewagten Unterfangen, zumal in der turbulenten Situation einer Versammlung der Anteilsinhaber.[819] Letztlich wird sich der Versammlungsleiter darauf beschränken, die abgegebenen Stimmen zu zählen,[820] auf anderes zu hoffen ist fahrlässig.[821] Wiewohl zugegeben werden muss, dass dies auch in der umgekehrten Konstellation der Fall wäre und auch hier keine „Umdeutung" einer ablehnenden Stimmausübung in eine positive Stimme erfolgen würde. Natürlich haben die verschiedenen Auffassungen auch prozessuale Folgen.[822]

Im relevanten Fall der Beschlussergebnisfeststellung durch den Versammlungsleiter müsste bei Nichtigkeit der Stimmen derjenige das Gegenteil beweisen, der geltend macht, seine Stimme sei zu Unrecht nicht berücksichtigt worden. Eine doppelte Belastung, wenn man bedenkt, dass es zunächst der situationsbedingten Willkür des Versammlungsleiters unterläge die Stimme als „nichtig" zu qualifizieren und der Betroffene sodann auch noch die Beweis- und Prozessführungslast für die Gültigkeit der Stimmabgabe trägt.[823] Sähe man aber den Beschluss als zu Stande gekommen an, dann läge es an denjenigen, die eine Treupflichtverletzung in der Stimmabgabe sieht, diese auch zu beweisen, was die Rechtssicherheit befördert[824].

Der „Streit um die Treupflicht wird nicht zu einem bloßen Streit um die Rechtmäßigkeit, sondern zu einem Streit um den Inhalt des gefassten Beschlusses"[825]. In diesem Komplex ist es rechtstatsächlich fraglich, ob

---

817 *Korehnke*, S. 151; *Oelrichs* GmbHR 1995, 863, 868 f., *Marsch-Barner* ZHR 157 (1993) 172, 189; *Timm* WM 1991, 481, 486.

818 *Timm* WM 1991, 481, 486.

819 *Oelrichs* GmbHR 1995, 863, 867; *Windbichler* in Gesellschaftsrecht 1995, S. 39; *Koppensteiner* ZIP 1994, 1325, 1328; Schmidt GmbHR 1992, 9.

820 *Kunze*, S. 135; *Beckerhoff*, S. 87.

821 *Schuster* ZGR 2010, 325, 334.

822 Hierzu *Koppensteiner* ZIP 1994, 1325.

823 *Hepting* BB 1988, 1561, 1565; *Windbichler* in Gesellschaftsrecht 1995, S. 39; *Grunsky* ZIP 1991, 778, 779.

824 *Koppensteiner* ZIP 1994, 1325, 1328.

825 *Schmidt* GmbHR 1992, 9.

der entweder durch die Satzung oder im Wege eines Hauptversammlungsbeschlusses, jedenfalls durch die Mehrheit, bestimmte Versammlungsleiter,[826] einen Mehrheits-Minderheitenkonflikt objektiv ausurteilen kann.[827]

Letztlich ist es inkonsequent, positive Stimmpflichten im Personengesellschaftsrecht zuzulassen und solche im Kapitalgesellschaftsrecht zu verneinen. Die Interessenlagen sind identisch, wenn auch nicht unbedingt im Grundsatz, dann jedoch in der Ausnahme. Schon die Abänderung des Gesellschaftszwecks bedürfte eines einstimmigen Beschlusses auch bei den Kapitalgesellschaften, ebenso die Vermehrung von Leistungspflichten. Letztlich steht es den Gesellschaftern offen, über die gesetzlichen Mehrheitserfordernisse hinaus, die Zustimmung aller Gesellschafter zur Beschlussfassung vorauszusetzen.[828] Ohne die Möglichkeit, eine Zustimmung zu erzwingen, wäre die jeweilige Gesellschaft praktisch handlungsunfähig.

Objektiv betrachtet ist eine Entscheidung für oder wider positive Stimmpflichten für den vorliegenden Fragekomplex auch nicht „kriegsentscheidend". Denn auch das erzwungene Enthalten der Stimmrechtsausübung ist letztlich materiell eine (positive) Stimmverpflichtung.[829] Ob der Gesellschafter etwas gegen seinen Willen geschehen lassen muss, oder er dafür stimmt, hat auf die Notwendigkeit der Untersuchung danach, ob die Treupflicht ihn zu einer der beiden Handlungsweisen verpflichten kann, keinen Einfluss.

3. Stellungnahme

Insgesamt sprechen die besseren Gründe für ein grundsätzliches Bedürfnis nach positiven Stimmpflichten. Dies gilt vor allem für Beschlüsse, für deren Zustandekommen die Zustimmung aller Gesellschafter erforderlich ist. Daneben wäre es ein recht wundersam anmutender Umstand, wenn im Personengesellschaftsrecht insgesamt und auch im GmbH-Recht die Anerkennung positiver Stimmpflichten von der herrschenden Meinung anerkannt, dies aber im Aktienrecht verneint würde, allem voran deshalb, weil die dagegen vorgebrachten Argumente praktischer Na-

---

826 Hölters/*Drinhausen* § 129 Rn. 2; MünchKommAktG/*Kubis* § 119 Rn 107.

827 *Koppensteiner* ZIP 1994, 1325, 1328.

828 *BGH*, Urteil vom 22.03.2004 – II ZR 50/02 = NJW 2004, 3561; *Zöllner* in Baumbach/Hueck § 47 Rn. 24; *Hüffer* § 179 Rn. 20; Spindler/Stilz/*Holzborn* § 179 Rn. 124.

829 *Nonn*, S. 83.

tur sind. Die Anerkennung des Umstandes, dass positive Stimmpflichten nicht erforderlich oder notwendig seien, ändert nichts am Umstand ihres Bestehens. Rechtsdogmatisch gebietet die Treupflicht den Abstimmenden nicht in dieser Art und Weise abzustimmen. Die verbleibende (Anschluss)Frage stellt sich lediglich dahingehend, ob die zutreffende Stimmrechtsausübung positiver oder enthaltender Natur sein muss. Die nachfolgenden Untersuchungen zur positiven Stimmpflicht sind also auch erforderlich, soweit von der Nichtigkeit treuwidrig abgegebener Stimmen ausgegangen wird. Schließlich muss in diesem Fall ebenfalls festgestellt werden, wann die Stimmrechtsausübung treupflichtwidrig und die abgegebene Stimme damit nichtig ist. Daran anschließend folgt die Auseinandersetzung mit dem Problem der „richtigen" Alternativstimmweise.

Dem Argument, eine Enthaltung stelle den richtigen, weil milderen, Eingriff dar und deshalb bedürfe es keiner positiven Stimmpflicht, muss entgegengehalten werden, dass es sich hierbei um einen Zirkelschluss handelt. Schon die Pflicht nicht ablehnend, sondern enthaltend zu stimmen, damit der Beschluss zu Stande kommt, stellt letztlich eine positive Stimmpflicht dar. Dem Gesellschafter wird in beiden Fällen ein Handeln auferlegt. Es unterscheidet sich lediglich darin, „dass der Gesellschafter in einem Fall bei der Abstimmung die Hand heben muss, während er im anderen Fall ruhig sitzen bleiben kann"[830].

Insgesamt erkennt die ganz herrschende Meinung das Bestehen positiver Stimmpflichten grundsätzlich an.[831]

4. Positive Stimmpflichten nur gegenüber der Gesellschaft?

Kurz soll an dieser Stelle auf die anzutreffende Auffassung eingegangen werden, positive Stimmpflichten würden ausschließlich im Verhältnis

---

830 *Kunze,* S. 136.

831 In diese Richtung *BGH,* Urteil v. 20.03.1995 – II ZR 205/94 = NJW 1995, 1739 („Girmes"); *Henze/Notz* in GroßkommAktG Anh. § 53 a Rn 82; MünchKommAktG/*Altmeppen* § 293 Rn. 45; Schmidt/Lutter/*Fleischer* § 53 a Rn. 58; Spindler/Stilz/*Cahn/v.Spannenberg* § 53a Rn. 38; MünchKommGmbHG/*Merkt* § 13 Rn. 113; Rowedder/Schmidt-Leithoff/*Pentz* § 13 Rn. 51; Henssler/Strohn/*Verse* GmbHG § 14 Rn. 106; Münch Hdb. GesR V/*Wiesener* § 17 Rn. 22; *Schmidt* GesR, S. 616; Theiselmann/*Arnold/Spahlinger/Maske-Reiche* Kap. 1 Rn. 229; Nonn, S. 82; *Beckerhoff,* S. 80; *Kunze,* S. 149; *Korehnke,* S. 35; *Henze* BB 1996, 489, 493; *Hennrichs* AcP 195 (195), 221, 258; *Windbichler* in Gesellschaftsrecht 1995, S. 38; *Marsch-Barner* ZHR 157 (1993), 172, 179 f.; *Kort* ZIP 1990, 294, 297; *Lutter* ZHR 153 (1989) 446, 168; *Schmidt* ZGR 1982, 519, 524.

zur Gesellschaft in Betracht kommen.[832] Teilweise[833] wird argumentiert, im Verhältnis zu den Mitgesellschaftern sei maximal eine Stimmenthaltung aufgrund einer Rücksichtspflicht zu realisieren. Eine positive Stimmpflicht komme allgemein nicht in Betracht. Dies wird mit der Unterscheidung zwischen Zweckförderungspflicht gegenüber der Gesellschaft aus § 705 BGB und der Rücksichtnahmepflicht gegenüber den Mitgesellschaftern aus § 242 BGB begründet.[834] Eine Förderpflicht komme nur hinsichtlich des gemeinsamen Zwecks in Betracht, denn die Gemeinschaft bestehe nicht, um die individuellen Zwecke der Gesellschafter zu fördern.[835] Teilweise wird abgeschwächt dargestellt, eine Förderpflicht zugunsten der anderen Mitglieder komme jedenfalls nur bei Maßnahmen in Betracht, die sich gegenüber dem Pflichtigen als neutral herausstellen, dieser also durch die Stimmausübung keine eigenen Nachteile erleide.[836]

Keiner dieser Auffassungen ist zu folgen, vielmehr kommen Stimmpflichten gegenüber Mitgesellschaftern, wie auch gegenüber der Gesellschaft, in gleichem Maße in Betracht. Eine Differenzierung ist nicht geboten. Wohl kann es sein, dass Stimmpflichten allein aufgrund mitgliedschaftlicher Interessen der anderen Gesellschafter (Übertragung des Anteils, Gewinnbezug etc.) besondere Ausnahmen darstellen, weil sie insofern die Verstärkung ihrer Interessen durch das gewichtige Gesellschaftsinteresse missen. Jedoch können sie in keinem Falle grundsätzlich ausgeschlossen sein, auch nicht nur hinsichtlich nicht belastender Maßnahmen. Hier ist schon die Definition fraglich, wann eine Maßnahme für einen Gesellschafter keinen Nachteil zeitigt.[837] Beispielsweise liegt auch in der Entscheidung darüber, ob die Zustimmung zur Übertragung eines vinkulierten Anteils erteilt werden soll, eine Machtposition. Diesem Einfluss haben die Gesellschafter einen gewissen Wert zugesprochen und ihn deshalb als regelungsbedürftig angesehen. Ob in diesem Fall wirklich

---

832 So speziell für die Sanierungssituation *BGH*, Urteil v. 20.03.1995 – II ZR 205/94 = NJW 1995, 1739, 1743 („Girmes"), vgl. unten bb. Der Fall „Girmes", S. 154; zu dieser Aussage – zu Recht – kritisch *Altmeppen* in Roth/Altmeppen § 13 Rn. 38.

833 *Kunze*, S. 160 f.

834 *Kunze*, S. 161, vgl. hierzu oben 1. Bestehens- und Rechtsgrund, S. 82.

835 *Kunze*, S. 161, mit im Zusammenhang fraglichen Verweis auf *Lutter* AcP 180 (1980), 84, 120, da dieser später konkretisiert, dass die Rücksichtspflicht zwar formal begrenzenden Charakter aufweise, aber „Sie kann sich darüber hinaus auch zur Pflicht verdichten, die mitgliedschaftlichen Interessen anderer Mitglieder positiv zu berücksichtigen" (vgl. *Lutter* AcP 180 (1980) 84, 124).

836 *Nehls*, S. 92; *Beckerhoff*, S. 81, der von diesem Grundsatz aber für den Sanierungsfall sofort wieder abweicht (S. 82).

837 Hierzu unten II. Zur Verhältnismäßigkeit i. e. S, S. 201.

von einer neutralen Maßnahme gesprochen werden kann, ist fraglich. Jedenfalls beschränkt sich das Verhältnis auch der Gesellschafter untereinander nicht auf bloße Rücksichtnahmepflichten, sondern darüber hinaus auch auf Förderpflichten.[838]

II. Methoden zur Bestimmung der treugebotenen Stimmpflicht

1. Eigennützige und uneigennützige Rechte

Zunächst kann der Versuch unternommen werden, positive Stimmpflichten anhand der oben beschriebenen[839] Unterscheidung nach eigen- und uneigennützigen Rechten zu bestimmen. In diesem Zusammenhang wurde auf zwei Dinge hingewiesen: Zum einen taugt die Unterscheidung zwar zur abstrakten Beantwortung des Ausgangs eines treupflichtigen Streitstandes, zur Konkretisierung kann sie jedoch aufgrund der Abstraktheit der Kriterien nur wenig beitragen. Zum anderen ist die Unterscheidung, angesichts der treupflichtigen Bindung des Stimmrechts an den Beschlussinhalt, unzureichend.[840] Gerade im Bereich der Geschäftsführungsmaßnahmen erscheint ein absoluter Vorrang des Gesellschaftsinteresses als problematisch.[841] Die „ausnahmslose Bevorzugung des Gesellschaftsinteresses" resultiere dabei aus dem Wesen der Geschäftsführung, die auf die Verwirklichung des Verbandszwecks gerichtet sei.[842] Nun kann diese Aussage zwar dazu dienen, herauszustellen, der Gesellschafter dürfe keine dem Gesellschaftsinteresse zuwiderlaufenden Eigen- oder Drittinteressen verfolgen, was sicherlich teilweise[843] richtig ist. Ob hierin aber ein großer „Wurf" für die Konkretisierung von positiven Stimmpflichten gelungen ist, mag man bezweifeln. Es gibt durchaus Fallgestaltungen, in denen ein Gesellschafter ein persönliches Interesse an der Verwirklichung einer bestimmten Geschäftsführungsmaßnahme haben kann, dies aber nicht im Widerspruch zum Gesellschaftsinteresse steht. Entschließt sich etwa die „A-Gesellschaft" Kapital in ein neu zu

838 *BGH*, Beschluss vom 29.11.1993 – II ZR 61/93 = DStR 1994, 214; *Winter*, Treuebindungen, S. 182 f; *Lutter* AcP 180 (1980) 84, 124.

839 bb. Eigen- und uneigennützige Rechte, S. 91.

840 bb. Eigen- und uneigennützige Rechte, S. 91; *Kunze*, S. 124; *Beckerhoff*, S. 69.

841 Ebenso *Kunze*, S. 185; *Korehnke*, S. 37, 41.

842 *Zöllner*, Mitgliedschaft, S. 344.

843 Dies gilt natürlich nicht, soweit sich Gesellschafts- und die Eigen(Privat)- oder Drittinteressen decken.

gründendes Unternehmen („Start up") zu investieren und stehen dafür zwei Unternehmen zur Auswahl, wobei an einem ein Gesellschafter der „A-Gesellschaft" beteiligt ist, dann kann dieser, bei ähnlich (un-)gewissen Erfolgsaussichten beider Unternehmen, trotz der eindeutig eigennützigen Interessen, durchaus für „sich" stimmen. Denn bei Geschäftsführungsmaßnahmen handelt es sich in der Regel um unternehmerische (Ermessens-) Entscheidungen und bei diesen kann es einen absoluten Vorrang einer Entscheidungsalternative nur geben, wenn das dem Gesellschafter zustehende Ermessen hin zu dieser Entscheidung verengt wird.[844] Dies erfordert zumindest, dass es dem Gesellschafter nicht möglich ist, eine in Betracht zu ziehende Alternativmaßnahme ins Feld zu führen. Es handelt sich hierbei um Prognoseentscheidungen, bei denen eine Vielzahl von verschiedenen Gesichtspunkten in die Wertung einfließen müssen, damit der Ungewissheit der Entscheidung hinreichend Rechnung getragen werden kann. Die Ermessensentscheidung bei der Ausübung von Stimmrechten zu unternehmerischen und ungewissen Beschlüssen[845] mit Prognosecharakter ist einer Entscheidung nach dem Schema der Business Judgement Rule (BJR) gem. § 93 Abs. 1 S. 1 AktG ähnlich.[846] Ebenso rechtmäßig und pflichtgemäß[847] kann also die Stimmrechtsausübung sein, auch wenn sie nicht im von der Mehrheit propagierten und u. U. auch abstrakten Gesellschaftsinteresse liegt. In der diesbezüglichen Ausübung läge aufgrund der Vertretbarkeit des ausgeübten Ermessens bei ausreichender Würdigung aller zu Verfügung stehender Informationen schon kein Verstoß gegen die Treupflicht. Hier liegt es nahe, die BJR als (allseitig) übertragbare Regelung[848] und Kodifikation eines Grundprinzips zu sehen, das im Haftungsrecht üblicherweise (erst) auf der Verschuldensebene geprüft wird. Fällt der Gesellschafter eine aus ex ante Sicht vertretbare, auf Basis ausreichender Informationen[849] gefällte und am wohlverstandenen Gesellschaftsinteresse ausgerichtete Entscheidung, so kann die Ausübung des Stimmrechts nicht ge-

844 *Winter*, Treuebindungen, S. 172; Hölters/*Solveen* § 53 a Rn. 18.

845 *BGH*, Urteil vom 08.07.1985 – II ZR 4/85 = NJW 1986, 844; *BGH*, Urteil vom 07.03.1994 – II ZR 52/93 = NJW 1994, 1410; GroßKommAktG/*Henze/Notz* Anh. § 53 a Rn. 98; MünchKommAktG/*Bungeroth* Vorbem. § 53 a Rn. 38; *Fastrich* in Baumbach/Hueck § 13 Rn. 26; *Winter*, Treuebindungen,, S. 106; *Kunze*, S. 163; *Beckerhoff*, S. 74; *Westermann* ZHR 156 (1992) 203, 217.

846 *Zöllner* AG 2000, 145, 153.

847 Zur Rechtswirkung der BJR *Krieger/Sailer-Coceani* in Schmidt/Lutter § 93 Rn. 11; Ihrig WM 2004, 2098, 2102; Lutter ZIP 2007, 841, 842.

848 *Hennrichs/Grunewald* in FS Maier-Reimer, S. 147 ff.

849 Zur Angemessenheit der Informationsgrundlage *Redeke* ZIP 2011, 59.

gen die Treupflicht verstoßen. Auch dem Gesellschafter steht hier ein „kaufmännisches Ermessen“ zu.[850]

Wie letztlich auch aus dem Vorgesagten abzuleiten ist, lässt die Einzelfallbezogenheit der Entscheidung und die Vielzahl der abzuwägenden Aspekte eine konkrete Bestimmung positiver Stimmpflichten durch die Unterscheidung zwischen eigen- und uneigennützigen Rechten als nicht zielführend erscheinen.

2. Interessenabwägung

Im Bereich der treupflichtigen Stimmbindungen treten in der Regel Probleme des Interessenwiderstreits zu Tage. Wann eine Stimmrechtsausübung eine Verletzung der Treupflicht darstellt, muss im Einzelfall durch sorgfältige Interessenabwägung ermittelt werden[851] und zwar nach den konkreten Umständen, im konkreten Verband und in der jeweiligen Situation.[852] Dies ist auch unerlässlich, denn zum einen bedingt die Treupflicht als „bewegliche Schranke“ die Orientierung am konkreten Zusammenhang[853] und zum anderen ist die Abwägung[854] dort erforderlich, wo es zwischen einzelnen Rechten keine eindeutige Vorrangregelung gibt und somit auch keine Kollisionsregelungen ersichtlich sind.[855]

a. Kritik und Rechtfertigung

Gegen die Interessenabwägung als Bestimmungsmethode wird vorgebracht, sie sei eine gefährliche juristische Konfliktlösungsmethode, weil

---

850 *BGH,* Urteil vom 08.07.1985 – II ZR 4/85 = NJW 1986, 844; *Winter,* Treuebindungen, S. 174.

851 Ganz herrschende Meinung: *BGH,* Urteil vom 05.07.1999 – II ZR 126-98 („Hilgers“) = NJW 1999, 3197; *BGH,* Urteil vom 23.03.1987 – II ZR 244/86 = NJW 1987, 3192; GroßKommAktG/*Henze/Notz* Anh. § 53 a Rn. 58; MünchKommAktG/*Doralt/Winner* Vorbem. § 53 a Rn. 65; *Fastrich* in Baumbach/Hueck § 12 Rn. 23; Ulmer/*Raiser* § 14 Rn. 78; Michalski/*Michalski/Funke* § 13 Rn. 145; Lutter/*Hommelhoff/Bayer* § 14 Rn. 24; *Emmerich* in Scholz § 13 Rn. 39 d; *Wiedemann* Band I, S. 435; *Winter,* Treuebindungen, S. 178; *Zöllner,* Mitgliedschaft, S. 344; *Kunze,* S. 125; *Priester* ZIP 2010, 497, 500; *Krieger* ZGR 2000, 883, 904; *Henze* ZHR 162 (1998), 186, 187; *Hennrichs* AcP 195 (1995), 221, 228; *Marsch-Barner* ZIP 1996, 853; Lutter AcP 180 (1980), S. 84, 125.

852 *BGH,* Urteil vom 01.02.1988 – II ZR 75/87 („Linotype“) = NJW 1988, 1579, 1581; *Windbichler* in Gesellschaftsrecht 1995, S. 37.

853 *Windbichler* in Gesellschaftsrecht 1995, S. 37.

854 Zum Konzept der Abwägung, vgl. *Alexy,* Grundrechte, S. 143 ff.

855 *Hubmann* AcP 155 (1955), 85, 88.

sie Gefahr laufe ein Gut vorschnell auf Kosten anderer zu bevorteilen[856], es dieser an geeigneten Maßstäben mangele[857] und sie deshalb selber eine Leerformel sei[858]. Einem Zirkelschluss gleich werde versucht, eine „Leerformel" (Treupflicht) mittels einer anderen „Leerformel" (Interessenabwägung) zu konkretisieren. Die Interessenabwägung löse deshalb keine Probleme, sondern trage nur zur Sachverhaltsbeschreibung bei.[859] Dem ist nicht zu folgen.

Im Gegenteil: bei der Mannigfaltigkeit der kollidierenden Interessen muss notwendigerweise eine abstrakte Formel gefunden werden, die Abwägungspunkte vorgibt und so eine Entscheidung im Einzelfall ermöglicht. Das Bedürfnis nach einer solchen Interessen(Güter-)Abwägung ist in Fällen, in denen Rechte in Frage stehen, „deren Grenzen nicht ein für allemal festgelegt, sondern gewissermaßen ‚offen' und ‚beweglich' sind", besonders ausgeprägt, da „ihre Reichweite nicht von vornherein feststeht".[860]

Zuzugeben ist, dass die gezogenen Einzelfallentscheidungen aufgrund der Abwägungsentscheidung nur schwer kontrollierbar und auch dem subjektiven Dafürhalten des Richters anheim gestellt sind.[861] Hierbei sollte sich aber doch auf die rechtliche Praxis besonnen werden und der tatsächliche richterliche Ermessensrahmen in jeder Situation, vor allem auch im Rahmen anderer Methoden der Rechtsfindung,[862] berücksichtigt werden.[863] Der Richterspruch anhand eines abstrakten Normensystems ist aus sich heraus anfällig. Gerichtsurteilen ist die schwierige Aufgabe zugeteilt, die Rechtslage „aufgrund eines – prinzipiell irrtumsanfälligen – Erkenntnisprozesses für den konkreten Fall [festzusetzen]"[864].

Nichtsdestoweniger: „Ein Rechtssystem wie das unsere, das sich über Kodifikationen organisiert, also die inhaltlichen Anweisungen rechtlicher

---

856 Hinweisend *Hesse,* Verfassungsrecht, Rn. 72.

857 „Verlust der Bestimmtheit", vgl. *Pieroth/Schlink,* Grundrechte, Rn. 337.

858 Pestalozza, Der Staat 1963, S. 425, 448.

859 *Struck* in FS Esser, S. 171, 183.

860 *Larenz,* Methodenlehre, S. 404.

861 Zu dieser Frage auch *Larenz,* Methodenlehre, S. 405; Gerade aber in dieser Einzelfallbezogenheit besteht ein großer Vorteil der Interessenabwägung, weil hierdurch möglichst gerechte und angemessene Regelungen gefunden werden können (vgl. *Häferlein* in FS Schindler, S. 585, 595 f.).

862 *Häferlein* in FS Schindler, S. 585, 596; *Struck* in FS Esser, S. 171, 175, die angesetzten Kritikpunkte seien kein alleiniges Spezifikum der Interessenabwägung.

863 Die Kritik vernachlässigt „die tatsächlichen Abläufe der Rechtsfindung", vgl. *Hennrichs* AcP 195 (195), 221, 248.

864 *BVerfG,* Beschluss vom 28.09.1992 – 1 BvR 496/87 = NZA 1993, 213.

Entscheidungen aufschreibt, anstatt sie von denjenigen, die zu entscheiden befugt sind, von Fall zu Fall entwickeln zu lassen – ein solches Rechtssystem hat sich mit seiner Entscheidung für die Kodifikation zugleich und unausweichlich für die Bindung des Richters an diese Kodifikation entschieden".[865] Dembezogen ist zuzugeben, dass sich die Interessenabwägung, auch bedingt durch die Vielzahl von Vorzugsprinzipien[866], die in die Entscheidungsfindung einzubeziehen und auch (durchaus subjektiv) zu bewerten sind, nicht durch eine strikt schematische Vorausberechenbarkeit der Entscheidung auszeichnet.

Dies liegt aber in der Sache begründet. Die Treupflicht stellt einen offenen Rechtssatz im Sinne einer Generalklausel dar, um eben doch bei Bedarf dem Richter die Möglichkeit einer an der Gesamtkodifikation ausgerichteten Weiterentwicklung des Rechts zu geben. Das Bedürfnis, das zu einem offenen Rechtssatzes führt, ist gleichzeitig dessen Inhalt: die Abstraktheit. Verallgemeinernde Regelungen über den Interessenvorrang nach dem System geschriebener Regeln kann es hierbei nicht geben, denn die Kombinationsmöglichkeiten möglicher Widerstreite sind mannigfaltig und jeweils im konkreten Fall der Kollision nicht zwingend gleich zu gewichten. Die Interessenabwägung ist notwendig, ja alternativlos, weil es „eine feste Rangordnung aller Güter und Rechtswerte, aus der sich das Ergebnis wie aus einer Tabelle ablesen ließe, nicht gibt"[867]. Einzelfallentscheidungen anhand abwägender Entscheidungen sind auch in Anwendung von § 242 BGB anerkannt[868] und nötig[869]. Genau wie in diesem Fall, wird auch in Ansehung der richterlichen Entscheidungen zur Treupflicht letztlich eine Selbstbindung erfolgen, denn durch die getroffenen Entscheidungen werden Vergleichsmöglichkeiten geschaffen, durch die verbleibende Urteilsspielräume eingeengt werden.[870]

---

865 *Hassemer* ZRP 2007, 213, 214.

866 Vorzugsprinzipien sind die jeweils in die Interessenabwägung einzustellenden Güter, Werte und Interessen.

867 *Larenz,* Methodenlehre, S. 405.

868 *Hennrichs* AcP 195 (195), 221, 244 ff. m.w.N.

869 Zutreffend MünchKommBGB/*Roth/Schubert* § 242 Rn. 2: § 242 BGB „ist keine Rechtsnorm, unter deren Tatbestand ein Sachverhalt subsumiert und aus deren Rechtsfolgeaussage dann ein eindeutiges Ergebnis abgeleitet werden könnte".

870 Vgl. *Larenz,* Methodenlehre, S. 413.

b. Systematik der Interessenabwägung

Systematisch ist die Interessenabwägung anhand der vor allem auch im öffentlichen Recht praktizierten Methode der Herstellung des Interessensausgleichs vorzunehmen[871], was insbesondere auch die Heranziehung der Maßstäbe von Erforderlich-[872] und Verhältnismäßigkeit[873] bedingt.[874] Das System der Abwägung entspricht dem Prinzip der „praktischen Konkordanz",[875] nach der „alle Verfassungsgüter [...] so einander zuzuordnen [sind], dass sie zu optimaler Wirksamkeit gelangen"[876]. Ein solches Vorgehen bietet sich aufgrund der regelmäßig erhöhten Grundrechtsrelevanz von Handlungspflichten in der Sanierung an. Bei der Entscheidung, ob die Treupflicht als ein richterlich geformtes Rechtsinstrument dem Einzelnen, dem Gesellschaftsrecht immanente oder gar darüber hinausgehende, Pflichten auferlegen kann, ist auch am Verfassungsrecht zu prüfen. Allgemein ist anerkannt, dass die Prinzipien und Wertentscheidungen des Grundgesetzes bei der Konkretisierung von Generalklauseln zu beachten sind.[877] Aber nicht nur die Ausstrahlungswirkung der Grundrechte gebietet es, dass ein Richterspruch nicht durch seinen Inhalt Grundrechte verletzt[878], sondern darüber hinaus auch das Recht des Einzelnen, Eingriffe in seine Rechtssphäre nur unter Beachtung der nach dem Grundgesetz möglichen Schranken dulden zu müssen; solche Schranken sind verfassungsimmanente oder verfassungsmittelbare. Insbesondere sind, in Fällen in denen eine Unterwerfung aufgrund nicht rechtlich kodifizierter Pflichten in Rede steht, die Grundsätze von Vorrang und Vorbehalt des Gesetzes gewichtig.[879]

---

871 Rowedder/Schmidt-Leithoff/*Pentz* § 13 Rn. 40; Zur Methode der öffentlich rechtlichen Abwägung, vgl. *Larenz,* Methodenlehre, S. 339 ff., 404 ff.; *Häferlein* in FS Schindler, 585, 592.

872 *BGH,* Urteil vom 25.01.2011 – II ZR 122/09 („Sanieren oder Ausscheiden") = NJW 2011, 1667, 1669; *BGH,* Urteil vom 08.11.2004 – II ZR 350/02 = NJW-RR 2005, 263, 264.

873 Hierzu *Hesse,* Verfassungsrecht, Rn. 72.

874 *BGH,* Urteil vom 20.03.1995 – II ZR 205/94 („Girmes") = NJW 1995, 1739, 1743; *Hüffer* § 53 a Rn. 20; Ulmer/*Raiser* § 14 Rn. 78; Rowedder/Schmidt-Leithoff/*Pentz* § 13 Rn. 40; *Wiedemann* Band I, S. 435; *Winter,* Treuebindungen, S. 144; *Falkenhausen,* S. 206; *Krieger* ZGR 2000, 885, 903; *Lutter* ZHR 153 (1989) 446, 458.

875 *Alexy,* Grundrechte, S. 152; Zum Begriff *Hesse,* Verfassungsrecht, Rn. 72.

876 *Eping,* Grundrechte, Rn. 86.

877 *Larenz,* Methodenlehre, S. 339.

878 *Alexy,* Grundrechte, S. 476.

879 Hierzu Maunz/Düring/*Herzog*/*Grzeszick* Art. 20 Rn. 59 ff.

aa. Einzubeziehende Interessenträger

Zunächst bedarf es der Sammlung und Identifizierung aller betroffenen Interessenträger.[880] Da hier allein die treupflichtige Stimmpflicht Untersuchungsgegenstand ist, verbietet es sich Drittinteressen einzubeziehen.[881]

Als Interessenträger sind ausschließlich die Adressaten der Treupflicht von Relevanz, also die Gesellschaft, die den Beschluss befürwortende Mehrheit und die opponierende Minderheit.[882] Es handelt sich also vorliegend um ein Dreiecksverhältnis. Oben ist jedoch dargelegt worden, „die Gesellschaft" habe als solche naturbedingt keine eigenen Interessen.[883] Diese nun als Interessenträger anzuerkennen wäre widersprüchlich. Deshalb ist auch nicht ein „eigenes Interesse der Gesellschaft"[884] in die Interessenabwägung einzubeziehen, an diese Stelle tritt die Beachtlichkeit des Gesellschaftsinteresses, als das überindividuell aggregierte Anteilseignerinteresse.[885]

bb. Die betroffenen Interessen und deren Schutzwürdigkeit

Welche Interessen konkret betroffen sind, ist eine Frage des Einzelfalls und kann auch aufgrund der vielfältigen Beschlussinhalte nicht abstrakt gefasst werden. Im Sinne einer praktischen Konkordanz sind auch bei der „privatrechtlichen Interessenabwägung" die verschiedenen Interessen zunächst herauszuarbeiten, auf ihre Beachtlich- und Schutzwürdigkeit hin zu überprüfen[886] und anschließend ein Urteil zu finden, das „allen Werten gerecht wird, alle Unwerte vermeidet"[887]. Schutzwürdig ist ein Interesse, wenn ihm ein bestimmter Wert und Schutz vom Gesetz zugeordnet wird. Das muss nicht unmittelbar im Sinne einer Schutznorm oder durch definitiven gesetzlichen Regelung erfolgen, sondern kann auch aus dem gesamten Regelungskontext (auch anderer Gesetze und Normen) entnommen werden. Die Schutzwürdigkeit ist zwar rechtlich umfassend zu untersuchen, der abstrakten Ranghöhe und Präferenz kann

880 *Mandel,* S. 141.
881 S.o. 5. Drittinteressen, S. 129.
882 Vgl. auch *Kunze,* S. 153.
883 Oben 3. Eigenständiges Unternehmens, S. 127.
884 Oben 3. Eigenständiges Unternehmens, S. 127.
885 Hierzu bereits oben, b. Das Gesellschafts- oder Verbandsinteresse., S. 108.
886 *Zöllner,* Mitgliedschaft, S. 344 f.; *Hennrichs* AcP 195 (195), 221, 252; *Kunze,* S. 125 f.
887 *Hubmann,* Wertung und Abwägung, S. 20.

aber kein allgemeingültiger Vorrang entnommen werden, denn sie sind nur zwei von vielen Vorzugsprinzipien.[888]

Besonderes Gewicht muss deshalb auch der Einbettung in den konkreten Regelungszusammenhang beigelegt werden. Damit ist vor allem das organische Rechtssystem des jeweilig betroffenen gesellschaftlichen Typus (AktG, GmbHG) angesprochen.[889] Die Beachtung des rechtlichen Rahmens ist logisch erforderlich, denn zumeist wird es im Bereich der Treupflicht um einen Aspekt des streitigen Verhältnisses gehen, der (für den konkreten Sachverhalt) nicht oder nur unvollständig gesetzlich oder individuell geregelt ist. Hierbei muss das bereits Geregelte untersucht und mit dem gesamten Normenkomplex abgeglichen werden, vorrangig natürlich deshalb, um festzustellen, ob „das gesetzliche Regelungskonzept bereits das Ergebnis einer grundsätzlich abschließenden normativen Wertung unter gebührender Interessenabwägung darstellt",[890] denn die Einwirkung auf Beschlussvorgänge mittels der Treupflicht stellt letztlich eine Inhaltskontrolle dar.[891]

Die Auferlegung von treupflichtigen Direktiven erfordert eine durch die (je nach Anknüpfungspunkt gesetzliche oder richterrechtliche) Generalklausel zu füllende „Lücke" im Gesellschaftsverhältnis.[892] Dies ist dann der Fall, wenn gesellschaftliche Beziehungen nicht bereits durch eine Regelung im Gesetz oder durch die Gesellschafter, etwa durch Beschluss oder Gesellschaftsvertrag, geregelt sind,[893] denn, wo bereits eine abschließende Regelung zu entnehmen ist, verbietet sich die „Lückenfüllung".[894] Gleiches hat aber auch zu gelten, sofern die Gesellschafter bestimmte Aspekte bereits im Gesellschaftsvertrag geregelt haben. Auch hier verbietet sich sodann grundsätzlich – außerhalb rechtsmissbräuchlichen Verhaltens – der Eingriff per Treupflicht.[895] Die Vertragsfreiheit und das daraus entspringende Recht der Parteien, individuelle Vereinbarun-

---

888 *Hubmann,* Wertung und Abwägung, S. 20, 21.

889 „Vorrang des kodifizierten Rechts", vgl. GroßKommAktG/*Henze/Notz* Anh. § 53 a Rn. 97.

890 *Rottnauer* NZG 1158, 1159; vgl. auch *BGH,* Urteil vom 09.02.1998 – II ZR 278/96 („Sachsenmilch).

891 GroßKommAktG/*Henze/Notz* Anh. § 53 a Rn. 23; Michalski/*Hoffmann* § 53 Rn. 105.

892 *Larenz,* Methodenlehre, S. 370.

893 *BGH,* Urt. vom 25.01.2011 – II ZR 122/09 = NJW 2011, 1667 („Sanieren oder Ausscheiden II"); zutreffend *Schneider* NZG 2011, 575, 577; Ulrich GmbHR 2011, 529, 534.

894 Vgl. zum Vorgang auch Staudinger/*Coing/Honsell* Einl. BGB Rn. 187; Ein Beispiel für eine bereits durch den Gesetzgeber vorgenommene Interessenabwägung stellt etwa § 186 Abs. 3, S. 4 AktG dar.

895 Hierzu sogleich unten (2) „Sanieren oder Ausscheiden II", S. 158.

gen für bestimmte Situationen zu treffen, genießt Vorrang vor dem Ungeschriebenen. Die Treupflicht kann nur dort zur Regelung gesellschaftsbezogener Streitigkeiten herangezogen werden, wo nicht bereits eine Lösung im Gesetz oder im Gesellschaftsvertrag angelegt ist.[896]

Beachtlich ist ein Interesse dagegen nur, wenn es im konkreten Sachverhalt nicht sachwidrig ausgeübt wird. In verschiedenen Situationen erscheinen Güter und Werte in unterschiedlicher Geltung, denn deren „anhaftende normative Kraft ist im konkreten Sachverhalt nicht immer in gleicher Weise wirksam, auch besitzen nicht alle Güter und Werte in jeder Situation Aktualität".[897]

cc. Die Abwägung

Schlussendlich sind die Interessen abzuwägen und miteinander in Einklang zu bringen, wobei es sich nicht um eine abstrakte Güterabwägung, sondern um einen Ausgleich im konkreten Fall handelt.[898] Die Realstruktur der Gesellschaft, die Kategorie des betreffenden Rechts und auch der Grundsatz der Korrelation von Rechtsmacht und Verantwortung sind *hier* als wertungsrelevante Umstände von Beachtlichkeit.[899]

Weil allein die Ranghöhe von Werten kein ausreichendes Kriterium für die Bevorzugung des Einen und die Zurückweisung des Anderen darstellt, muss zwingend auch berücksichtigt werden, welche Nachteile bei der Einwirkung auf die jeweilig geschützten Interessen zu befürchten sind. Ein Zurückstehen rechtlich geschützter Interessen kann nur durch die im Verhältnis erhöhte Schutzbedürftigkeit anderer Interessen gerechtfertigt sein[900], denn „je höher der Grad der Nichterfüllung oder Beeinträchtigung des einen Prinzips ist, um so größer muss die Wichtigkeit der Erfüllung des anderen sein"[901].

Nur in einem Fall, in dem ein Ausweichen (Erreichung des Ziels auf alternativem Wege) und auch ein Ausgleich (verhältnismäßiges Zurück-

---

896 Raiser/Veil, S. 392.

897 *Hubmann,* Wertung und Abwägung, S. 69.

898 *Maurer,* Verfassungsrecht, § 1 Rn. 62.

899 Vgl. hierzu oben b. Intensität, S. 88.

900 So kann etwa einem Gesellschafter die, nach seiner Einschätzung richtige, Ausübung seines Stimmrechts nicht durch jedwedes Gesellschaftsinteresse an einer anderen Beschlussfassung verwehrt sein. Erforderlich ist ein dringendes Gesellschaftsinteresse, bei einer zu vernachlässigenden Intensität des Gesellschafterinteresses, vgl. auch *Kunze,* S. 154.

901 *Alexy,* Grundrechte, S. 146; *Hennrichs* AcP 195 (195), 221, 252.

stellen der beiderseitigen Interessen bis zur konfliktfreien Koexistenz) nicht möglich sind, darf ein Interesse notwendigerweise zurückstehen,[902] was durch die Anwendung des möglichst mildesten Mittels realisiert werden muss.[903]

c. Vorgaben der Rechtsprechung

Aus der bisher ergangenen höchstrichterlichen Rechtsprechung zu den Zustimmungspflichten bei der GmbH[904] und zum „Sanierungsverhinderungsverbot" bei der AG[905] lässt sich ein, aus Sicht der Rechtsprechung bestehender, „Korridor" abstrakter Zustimmungspflichten in der Krise abstecken.

aa. GmbH Novelle und Zustimmungspflicht zur Kapitalerhöhung

(1) „GmbH-Novelle I"

Durch die GmbH-Novelle von 1980[906] waren die Gesellschafter gezwungen, das Stammkapital ihrer Gesellschaften an das erhöhte Mindestkapital anzupassen, was eine Kapitalerhöhung zwingend erforderlich machte. Zunächst hat der *BGH* klargestellt, dass die im Personengesellschaftsrecht anerkannten Grundsätze, wonach ein Gesellschafter aus Treupflicht gehalten sein kann, einem satzungsändernden Beschluss zuzustimmen,[907] auf die GmbH übertragbar sind.[908] Insoweit kann „auch ein GmbH-Gesellschafter aufgrund seiner Treuepflicht verpflichtet sein kann, einer Satzungsänderung zuzustimmen, die mit Rücksicht auf das Gesellschaftsverhältnis dringend geboten und ihm zumutbar ist".[909] Zumutbar ist eine Zustimmung nach diesem Urteil dann, wenn sich aus der entsprechenden Stimmabgabe für den Gesellschafter „keinerlei Nachteile"

---

902 *Hubmann,* Wertung und Abwägung, S. 90 ff.

903 *Hubmann,* Wertung und Abwägung, S. 95.

904 *BGH,* Urteil vom 25.09.1986 – II ZR 262/85 = NJW 1987, 189; *BGH,* Urteil vom 23.03.1987 – II ZR 244/86 = NJW 1987, 3192.

905 *BGH,* Urteil vom 20.03.1995 – II ZR 205/94 = NJW 1995, 1739 („Girmes").

906 „Gesetz zur Änderung des Gesetzes betreffend die Gesellschaften mit beschränkter Haftung und anderer handelsrechtlicher Vorschriften" vom 04.07.1980 (BGBl I, 836); – auch „GmbH-Novelle 1980".

907 Vgl. *BGH,* Urteil vom 10.06.1965 – II ZR 6/63 = NJW 1965, 1960; *BGH,* Urteil vom 28.04. 1975 – II ZR 16/73 = NJW 1975, 1410.

908 *BGH,* Urteil vom 25.09.1986 – II ZR 262/85 = NJW 1987, 189, 190.

909 *BGH,* Urteil vom 25.09.1986 – II ZR 262/85 = NJW 1987, 189, 190.

ergeben.[910] Dies ist bei einer Kapitalerhöhung der Fall, wenn der für die Kapitalerhöhung erforderliche Betrag vor deren Durchführung zweckbestimmt hinterlegt, vom Mitgesellschafter vollständig erbracht[911] und auch nach der Kapitalerhöhung der Gewinn und – im Falle der Auflösung der Gesellschaft – der Liquidationserlös unverändert hälftig verteilt wird.[912] In anderen Fällen drohen durch die Kapitalerhöhung Einbußen der Mitverwaltungs- und Vermögensrechte bzw. ein faktischer Teilnahmedruck.[913]

(2) „GmbH-Novelle II“

Im nachfolgenden Urteil[914] – ebenfalls im Rahmen GmbH-Novelle zur Zustimmung zu einer Kapitalerhöhung ergangen – stellte der *BGH* zwei weitere Aspekte heraus.

Zunächst wich der Fall in seiner Konstellation von der oben genannten Entscheidung ab, denn der Gesellschafter war nicht von seinem Mitgesellschafter hinsichtlich der entstehenden Einlagepflicht „freigestellt“ worden. Lediglich hilfsweise bot der Kläger die Freistellung von der Einlagepflicht an. Der Beklagte verfügte auf seinen Kapitalkonten der Kommanditgesellschaft, es handelte sich insoweit um die Konstruktion einer GmbH & Co KG, über ein Guthaben von 4.275.000 DM. Dies veranlasst das Gericht zur mutigen Aussage[915], es dränge sich auf, dass „die Übernahme eines zusätzlichen Stammanteils in Höhe von 15.000 DM für den Bekl. kein ihn in irgendeiner Weise spürbar belastendes wirtschaftliches Opfer bedeuten würde.“ Weiter führt der *BGH* aus, auch wenn der Gesellschafter verpflichtet sei, einer „erforderlichen Kapitalerhöhung zuzustimmen, wenn ihm dadurch keine Nachteile gegenüber dem bisherigen Rechtszustand entstehen, so kann daraus nicht entnommen werden, daß umgekehrt jeder auch noch so geringfügige Nachteil den Gesell-

910 *BGH*, Urteil vom 25.09.1986 – II ZR 262/85 = NJW 1987, 189, 190.

911 Insoweit sind auch die Gefahren einer Ausfallhaftung gem. § 24 GmbHG zu berücksichtigen.

912 *BGH*, Urteil vom 25.09.1986 – II ZR 262/85 = NJW 1987, 189, 191.

913 Vgl. unten b. Die Kapitalerhöhung, S. 217 und besonders dd. Mögliche Belastungen, S. 225.

914 *BGH*, Urteil vom 23.03.1987 – II ZR 244/86 = NJW 1987, 3192.

915 So auch *Günther* EWiR 1987, S. 787, 788.

schafter zur Verweigerung seiner Zustimmung berechtigt".[916] Hierauf wird später noch zurückzukommen sein.[917]

Daneben sah sich der *BGH* dazu veranlasst, auf das Argument des auf Zustimmung beklagten Gesellschafters einzugehen, er wolle die Zustimmung nur unter der Bedingung zugeben, als er zum weiteren alleinvertretungsberechtigten Geschäftsführer der GmbH erhoben würde. Dies könne er nur durch das Druckmittel der bedingten Zustimmung erreichen, da er keine ansonsten ausreichende Mehrheit zur alleinigen Beschlussherbeiführung besitze. Zu Recht verneint der *BGH* diese Argumentation: Die Stimmrechtsausübung zur Kapitalerhöhung verleiht der Minderheit kein Recht zur Erreichung eigennütziger Interessen, die sonst nicht durchsetzbar wären oder gar gegen die satzungsgemäßen Verpflichtungen verstoßen.[918] In der Tat steht diese Bedingung der Anerkennung des Mehrheitsverhältnisses entgegen, wonach die Minderheit eben kein alleiniges Recht für sich beanspruchen kann, eine Geschäftsführerstellung inne zu haben. Dieses persönliche Interesse des Gesellschafters findet keine Stütze im Gesellschaftsverhältnis und ist nicht schützenswert.

bb. Der Fall „*Girmes*"

Die *Girmes*-Entscheidung brachte demgegenüber keine inhaltlich abweichenden Wertungen zum Ausdruck. Zunächst muss vorangestellt werden, dass es sich nicht um die Ausurteilung einer positiven Stimmpflicht im Sinne einer „Zustimmungspflicht" handelt, sondern der Tenor dahingehend lautete, dass es „dem einzelnen Aktionär nicht erlaubt [ist], eine sinnvolle und mehrheitlich angestrebte Sanierung der Gesellschaft – einschließlich einer zum Sanierungskonzept gehörenden Kapitalherabsetzung – aus eigennützigen Gründen zu verhindern".[919] Es ist aber im Ergebnis für die inhaltliche Beurteilung, ob der einzelne Gesellschafter seine Stimmmacht in einer bestimmten Art und Weise ausüben muss, auch nicht von Belang, zwischen einer Zustimmungspflicht oder einer Enthaltungspflicht zu differenzieren.[920]

Das Urteil stellt weiterhin eine Vermutung für die eigennützige Ausnutzung des Stimmrechts auf. Neben den bereits bekannten Vorausset-

916 *BGH*, Urteil vom 23.03.1987 – II ZR 244/86 = NJW 1987, 3192, 3193.
917 Unten 2324. Das Maß der zu ertragenden Nachteiligkeit, S. 232.
918 *BGH*, Urteil vom 23.03.1987 – II ZR 244/86 = NJW 1987, 3192, 3193.
919 *BGH*, Urteil vom 20.03.1995 – II ZR 205/94 = NJW 1995, 1739 („Girmes").
920 Eingehend unten, I. Erforderlichkeit positiver Stimmpflichten, S. 137.

zungen dürfe der Gesellschafter eine mehrheitlich angestrebte Sanierung nicht verhindern, wenn „bei Scheitern der Sanierungsmaßnahme der Zusammenbruch der Gesellschaft unvermeidlich und im Falle des Zusammenbruchs die Stellung des einzelnen Gesellschafters ungünstiger als bei einem Austritt aus der fortbestehenden Gesellschaft ist".[921] Führt die fragliche Sanierungsmaßnahme nach objektiver Einschätzung nachhaltig zum Erfolg und ist keine schonendere Sanierung möglich, kann der überstimmte Gesellschafter also keine schützenswerten Interessen geltend machen, dann bleibt ihm nur die Möglichkeit, aus der Gesellschaft auszutreten oder sich mit der Regelung abzufinden.[922]

Die Entscheidung transportiert im Kern die Rechtsprechung zu Zustimmungspflichten vom GmbH-Recht weiter in das Aktienrecht.[923] Herauszustellen ist letztlich die Auffassung des *BGH*, eine Verpflichtung an der Sanierung mitzuwirken, bzw. diese nicht zu verhindern, könne sich nicht aus der gegenüber der Gesellschaft bestehenden Treupflicht ergeben[924], da die Gesellschaft keinen allgemeinen Bestandsschutz genieße. Vielmehr werde die Pflicht allein durch die „gesellschaftsbezogenen Belange der Mehrheit *der Gesellschafter*" gemittelt.[925]

cc. Sanieren oder Ausscheiden I + II

In neuerer Zeit haben zwei Entscheidungen des *BGH* zur Sanierungspflicht von Gesellschaftern geschlossener Immobilenfonds für Aufsehen gesorgt. In beiden Sachverhalten handelte es sich um Personengesellschaften in der Krise, bei der sich die Gesellschafter dem Spannungsfeld zwischen Privatautonomie und Finanzierungsverantwortung und -freiheit einerseits und Minderheitenschutz und Mehrheitsmacht andererseits gegenübersahen.

(1) „Sanieren oder Ausscheiden I"

Im ersten Fall[926] war eine OHG in finanzielle „Kalamitäten" geraten. Sie war überschuldet und zahlungsunfähig, aber noch sanierungsfähig. Die

921 *BGH*, Urteil vom 20.03.1995 – II ZR 205/94 = NJW 1995, 1739, 1743 („Girmes").
922 *Schmidt* WM 1980, 328, 336.
923 *BGH*, Urteil vom 20.03.1995 – II ZR 205/94 = NJW 1995, 1739, 1743 („Girmes").
924 Zweifelhaft, hierzu unten, C. „Die Sanierungsentscheidung", S. 160; D. Die Interessen in der Sanierungssituation, S. 162.
925 *BGH*, Urteil vom 20.03.1995 – II ZR 205/94 = NJW 1995, 1739, 1743 („Girmes").
926 BGH, Urteil vom 19.10.2009 – II ZR 240/08 = NZG 2009, 1347 („Sanieren oder Ausscheiden I").

Gesellschafterversammlung beschloss mit nach dem Gesellschaftsvertrag zulässiger, qualifizierter Mehrheit, zunächst eine „Kapitalsanierung" und, dass, wer sich nicht an der inhärenten „Kapitalerhöhung" beteilige, automatisch aus der Gesellschaft ausscheide. Ergo waren die Kapitalmaßnahmen mit ausreichender Mehrheit beschlossen, während für die Einführung der Ausschlussklausel, grundsätzlich die Zustimmung aller Gesellschafter erforderlich gewesen wäre. Nachdem keiner der Gesellschafter, auch nicht die Zustimmenden, Einlagen zeichneten, sah die Gesellschaft sie als ausgeschieden an und forderte deren prozentualen Anteil am Fehlbetrag ein. Das Gericht bestätigte diese Auffassung und fingierte die allseitige Zustimmung zur Ausschlussklausel.

Herauszustellen ist allen voran: Auch in diesem Fall wurde kein Gesellschafter explizit dazu verurteilt, eine Sanierung positiv zu fördern, vielmehr wurde festgestellt, dass die *Ausschlussklausel* der Gesellschafter wirksam beschlossen wurde. Zwei Gesellschafter hatten bereits in der ursprünglichen Beschlussfassung zugestimmt, die Zustimmung der obstruierenden Gesellschafter wurde vom Gericht fingiert. Die Treupflicht gebiete ihnen, sich entweder an der Sanierungsmaßnahme zu beteiligen oder aber aus der Gesellschaft auszuscheiden. „Den „risikobereiten" Gesellschaftern wäre es nicht zumutbar, die Gesellschaft mit den nicht zur Investition weiteren Kapitals bereiten Gesellschaftern fortzusetzen"[927]. Die „Verwässerung" ihrer Anteile sei auch kein hinreichender Sanierungsbeitrag, da, sobald die Sanierung erfolgreich wäre, die verweigernden Gesellschafter am Gewinn beteiligt. Sie würden so, auf Kosten der das Sanierungsrisiko tragenden Mehrheit, von den auf sie entfallenden Gesellschaftsschulden frei.[928] „Verhindert werden konnte der durch nichts zu rechtfertigende wirtschaftliche Vorteil der nicht zahlungsbereiten Gesellschafter hier nur durch ihr Ausscheiden".[929]

Beachtenswert und insbesondere nicht grundsätzlich auf die Situation bei Kapitalgesellschaften zu transferieren, ist die eigentliche Begründung hinter diesem Urteil.[930] Zwar mag es auf den ersten Blick vor allem die „Trittbrettfahrer-Problematik" sein, die es dem moralisch Urteilenden begründet, die Gesellschafter ihrem eigenen Austritt zustimmen lassen

927 BGH, Urteil vom 19.10.2009 – II ZR 240/08 = NZG 2009, 1347, 1349 („Sanieren oder Ausscheiden I").

928 *BGH*, Urteil vom 19.10.2009 – II ZR 240/08 = NZG 2009, 1347, 1349 („Sanieren oder Ausscheiden I").

929 *BGH*, Urteil vom 19.10.2009 – II ZR 240/08 = NZG 2009, 1347, 1350 („Sanieren oder Ausscheiden I").

930 *Paulus* WM 2011, 2205, 2206; *Redeker/Bacina* DB 2010, 996, 1000.

zu müssen. Die juristische Möglichkeit dies zu tun ergab sich jedoch aus einem personengesellschaftsrechtlichen Spezifikum. Gem. § 105 Abs. 3 HGB, § 735 BGB war von den Gesellschaftern bei Liquidation der Gesellschaft ein anteiliger Fehlbetrag zu leisten, da im Recht der Handelsgesellschaften der Grundsatz der persönlichen Haftung der Gesellschafter gilt. Im konkreten Fall war der Fehlbetrag jedoch wesentlich höher, als der Betrag, den die Gesellschafter zur Sanierung hätten aufbringen müssen. Daneben war die Fortführung der Gesellschaft „aus Sicht eines wirtschaftlich denkenden Gesellschafters auch im Hinblick auf die – unstreitig – sehr gute Vermietungssituation und den mit der Fortführung der Kl. verbundenen Erhalt der Fördermittel, gemessen an den Zerschlagungsfolgen, nicht von vornherein sinnlos".[931] Die Gesellschafter standen rein rechnerisch in der Tat bei ihrem Ausscheiden aus der Gesellschaft unter Fortführung durch die sanierungsbereiten Gesellschafter besser da, als bei sofortiger Liquidation. Aufgrund dieses Umstandes war also effektiv gewährleistet, dass die Gesellschafter durch ihr Ausscheiden keine gravierenden Nachteile hinzunehmen hatten, das Gericht hat die Gesellschafter insoweit aber auch konsequent an ihre „Liquidationsentscheidung" gebunden.

In Abgrenzung zum Personengesellschaftsrecht ist die „Auseinandersetzungsrechnung" im Kapitalgesellschaftsrecht aufgrund des Haftungsschirms der juristischen Person so nicht durchführbar. Auf die wirtschaftliche Sinnhaftigkeit hin geprüft, würde eine Vergleichsrechnung hier eine „kostenlose" Insolvenz gegen die Sanierungsbeiträge aufwiegen.[932] Es fehlt aber auch am Vergleichspaar des Liquidationsfehlbetrags einerseits und des Auseinandersetzungsfehlbetrages andererseits. Der denkbare Vergleich zwischen der Stellung des Gesellschafters beim Zusammenbruch und Austritt würde letztlich auf den Vergleich von Anteilsveräußerung[933] (soweit in der GmbH überhaupt fungibel) und Liquidationsfehlbetrag hinauslaufen, der bei einer überschuldeten Gesellschaft in der Regel aussagelos ist.[934]

Für das Kapitalgesellschaftsrecht bringt die Entscheidung keine großen tatbestandlichen Konkretisierungen, da die Vergleichsrechnung, wie dargelegt, nicht übertragbar ist.

931 *BGH*, Urteil vom 19.10.2009 – II ZR 240/08 = NZG 2009, 1347, 1349 („Sanieren oder Ausscheiden I").

932 *Redeker/Bacina* DB 2010, 996, 1000.

933 *BGH*, Urteil vom 20.03.1995 – II ZR 205/94 = NJW 1995, 1739, 1743 („Girmes").

934 *Redeker/Bacina* DB 2010, 996, 1000.

Klar wird aber doch, dass die Gesellschafter einer sich in der Krise befindenden Gesellschaft nicht nur die Pflicht zu treffen vermag, Sanierungen nicht zu verhindern, sondern darüber hinaus der Preis der Obstruktion die Verlustgehung der Mitgliedschaft sein kann. Weiterhin wird, auch wenn der *BGH* insoweit die Ausführungen des KG[935] kritisiert[936], eine „faktische Nachschusspflicht"[937] insoweit als zulässiges Druckmittel eingeführt. Wie der Titel „Sanieren oder Ausscheiden" auch deutlich macht, war der Verbleib in der Gesellschaft nur unter Aufbringung weiterer Mittel möglich. Bei näherer Betrachtung, handelt es sich gar um den in der Literatur diskutierten Fall der Ausschließung von gegen die Sanierung obstruierenden Gesellschaftern aus wichtigem Grund. Aber mit dem Unterschied, dass der vielfach als fehlend angesehene wichtige Grund vom *BGH* durch die fingierte Zustimmung zum Ausschlussbeschluss „umgangen" wird.

Ob der *BGH* hier auch die Zustimmung zum gesamten Sanierungskonzept, d. h. auch zu den Kapitalmaßnahmen ersetzt hätte, wenn selbst diese nicht die erforderliche Dreiviertelmehrheit erreicht hätten, ist jedoch sehr fraglich.[938]

(2) „Sanieren oder Ausscheiden II"

In der in diesem Kontext nachfolgenden Entscheidung *„Sanieren oder Ausscheiden II"*[939] hat der *BGH* eine Aussage getroffen, die für die Abwägung der geschützten Interessen wichtig, bei näherer Betrachtung aber selbstverständlich ist. Die Ausgangslage war zwar mit der von *„Sanieren oder Ausscheiden I"* vergleichbar. Jedoch war gesellschaftsvertraglich geregelt, mit welcher Mehrheit etwa notwendige Nachschusszahlungen zu beschließen sind und welche Folgen nicht zustimmende Gesellschafter in Bezug auf ihre Beteiligung hinzunehmen hatten. Kam kein einstimmiger

---

935 Durch die Einfügung im Gesellschaftsvertrag wurde die Gesellschafter „vor die grundsätzliche Wahl gestellt wird, entweder einen erheblichen *faktischen Nachschussbetrag* durch Zeichnung der neuen Anteile aus der Kapitalerhöhung zu zahlen oder automatisch aus der Gesellschaft auszuscheiden", Vgl. *KG*, Urteil vom 20.11.2008 – 23 U 60/08 = BeckRS 2009, 25320 = WM 2009, 2174.

936 „Das BerGer., das in diesem Zusammenhang verfehlt von „faktischer Nachschusspflicht" spricht", vgl. *BGH*, Urteil vom 19.10.2009 – II ZR 240/08 = NZG 2009, 1347, 1348 („Sanieren oder Ausscheiden I").

937 *Westermann* NZG 2010, 321, 323.

938 So auch *Schuster* ZGR 2010, 325, 335.

939 BGH, Urteil vom 25.01.2011 – II ZR 122/09 = NJW 2011, 1667, 1670 („Sanieren oder Ausscheiden II").

Beschluss zu Stande, konnten die zustimmenden Gesellschafter ihren Gesellschaftsanteil erhöhen, während die opponierenden Gesellschafter diese Verwässerung hinnehmen mussten. Trotz dieser Regelung versuchten nun die Zustimmenden die Abweichler „herauszuklagen". Dem Grunde nach besteht die gleiche abstrakte treupflichtige Bindung der Gesellschafter, jedoch entsprang, angesichts der eindeutigen gesellschaftsvertraglichen Regelung, die Erwartungshaltung der Sanierungsfreudigen keineswegs einem geschützten Interesse,[940] weshalb die Interessenabwägung grundsätzlich nicht anders ausfallen konnte, als von den Gesellschaftern vertraglich präjudiziert war.[941]

Mit dieser Entscheidung ist klar, was auch vorher schon deutlich war: Die Regel „Sanieren oder Ausscheiden" ist keine objektive Formel, sondern stets am konkreten Rechtsverhältnis zu messen, womit auch eine Wertung zugunsten der Minderheit immer möglich ist. Es kommt auf die Interessenabwägung im Einzelfall an.

3. Zusammenfassung

Die Bestimmung konkreter Zustimmungspflichten kann nur im Wege der Interessenabwägung vorgenommen werden. Wann die Ausübung des Stimmrechts in die eine oder andere Richtung hiernach zu missbilligen ist, hängt vom Einzelfall ab: Neben dem Gesellschaftsinteresse und den Interessen der Mitgesellschafter müssen auch gesetzliche und richterliche Wertungen und Vorgaben einfließen.

Nach Herausarbeitung der relevanten Parteien, deren geschützten Interessen und deren Bewertung, erfolgt die Abwägung am konkreten Sachverhalt. Ziel ist es, einen möglichst schonenden Interessenausgleich herbeizuführen. Hierbei ist zu beachten, inwieweit die Ausübung des einen und der Schutz des anderen rechtlich geschützten Interesses erforderlich ist und ob beides in einer verhältnismäßigen Relation zueinander geschieht. Das entspricht der aus dem öffentlichen Recht bekannten Interessenabwägung. Besondere Obacht erfordern hierbei kollidierende, verfassungsrechtlich gewährleistete Abwehr- und Leistungsansprüche.

940 *Ulrich* GmbHR 2011, 533, 534.

941 BGH, Urteil vom 25.01.2011 – II ZR 122/09 = NJW 2011, 1667, 1670 („Sanieren oder Ausscheiden II"); Richtig aber *Weitnauer* GWR 2011, 209, der angibt, dass unter anderen Umständen eine abweichende Abwägung möglich wäre; Ebenfalls *Schneider* NZG 2011, 575, 577; Wobei hierzu realistischerweise stark außergewöhnliche Umstände erforderlich wären. Jedenfalls müssten die Gesellschafter offensichtlich von der vertraglichen Regelung abweichende Erwartungen geweckt haben.

Die Rechtsprechung hat mit den von ihr entschiedenen Konstellationen zu Zustimmungs- und Sanierungspflichten gewisse Grundsätze geprägt. Gesellschafter können grundsätzlich aus der Treupflicht eine Zustimmungspflichten treffen, dies jedoch nur, wenn die Stimmpflicht keinerlei oder jedenfalls keine erheblichen Nachteile zeitigt. Nicht jeder auch noch so geringfügige Nachteil wirkt sich demnach „pflichtsperrend" aus. Diese Pflicht kommt darüber hinaus rechtsformübergreifend, sowohl im Personen- als auch im Kapitalgesellschaftsrecht, in Betracht. Insbesondere in Sanierungssituationen darf ein Gesellschafter die von der Mehrheit angestrebte und wirtschaftlich sinnvolle Sanierung nicht aus eigennützigen Gründen *verhindern*, wenn die Maßnahme zur Erhaltung der Gesellschaft dringend geboten und dem Gesellschafter die Zustimmung zumutbar ist. Hierbei ist nach herrschender Meinung die Zumutbarkeit im Sinne einer Verhältnismäßigkeitsentscheidung zu bestimmen (Geeignetheit, Erforderlichkeit, Verhältnismäßigkeit im engeren Sinne).[942] Zur genaueren Präzisierung der Abwägungsentscheidung ist bis hierhin nichts vorgetragen worden, der Hinweis, dass nicht jeder noch so geringe Nachteil gegen eine Zustimmungspflicht spreche, schließt jedenfalls Bagatellbeschwerden aus.

C. Die „Sanierungsentscheidung"

In den meisten Beiträgen, in denen die Zustimmungspflicht von Gesellschaftern behandelt wird, trifft man einen ähnelnden Aufbau.[943] Während zunächst – wie hier – die abstrakten Leitlinien zur Bestimmung einer treupflichtigen Stimmrechtsausübung herausgearbeitet werden, folgt die Anwendung auf konkrete Fallkonstellationen. Nachdem kurz auf die Pflichtigkeit bei Geschäftsführungsmaßnahmen eingegangen wird (das soll hier mangels Relevanz unterbleiben), wird den Strukturmaßnahmen Aufmerksamkeit zuteil. Insbesondere bei den im Folgenden interessierenden Kapitalmaßnahmen erfolgt sodann eine Beschlussgegenstandsvermengung. Dies betrifft die hier zu untersuchende Sanierungssituation. Wie bereits oben dargestellt, besteht die Sanierung aus mehreren Einzelmaßnahmen.

---

942 *Henze* ZHR 162 (1998) 186, 192 f.; vgl. dazu oben b. Systematik der Interessenabwägung, S. 148.

943 *Kunze,* Positive Stimmpflichten im Kapitalgesellschaftsrecht; *Beckerhoff,* Treupflichten bei der Stimmrechtsausübung und Eigenhaftung des Stimmrechtsvertreters

Hier entsteht im rechtstechnischen Sinne regelmäßig ein umfassender Beschlussgegenstand, die „Sanierungsentscheidung". Meistens werden in dieser Entscheidung gleich mehrere Beschlussgegenstände zum Gegenstand eines satzungsändernden Beschlusses zusammengefasst. Bei der Abstimmung über das Sanierungskonzept als Ganzes ist dieser Vorgang durchaus interessengerecht und auch zulässig[944], da die einzelnen Maßnahmen aufeinander aufbauen und somit im erforderlichen sachlichen Zusammenhang[945] stehen. Entscheidend geht es in der Sanierung um Buch- bzw. Kapitalsanierungsmaßnahmen, also Kapitalschnitt und Kapitalerhöhung. Wie noch zu zeigen sein wird, ist es jedoch notwendig, beide Maßnahmen *materiell* strikt voneinander zu trennen und nicht etwa beides inhaltlich unter die Kategorie „Zustimmung zur Sanierung" zu fassen. Da beide Maßnahmen *unterschiedliche Wirkungen* zeitigen und deshalb auch *unterschiedlichen Voraussetzungen* unterliegen, kann sich im Einzelfall durchaus ein gravierender Unterschied in der treupflichtigen Interessenabwägung ergeben. Auch wenn ein Beschlussgegenstand vorliegt („Zustimmung zum Sanierungskonzept") und dessen Inhalt die Gesamtheit der fraglichen Maßnahmen ist, kann die Entscheidung darüber, ob hier eine Stimmpflicht in Frage kommt, nur anhand der einzelnen Maßnahmen in Betracht kommen. Ein nicht pflichtiger Beschlussteil „infiziert" bei einem einheitlichen Beschluss dann jedoch den ganzen Beschluss als nicht zustimmungspflichtig.

Weiterhin ist darauf hinzuweisen, dass es sich bei dem Beschluss über die Vornahme der Sanierungsmaßnahmen nicht, wie vielfach behauptet, um einen *Auflösungsbeschluss* im Sinne des § 262 AktG bzw. § 60 GmbHG handelt. Die gilt unabhängig davon, ob die Auflösung letztlich durch die Verweigerung der jeweiligen Maßnahmen und der damit einhergehenden faktischen Ablehnung der Sanierung erfolgt.[946] Der Umstand, dass bei einer Ablehnung des Sanierungskonzepts nur die Auflösung der Gesellschaft – im geregelten Verfahren oder der Insolvenz – verbleibt, vermag den Beschlussinhalt nicht zu „verschieben". Es ist nicht festzustellen, ob im jeweiligen Fall die Gesellschaft tatsächlich aufgelöst werden wird. Dies kann mit größter Wahrscheinlichkeit der Fall sein, im Gegenteil kann aber auch unerwartet ein „passenderes" Sanierungskonzept erdacht werden, ein „weißer Ritter" auf der Bildfläche erscheinen oder eine

944 Hierzu MünchKommAktG/*Kubis* § 119 Rn. 145; *Zöllner* in Baumbach/Hueck § 47 Rn. 16; *Max* AG 1991, 77, 89; *Zöllner* ZGR 1974, 1, 19 ff.

945 Beck AG-HB/*Reichert* § 5 Rn. 190; *Max* AG 1991, 77, 89.

946 Vgl. vertiefend unten I. Das Interesse „der Gesellschaft" und der „Auflösungsbeschluss", S. 163.

unerwartete Marktveränderung stattfinden, auch die sanierende Insolvenz kommt in Betracht[947]; die denkbaren Konstellationen sind vielfältig. Hier wird, wenn die „faktische Auflösungsentscheidung" Berücksichtigung findet, auf unzulässige Weise ein fremdes, da dem Beschlussgegenstand nicht inhärentes, Abwägungsinstrument eingebracht und beispielsweise ein Kapitalerhöhungsbeschluss an den Voraussetzungen eines Auflösungsbeschlusses gemessen.[948]

Die Tatsache, dass es sich um eine faktische Auflösungsentscheidung handelt, mag in der Interessenabwägung Berücksichtigung finden und das Interesse an der jeweils vorzunehmenden Maßnahme unterstreichen.[949]

D. Die Interessen in der Sanierungssituation

Die Entscheidung danach ob und wenn ja, in welchen Fällen, die Treupflicht Gesellschafter in der Sanierungssituation zur – wie auch immer gearteten –„gelenkten" Stimmrechtsausübung verpflichten kann ist anhand einer Interessenabwägung vorzunehmen. Um diese durchführen zu können müssen zunächst die Interessen der verschiedenen an der Sanierung beteiligten Parteien herausgearbeitet und auf ihre Schutzwürdigkeit hin untersucht werden. Ein besonderes Augenmerk wird hierbei auf die persönlichen Interessen der Gesellschafter gerichtet. Die Sanierungssituation ist aufgrund des drohenden Verfalls aller Vermögenswerte typischerweise anfällig dafür, auch private Interessen in die Entscheidungsfindung einfließen zu lassen.

I. Das Interesse „der Gesellschaft" und der „Auflösungsbeschluss"

Das Interesse der Gesellschaft als „Gesellschaftsinteresse" ist nach den ausgeführten Grundsätzen zu bestimmen.[950] Dieser Punkt ist eng verknüpft mit dem oben angesprochenen Punkt „der Sanierungsentschei-

---

947 Oben VI. Rechtlicher Sanierungsrahmen, S. 57.

948 Hierzu sogleich I. Das Interesse „der Gesellschaft" und der „Auflösungsbeschluss", S. 163.

949 Ebenfalls unten I. Das Interesse „der Gesellschaft", S. 163.

950 Oben b. Das Gesellschafts- oder Verbandsinteresse, S.108.

dung"[951]. Denn gerade hier erfolgt die fragliche Vermischung von unterschiedlichen Interessenebenen. Während beispielsweise *Kunze* bei der nominellen Kapitalherabsetzung[952] „ein dringendes Interesse" der Gesellschaft sieht[953], ist dies bei der „Sanierung" ganz anders. Hier fehle es in der Sanierungsentscheidung an einem Eigeninteresse der Gesellschaft, da es „kein rechtlich geschütztes Interesse der Korporation selbst [gebe], stets und immer am Leben zu bleiben".[954] Dies alles lasse sich „aus den Auflösungsregeln der §§ 60 Abs. 1 Nr. 2 GmbHG und § 262 Abs. 1 Nr. 2 AktG ableiten".[955]

Ähnlich wird vom *BGH* in der *Girmes*-Entscheidung argumentiert, in der explizit herausgestellt wird, das Verbot eine Sanierung (hier in Frage stehend eine Kapitalherabsetzung!) zu verhindern, ließe sich „nicht aus einer der Gesellschaft gegenüber bestehenden Treupflicht herleiten", das Recht zur Auflösung der Gesellschaft durch Beschluss sei „jedoch einer qualifizierten, durch Gesetz oder Satzung bestimmten Mehrheit der Gesellschafter vorbehalten (§ 262 I Nr. 2 AktG)" und deshalb könne „eine Minderheit [...] die Auflösung der Aktiengesellschaft nicht erzwingen".[956]

Dem ist aus zwei Gründen zu widersprechen. Zunächst gibt es diese „Sanierungsentscheidung" nicht, es sei denn, man wolle alle Sanierungsentscheidungen in Auflösungsentscheidungen umqualifizieren. Dies ist nicht möglich und schon mit dem Hinweis auf die verschiedenen Verfahrensstadien, in denen eine Sanierung in Betracht kommt, ad absurdum zu führen.[957] Die Ablehnung eines Sanierungskonzeptes in der Strategiekrise stellt keine Auflösungsentscheidung dar. Abgrenzungsschwierigkeiten höchster Güte entstehen, wenn der Zeitraum festgestellt werden soll, in dem die Krise so weit vorangeschritten ist, dass es faktisch die Auflösung bedeutet.[958] Der Auflösungswille muss aber im Beschluss eindeutig erkennbar sein, um auch bei anderer Bezeichnung einen solchen anzunehmen.[959] Ob dies in jeder Situation zutrifft, also in der Ablehnung des Sa-

951 C. Die „Sanierungsentscheidung", S. 160.

952 Ebenso vorher bei der Kapitalerhöhung, vgl. *Kunze* S. 177: „Es besteht mithin normalerweise immer ein dringendes Interesse der Gesellschaft an einer Kapitalzufuhr im Wege einer Kapitalerhöhung".

953 Vgl. *Kunze* S. 178.

954 Vgl. *Kunze* S. 182.

955 Vgl. *Kunze* S. 182.

956 *BGH*, Urteil vom 20.03.1995 – II ZR 205/94 = NJW 1995, 1739, 1743 („Girmes").

957 Vgl. oben C. Die Sanierung, S. 40.

958 Unten, S. 3. Die Zeitpunktproblematik, S. 192.

959 Lutter/Hommelhoff/*Kleindiek* § 60 Rn. 5; *Schmidt/Bitter* in Scholz § 60 Rn. 13.

nierungskonzepts auch eine Auflösung der Gesellschaft gewollt ist, muss auch im finalen Krisenstadium aufgrund der bestehenden Möglichkeiten, die Gesellschaft aus der Insolvenz heraus fortzuführen, kritisch gesehen werden.[960] Deshalb ist es m. E. etwa rechtlich gar nicht möglich den eindeutigen Tagesordnungspunkt „Kapitalerhöhung" in irgendeiner Weise umzuqualifizieren, auch nicht durch faktisch rechtliche Behandlung in den Abwägungsgründen. Deshalb ist das Rekurrieren auf §§ 60 Abs. 1 Nr. 2 GmbHG und § 262 Abs. 1 Nr. 2 AktG hinsichtlich der Neutralität des Gesellschaftsinteresses nicht zulässig.

Daneben ist der Argumentation, die Korporation selbst habe keinerlei rechtliches Interesse daran, am Leben zu bleiben, in gewissem Umfang zu widersprechen.

Natürlich können die Gesellschafter jederzeit die Gesellschaft auflösen. Grundsätzlich zuzustimmen ist deshalb der Aussage, dieser Beschluss trage seine sachliche Rechtfertigung in sich[961] und ihm sei die Notwendigkeit einer Begründung – von krassen treufeindlichen Missbrauchssituationen[962] und § 826 BGB abgesehen[963] – fremd[964]. Im Falle des Auflösungsbeschlusses steht es einer qualifizierten Mehrheit frei, den Unternehmensgegenstand der Gesellschaft von einer werbenden Tätigkeit in eine Abwicklungsfunktion übergehen zu lassen.[965] Der Auflösungsbeschluss stellt eine zur Beendigung notwendige Ausnahme des Prinzips von § 33 Abs. 1, S. 2 BGB dar.[966] Im Fall der Beendigung braucht der Ge-

---

960 So schon zu Recht früher und die Girmes Entscheidung kritisierend, *Häsemeyer* ZHR 160 (1996), 109, 125; So auch *Müller,* S. 333, zu Girmes: „Auch die von der Beklagten repräsentierten Minderheit war ja weiterhin an einer Fortführung der Gesellschaft interessiert, lediglich über den richtigen Weg stritt man sich"; Vgl. zur insolvenzrechtlichen Sanierung auch oben IV. Rechtlicher Sanierungsrahmen.

961 *BGH,* Urteil vom 28.01.1980 – II ZR 124/78 = NJW 1980, 1278; *Hüffer* § 262 Rn. 11; *BGH,* Urteil vom 01.02.1988 – II ZR 75/87 = NJW 1988, 1579 („Linotype"); Lutter/Hommelhoff/*Kleindiek* § 60 Rn. 6; Wobei dies in diesem Zusammenhang heißt, dass eine besondere treupflichtige Prüfung grundsätzlich nicht erforderlich ist. Insgesamt ist die in Frage stehende materielle Beschlusskontrolle lediglich eine Ausformung von Fallgruppen entspringend aus der Treupflicht (zutreffend, GroßKommAktG/*Henze/Notz* Anh. § 53 a Rn. 23).

962 So im Ergebnis *BGH,* Urteil vom 28.01.1980 – II ZR 124/78 = NJW 1980, 1278; Vgl. auch Ulmer/*Raiser* § 14 Rn. 83.

963 *Schmidt/Bitter* in Scholz § 60 Rn. 17 m.w.N.

964 *Haas* in Baumbach/Hueck § 60 Rn. 20; Michalski/*Nerlich* § 60 Rn. 46.

965 MünchKommGmbHG/*Berner* § 60 Rn. 102

966 Bei „Auflösungsbeschlüssen bestehen über die gesetzliche bzw. satzungsmäßigen Anforderungen hinaus keine zusätzlichen Voraussetzungen unter dem Aspekt der

sellschafter auf das Gesellschaftsinteresse an einer werbenden Tätigkeit keine Rücksicht zu nehmen,[967] wobei diese „Freistellung" nicht für die Rücksichtnahme auf die mitgliedschaftsbezogenen Interessen der Mitgesellschafter gilt.[968] Dies betrifft jedoch insbesondere Fälle, in denen sich aus den Modalitäten der Auflösung ein Eingriff in die Rechte der Minderheit ergibt.[969] Hierbei handelt es sich allerdings nicht um einen Treupflichtverstoß, der sich aus dem Imperativ der Interessenabwägung ergibt, sondern um einen objektiven Verstoß. Die Rechtswidrigkeit wurzelt nicht direkt im Gemeinschaftsverhältnis, sondern ergibt sich aus den Begleitumständen[970] im Sinne von (Umstands-)Sittenwidrigkeit oder Rechtsmissbrauch.[971] Diese Kategorien sind aber in der Treupflicht „aufgegangen" und in deren Anwendungsbereich inkorporiert worden.[972]

Vom Grundsatz her kann eine (prosperierende) Gesellschaft allein durch den Mehrheitsbeschluss aufgelöst werden. Durch diesen Auflösungsbeschluss – aber auch erst durch diesen! – wird die werbende Gesellschaft zur Liquidationsgesellschaft[973], „solange ein solcher Beschluß nicht mit der erforderlichen Mehrheit gefaßt ist, bestehen Gesellschaft und Gesellschaftszweck fort"[974]; erst mit der Beschlussfassung erfolgt eine Abänderung des Gesellschaftszwecks.[975] *Hüffer* trifft es punktgenau: die „Auflösung nach § 262 Abs. 1 Nr. 1 bis 5 ist *Zweckänderung* und nichts sonst".[976]

Deshalb kann die Gesellschaft im Falle der Auflösung auch kein „eigenes" (entgegenstehendes) Interesse an ihrem Erhalt haben. Wie bereits dargestellt, leitet sich das Gesellschaftsinteresse aus dem Gesellschafts-

---

Treupflicht als Korrelat der Mehrheitsherrschaft", vgl. Rowedder/Schmidt-Leithoff/*Pentz* § 13 Rn. 68.

967 Es handelt sich hier um ein ausnahmsweise gesetzlich zuerkanntes „Eigenrecht" des Gesellschafters die Auflösung grundsätzlich ohne Rücksichtnahme auf die Interessen von Gesellschaft und Gesellschafter vorzunehmen, vgl. *Flume,* S. 217.

968 Ganz korrekt *Wilhelm* in FS Huber, S. 1019, 1027; vgl. auch *BGH*, Urteil vom 28.01.1980 – II ZR 124/78 = NJW 1980, 1278 (GmbH); *BGH*, Urteil vom 01.02.1988 – II ZR 75/87 = NJW 1988, 1579 (AG – „Linotype); *Nehls*, S. 144 f.

969 *BGH*, Urteil vom 01.02.1988 – II ZR 75/87 = NJW 1988, 1579 (AG – „Linotype").

970 MünchKommAktG/*Bungeroth* Vorbem. § 53 a Rn. 34.

971 Ähnlich *Nehls*, S. 144 f.

972 Vgl. hierzu auch unten, 2. Verwandt: Abberufung des Gesellschafter-Geschäftsführers, S 173.

973 *Hüffer* § 262 Rn. 2; Ulmer/*Casper* § 60 Rn. 121; Michalski/*Nerlich* § 60 Rn. 4.

974 *BGH*, Urteil vom 20.03.1995 – II ZR 205/94 = NJW 1995, 1739, 1743 („Girmes").

975 *Hüffer* § 262 Rn. 2; Spindler/Stilz/*Bachmann* § 262 Rn. 5; *Altmeppen in* Roth/Altmeppen § 60 Rn. 6.

976 *Hüffer* § 262 Rn. 2.

zweck ab,[977] wird dieser jedoch geändert, machen die Gesellschafter also von ihrem ureigenen Recht Gebrauch, den Verband in seinem Kern umzugestalten, muss das Gesellschaftsinteresse schon denklogisch außer Betracht bleiben, um einen Zirkelschluss zu verhindern.[978] Andernfalls wäre der Gesellschaftszweck um seiner selbst halber unabänderlich.

Der Unternehmensgegenstand ist in der Folge auf Abwicklung gerichtet[979], das Formalziel lautet darauf, alle hierzu erforderlichen Maßnahmen zu ergreifen.[980] Da die Auflösung nicht mit der Beendigung gleichzusetzen ist, bleibt auch durch mehrheitlichen Beschluss die Fortsetzung möglich (vgl. § 274 AktG, für die GmbH entsprechend[981]).

Jedoch ist die Ausrichtung der Gesellschaft bis zu diesem Zeitpunkt auf eine werbende, gewinnorientierte Zielsetzung gerichtet;[982] dies gilt auch, und umso mehr, in der Krise.[983] Dieser Ausrichtung folgt die Gesellschaft grundsätzlich ohne ein zeitlich begrenztes Element, also auf die Zukunft hin.[984] Bis zu dem Zeitpunkt zu dem die Gesellschafter einen Auflösungsbeschluss treffen, ist das am Gesellschaftszweck ausgerichtete verobjektivierte Interesse der Gesellschafter (Gesellschaftsinteresse) darauf bezogen, die Gesellschaft durch die Ergreifung wirtschaftlich vernünftiger Maßnahmen zur Gewinnerwirtschaftung zu befähigen[985] und somit zu erhalten.[986] Genau diesem Zweck dient die Sanierungsmaßnahme. Die herrschende Auffassung, die *Gesellschaft* könne daher vom Gesellschafter erwarten, „dass er die in einer mehrheitlich angestrebten Sanierung liegende Chance zur Krisenbewältigung nicht zunichte macht",[987] lässt sich nur so erklären. Dahingehend muss sich auch die Geschäftsführung verpflichtet sehen.[988] Wenn diese der herrschenden Meinung folgend zur Risikovorsorge, einer Sanierungsprüfung und ggfs.

---

977 b. Das Gesellschafts- oder Verbandsinteresse, S. 108.

978 MünchKommBGB/*Reuter* § 33 Rn. 26; *Zöllner* AG 2000, 145, 155.

979 MünchKommGmbHG/*Berner* § 60 Rn. 102; MünchKommAktG/*Hüffer* § 262 Rn. 12.

980 *BGH*, Urteil vom 23.05.1957 – II ZR 250/55 = NJW 1957, 1279; MünchKommAktG/*Hüffer* § 262 Rn. 12.

981 *Haas* in Baumbach/Hueck § 60 Rn. 91; *Schmidt/Bitter* in Scholz § 60 Rn. 5; MünchKommGmbHG/*Berner* § 60 Rn. 255.

982 *Hüffer* § 262 Rn. 2; *Schmidt/Bitter* in Scholz § 60 Rn. 3; Ulmer/*Casper* § 60 Rn. 121; Michalski/*Nerlich* § 60 Rn. 4.

983 Leinekugel/Skauradszun GmbHR 2011, 1121.

984 (2) Futuristisches Element im Gesellschaftsinteresse.

985 Richtig *Nehls*, S. 159.

986 *Heermann* ZIP 1994, 1243, 1246.

987 MünchKommAktG/*Bungeroth* Vorbem. § 53 a Rn. 35.

988 *Kreplin* in Nerlich/Kreplin § 9 Rn. 5; *Schuster* ZGR 2010 325, 331.

dem Einleiten von Sanierungsmaßnahmen verpflichtet ist[989], dann ist die Frage erlaubt, in welchem Interesse sie dies tun? Wahrscheinlich doch im wohlverstandenen Gesellschaftsinteresse, dem die Gesellschafter, der Vorstand ausdrücklich und der Geschäftsführer in Ermangelung von Anweisungen durch die Gesellschafter verpflichtet sind.[990]

Hierbei kann nicht darauf abgestellt werden, es handele sich etwa bei der Kapitalerhöhung um eine für die Gesellschaft rein neutrale Maßnahme und diese habe deshalb kein eigenes Interesse an deren Vornahme.[991] Bereits der *BGH* hat entschieden, dass einen Gesellschafter eine aus der Treupflicht abgeleitete Verpflichtung zur Übernahme einer Beitragserhöhung nur treffen kann, wenn „dies *im Gesellschaftsinteresse* [Hervorhebung durch den Bearbeiter] geboten und ihm unter Berücksichtigung seiner eigenen schutzwürdigen Belange zumutbar ist".[992] Schon gar nicht kann das behauptet werden, indem man in die Sanierungsentscheidung allein eine „Auflösungsentscheidung" hineinliest. Denn dann muss doch gefragt werden, ob sich nicht das Herz der Sanierung im unternehmerischen Bereich befindet, da die Sanierung letztlich „faktisch" der Umsetzung des Sanierungskonzepts und damit einer zutiefst im wirtschaftlichen Interessenbereich der Gesellschaft sowie primär dem Gesellschaftsinteresse verordneten Maßnahme[993] dient.[994] Warum das eine der Fall ist und das andere nicht bleibt undurchsichtig.

Es ist festzuhalten: Die Gesellschaft kann (und wird es im Zweifel auch) im Falle der Sanierung und hierbei zuvorderst bei der Vornahme

989 Gottwald//*Uhlenbruck/Gundlach* § 7 Rn. 45.

990 *BGH*, Urteil vom 21.04.1997 – II ZR 175/95 = NJW 1997, 1926; *OLG Zweibrücken*, Urteil vom 22. 12. 1998 – 8 U 98/98 = NZG 1999, 506.

991 *Zöllner* AG 2000, 145, 156: „Greift ein Grundlagenbeschluss in das Mitgliedschaftsrecht eines Aktionärs ein, wie insbesondere bei den Maßnahmen des UmwG, aber auch bei Bezugsrechtsausschluß und Kapitalherabsetzung, so sind neben den Treubindungen gegenüber der Gesellschaft auch die Treubindungen (= Rücksichtspflichten) gegenüber den Mitgesellschaftern zu beachten"; Vgl. insoweit auch unten bb. Der Bezugsrechtsausschluss, S. 219.

992 *BGH*, Hinweisbeschluss vom 26.03.2007 – II ZR 22/06 = NZG 2007, 582 (oHG); Auch *Wagner* NZG 2009, 1378, 1379 führt aus, dass es „sowohl *im Gesellschaftsinteresse* wie auch im eigenen Interesse aller Gesellschafter geboten sein konnte, aus Gründen der gesellschafterlichen Treuepflicht [dem Sanierungskonzept] zustimmen zu müssen".

993 Zutreffend *Wiedemann* EWiR 1994, 425, „Allerdings wird stärker herausgearbeitet, daß die Kapitalerhöhung (auch) eine Finanzierungsmaßnahme und damit eine Angelegenheit der Geschäftsführung darstellt".

994 A. A. *Henze* BB 1996, 489,493: „Die Abstimmung in der Hauptversammlung über eine Strukturmaßnahme berührt den Gesellschaftszweck nicht".

von Kapitalmaßnahmen in der Krise, ein Interesse[995] daran haben, diese vorzunehmen[996], um dem werbenden Gesellschaftszweck nachkommen zu können und Gewinnerwirtschaftung bzw. die Auskehr von Gewinnen zu ermöglichen. Die fraglichen Maßnahmen, in der Regel Kapitalerhöhungen bzw. –herabsetzungen und Bezugsrechtsausschlüsse, stellen sich im Sanierungsfall insbesondere nicht nach den Grundsätzen des Auflösungsbeschlusses für die Gesellschaft als in dem Sinne „neutral“[997] dar[998], dass ein entgegenstehendes Gesellschaftsinteresse nicht beachtlich wäre.

Vorgenannte Maßnahmen sind keine zweckändernden oder neutralen Grundlagenentscheidungen,[999] es handelt sich vielmehr um einen ambivalenten Beschluss, der die Interessen der Gesellschaft und der Gesellschafter zugleich tangiert und der weiterhin die einzelne Sanierungsmaßnahme und die Zukunft der Gesellschaft parallel betrifft. Während beispielsweise eine Kapitalherabsetzung nur unter Beachtung von Gesellschafts- und Gesellschafterinteressen erfolgen kann, muss sich die Auflösung nur an Gesellschafterinteressen, und hierbei nur in beschränktem Maße, orientieren. Es darf nicht angehen, dass mit der Umqualifizierung einer Kapitalmaßnahme in eine Auflösungsentscheidung zugleich die Bindung an das Gesellschaftsinteresse suspendiert wird.

---

995 Rowedder/Schmidt-Leithoff/*Pentz* § 13 Rn. 58 spricht ausdrücklich von einem „Finanzierungsinteresse der Gesellschaft“.

996 Dass die Gesellschaft ein wie auch immer geartetes Interesse an der Vornahme der Maßnahme hat, stellt auch *Flume* heraus, wenn er bei der Behandlung der Kapitalerhöhung schreibt: „Die Intention des Beschlusses und damit der Ausübung des Stimmrechts muß aber auf das Gesellschaftsinteresse gerichtet sein“, vgl. *ders.*, S. 212; So auch Henssler/Strohn/*Verse* GmbHG § 14 Rn. 106, der eine Zustimmungspflicht zur Kapitalerhöhung annimmt, wenn diese „im *Gesellschaftsinteresse* dringend geboten ist“; Dem folgen auch *Emmerich* in Scholz § 13 Rn. 46, „Hervorzuheben sind die Mitwirkung bei Sanierungsmaßnahmen, die im *Interesse der Gesellschaft* unabdingbar und den Gesellschaftern zumutbar sind“; ausdrücklich zustimmend auch *Nehls*, S. 155 „Ein Interesse der in wirtschaftlichen Schwierigkeiten geratenen AG an der Durchführung dieser Maßnahme zur Ermöglichung einer weiteren Zweckverfolgung ist damit ohne weiteres gegeben“; so auch *Heermann* ZIP 1994, 1243, 1246.

997 Zu den „neutralen“ Maßnahmen, vgl. *Wiedemann* Band I, S. 435.

998 „Die AG genießt zwar keinen allgemeinen Bestandsschutz, kann aber gleichwohl von jedem ihrer Aktionäre erwarten, dass er die in einer mehrheitlich angestrebten Sanierung liegende Chance zur Krisenbewältigung nicht zunichte macht“, vgl. MünchKommAktG/*Bungeroth* Vorbem. § 53 a Rn. 35; GroßKommAktG/*Henze/Notz* Anh. § 53 a Rn. 112.

999 Wie es aber der Liquidationsbeschluss ist, vgl. hierzu *Nehls*, S. 134.

II. Die Interessen der Gesellschafter

Die sanierungswilligen Gesellschafter entsprechen im vorliegenden Fall den Befürwortern der verschiedenen im Sanierungskonzept vorgesehen (Kapital-)Maßnahmen. Ihr Interesse entspricht grundsätzlich dem Gesellschaftsinteresse, da durch die Maßnahme die bis dato werbende Tätigkeit unterstützt und die Gesellschaft wieder zu Gewinnerzielung befähigt werden soll. Hierbei sind sie durchaus dazu bereit, die im Zuge der verschiedenen Maßnahmen erforderlichen Einsätze beizugeben. Das Gesellschaftsinteresse muss sich jedoch nicht zwingend mit dem Interesse der sanierungswilligen Mehrheit decken.[1000] Ob das der Fall ist hängt vom Einzelfall und in der Sanierungssituation insbesondere vom Sanierungskonzept und dessen Erfolgsaussichten ab.

Aus Sicht der opponierenden Gesellschafter sollen die streitgegenständlichen Maßnahmen nicht vorgenommen werden. Sie erkennen entweder gegenüber dem Sanierungskonzept bessere Alternativen (sei es in Bezug auf verschieden Maßnahmen oder deren konkrete Ausgestaltung, sei es bezüglich der grundsätzlichen Erfolgswahrscheinlichkeit), erachten ihre Interessen nicht als ausreichend berücksichtigt oder haben sich dazu entschieden, die Gesellschaft nicht mehr weiter zu fördern. Die mangelnde Bereitschaft, einen Beschluss zu unterstützen, kann sich aber im Einzelfall auch daraus ergeben, dass die Gesellschafter schlicht nicht dazu in der Lage sind, sich an der Maßnahme finanziell zu beteiligen[1001] und so bei der Zustimmung zwangsläufig eine Vermögenseinbuße (Verwässerung) hinnehmen müssen.

III. Drittinteressen

Nach teilweise vertretener Ansicht sind in die Interessenabwägung grundsätzlich auch Drittinteressen einzubeziehen.[1002] Dem kann, wie bereits oben ausgeführt[1003], nicht gefolgt werden. Die Rechtsbeziehungen der Gesellschafter untereinander und zur Gesellschaft begrenzen die Reichweite der Treupflicht („Binnenverhältnis"). Nur zwischen diesen kann sie wirken und nur in diesem Rahmen sind die jeweiligen Interes-

1000 Hierzu bereits oben: bb. Bestimmung des Gesellschaftsinteresses, S. 112.

1001 Priester ZIP 2010, 497, 502.

1002 *Hennrichs* AcP 195 (195), 221, 251, mit der Begründung aus § 242 BGB und Hinweis auf Art. 14 Abs. 2 GG.

1003 Oben 5. Drittinteressen, S. 129.

sen zu berücksichtigen. Zum Schutz von Gläubigerinteressen bestehen jedenfalls keine spezifischen Stimmrechtsschranken.[1004] Soweit Beziehungen zwischen der Gesellschaft und Dritten bestehen, sind Interessenkonflikte im Rahmen der vertraglichen und gesetzlichen Regelungsbereiche zu lösen. Andernfalls würde sich die Treupflicht von einer „gesellschaftsrechtlichen Allzweckwaffe" zu einer privatrechtlichen entwickeln und eine Grenzziehung unmöglich werden. Letztlich ist die Willensbildung der Gesellschaft ein privatautonomer, innergesellschaftlicher Vorgang.

E. Die Schutzwürdigkeit

Wie bereits ausgeführt, sind nur solche Interessen innerhalb der Abwägung zu berücksichtigen, die auch schutzwürdig sind. Um diese zu bestimmen, sind zunächst Orientierungspunkte aufzustellen. Zu berücksichtigen sind Interessen, die sich aus verfassungsrechtlich geschützten Bereichen ableiten lassen. Die verfassungsrechtlichen Garantien können hierbei aber – im Rahmen der zugestandenen Schranken – auch einfachgesetzlich ausgeformt sein, weshalb auch auf einzelne Regelungen und den Regelungskomplex der jeweiligen Gesetze abzustellen ist.

Gerade dieser Punkt, nämlich welche der vielfältig denkbaren Interessen zu berücksichtigen sind, ist von besonderer Bedeutung. Nur wenn es gelingt, die schutzwürdigen von den nicht beachtlichen Interessen zu separieren, kann die Interessenabwägung zum einen – in einem gewissen Umfang – vorhersehbar und zum anderen „interessengerecht" erfolgen und damit der Kritik begegnen, dass die treupflichtige Stimmrechtsausübung aufgrund der richterlichen Einzelfallentscheidungen nur schwer kontrollierbar und dem subjektiven Dafürhalten des Richters anheimgestellt ist.[1005]

I. Durch das Gesellschaftsverhältnis gemittelte persönliche Interessen der Gesellschafter

Generalisierend lässt sich sagen, dass nur solche Interessen zu berücksichtigen sind, die ein Verknüpfungsmoment zum Gesellschaftsverhältnis aufweisen.[1006] Da sich die Gesellschafter zur Förderung eines gemein-

---

1004 *Zöllner*, Mitgliedschaft, S. 47.

1005 Vgl. oben 2. Interessenabwägung, S. 141.

1006 Oben 5. Drittinteressen, S. 129.

samen Zwecks geeint haben, sind rein in der Privatsphäre des Gesellschafters anzusiedelnde Bedürfnisse beachtenswert.[1007] Ein Problem stellt sich in Schnittbereichen, in denen ein persönliches Moment zugleich mit dem Gesellschaftsverhältnis verknüpft ist, z.B. ein Konflikt zwischen dem Gesellschafter-Geschäftsführer einer GmbH, der seinen Lebensunterhalt mit den Verdiensten der Gesellschaft betreibt und seinem Mitgesellschafter, einer juristischen Person, die eine reine Kapitalgeberposition einnimmt. Bestehen gegenüber dem persönlich involvierten Gesellschafter erhöhte Rücksichtnahmepflichten des „Kapitalisten"? Hieraus ergibt sich die Fragestellung, ob ein persönliches Interesse, das durch die Gesellschaft gewissermaßen „gemittelt" wird, generell abstrakt berücksichtigungsfähig ist.[1008]

Kann sich, beispielhaft wenn der privat mit seinem Wohl an die Gesellschaft gebundene Gesellschafter in der Krise eine vertretbare Kapitalmaßnahme zur Rettung der Gesellschaft fordert und der Kapitalgeber dieser nicht folgen mag und dies mit ebenfalls vertretbaren Argumenten verneint, die Interessenabwägung zugunsten des persönlich involvierten Gesellschafters verschieben? Der Kapitalgeber wird sich in diesem Fall darauf berufen, dass die private Abhängigkeit zumindest kein gesellschaftlich-wirtschaftliches Argument ist und die persönlichen Belange der Gesellschafter nicht den Ausschlag geben dürften. Dass persönliche Verhältnisse und Interessen des Gesellschafters *nicht* zu berücksichtigen sind, soll anhand nachfolgender Beschlüsse dargestellt werden.

Außer Betracht bleiben hierbei Interessen, die eindeutig „gemittelt" wurden. Bei diesen handelt es sich um grundsätzlich nicht zu berücksichtigende Privatinteressen, die ausdrücklich mit dem Gesellschaftsverhältnis verknüpft wurden, etwa durch Niederlegung im Gesellschaftsvertrag, durch Beschluss oder Gesellschaftervereinbarungen.

1. Verwandt: Thesaurierungsbeschlüsse

Dem vorgenannten Beispiel änhlich gelagerten Fällen begegnet man im Zusammenhang mit der Frage nach Thesaurierungs- und Gewinnausschüttungspflichten, vor allem beim „Aushungern" von GmbH Minder-

---

1007 *Zöllner* AG 2000, 145, 154; Es steht den Gesellschafter natürlich frei abweichendes zu regeln.

1008 Für die Möglichkeit der Einbeziehung MünchKommGmbHG/*Lieder* § 55 Rn. 33; *Priester* ZIP 2010, 497.

heitsgesellschaftern.[1009] Hier ist streitig, wie der Konflikt zwischen dem Finanzierungsinteresse der Gesellschaft und dem Ausschüttungsinteresse der Gesellschafter zu lösen ist und insbesondere inwieweit persönliche Motivationen berücksichtigt werden können. Zugespitzt ließe sich fragen, ob die Interessenabwägung in dem Maße weiter verschoben werden muss, in dem die Maßnahme den persönlichen Ruin des Gesellschafters bedeuten würde.

Wenn in diesem Fall teilweise private Belange der Gesellschafter einbezogen werden, kann dem nicht gefolgt werden.[1010]

Richtigerweise ist allein der *abstrakte* Gewinnanspruch der Gesellschafter zu berücksichtigen, dessen Gewichtung nicht mit der persönlichen Lage der Gesellschafter und deren individuellen Bedürfnissen steigt. Es ist nicht von Belang, ob „die Gesellschafter das Geld zum Lebensunterhalt oder zur Überwindung finanzieller Engpässe benötigen".[1011] Dies stellt zutreffend einen nicht abgrenzbaren Anknüpfungspunkt dar.[1012] Das Gewinnbezugsrecht an sich ist unmittelbar gesellschaftsbezogen und daher objektiv zu berücksichtigen, wohingegen die persönliche Ausgabenplanung reine Privatsache ist.[1013] Ohne weiter vertiefend auf Einzelheiten einzugehen, bleibt festzuhalten, dass (auch) in dieser Konstellation über die Gesellschaft gemittelte Privatinteressen außer Acht zu bleiben haben.[1014] Es ist ein rein objektiver Maßstab anzusiedeln, bei dem das abstrakte Finanzierungsinteresse, im Sinne einer betriebswirtschaftlichen, am Gesellschaftszweck ausgerichteten, Bestimmung gegenüber dem objektiven Interesse des Gesellschafters an der Ausschüttung im Einzelfall abzuwägen ist.[1015] Das entspricht auch der sachlich zugehörigen Vorschrift des Aktienrechts (vgl. § 254 AktG).[1016]

1009 Vgl. hierzu MünchKommGmbHG/*Ekkenga* § 29 Rn. 163 ff.; Einführung in die Problematik bei *Schmidt-Diemitz* in Gesellschaftsrecht 1999, S. 79, 86 ff.

1010 *OLG Düsseldorf*, Urteil vom 18.05.2005 – 15 U 202/04 = NZG 2005, 633; wohl auch Lutter/Hommelhoff/*Hommelhoff* § 29 Rn. 24.

1011 MünchKommGmbHG/*Ekkenga* § 29 Rn. 169.

1012 *Hommelhoff* ZGR 1986, 418, 436.

1013 *Fastrich* in Baumbach/Hueck § 29 Rn. 33.; Henssler/Strohn/*Verse* GmbHG § 14 Rn. 101.

1014 *Priester* in Beck Hdb GmbH § 57 Rn. 37;

1015 *Fastrich* in Baumbach/Hueck § 29 Rn. 34; Michalski/*Salje* § 29 Rn. 44; MünchKommGmbHG/*Ekkenga* § 29 Rn. 169 ff.

1016 Spindler/Stilz/*Stilz* § 255 Rn. 1; MünchKommAktG/*Hüffer* § 255 Rn. 2.

Auch dort ist „nicht auf das Einzelinvestment, sondern auf die Rendite des Grundkapitals [abzustellen]".[1017]

Beachtenswert ist weiterhin die vom Gesetzgeber im Rahmen des Bilanzrichtliniengesetzes[1018] bestätigte Entscheidung im GmbH-Recht, das Vollausschüttungsgebot „beschlussdispositiv" auszugestalten.[1019] Den Gesellschaftern ist es gem. § 29 Abs. 2 GmbHG mit einfacher Mehrheit gestattet, Beträge in Gewinnrücklagen einzustellen oder als Gewinn vorzutragen, um so die für die Überlebensfähigkeit der Gesellschaft unerlässliche Rücklagenbildung sicherzustellen.[1020] Die Möglichkeit, die Gesellschaft durch Bildung offener Rücklagen zu stärken, hat mit der Einschränkung von bilanziellen Wahlrechten durch das BilMoG[1021] noch an Bedeutung gewonnen.[1022] Deutlich ist eine dem Aktienrecht vergleichbare Regelung einer Mindestdividende und eines Anfechtungsrechts (vgl. §§ 58 Abs. 2 und 254 Abs. 1 AktG) unterblieben. Am Rande sei darauf hingewiesen: Das Aushungern der Gesellschafter ist nicht nur ein Problem der Thesaurierungsbeschlüsse, sondern beginnt bereits vorgeschaltet bei der Aufstellung und Feststellung des Jahresabschlusses und den hierbei bestehenden Prognose-[1023] und Bewertungsspielräumen[1024].

2. Verwandt: Abberufung des Gesellschafter-Geschäftsführers

Betrachtet man den zum GmbH-Recht ergangenen und vielfach im Bereich der Treupflicht zitierten[1025] Beschluss des *BGH* zur Abberufung eines mit 49 % beteiligten Gesellschafter-Geschäftsführers durch den mit 51 % beteiligten Mehrheitsgesellschafter, kann an der Nichtberücksichti-

---

1017 MünchKommAktG/*Hüffer* § 254 Rn. 2: „Nicht zu folgen ist der akzentverschiebenden Annahme, dass § 254 auf den Individualschutz des Minderheitsaktionärs gerichtet sei"; a. A. GroßKommAktG/*Schmidt* § 254 Rn. 1, „Individualschutz des Minderheitsaktionärs".

1018 Bilanzrichtlinien-Gesetz (BiRiLiG) vom 24.12.1985 (BGBl I, 2355 ff.).

1019 *Priester* in Beck Hdb GmbH § 57 Rn. 6.

1020 *Emmerich* in Scholz/Schmidt § 29 Rn. 65.

1021 Gesetz zur Modernisierung des Bilanzrechts („BilMoG") vom 25. Mai 2009 (BGBl. I S. 1102).

1022 Insbesondere durch Abschaffung von Wahlrechten, einem allg. Wertaufholungsgebot und einigen Aktivierungsgeboten, vgl. hierzu *Hennrichs* GmbHR 2010, 17; *ders.* in Winkeljohann/Reuter, S. 99 ff.; *Göllert* DB 2008, 1165; *Priester* in Beck Hdb GmbH § 57 Rn. 6.

1023 Vgl. *Hennrichs* AG 2006, 698.

1024 Hierzu *Künkele/Zwirner* DStR 2010, 2263; *Kirsch* BC 2009, 254.

1025 *Lutter* ZHR 162 (1982) 164, 166.

gung privater Belange gezweifelt werden.[1026] In dieser Zwei-Mann-GmbH konnte der Mehrheitsgesellschafter (V) den Minderheitsgesellschafter (K) mit einfacher Mehrheit gem. § 38 GmbHG von der Geschäftsführung ausschließen, während andererseits – durch Satzungsgestaltung – der V die Gesellschafterstellung als Sonderrecht innehatte und er nur aus wichtigem Grund abberufen werden konnte. Die gesellschaftsvertraglichen Regelungen erfolgten im Zuge einer steuerrechtlich motivierten Betriebsaufspaltung. Die ursprünglich das Unternehmen führende OHG, in der gleichmäßige Verhältnisse herrschten und dem K die Geschäftsführungs- und Vertretungsbefugnis durch Mehrheitsentscheidung nicht entzogen werden konnten, fungierte nun als Besitzgesellschaft.

Als der V den K wegen jedenfalls nicht schwerer Verstöße nach 20 Jahren Zusammenarbeit von der Geschäftsführungsstellung abberief und ihm damit zugleich die berufliche Lebensgrundlage nahm, beurteilte der *BGH* dies als treupflichtwidriges Vorgehen. Dem Mehrheitsgesellschafter stehe es nicht zu, den Mitgesellschafter wegen geringer Verstöße um seine berufliche Lebensgrundlage zu bringen und ihn aus der Gesellschaft zu drängen.

Dem kann nicht zugestimmt werden.[1027] Zwar folgt der Beschluss dem ethischen Empfinden, er ist jedoch in der Abwägung fehlgeleitet, da das Interesse des Gesellschafters K, seinen Lebensunterhalt als Geschäftsführer der Unternehmung zu verdienen, nicht geschützt ist. Geschützt sind nur solche Interessen, die mit der Mitgliedschaft „ihrer rechtlichen Struktur nach typischerweise verknüpft sind, ohne Rücksicht auf besondere, individuelle, außerhalb des Verbands in seiner gegenwärtigen Struktur liegenden Verhältnisse".[1028] Es ist schon fraglich, welches mitgliedschaftliche Rechtsverhältnis ihm ein Anrecht auf die Geschäftsführerstellung zu Gute kommen lässt. Geschützt wird letztlich die „berechtigte Erwartung"[1029] des Minderheitsgesellschafters „er werde nicht wegen irgendwelcher Kleinigkeiten vom 51 % Bruder rausgeschmissen werden", was sich aus den gesamten Umständen des Lebenssachverhalts ergeben sollte.[1030] Im Gegensatz zur Entscheidung zur Rücklagenbildung hatte der Gesellschafter nicht einmal ein wie auch immer geartetes gesell-

---

1026 *BGH*, Beschluss vom 29.11.1993 – II ZR 61/93 = DStR 1994, 214 m. Anm. Goette.

1027 Zustimmend aber: Lutter ZHR 162 (1998), 164, 168 f.; Goette DStR 1994, 214.

1028 *Zöllner*, Mitgliedschaft, S. 31.

1029 Hierzu: *Lutter* ZGR 1998, 191, 198, 199; auch unten VI. Bloße Hoffnungen und berechtigte Erwartungen der Gesellschafter, S. 182.

1030 *Lutter* ZHR 162 (1998), 164, 169.

schaftsrechtliches Anrecht auf den Geschäftsführerposten.[1031] Wie auch *Goette* zutreffend feststellt, hat sich der Minderheitsgesellschafter selbst in diese missliche Lage gebracht, indem er die gesellschaftsvertragliche Gestaltung zuließ.[1032] Dass dies nicht sein Verschulden war, sondern das seiner Berater, ist unbeachtlich. Insbesondere die Begründung des *BGH*, es sei treupflichtwidrig, den Gesellschafter „um seine berufliche Lebensgrundlage zu bringen", vermengt private und gesellschaftliche Belange. Wäre dieser Fall ebenso entschieden worden, wenn der Minderheitsgesellschafter in anderen Vermögensverhältnissen stünde oder die Anteilsrechte (geringfügig) anders verteilt gewesen wären? Wohl wäre einem mit nur wenigen Prozenten an der Gesellschaft beteiligten Gesellschafter dieses Recht nicht zugestanden worden.

Die grundsätzlich freie Abberufung des Geschäftsführers hätte hier allein durch ein entgegenstehendes Gesellschaftsinteresse ihre Schranke finden dürfen. Allzu schnell könnte man zu einer Gerechtigkeitskontrolle statt zu einer Rechtmäßigkeitskontrolle gelangen. An dieser Stelle hätte alternativ ein rechtsmissbräuchliches Verhalten angenommen werden können, denn der Zweck der Ausschließung war hier das Erreichen des verwerflichen Ziels und eigentlicher Anknüpfungspunkt.[1033] So hätte die Beschlussfassung über die Erlangung persönlicher Vorteile gem. § 243 Abs. 1 AktG (analog)[1034] bzw. wegen Umstandssittenwidrigkeit nach § 243 Abs. 1 AktG i. V. m. § 138 BGB[1035] angegriffen werden können. Diese Entscheidung aber über die Treupflicht zu entscheiden ist nicht konzeptstimmig, entspricht aber der herrschenden Entwicklung, den Wirkungs-, Interessen- und Anwendungsbereich der Treupflicht sehr weit auszulegen und damit anderen passenden Anfechtungspunkten die Anwendung zu nehmen.[1036]

3. Stellungnahme

In der Literatur wird vertreten, dass, zumindest in *Ausnahmesituationen*, auch auf private Belange der Gesellschafter Rücksicht zu nehmen

1031 Anders zu beurteilen bei den Personengesellschaften, vgl. *Schmidt*, S. 601.

1032 *Goette* DStR 1994, 214, 216.

1033 Vgl. *Emmerich* in Scholz § 13 Rn. 41.

1034 *BGH*, Urteil vom 28.01.1980 – II ZR 124/78 = NJW 1980, 1278; Ulmer/*Raiser* Anh. § 47 Rn 125; Michalski/*Römermann* § 47 Rn. 307.

1035 Michalski/*Römermann* § 47 Rn. 302 ff.

1036 MünchKommAktG/*Hüffer* § 243 Rn. 72; Michalski/*Römermann* § 47 Rn. 304.

ist.[1037] Eine solche soll bestehen, wenn zwischen den Gesellschaftern ein bestimmtes Vertrauensverhältnis herrscht und dieses auch in Bezug auf die Realstruktur der Gesellschaft schutzwürdig erscheint.[1038] Hierbei handelt es sich dann wohl um die „geschützte Erwartung" der Mitgesellschafter, man werde sich grundsätzlich kollegial verhalten und auf die persönlichen Belange seiner Mitunternehmer ausreichend Rücksicht nehmen.[1039] Dann soll die Rücksichtnahmepflicht auf private Interessen in ausreichendem Maße durch das Gesellschaftsverhältnis gemittelt werden, so könnte „ein enges persönliches Vertrauensverhältnis [...] mithin dazu führen, daß private Konflikte auf die Gesellschaft zurückschlagen und gesellschaftsrechtliche Sanktionen auslösen".[1040]

Jedenfalls ist bei der Berücksichtigung persönlicher Verhältnisse besondere Vorsicht geboten. Während solche, die in keinerlei Bezug zur Gesellschaft stehen, keine Berücksichtigung finden dürfen, ist hinsichtlich durch die Gesellschaft gemittelte persönliche Interessen eine restriktive Haltung einzunehmen. Problematisch ist es hierbei, insbesondere aus freien und nicht unmittelbar griffigen Ansatzpunkten heraus eine vom Grundsatz abweichende Bewertung durchzuführen. Als solche angesprochen sind speziell das „Vertrauensverhältnis" und die „Realstruktur". Eine Problematik, die hinsichtlich der AG natürlich bedeutend geringer ist als bei der GmbH[1041] und in den Grundsätzen besonders stark aus dem Personengesellschaftsrecht in das Kapitalgesellschaftsrecht transportiert wurde.[1042] Sollen diese Interessen/Umstände berücksichtigt werden, muss ihre Schutzwürdigkeit auch eindeutig durch das Gesellschaftsverhältnis gemittelt werden. Hierbei ist auf die gesetzliche und zuvorderst privatautonome (Satzung/Gesellschaftsvertrag/Abreden etc.) Gestaltung der Gesellschaft abzustellen.

Dies soll an einem *Beispiel* verdeutlicht werden. Für treupflichtige und zustimmungsrelevante Maßnahmen, in denen auch private Interessen berücksichtigt werden sollen, ist die im Ermessen der Gesellschafter ste-

1037 *Zöllner,* Mitgliedschaft, S. 341; *Winter,* Treuebindungen, S. 19, 187 ff; *Reichert,* Zustimmungserfordernis, S. 226.

1038 *Zöllner,* Mitgliedschaft, S. 341.

1039 *Lutter* ZGR 1998, 191, 198 f.

1040 *Winter,* Treuebindungen, S. 19.

1041 Nichtsdestoweniger hat das *BVerfG* im Rahmen des Squeeze-Out die Beteiligung von Aktionären aus dem Familienkreis an einem Familienunternehmen als ein gegen den Ausschluss streitendes anerkennenswertes Interesse genannt, vgl. *BVerfG,* Beschluss vom 30.05.2007 – 1 BvR 390/04 = NJW 2007, 3268, 3270 mit Hinweis auf *OLG Hamburg,* Urteil vom 08.08.2003 – 11 U 45/03 = NZG 2003, 978, 979.

1042 Vgl. *Winter,* Treuebindungen, S. 19.

hende[1043] Zustimmung zur Anteilsveräußerung in der GmbH zu nennen.[1044] Gem. § 15 Abs. 1 GmbHG ist der Geschäftsanteil grundsätzlich frei und ohne Genehmigungspflicht der Mitgesellschafter veräußerlich. Nach § 15 Abs. 5 GmbHG kann jedoch die Abtretung der Geschäftsanteile an weitere Voraussetzungen geknüpft, insbesondere von der Genehmigung der Gesellschaft abhängig gemacht werden. Im Rahmen dieser Genehmigungsentscheidung, die in der Regel einen Gesellschafterbeschluss erfordern wird, haben die Gesellschafter unter Berücksichtigung ihrer treupflichtigen Bindungen gegenüber Mitgesellschaftern und Gesellschaft abzustimmen.[1045] Berücksichtigungsfähig sind hierbei das Gesellschaftsinteresse und die gesellschafts- bzw. mitgliedschaftsbezogenen Interessen der Gesellschafter.

Ob die Gesellschafter nun die Zustimmung allein aus dem Grund verweigern dürfen, weil ihnen der Erwerbswillige „schlicht unsympathisch" ist oder ob dies eine sachfremde und rechtsmissbräuchliche Erwägung darstellt[1046], hängt von der Frage ab, ob dieses durch ihre Mitgliedschaft gemittelte, aber primär im privaten Bereich angesiedelte Interesse schutzwürdig ist. Wenn dies von der Realstruktur der Gesellschaft abhängig gemacht werden soll, ist dies sicherlich richtig; die Schutzwürdigkeit zur Berücksichtigung dieses Interesses ist jedoch andernorts gesetzt. Sie folgt aus der gesellschaftsvertraglichen Regelung, die Anteile von der grundsätzlichen Fungibilität auszuschließen. Der Hauptzweck einer solchen Regelung ist es nämlich, die Gesellschaft vor *„unliebsamen* Eindringlingen" zu schützen[1047], wozu eben grundsätzlich auch die Verweigerung aus persönlichen Gründen gehört[1048]. Inwieweit nun hierbei die jeweilige Berücksichtigung der privaten Belange im Einzelfall zu gewichten ist (Reichweite), muss in der nachfolgenden Abwägungsentscheidung geklärt werden, hierbei ist die Realstruktur bedeutend, aus der sich die letztliche Gewichtung der Belange ergeben kann.

1043 MünchKommGmbHG/*Reichert/Weller* § 15 Rn. 409; Michalski/*Ebbing* § 15 Rn. 155.

1044 *Fastrich* in Baumbach/Hueck § 15 Rn. 46; Michalski/*Ebbing* § 15 Rn. 155; *Winter/Seibt* in Scholz § 15 Rn. 127; *Reichert*, Zustimmungserfordernis, S. 224.

1045 Die Treupflicht kann nach h. M. Grundlage für die Zustimmungsentscheidung sein, auch wenn keine Satzungsbestimmungen betreffend konkreter Zustimmungsmodalitäten bestehen. Im Einzelnen jedoch streitig, vgl. *Fastrich* in Baumbach/Hueck § 15 Rn. 46; Michalski//*Ebbing* § 15 Rn. 155.

1046 *Winter/Seibt* in Scholz § 15 Rn. 127; Michalski/*Ebbing* § 15 Rn. 155.

1047 *Reichert*, Zustimmungserfordernis, S. 237.

1048 *Reichert*, Zustimmungserfordernis, S. 238.

II. Gesellschaftsinteresse

Die Schutzwürdigkeit des Gesellschaftsinteresses ergibt sich bereits aus den oben gemachten Ausführungen.[1049] Die Berücksichtigung des Gesellschaftsinteresses, unabhängig von der jeweiligen Intensität und Ausnahmen im Einzelfall, ist ein Grundsatz des Gesellschaftsrechts und findet Betonung in der Treupflicht, die postuliert, dass in gesellschaftlichen Belangen Rechte grundsätzlich unter Berücksichtigung des Gesellschaftszwecks und unter gebotener Rücksichtnahme gegenüber den Mitgesellschaftern auszuüben sind.[1050] In § 705 kommt die Zweckförderungspflicht[1051] der Gesellschafter originär zum Ausdruck[1052]; sie leitet sich aus der Vergemeinschaftlichung des Zwecks der Gesellschaft, zu dessen Realisierung sich die Gesellschafter zusammenschließen, ab.[1053] Das Gesellschaftsinteresse ist auch nicht durch besondere gesetzliche Regelungen im Fall der Sanierungsentscheidung unbeachtlich.[1054] Deshalb ist das Gesellschaftsinteresse an der Durchführung einer Kapitalmaßnahme in der Krise genauso geschützt und somit grundsätzlich beachtlich, wie es außerhalb der Krise der Fall wäre. Dem Gesellschaftsinteresse ist besonderes Gewicht einzuräumen. Da sich die Gesellschafter zur Förderung des gemeinsamen Zwecks zusammengeschlossen haben, trägt eine Maßnahme, die das Gesellschaftsinteresse positiv beeinflusst, die Richtigkeitsvermutung des Verbandes in sich und kann dementsprechend höher bewertet werden.

III. Anteilseignerrechte und Art. 14 GG

Zunächst wird das Anteilseignerrecht der Mehrheit als auch der Minderheit grundsätzlich vom Schutzbereich des Art. 14 GG umfasst[1055] und

1049 Vgl. oben 2. Die Richtschnur des Gesellschafts- bzw. Unternehmensinteresses, S. 102; I. Das Interesse „der Gesellschaft“, S. 162.

1050 GroßKommAktG/*Henze/Notz* Anh. § 53 a Rn. 52 m.w.N.

1051 Staudinger/*Habermeier* § 705 Rn. 19.

1052 *Nonn*, S. 79.

1053 Staudinger/*Habermeier* § 705 Rn. 17.

1054 Ausführlich oben I. Das Interesse „der Gesellschaft“ , S. 162.

1055 Zur Aktie: *BVerfG*, Urteil vom 07.08.1962 – 1 BvL 16/60 = NJW 1962, 1667 („Feldmühle“); *BVerfG*, Urteil vom 01.03.1979 – 1 BvR 532, 533/77, 419/78, 1 BvL 21/78 = NJW 1979, 699 („Mitbestimmung“); *BVerfG*, Beschluss vom 27.04.1999 – 1 BvR 1613/94 = NZG 1999, 931 („Dat/Altana“); *BVerfG*, Beschluss vom 30.05.2007 – 1 BvR 1267 = NZG 2007, 629.

zwar sowohl hinsichtlich der mitgliedschaftlichen Stellung in Mitverwaltungsangelegenheiten[1056] als auch auf die vermögensrechtlichen Ansprüche[1057] bezogen.[1058] Hieraus entspringt das schützenswerte Anliegen des einzelnen Gesellschafters nur durch einverständliche bzw. mit der notwendigen Mehrheit getroffene Maßnahmen beeinträchtigt zu werden. Das Verlangen der sanierungswilligen an die obstruierenden Gesellschafter, der sanierenden Maßnahme zuzustimmen, kann als von der Sozialpflichtigkeit des Eigentums gem. Art. 14 Abs. 2 GG grundsätzlich erfasst angesehen werden.[1059] Insofern ist auf die Entscheidung zur verfassungsrechtlichen Legitimierung des „Squeeze-Out" zu verweisen, der einer Mehrheit gegenüber der Minderheit das Recht vermittelt, diese durch einfachen Beschluss, jedoch gegen angemessene Abfindung, aus der Gesellschaft zu drängen.[1060] Wobei fraglich ist, ob es sich hierbei noch um eine Inhaltsbestimmung gem. Art. 14 Abs. 1, S. 1 GG handelt oder bereits um eine Enteignung.[1061] Jedenfalls wird zum einen durch die Möglichkeit, mittels qualifizierter Mehrheit, über die Auflösung zu entscheiden und zum anderen etwa durch die Kodifizierung des „Squeeze-Out" verdeutlicht, dass zwar ein Schutz der Mitgliedschaft besteht, im einen Fall durch das erhöhte Mehrheitserfordernis, im anderen Fall durch die Notwendigkeit einer 95 % Mehrheit und der Voraussetzung einer Gewährung einer angemessenen Barabfindung (§ 327 a AktG), dieser Schutz eben jedoch nicht uneingeschränkt ist. Auch das ist ein Aspekt der Sozialpflichtigkeit des (Aktien-)Eigentums und des abwägenden Ausgleichs divergierender (Anteilseigner-)Interessen.[1062]

1056 Insbesondere das Teilnahmerecht an Gesellschafterversammlungen, Auskunftsrecht, Stimmrecht und das Anfechtungsrecht.

1057 Insbesondere Gewinnanspruch und Liquidationsquote, daneben Bezugsrecht und Recht auf Abfindungs- und Ausgleichsansprüche.

1058 *Depenheuer* in Mangoldt/Klein/Starck, GG I, Art. 14 Rn. 142; Maunz/Düring/*Papier* Art. 14 Rn. 195; *Bay/Seeburg/Böhmer* ZInsO 2011, 1927, 1936; Zur Unterscheidung von Mitverwaltungs- und Vermögensrechten vgl. *Schmidt*, S. 557 f.

1059 *Hennrichs* AcP 195 (195), 221, 251; Zur allgemeinen Sozialpflichtigkeit des Anteilseigentums, vgl. "); *BVerfG*, Urteil vom 01.03.1979 – 1 BvR 532, 533/77, 419/78, 1 BvL 21/78 = NJW 1979, 699 („Mitbestimmung").

1060 *BVerfG*, Beschluss vom 30.05.2007 – 1 BvR 390/04 = NJW 2007, 3268 („Squeeze-Out").

1061 Für Inhaltsbestimmung, *BVerfG*, Beschluss vom 30.05.2007 – 1 BvR 390/04 = NJW 2007, 3268 („Squeeze-Out"); *OLG München*, Urteil vom 28.09.2011 – 7 U 711/11 = NZG 2011, 1227; *Wendt* in Sachs Art. 14 Rn. 118a; *Hofmann* in Schmidt-Bleibtreu/Hofmann/Hopfauf Art. 14 Rn. 49; *Bay/Seeburg/Böhmer* ZInsO 2011, 1927, 1937.

1062 *BVerfG*, Beschluss vom 23.08.2000 – 1 BvR 68/95 u. 1 BvR 147/97 = NJW 2001, 279 („Moto Meter").

IV. Vereinigungsfreiheit – Art. 9 GG

Im Verhältnis nur wenig diskutiert wird die Wirkung, die Sanierungspflichten im Hinblick auf den Schutzbereich des Art. 9 GG entfalten können,[1063] denn das Recht der negativen Vereinigungsfreiheit umfasst den Schutz vor „jedweder Form zwangsweiser Umverteilung oder zwangsweiser Einräumung von Fremdmitgliedschaftsrechten".[1064] Während *Müller* im Rahmen der großen Insolvenzrechtsreform noch die Ansicht vertrat, die Möglichkeit Dritte gegen den Willen der Gesellschafter an der Körperschaft zu beteiligen sei eher ein Problem des Art. 9 GG, denn des Art. 14 GG,[1065] wird ein möglicher Eingriff in Art. 9 GG heute, wenn überhaupt, nur am Rande behandelt.[1066] Dies liegt vor allem an der Idealkonkurrenz der Art. 9 und 14 GG, wobei, je weiter die Gesellschaft mitgliedschaftlich personenrechtlich ausgestaltet ist, desto mehr soll Art. 9 GG Anwendung finden und je mehr Elemente eines kapitalistischen Zusammenschlusses bestehen, desto eher ist Art. 14 GG einschlägig.[1067] Es ist sicherlich nachvollziehbar, sich im Bereich der Publikums-AG vorrangig auf Art. 14 GG zu konzentrieren,[1068] weil der persönliche Zusammenschluss fast gänzlich außen vor bleibt, jedoch kann auch hier, je nach Ausgestaltung (Familien-AG) und jedenfalls im Recht der GmbH, eine alleinige Auseinandersetzung mit Art. 14 GG nicht genügen. Das rechtlich geschützte Interesse, über die Aufnahme von Mitgliedern in eine privatrechtliche, unternehmerische Gesellschaft zu entscheiden, muss deshalb insbesondere bei der Zustimmung zu Kapitalmaßnahmen und hierbei speziell dem Bezugsrechtsausschluss Berücksichtigung finden.[1069]

1063 Hierzu *Müller*, S. 364; *Madaus* ZGR 2011, 749, 761 ff.

1064 Maunz/Dürig/*Scholz* Art. 9 Rn. 93.

1065 *Müller*, S. 364.

1066 Soweit ersichtlich, aus der Fülle der vor allem im Rahmen der neueren Gesetzgebung erfolgten Beiträge, als einzige auf Art. 9 GG verweisend, *Madaus* ZGR 2011, 749, 761 ff.; *Müller* KTS 2011, 1, 12 f; *Bitter* ZGR 2010, 147, 196.

1067 Maunz/Dürig/*Scholz* Art. 9 Rn. 111.

1068 Dies tut auch der *BGH* in seinen bisher relevanten Entscheidungen, vgl. oben III. Anteilseignerrechte und Art. 14 GG, S. 178.

1069 Maunz/Dürig/*Scholz* Art. 9 Rn. 111; *Bitter* ZGR 2010, 147, 196 f., sieht Rechte aus Art. 9 GG, durch den neuerdings im *Insolvenzverfahren* möglichen Debt-Equity-Swap, jedenfalls nicht beeinträchtigt. Da die „Gesellschafter die Anteile ab Eröffnung des Insolvenzverfahrens nur noch treuhänderisch innehaben", sei nicht der Wille der Altgesellschafter entscheidend, sondern der „der Gläubiger, für deren Rechnung die Anteile nunmehr gehalten werden".

V. Privatautonome Entscheidungsfindung

Im stimmpflichtigen Kontext ist natürlich auch immer zu berücksichtigten, dass die Aufgabe einer bestimmten Stimmweise durch den Richter, den Gesellschafter zunächst in seiner persönlichen Handlungsfreiheit gem. Art. 2 Abs. 1 GG einschränkt. Denn „jedes Tun und Lassen nach dem eigenen Willen und damit letztlich jede Freiheit von staatlichem Zwang werden vorbehaltlich vorrangiger Spezialgrundrechte, vom Schutzbereich erfasst".[1070] Dem Einzelnen ist es daneben durch die Garantie der Privatautonomie[1071] speziell in wirtschaftlichen Sachverhalten gestattet, seine Rechtsverhältnisse nach seinem Willen selbst und eigenverantwortlich gestalten zu können,[1072] es besteht ein klarer Konflikt zwischen der Treupflicht und der Privatautonomie.[1073] Das Interesse eines Mehrheitsaktionärs an der freien Entfaltung seiner unternehmerischen Initiative fällt unter den Schutz des allgemeinen Persönlichkeitsrechts nach Art. 2 Abs. 1 GG und kollidiert mit dem ebenfalls geschützten Recht des Minderheitsgesellschafters nach Art. 14 Abs. 1 GG.[1074] In diesen Situationen wird „der Konflikt zwischen dem Gedanken der Privatautonomie, der legitimen Egoismus als Grundlage „richtiger" Entscheidungen anerkennt, und der Pflichtbindung des Stimmrechts [...] offenbar".[1075]

VI. Bloße Hoffnungen und berechtigte Erwartungen der Gesellschafter

In Sanierungssituationen können sich verschiedene Situationen ergeben, in denen eine Minderheit mit dem Beschlussinhalt nicht zufrieden ist. Ausschlaggebend hierfür ist oft die Befürchtung, durch den Beschluss benachteiligt zu werden. Im *Girmes*-Fall etwa setzte sich die eine Sperrminorität erreichende Minderheit dafür ein, die im Zusammenhang mit dem Sanierungskonzept geplante Kapitalherabsetzung im Verhältnis von

1070 Maunz/Düring/*Di Fabio* Art. 2 Rn. 12; *BVerfG*, Urteil vom 16.01.1957 – 1 BvR 253 56 = NJW 1957, 297 („Elfes").

1071 Starck in Mangoldt/Klein/Starck, GG I, Art. 2 Rn. 145.

1072 Maunz/Düring/*Di Fabio* Art. 2 Rn. 101 m.w.N.

1073 Vertiefend *Wilhelm* in FS Huber 1019.

1074 *BVerfG*, Urteil vom 07.08.1962 – 1 BvL 16/60 = NJW 1962, 1667 („Feldmühle"); *Falkenhausen*, S. 217.

1075 Lutter/Hommelhoff/*Schmidt*/*Bitter* § 60 Rn. 17.

5:2 zu verweigern und stattdessen ein Verhältnis von 5:3 zu erreichen. Die in diesem Zusammenhang bestehende Frage ist, ob ein solches Begehren eine schützenswerte und berechtigte Erwartung dahingehend ist, tatsächlich die Sanierung mit dem entsprechenden Herabsetzungsverhältnis durchführen zu können oder aber eher eine bloße Hoffnung darauf, den Gläubiger, in diesem Falle die Bank, durch die Blockade mittelbar zu einem weiteren Forderungsverzicht (Abänderung des Herabsetzungsverhältnisses) zwingen zu können. Im ersten Fall kann hierin das schützenswerte Anliegen des Gesellschafters gesehen werden, seine Anteile zum bestmöglichen Preis verwerten zu können.[1076] Dieses Handeln kann durchaus dem Gesellschaftsinteresse entsprechen, wenn ein „besserer Schnitt" erreichbar wäre, etwa genau durch den „unbeeinflussbaren" Druck der Gesellschafter, dem sich Verwaltung und Gläubiger gleichzeitig ausgesetzt sehen. Hiergegen kann auch nicht eingewandt werden, den Gesellschaftern käme eine solche, letztlich geschäftsführende Rolle, nicht zu, dies sei Aufgabe der Geschäftsführung. Die Gesellschafter können im Rahmen ihres Ermessens die vorgegebene Entscheidungsalternative für nicht annehmbar halten. Teilweise wird daneben vertreten, die Gesellschafter hätten kein Recht, ein weiteres Nachgeben von den Gläubigern zu verlangen, da die Gesellschafter in letzter Konsequenz für den Verlust der Gesellschaft einzustehen haben.[1077] Dem kann im Sinne einer allgemeingültigen Aussage nicht gefolgt werden. Es ist zwar richtig, dass die Gesellschafter mit ihrem eingebrachten Kapital haften und dies auch der Sinn (einer Teils) der eingebrachten Mittel ist. Dennoch agieren auch die Gläubiger mit einem eigenen, allgemeinen Marktrisiko: Ein jeder trägt das Verlustrisiko seines finanziellen Engagements.[1078] Beschlössen die Gesellschafter, die Unternehmung ohne das Ergreifen einer Sanierung durch die Insolvenz beenden zu lassen, hätten auch die Gläubiger keinen Anspruch darauf, eine Sanierung durchführen lassen zu können. Die Gesellschafter sind sich ihrer Verhandlungsposition bewusst und können diese bis zur Grenze der Rechtsmissbräuchlichkeit gegen die Gläubiger und – angesichts der Treupflicht eingeschränkter – gegen ihre Mitgesellschafter ausspielen. Auch das bedeutet Marktwirtschaft, an der auch auf Gläubigerseite nicht nur die vielbeschworenen kleinen „schutz-

1076 Ingesamt gegen die Berücksichtigung dieser Interessen, *Hennrichs* AcP 195 (1995), 221, 255 ff.

1077 *Hennrichs* AcP 195 (1995), 221, 256; *Timm* WM 1991, 481, 485.

1078 *Heermann* ZIP 1994, 1243, 1246.

würdigen"[1079] Handwerker stehen. Die Sanierungsentscheidungen werden doch auf Gläubigerseite nicht durch das „kleine Handwerkerle" getroffen, sondern durch Großgläubiger, zumeist Banken oder Bankenkonsortien. Diesen grundsätzlich eine schützenswerte Position und selbstlose Verhandlungsmentalität zuzuschreiben wird der Situation einer Sanierung auch nicht gerecht.[1080] Dem Gesellschafter und gerade dem Minderheitsgesellschafter kann gegenüber eines von der Mehrheit, einer von dieser abhängigen Verwaltung und den Großgläubigern erstellten Sanierungskonzepts eine gewisse schutzwürdige[1081], kritische Grundmentalität zugestanden werden.[1082]

In welchem Bereich handelt es sich aber hier um das Vertreten einer schützenswerten Eigenposition und wann wird das Verhalten des Gesellschafters zu einer Verfolgung lediglich eigennütziger Sondervorteile? Die Grenze für ein solches Verhalten muss die Vertretbarkeit der Position sein, was bedeutet, dass objektiv überhaupt noch rechtlich zulässiger und wirtschaftlich zumutbarer Verhandlungsspielraum zur Verfügung stehen muss.[1083] Jedenfalls, wenn die Aussicht auf die Erlangung des begehrten Vorteils objektiv nicht besteht,[1084] stellt sich das Interesse des Einzelnen – gegenüber Gesellschaft und Mitgesellschafter, nicht gegenüber den Gläubigern![1085] – als nicht schützenswert dar und damit als Versuch der Erzwingung einer bloßen Hoffnung „auf dem Rücken" anderer.[1086] Ein „Pokern" *ohne Aussicht auf Erfolg* (!) ist nicht schützenswert,[1087] sondern stellt sich als missbräuchliche Ausnutzung einer rechtlichen Position dar.

1079 Freilich schickt sich keiner an, darzustellen, warum der kleine Handwerker schutzwürdig sei. Dies braucht anscheinend nicht weiter begründet zu werden, jedenfalls tut dies niemand. Wie auch?

1080 Gerade zum viel besprochenen *Girmes* Fall und dem „alternativlosen" Sanierungskonzept der Verwaltung und Großgläubiger, vgl. *Wenger* ZIP 1993, 321 ff.

1081 Vergleichbar der Fall um die Abtretung eines (wertlosen) Gesellschaftsanteils: „Jegliches berechtigtes Mißtrauen in Hintergründe und Umstände der von den Mitgesellschaftern erwarteten Zustimmung begründet ein berechtigtes Interesse an der Verweigerung der Zustimmung", vgl. *OLG Köln* NZG 1999, 1166, 1168.

1082 Lesenswert: *Wenger* ZIP 1993, 321 ff.; hierzu auch *Heermann* ZIP 1994, 1243 ff.

1083 *Heermann* ZIP 1994, 1234, 1247.

1084 Vgl. hierzu unten I. Zur Erforderlichkeit, S. 187, insb. 2. Das Sanierungskonzept, S. 192.

1085 Anders kann sich die Situation aber in der Insolvenz der Gesellschaft darstellen, vgl. *Bitter* ZGR 2010, 147, 172 ff.

1086 *Hennrichs* AcP 195 (1995), 221, 257.

1087 *Timm* WM 1991, 481, 185.

Dies muss für beide Seiten gelten. Streiten zwei zweifelhafte Positionen gegeneinander, ist die Verweigerung auf beiden Seiten geschützt.[1088]

VII. Zwischenergebnis

Die Separierung der geschützten von den nicht geschützten Rechten ist eine der wichtigsten Aufgaben der Interessenabwägung, aber zugleich eine der schwierigsten. Oft besteht eine Vielzahl an Möglichkeiten, die Interessen der Beteiligten „über Ecken" als mit dem Gesellschafts- bzw. Mitgliedschaftsverhältnis verbunden anzusehen. Jedoch kann nur durch eine strikte und bisweilen restriktive Abgrenzung eine vertrauenswürdige Rechtssicherheit erlangt werden.[1089] Die Abwägung darf nicht im „luftleeren Raum" vorgenommen werden und sich freimütig die passenden und zur (subjektiv pragmatischen) Gerechtigkeit führenden Argumente heraussuchen, denn jedes Abwägungsergebnis wird im Sanierungszeitpunkt eine Interessenbeeinträchtigung nach sich ziehen. Ein nicht benachteiligender Ausgleich ist in den streitigen Situationen kaum denkbar.[1090]

Wenn ein Eingriff erfolgt, muss sich dieser rechtfertigen lassen, das heißt auch, dass er die im Kapitalgesellschaftsrecht und damit im GmbHG und AktG wurzelnde Richtigkeitsgewähr von Beschlüssen und Eingriffen auf das Gesellschaftsverhältnis beschränkt zu beachten hat. Gesellschaftsfremde Interessen sind deshalb grundsätzlich unbeachtlich, soweit sie nicht durch Gesellschaftsvertrag oder Gesellschaftervereinbarung „gemittelt" werden. Hier geht es nicht nur um die Bindung des Richters an Recht und Gesetz[1091] und damit um das „Verfassungsgebot der Gesetzesbindung"[1092], sondern auch um die Legitimierung der richterrechtlichen Entscheidungen gegenüber den Betroffenen.[1093] Bereits heute wird die legitimierende zentrale Gesetzestreue des Richters als im

---

1088 In diesem Sinne *Wenger* ZIP 1993, 321, der im *Girmes* Fall das Beharren der Gläubiger auf das verlangte Herabsetzungsverhältnis als „sinnlose Bedingung" (S. 325) und das Widerstreben der Minderheit als „unsinnige Oppositionskampagne" (S. 324) sieht.

1089 „Bindung durch Methode" (vgl. *Hassemer* ZRP 2007, 213, 215) und „Rechtssicherheit durch Dogmatik" (vgl. *Wenzel* NJW 2008, 345, 348).

1090 Für einen Ausgleich vgl. (1) „GmbH-Novelle I", S. 152.

1091 Art. 20 Abs. 3 GG; *Wenzel* NJW 2008, 345, 348.

1092 *Hassemer* ZRP 2007, 213, 214.

1093 Zur (aktuellen) Diskussion um Richterrecht, „Richterstaat" und Methodenlehre vgl. *Rüthers* NJW 2005, 2759; *Hirsch* ZRP 2006, 161; *Hassemer* ZRP 2007, 213; *Rüthers* ZRP 2008, 48; *Kriele* ZRP 2008, 51; *Wenzel* NJW 2008, 345.

Ergebnis rechtlich eher schwach gesicherte Erwartung angesehen und deren Erfüllung zum Teil in Frage gestellt.[1094]

Gerade die treupflichtige Abwägung muss also einem stringenten Konzept folgen und darf nicht von zufälligen, insbesondere gesellschaftsfremden, privaten Gesichtspunkten beeinflusst werden. „Gesetzesbindung wird im strengen Sinn nur gelingen, wenn Methodenbindung gelingt" und „fehlt diese Bindung, „wählt der Richter mit der Methode zugleich das Ergebnis seiner Auslegung".[1095]

Hinsichtlich der Bindung in Sanierungssituationen kann formuliert werden, dass eine Zustimmungspflicht grundsätzlich im Verhältnis zur Gesellschaft als auch den Mitgesellschaftern in Frage kommt[1096], denn außerhalb der Auflösungsentscheidung ist das Gesellschaftsinteresse beachtlich und ein Interesse der Gesellschaft am eigenen Fortbestand gegeben.[1097] Hinsichtlich der Mitgesellschafter müssen in der Abwägungsentscheidung insbesondere deren grundrechtlich geschützte Interessen in Bezug auf ihr Anteilseignerrecht (Art. 14 GG), die Vereinigungsfreiheit (Art. 9 GG) und die Privatautonomie (Art. 2 GG) Berücksichtigung finden. In der Sanierungssituation ist die Grenzziehung zwischen berechtigten Erwartungen und bloßen Hoffnungen eine schwierige Aufgabe. Vermeintliches Handeln zum Wohle der Gesellschaft ist jedenfalls dann nicht mehr schützenswert, wenn objektiv kein rechtlich zulässiger und wirtschaftlich zumutbarer Verhandlungsspielraum zur Verfügung steht.

F. Die Abwägung

Sind die schutzwürdigen Interessenträger und Interessen herausgearbeitet, erfordert die Abwägung zunächst die in Frage stehende Maßnahme nach Geeignet- und Erforderlichkeit zu kategorisieren. Erst zuletzt wird die eigentliche Abwägungsentscheidung in der Verhältnismäßigkeit getroffen. Hierbei ist die Geeignetheitsprüfung nicht besonders problematisch. In der Krise wird die angestrebte Sanierungsmaßnahme regel-

1094 Maunz/Düring/*Grzeszick* Art. 20 Rn. 237 ff.
1095 *Hassemer* ZRP 2007, 213, 216.
1096 *LG Saarbrücken*, Urteil vom 10.08.2010 – 4 O 174/08.
1097 *Lutter* ZHR 153 (1989) 446, 468.

mäßig dazu geeignet sein[1098], die Gesellschaft dauerhaft[1099] aus der Krise zu führen. Von größerer Bedeutung ist die Erforderlichkeit der Maßnahme, sie ist nur gegeben, nicht ein milderes Mittel zur Zweckerreichung zur Verfügung steht. Auf dieser Ebene ist die Bedeutung des Sanierungskonzepts herauszustellen. Es ist die zentrale Stellschraube zur Beurteilung der Erforderlichkeit. Erforderlich ist deshalb die Auseinandersetzung mit dem Grundsatz der Erforderlichkeit – der das geeignete und gleichzeitig mildeste Mittel zur Zielerreichung gebietet – und mit dem zukunftsbezogenen und deshalb mit Einschätzungsspielräumen behafteten Sanierungskonzept. Ob auch eine Minderheit von der Mehrheit Zustimmung verlangen kann oder dies ausschließlich einer Mehrheit zusteht, ist Teil der Frage nach der für die Ausurteilung von Zustimmungspflichten erforderlichen Mehrheit.

Der Prüfungspunkt der Verhältnismäßigkeit im engeren Sinne wird vom Versuch der Kategorisierung geleitet. So wird am Beginn geklärt, ob Stimmpflichten bei nicht belasteten Maßnahmen im gleichen Maße in Betracht kommen, wie bei Beschlussinhalten, die den Zustimmenden belasten. Erforderlich zur Beantwortung dieser Frage ist zunächst die Abgrenzung zwischen belastenden und nicht belastende Maßnahmen und die Frage danach, ob nicht bereits die bloße Tatsache einem Beschluss zustimmen zu müssen – unabhängig von dessen Inhalt – bereits eine Belastung darstellt. Im Gesellschaftsrecht stellt das Problem der Zustimmungspflichten bei nachteiligen Maßnahmen ein offenes Problem dar. Eine solche ist bisher noch nicht ausgeurteilt worden. Deshalb ist anhand der Förderpflicht auf der einen Seite und dem Belastungs- und Nachschussverbot auf der anderen Seit der These nachzugehen, ob eine Stimmpflicht bei belastenden Beschlüssen bereits kategorisch verneint werden kann.

Schlussendlich sind die in der Sanierung wichtigsten Maßnahmen der Kapitalherabsetzung und der Kapitalerhöhung daraufhin zu untersuchen, welche Nachteile sich aus den entsprechenden Beschlüssen für den zustimmungspflichtigen Gesellschafter ergeben. Die Abgrenzung, ob ei-

---

1098 Hierbei ist aber auch auf die unten stehenden Ausführungen zum Sanierungskonzept zu verweisen, da in diesem Kontext die Erwägungen zur Erforderlichkeit natürlich auch die Geeignetheit betreffen. Die sanierungswilligen Gesellschafter müssen insoweit durch das Sanierungskonzept beide Tatbestände nachweisen. Die Tatsache, dass die Maßnahme „überhaupt geeignet war, die Sanierung herbeizuführen" (*BGH*, Hinweisbeschluss vom 02.07.2007 – II ZR 181/06 = NZG 2007, 860) stellt eine „conditio sine qua non" dar, für die der Anspruchsteller beweispflichtig ist.

1099 *BGH*, Urteil vom 20.03.1995 – II ZR 205/94 = NJW 1995, 1739, 1743 („Girmes").

ne Maßnahme einen wirklichen Nachteil darstellt oder sich dem betroffenen Gesellschafter gegenüber nicht doch als neutral erweist, ist für die Abwägungsentscheidung und den inhärenten Interessenausgleich von ursächlicher Bedeutung. Wo nämlich kein Interesse beeinträchtigt wird, ist auch kein Ausgleich erforderlich.

I. Zur Erforderlichkeit

Die Erforderlichkeit stellt einen Prüfungspunkt dar, der notwendigerweise stark am Einzelfall orientiert ist. Es handelt sich um eine objektive Kategorie, nach der eine Maßnahme dann erforderlich ist, wenn das geeignete Sanierungskonzept und auch die einzelne konkrete Maßnahme, die höchsten Erfolgsaussichten gepaart mit den geringsten Nachteilen in sich vereint. Hierbei ist aber zu beachten, dass die Sanierung in Bezug auf die Abläufe und Modalitäten, zumeist nicht im freien Ermessen der Gesellschaft durchzuführen ist. Das heißt, dass die Geschäftsführung an bestimmte externe Vorgaben gebunden ist. Dies können, wie etwa im Fall *Girmes*[1100], Anforderungen an die Höhe eines zu erfolgenden Kapitalschnitts sein oder aber die Notwendigkeit, das Bezugsrecht der Aktionäre (partiell) auszuschließen, um eine Umwandlung von Fremd- in Eigenkapital durchführen zu können. Auch die Gläubiger der Gesellschaft können ihre berechtigten Interessen durchsetzen und beispielsweise Forderungsverzichte oder Stundungsvereinbarungen von der Ausgestaltung des Sanierungskonzepts abhängig machen. Die Erforderlichkeit von Sanierungsmaßnahmen und damit die Gestaltung des gesamten Sanierungskonzepts können im Einzelfall von fremdbestimmten Vorgaben abhängen.[1101]

1. Ermessensentscheidungen und die nötige Evidenz

Nach beizupflichtender herrschender Meinung handelt es sich bei der Stimmrechtsausübung um eine Ermessensentscheidung.[1102] Dic Gesell-

1100 *BGH*, Urteil vom 20.03.1995 – II ZR 205/94 = NJW 1995, 1739 („Girmes").

1101 *Nehls*, S. 156.

1102 *BGH*, Urteil vom 08.07.1985 – II ZR 4/85 = NJW 1986, 844; *BGH*, Urteil vom 07.03.1994 – II ZR 52/93 = NJW 1994, 1410; GroßKommAktG/*Henze/Notz* Anh. § 53 a Rn. 98; MünchKommAktG/*Bungeroth* Vorbem. § 53 a Rn. 38; *Fastrich* in Baumbach/Hueck § 13 Rn. 26; Rowedder/Schmidt-Leithoff/Schnorbus § 53 Rn. 83; *Winter*, Treuebindungen,, S. 106; *Kunze*, S. 163; *Beckerhoff*, S. 74; *Westermann* ZHR 156 (1992) 203, 217.

schafter haben sich fakultativ zum Zwecke der gemeinsamen Gewinnerwirtschaftung zusammengeschlossen[1103] und bezogen auf dieses Investment und damit auf den Gesellschaftszweck[1104], stellt sich die Ausübung des Stimmrechts im Grundsatz als unternehmerische Entscheidung dar, die nicht allgemein durch die Treupflicht verkürzt werden kann und sollte.[1105] Die Gesellschafter entscheiden mittel- oder unmittelbar, wie mit ihrem eingebrachten Kapital verfahren werden soll. Bei jedem Beschlussgegenstand müssen die verschiedenen Positionen gegeneinander abgewogen werden, der Gesellschafter nimmt also im jeweiligen Moment die Interessenabwägung inzident selber vor und entscheidet zwischen den zur Auswahl stehenden Alternativen. Hinzu kommt, dass es sich hierbei stets um eine prognostische Entscheidung handelt. Schon die Auswahl der rein betriebswirtschaftlich „richtigen" Entscheidung ist – sollte man sich erfreulicherweise in der unwahrscheinlichen Situation befinden, in der alle Theorien zur gleichen Handlungsanweisung führen – aufgrund der ungewissen Zukunfts- und Marktentwicklung schwerlich mit Sicherheit zu treffen. Diese Prognose wird aber darüber hinaus durch die individuell „richtige" *unternehmens*politische Entscheidung erschwert. Wie oben ausgeführt, sind die Organe nicht dazu verpflichtet wohl aber berechtigt, auch gewisse Drittinteressen in ihre Entscheidungsfindung einfließen zu lassen.[1106] Ohne eine gewisse Handlungs- und Wahlfreiheit ist deshalb auch eine unternehmerische Tätigkeit schlechterdings nicht denkbar.[1107]

Soll dem Gesellschafter ein bestimmtes Stimmverhalten auferlegt werden, muss bedacht werden, dass dieser sich grundsätzlich in einer Situation sieht und sehen darf, in der ihm regelmäßig kein bestimmtes Ergebnis vorgegeben ist. Er kann seine Entscheidung über die Ausübung seiner Gesellschafterrechte nach pflichtgemäßem Ermessen[1108] treffen, wobei ihm bei der Ausübung der vorzunehmenden Interessenabwägung ein

1103 Vgl. oben (1) Das Formalziel, S. 114.

1104 Oben aa. Der Gesellschaftszweck, S. 108.

1105 OLG Düsseldorf, Urteil vom 28.10.1993 6 U 160/92 = GmbHR 1994, 172; MünchKommGmbHG/*Merkt* § 13 Rn. 123.

1106 cc. Die Zielerreichung, S. 117 und dd. Stellungnahme, S. 122.

1107 Spindler/Stilz/*Fleischer* § 93 Rn. 13; MünchKommAktG/*Spindler* § 93 Rn. 35.

1108 Richtig schon *Lutter* AG 1972, 125, 132: „Als Organ der Gesellschaft kann die Hauptversammlung ihre Entscheidung nur *im Interesse der AG* treffen [...] Treffen diese Interessen der AG mit vermögenswerten Interessen ihrer Mitglieder zusammen, so kann die Hauptversammlung nicht etwa willkürlich entscheiden, sondern nur im Rahmen eines *pflichtgemäßen Ermessens*".

weiter Prognose- und Beurteilungsspielraum zusteht.[1109] Dies gilt im besonderen Maße bei Entscheidung für oder gegen Satzungsänderungen.[1110] Ein freies Ermessen steht ihm jedoch nicht zu, da die Ermessensausübung jedenfalls durch die Treupflicht begrenzt wird.[1111] Da es sich um unternehmerische Entscheidungen handelt, sind diese von Rechts wegen nicht grundsätzlich in Kategorien von richtig und falsch einzuordnen.[1112] Ermessensentscheidungen sind nur beschränkt gerichtlich nachprüfbar und erst die Überschreitung des Ermessenspielraums kann treuwidrig sein. Wenn auf unternehmerische Entscheidungen per Treupflicht eingewirkt werden soll, dann muss bedacht werden, dass dies nicht zur vollen richterlichen Kontrolle eines jeden Beschlusses führen darf.[1113] Ansonsten würde die unternehmerische Freiheit des Gesellschafters faktisch unterbunden und jedes Ermessen in eine gebunden Entscheidung gewandelt, da das Ermessen der Gesellschafter durch das des Gerichts ersetzt würde. Die Entscheidungsfindung würde durch ständige richterliche Kontrolle massiv beeinträchtigt und die Gesellschaft wäre „unbeweglich“. Die treupflichtigen Bindungen dürfen nicht zur Verrechtlichung mitgliedschaftlicher Entscheidungen führen.[1114]

Dies verdeutlicht: Positive Stimmpflichten sind nur dort angebracht sind, wo der treupflichtige Imperativ einen evidenten Charakter aufweist und das Interesse an einer bestimmten Ausübung des Stimmrechts die grundsätzliche Entscheidungsfreiheit des Einzelnen klar und objektiv überwiegt[1115], mithin auf eine Entscheidungsalternative hin determiniert.[1116] Das ist insbesondere für das spätere Abwägungsergebnis von Bedeutung und auf das „ob“ der Pflichtbindung bezogen, während die Evidenz im subjektiven Verschuldensbereich einen anderen Themenkreis betrifft. Positive Stimmpflichten sind nicht schon bei jedem Überwiegen

---

1109 Gottwald/*Has*/*Hossfeld* § 92 Rn. 21.

1110 Rowedder/Schmidt-Leithoff/Schlorbus § 53 Rn. 83.

1111 *BGH*, Urteil vom 20.03.1995 – II ZR 205/94 = NJW 1995, 1739, 1743 („Girmes“); MünchKommAktG/*Heider* § 12 Rn. 12, 23; MünchKommAktG/*Bungeroth* Vorbem. § 53 a Rn. 27; *Schmidt* in Scholz § 47 Rn. 26; Lutter/Hommelhoff/*Bayer* § 47 Rn. 12; Strittig etwa zum Anspruch auf Zustimmungsentscheidung bei vinkulierten Anteilen, vgl. hierzu bereits oben 3. Stellungnahme; Michalski/*Ebbing* § 15 Rn. 153 ff. m.w.N.

1112 MünchKommAktG/*Bungeroth* Vorbem. § 53 a Rn. 38.

1113 GroßKommAktG/*Henze*/*Notz* Anh. § 53 a Rn. 98; Windbichler in Gesellschaftsrecht 1995, S. 23 ff.; *Tettinger* S. 80.

1114 Spindler/Stilz/*Cahn*/*v. Spannenberg* § 53 a Rn. 53.

1115 So auch MünchKommAktG/*Bungeroth* Vorbem. § 53 a Rn. 38.

1116 Zutreffend *Beckerhoff*, S. 78; In diesem Sinne auch *Henze*/*Notz* Anh. § 53 a Rn. 111; Hölters/*Solveen* § 13 Rn. 18.

des Interesses auf die ein oder andere Seite zu bejahen, sondern nur in solchen Fällen, in denen die schützenswerten Belange einer Seite *deutlich* dominieren. Nicht jedes Ungleichgewicht macht eine Änderung der Umstände erforderlich, ein Eingriff in die Privatautonomie ist nur dann nötig, wenn eine nicht mehr hinnehmbare Situation besteht.[1117] Es reicht nicht aus, wenn der geforderte Beschluss „rechtlich zulässig, wirtschaftlich sinnvoll und den Gesellschaftern sowie der Gesellschaft zumutbar ist"[1118], er muss darüber hinaus zur Veränderung einer *unzumutbaren* Situation erforderlich sein. Die Unzumutbarkeit ist zunächst ein Begriff, der zur Legitimation einer Güter- und Interessenabwägung führt und stellt inhaltlich das Ergebnis des Abwägungsvorgangs dar und beinhaltet notwendiger Weise das Evidenzerfordernis. Unzumutbar ist nicht schon jedes Ungleichgewicht, sondern es müsste ein Zustand bestehen, der nicht mehr hinnehmbar ist und deshalb „den gerichtlichen Eingriff in die Vertragsfreiheit bzw. die gesellschaftsrechtliche Gestaltungsfreiheit ausnahmsweise rechtfertigen könnte".[1119] Die Beeinträchtigung in der konkreten Situation muss also einem höchst auffälligen Maß entsprechen. Gelingt es den opponierenden Gesellschaftern zumindest eine gleichwertige, durchführbare Lösung aufzuzeigen, muss dies in Betracht gezogen werden[1120] und im Fall der dennoch erfolgten Ablehnung eine Untermauerung mit Sachargumenten erfolgen.

Dieser Ansatz deckt sich auch mit den oben gemachten Ausführungen zur Interessenabwägung. Da die Pflicht, positiv abzustimmen, regelmäßig tief in die Rechte des Gesellschafters eingreifen wird, muss das legitimierende Interesse umso größer sein.[1121] Auch bedingt der Umstand, dass zwischen mehreren gleich geeigneten Möglichkeiten die Auswahl der erforderlichen bzw. gebotenen Maßnahme regelmäßig eine höchst prognostische Entscheidung ist, dass „es nicht Aufgabe der Gerichte sein [kann], die eigene wirtschaftliche Beurteilung nachträglich an die Stelle einer in freier unternehmerischer Verantwortung beschlossenen, sachlich abgewogenen Entscheidung zu setzen".[1122] Stehen also in der Sanierungssituation mehrere Handlungsalternativen zur Wahl und muss sich dem

1117 *OLG Hamm*, Urteil vom 14.06.1999 – 8 U 177/96 – NZG 2000, 252, 254.

1118 *OLG Hamm*, Urteil vom 14.06.1999 – 8 U 177/96 – NZG 2000, 252.

1119 *OLG Hamm*, Urteil vom 14.06.1999 – 8 U 177/96 – NZG 2000, 252, 254.

1120 Ausdrücklich etwa § 19 Abs. 4 Nr. 2, 2. HS KredReorgG: „wenn die Anteilsinhaber ein alternatives Konzept vorgelegt haben, ist auch dieses zu berücksichtigen"; Vergleichbar MünchKommGmbHG/*Vetter* Vorbem. § 58 Rn. 62.

1121 Vgl. oben cc. Die Abwägung, S. 151.

1122 *BGH*, Urteil vom 13.03.1978 – II ZR 142/76 = NJW 1978, 1316, 1318 („Kali & Salz").

Gesellschafter nicht eine dieser Alternativen aufdrängen und damit sein Ermessen reduzieren[1123], mithin seine Entscheidung determinieren, ist die getroffene Entscheidung auch dann noch als zutreffend treupflichtig zu qualifizieren, wenn er ex post eine Alternative wählt, die nicht die Erforderliche war[1124]. Er darf natürlich hier auch die Alternative wählen, die sich gleichzeitig mit den favorisierten Individualinteressen deckt.[1125]

Praktisch sind im Falle der positiven Stimmpflichten die Rollen in der Gesellschaft gewissermaßen vertauscht. Im Sanierungsfall findet sich die Mehrheit in der Lage, in der sich ansonsten die Minderheit befindet. Die Mehrheit hat mangels nötigen Stimmgewichts nicht die Möglichkeit, ihren Willen durchzusetzen und versucht, einen formell ordnungsgemäßen Beschluss mittels des „Inhaltshebels" zu drehen. Wenn es ansonsten aber der Minderheit obliegt, den hohen Voraussetzungen nachzukommen und Beweise darzulegen, die nötig sind, um die Evidenz der „Verwerflichkeit" des Beschlusses festzustellen,[1126] trifft dies bei der Erzwingung der Mitwirkung die Mehrheit.[1127] Die Minderheit kann sich also auf die reine *Plausibilisierung* ihrer Erwägung zurückziehen, während es der Mehrheit obliegt, eine *Überschreitung der Ermessensgrenzen zu verifizieren.*[1128] Das entspricht auch insoweit der gesetzlichen Grundwertung. Im Kapitalgesellschaftsrecht herrscht grundsätzlich das Mehrheitsprinzip. Nur unter außerordentlichen Umständen ist es erforderlich, neben der nötigen Mehrheit eine weitere positive Rechtfertigung eines Beschlusses vorweisen zu müssen.[1129] Trägt also der positive Beschluss seine Rechtfertigung mittels des Erreichens des Quorums in sich, so kann für den ablehnenden Beschluss nichts anderes gelten. Genauso wie sich die Minderheit grundsätzlich der Mehrheit beugen muss, muss die Mehrheit dies gegenüber der qualifizierten Minderheit tun, „solange eine offensichtliche Rechtsmissbräuchlichkeit ausscheidet, vielmehr die Gestaltungsva-

---

1123 *Beckerhoff* S. 77f.; *Häsemeyer* ZGR 160 (1996) 109, 115

1124 *Beckerhoff*, S. 78.

1125 Ungenau deshalb (stellvertretend für viele) MünchKommGmbHG/*Merkt* § 13 Rn. 128: „Nichtig ist die im Rahmen von Geschäftsführungsangelegenheiten abgegebene *eigennützige Stimmabgabe,* weil sie gegen die Treuepflicht verstößt".

1126 Anschaulich *OLG Stuttgart*, Urteil vom 12.05.1999 – 20 U 62/98 = NZG 2000, 159.

1127 Treffend spricht *Rottnauer* von „wechselseitigen, flexiblen Substantiierungspflichten", vgl. NZG 2001, 115, 121.

1128 Ganz anerkannt für den umgekehrten Fall des Mehrheit – Minderheiten – Konflikts, vgl. *Rottnauer* NZG 2001, 115, 121; *Zöllner* AG 2000, 145, 153.

1129 So etwa beim Bezugsrechtsausschluss, vgl. unten bb. Der Bezugsrechtsausschluss, S. 219.

riante in ihrer Zulässigkeit lediglich umstritten ist, kann das Mehrheitsvotum nicht beanstandet werden".[1130]

Eine Lockerung im Evidenzerfordernis kann zuzugeben sein, wenn Fälle in Frage stehen, in denen es um reine Geschäftsführungsmaßnahmen geht. Hier ist zutreffend die ermessensintendierende „Zweifelsfallregelung" zu beachten, wonach im Zweifel für das Gesellschaftsinteresse zu stimmen ist.[1131] Dies wird das Gericht auf der Abwägungsebene durch eine entsprechend stärkere Gewichtung des Gesellschaftsinteresses vorzunehmen haben. Letztlich enthebt aber dieses Vorgehen nicht des Problems der schwierigen Zweckmäßigkeitskontrolle einer Geschäftsführungsmaßnahme; die erforderliche und von der Mehrheit angestrebte Maßnahme muss dringend geboten sein, wofür der Anspruchsteller beweispflichtig ist.[1132] Was die Zustimmungsverpflichtung jedoch wahrscheinlicher macht, ist, dass die Zustimmung zu einer Geschäftsführungsmaßnahme in der Regel keinen weitergehenden Eingriff in die Mitgliedschaftsrechte des Gesellschafters darstellt. Dies schmälert in der Tat die Gewichtung in der Abwägung zu seinen Lasten.

Jedoch soll hier – nocheinmal – auf die Problempunkte hingewiesen werden, die bei einer allzu vorschnellen, vereinfachenden Anwendung dieses „Grundsatzes" (Geschäftsführungsmaßnahme = Gesellschaftsinteresse *stets* vorrangig) bestehen.[1133]

2. Das Sanierungskonzept

a. Sanierungskonzept als Rahmenbedingung

Von entscheidender Bedeutung für die Erforderlichkeit einer Maßnahme ist das konkrete Sanierungskonzept.[1134] In ihm muss nicht nur dargelegt werden, inwieweit die Gesellschaft überhaupt sanierungsfähig ist, sondern auch welche Alternativen zur Beseitigung der Krise zur Verfügung stehen und warum die angestrebten Maßnahmen erforderlich sind.[1135]

1130 *Rottnauer* NZG 2001, 115, 121.

1131 Bereits oben bb. Eigen- und uneigennützige Rechte, S. 91.

1132 *OLG Hamm*, Urteil vom 09.12.1991 – 8 U 78/91 – DStR 1992, 992; *Wiedemann* ZGR 1980, 147, 157.

1133 Oben bb. Eigen- und uneigennützige Rechte, S. 91; 1. Eigennützige und uneigennützige Rechte, S. 143.

1134 Bereits oben IV. Sanierungskonzept, Sanierungsfähig- und -würdigkeit, S. 44.

1135 „Hinsichtlich der Erforderlichkeit ist schon nicht dargelegt, warum gerade das von der Klägerin vorgeschlagene Sanierungskonzept erforderlich gewesen sein soll und

Förderlich sind insbesondere Darstellungen über den Szenariovelauf, wenn die angestrebte Sanierung unterbleibt.[1136] „Voraussetzung für eine Verpflichtung der Mitgesellschafter aus der gesellschaftlichen Treuepflicht ist [...] eine lückenlose und offene Aufklärung über sämtliche Umstände".[1137] Um die Begründung einer Zustimmungspflicht überhaupt in Betracht ziehen zu können, ist richtigerweise „ein sachgerechtes („schlüssiges") Sanierungskonzept mit positiver Fortführungsprognose auf der Basis des Gutachtens eines unabhängigen, erfahrenen Fachmanns notwendig".[1138] Wie bereits aus den zur Evidenz gemachten Ausführungen deutlich wurde, ist besonders darauf zu achten, die Gesellschafter „richtig, vollständig, klar und objektiv über diese zugespitzte Krisenlage sowie das zur ihrer Bewältigung dienende Sanierungskonzept [aufzuklären]".[1139] Diese Informationspflicht ist zutreffend ein Kriterium für nicht nur an die Zustimmungspflicht anknüpfende Aspekte, sondern ein *konstitutives Merkmal*, das bereits über das „ob" der Pflicht entscheidet.[1140] Auch ist *Häsemeyer* beizupflichten, wenn er darüber hinaus eine gewisse Verhandlungsbereitschaft der Sanierungswilligen fordert[1141], und sei sie allein darin zu sehen, den opponierenden Gesellschafter hinsichtlich seiner Argumentationen und Obstruktionsgründe zu hören. Nicht nur durch den Vortrag des Sanierungskonzepts, sondern auch durch einen nachfolgenden Meinungsaustausch wird die Erforderlichkeit an die Gesellschafter gewissermaßen „transportiert" und vor allem (nachweislich[1142]) vergegenwärtigt.

Auch wenn zentral die konkret zu beschließende Maßnahme zu beurteilen ist, kann nicht geleugnet werden, dass sowohl hinsichtlich der Erforderlichkeit als auch im Rahmen der späteren Abwägungsentscheidung, die Verknüpfung der einzelnen Vorgänge mit dem Gesamtkonzept beachtlich ist. Das Sanierungskonzept stellt sich deshalb als eine zentrale „Stellschraube" für die spätere Entscheidung über die Zustimmungspflicht dar. Insoweit sind die Voraussetzungen für die Erstellung von Sa-

---

nicht eine andere Alternative gangbar war", vgl. *LG Saarbrücken*, Urteil vom 10.08.2010 – 4 O 174/08; *Henze/Notz* Anh. § 53 a Rn. 111.

1136 *Priester* ZIP 2010, 497, 502.

1137 *OLG Köln*, Urteil vom 9. 3. 1999 – 22 U 145/98 = NZG 1999, 1166, 1168.

1138 *Cranshaw* jurisPR-InsR 21/2010 Anm. 4.

1139 *Henze/Notz* Anh. § 53 a Rn. 111; *Schuster* ZGR 2010, 325, 333; *Häsemeyer* ZHR 160 (1996), 109, 115.

1140 Ausdrücklich schon oben 1. Ermessensentscheidungen und die nötige Evidenz, S. 187; So auch *Häsemeyer* ZHR 160 (1996) 109, 115.

1141 In diesem Sinne auch *Schuster* ZGR 2010, 325, 337.

1142 In der AG bietet sich die Protokollierung des Vorgangs nach § 130 AktG an.

nierungskonzepten akribisch zu beachten und zu erfüllen.[1143] Ein entscheidender Faktor kann die explizite Einbeziehung der (Groß-)Gläubiger und ggfs. der externen Investoren sein. Wird im Konzept hinreichend deutlich, dass alle Beteiligten die angestrebten Maßnahmen als die einzig erstrebenswerten erachten, wird es für obstruierende Gesellschafter schwer sein, die Durchsetzbar- und Erforderlichkeit einer abweichenden Sanierungsmaßnahme geltend zu machen, da dann eine erhöhte Realisierungschance des Verwaltungsvorschlags einer entsprechend niedrigeren des Gegenvorschlags gegenüber steht.[1144]

Deutlich wird dies mit dem *BGH* im *Girmes*-Fall: „ob eine schonendere Sanierung als die vom Vorstand mit den Gesellschaftsgläubigern ausgehandelte möglich war oder nicht [...] wird im wesentlichen davon abhängen, ob die Gesellschaftsgläubiger noch bereit waren, über eine Änderung des Sanierungskonzeptes zu verhandeln. Kommt das BerGer. zu dem Ergebnis, daß eine solche Bereitschaft nicht mehr bestand, wird es die Möglichkeit einer schonenderen Sanierung wohl verneinen müssen".[1145]

Genau das, nämlich der Nachweis eines Ausweichkonzeptes,[1146] ist eines der zentralen Verteidigungsmittel der die Sanierung ablehnenden Gesellschafter.[1147] Ein zwar formell mögliches, aber aufgrund faktischer Gegebenheiten nicht durchführbares Sanierungskonzept stellt jedoch keine berücksichtigungsfähige Alternative dar.

Zu beachten ist hierbei, dass dies eine ambivalente Situation ist. Die Weigerung der Gläubiger oder der Gesellschaftermehrheit, einem alternativen Sanierungskonzept bzw. anderen Modalitäten zuzustimmen, kann dem konkurrierenden Konzept die Durchführbarkeit „nehmen". Deshalb muss die Weigerung schutzwürdig und rechtens sein.[1148] Legt die Mehrheit ein Sanierungskonzept vor, dessen wirtschaftliche Stimmigkeit von der Gegenseite (Minderheit) wirtschaftlich begründet in hohem Maße kritisiert werden kann und dem eine andere gleichwertige/bessere Alternative abstrakt gegenübersteht, kann sich die Mehrheit nicht darauf berufen, dass die Gläubiger keinem anderen Konzept, als

---

1143 Hierzu bereits oben IV. Sanierungskonzept, Sanierungsfähig- und -würdigkeit, S. 44.

1144 Hierzu unten b. Angemessenheitsgewähr des Sanierungskonzepts, S. 195.

1145 *BGH*, Urteil vom 20.03.1995 – II ZR 205/94 = NJW 1995, 1739, 1744 („Girmes").

1146 *Heermann* ZIP 1994, 1243, 1246 f.; *Timm* WM 1991, 481, 485.

1147 So etwa im Fall *Girmes BGH*, Urteil vom 20.03.1995 – II ZR 205/94 = NJW 1995, 1739; Daneben *LG Saarbrücken*, Urteil vom 10.08.2010 – 4 O 174/08; Vgl. auch *Hennrichs* AcP 195 (1995) 221, 257 ff.; *Heermann* ZIP 1994, 1243, 1245 ff; *Timm* WM 1991, 481, 185.

1148 Hierzu *Wenger* ZIP 1993, 321,327, 330; *Heermann* ZIP 1994, 1243, 1247.

diesem (für sie vorteilhaftem) zustimmen würden und deshalb die Maßnahme erforderlich sei.[1149] Es kann nicht zugelassen werden, den Gläubigern, u. U. in Verbindung mit der Mehrheit der Gesellschafter/Verwaltung, zu erlauben die Gesellschafter mittels Verweigerungshaltung einem „unvernünftigen" Diktat zu unterwerfen.[1150] Das heißt, die Verweigerung der Gläubiger und Investoren, aber auch der Verwaltung, einem anderen als dem ausgehandelten Konzept zuzustimmen oder überhaupt weiter verhandlungsbereit zu sein, kann sich nur positiv auswirken, solange das Sanierungskonzept inhaltlich und vor allem wirtschaftlich die objektiv evident zu wählende Alternative ist – dieser Beweis muss durch das Sanierungskonzept geführt werden.[1151] Das ist eine anspruchsvolle Aufgabe, denn der Erfolg einer Sanierung ist von unkontrollierbaren Faktoren abhängig und trägt die Unsicherheit einer prognostischen Entscheidung naturgemäß in sich.[1152] In einer Sanierung besteht immer die Gefahr, „gutes Geld dem schlechten hinterher zu werfen" und die Möglichkeit, dass auch der nachgeschossene Betrag (bzw. die vorgenommenen Maßnahmen) nicht allein zur Sanierung ausreichen wird und sich weiterer Bedarf ergibt.[1153]

b. Angemessenheitsgewähr des Sanierungskonzepts

Grundsätzlich obliegt dem die Stimmpflicht Einfordernden der Nachweis der Zustimmungspflichtig. Dies erfolgt immanent durch das Sanierungskonzept. Hierbei wird es vielfach im Interesse des opponierenden Gesellschafters[1154] liegen, zu behaupten, das Konzept sei nicht im erfor-

---

1149 Aus dem Umkehrschluss erkennbar zustimmend *Henze/Notz* Anh. § 53 a Rn. 111.

1150 *Heermann* ZIP 1994, 1243, 1246; Zum Problem und der Gefahr der faktischen Geschäftsführung durch Gläubiger *Hoffmann* WM 2012, 10, 12; *Fleischer/Schmolke* WM 2011, 1009.

1151 „Es muss sich feststellen lassen, dass die Sanierung die einzig vertretbare ökonomische Alternative darstellt", vgl. *OLG Celle* Urteil vom 17.08.2005 – 9 U 33/05 = NZG 2006, 17, 18; Zur Evidenz bereits 1. Ermessensentscheidungen und die nötige Evidenz, S. 187.

1152 Michalski/*Waldner* § 58a Rn. 18.

1153 Hierzu *BGH*, Urteil vom 19.10.2009 – II ZR 240/08 = NZG 2009, 1347, 1349 („Sanieren oder Ausscheiden I"), mit dem Hinweis auf das „jedem Sanierungsversuch immanenten Risiko, auch noch diesen [Nachschuss] im Falle des Scheiterns zu verlieren"; vgl. auch Michalski/*Waldner* § 58a Rn. 17; *Westermann* NZG 2010, 321, 324; *Schmidt* JZ 2010, 125, 129.

1154 Im Einzelfall kann dies durchaus auch der Mehrheitsgesellschafter sein, der sich gegen ein konkurrierendes Konzept der Minderheit wendet. Im Regelfall des Sanierungskonflikts bestreitet jedoch die Minderheit das Konzept der Mehrheit. Dies wird derlichen Maße zum Vorteil aller Gesellschafter und der Gesellschaft ausgehandelt.[1155] Es bieten sich, neben der grundsätzlichen Kritik am gesamten Konzept/Plan, vielfache Angriffspunkte. In Betracht kommen die Höhe von Kapitalmaßnahmen, deren Ausgestaltung – was insbesondere eine etwaige Kapitalherabsetzung, das Bezugsrecht und den Ausgabepreis betrifft –, Gläubigerverzichte und andere Gesichtspunkte. In diesen Punkten ist es schwierig, konkrete Richtigkeit nachzuweisen. Wie viel Kapital eine Gesellschaft genau zur Überwindung der Krise benötigt, ist ex nunc ebenso unmöglich mit Sicherheit zu beantworten,[1156] wie die Frage danach, ob die Geschäftsführung nicht weitergehende Zugeständnisse der Gläubiger hätte erlangen können[1157] (bspw. höherer Forderungsverzicht, niedrigeres Kapitalherabsetzungsverhältnis). Daneben kann argumentiert werden, die Geschäftsführung habe sich nur im Interesse der Mehrheit engagiert und die im wohlverstandenen Gesellschaftsinteresse eingeflochtenen Interessen der Minderheit außer Acht gelassen.

Das Sanierungskonzept ist in der Regel ein Verhandlungsergebnis. Setzt man voraus, dass alle an den Verhandlungen Beteiligten das Ziel haben, das Unternehmen zum Wohl aller in der bestmöglichen Weise zu sanieren und in den Verhandlungen eine gegenseitige Machtbalance gewahrt ist („arms-length-principle"/"Verhandlung auf Augenhöhe"), könnte grundsätzlich vom Regulativ der Verhandlungssituation ausgegangen und dem Verhandlungsergebnis eine gewisse „Angemessenheitsvermutung" beigelegt werden. Einen durch objektive Kriterien gebundenen (Markt-)Preis mit der Vermutung von Angemessenheit auszu-

---

im Folgenden als Ausgangsfall vorausgesetzt, wobei die grundlegenden Argumentationsmuster und Angriffspunkte übertragbar sind.

1155 Genau dies anerkennend, Gesetzesbegründung KredReorgG BR-Drucks. 534/10, S. 84, „So wäre es etwa denkbar, dass die betroffenen Anteilsinhaber vortragen, es wären Investoren vorhanden, die auch ohne Eingriffe in die Rechte der Altanteilsinhaber bereit sind, sich bei dem Kreditinstitut finanziell zu engagieren. Ebenso könnten die Anteilsinhaber geltend machen, es bestünde die realistische Aussicht, auf anderem Wege ausreichend Liquidität zu schaffen, um so die Reorganisation des Kreditinstituts zu erreichen"; Vgl. auch *Müller*, S. 327.

1156 „Die praktischen Probleme einer Sanierung durch Kapitalerhöhung bestehen einmal in der Bemessung des Kapitalbedarfs – einem betriebswirtschaftlichen Problem [...]", vgl. *Schmidt* ZIP 1980, 328, 334 m. w. N.

1157 Siehe dazu die beispielhaft die Diskussion um die fragliche Nachverhandlungsbereitschaft der Gläubiger im Girmes-Fall, vgl. *BGH*, Urteil vom 20.03.1995 – II ZR 205/94 = NJW 1995, 1739 („Girmes") und *Wenger* ZIP 1993, 321 ff.; hierzu auch *Heermann* ZIP 1994, 1243 ff.

statten, ist auch gesellschaftsrechtlich anerkannt.[1158] Im Vergleich zu den allgemein anerkannten Bewertungsmaßstäben müsste der ausgehandelte Preis dann zumindest mit einem Marktpreis vergleichbar sein. Natürlich liegt im Fall des ausgehandelten Sanierungskonzepts kein „aktiver Markt" im Sinne des § 255 Abs. 4 HGB vor[1159], denkbar ist höchstens die Annahme einer „künstlichen Markt*situation*". Zunächst könnte grundsätzlich von einer bestehenden marktähnlichen Wettbewerbs- und Verhandlungssituation zwischen den „Marktteilnehmern" Gesellschaft(ern), Gläubigern und Investoren auszugehen. Vorausgesetzt wird die typische Lage, in der die Beteiligten, jeweils zueinander ökonomisch zweckrational[1160] agierende Marktteilnehmer und somit auf größtmöglichen Eigennutz ausgerichtet sind.[1161] Als Korrektiv für die Verhandlungsführung und als Gewährleistung einer Wettbewerbssituation könnte die Haftung der Beteiligten dienen.

c. Aushandeln als abstrakt zutreffende Angemessenheitsgewähr?

Ob die Annahme, dass in einem ausgehandelten Sanierungskonzept auch ein für alle adäquates Ergebnis gesehen werden kann, haltbar ist, scheint aber fraglich und soll im Folgenden anhand einer ökonomischen Analyse des Rechtsproblems erfolgen. In der okönomischen Lehre wird die Situation, in der sich die an der Sanierung beteiligten Parteien befinden, als eine „bargaining situation"[1162] erfasst und mittels der Verhandlungstheorie können mögliche Ergebnisse auf mikroökonomischer Ebene prognostiziert werden.[1163] Der Weg zur Erreichung des bestmöglichen Ergebnisses

1158 So im Ergebnis auch BVerfG, vom 27.04.1999, ZIP 1999, 1436 = NZG 1999, 931 („DAT/Altana"); *BVerfG*, Beschluss vom 08.09.1999 – 1 BvR 301/89 („Hartmann& Braun"), je abstellend auf den Börsenkurs bei Bestimmung einer angemessenen Entschädigung.

1159 *Ellrott/Brendt* in Beck-BK § 255 Rn. 515.

1160 Eine Handlung ist zweckrational, wenn sie bei Kenntnis der Ziele, der Mittel und der Umwelt des Entscheidungsträgers zu erwarten war, vgl. *Schäfer/Ott*, S. 59.

1161 Eigennutz im Sinne von eigennützig-rationaler Nutzenmaximierung, vgl. *Fleischer/Schmolke/Zimmer* in ZHR Beiheft 75, S. 12 f.; Zur weiterführenden, fachübergreifend relevanten Diskussion über den hier in Bezug genommen „homo oeconomicus" und der Divergenz zwischen theoretischem Modell und Realitätsgehalt vgl. *Fleischer/Schmolke/Zimmer* in ZHR Beiheft 75, S. 12 ff.; *Lüdemann*, in Recht und Verhalten, S. 8 ff.

1162 Hierzu *Muthoo*, S. 1 ff.

1163 Freilich kann dieses weite Feld an dieser Stelle nicht annähernd ausreichend dargestellt werden, deshalb soll ein erster Einblick genügen, eine sehr gute Einführung bietet *Eidenmüller*, S. 478 ff.

ist hier jedoch von der Erfüllung bestimmter Bedingungen abhängig. Dies beinhaltet etwa das rational nachvollziehbare Handeln[1164] eines jeden Beteiligten, sowie das Vorliegen vollständiger und klarer (transitiver[1165]) Präferenzen, über die alle Seiten ausreichend informiert sind.[1166] Ist der Austausch untereinander daneben ohne Kosten zu vollziehen, werden die Parteien in der Theorie solange miteinander verhandeln, bis sie einen Punkt der Einigung erreichen, der beide besser, mindestens aber genauso gut stellt, wie ihre beste Nichteinigungsalternative, maximal aber ihrem Grenznutzen[1167] entspricht. Bereits hier sieht man einen Faktor, der in der Sanierungssituation in kritischer Weise nicht gegeben ist, nämlich die Möglichkeit, Angebote solange auszutauschen, bis es zum „perfekten" Ergebnis kommt; Zeit ist in Sanierungssituationen „Mangelware".[1168] In den Sanierungsverhandlungen tritt mit Zeitablauf ein zusätzlicher Vermögensverlust ein, der insbesondere das allseitige Ausnutzen von Blockadepositionen fördert.[1169] Während der Verhandlungsprozess bilateral schon problematisch zu ordnen ist, erhöhen sich mit der Beteiligung mehrerer Parteien, wie es in der Sanierungssituation üblich ist, die Anforderungen an eine gemeinsame Lösung.[1170] Für jeden Beteiligten steht als Alternative zumindest die Quote des gerichtlichen Insolvenzverfahrens zur Verfügung. Die Lösung einer Verhandlungssituation kann daneben spieltheoretisch[1171] erfasst werden. Auch hier wird das Verhandlungsergebnis teilweise zwingend bestimmten Annahmen (Axiomen) unterworfen, unter deren Beachtung das Ergebnis des Spiels

---

1164 In der Ökonomie herrscht die bestrittene Hypothese des rational egoistisch handelnden Menschen vor. Dies bedeutet die Annahme, „die Menschen verfolgten ihre eigenen, egoistischen Interessen und gingen bei der Verfolgung dieser Ziele rational vor (methodologischer Individualismus)", vgl. *Schäfer/Ott*, S. 58; Kritisch *Fleischer/Schmolke/Zimmer* in ZHR Beiheft 75, S. 12 ff.

1165 Bevorzugt etwa jemand Äpfel gegenüber Birnen und daneben Birnen gegenüber Trauben, so ist die Bevorzugung von Äpfeln gegenüber Trauben transistent.

1166 Informatorisch kritisch *Fleischer/Schmolke/Zimmer* in ZHR Beiheft 75, S. 15 f.

1167 Als Grenznutzen beschreibt man den Nutzen, den eine zusätzliche Gütereinheit dem Haushalt stiftet. Wer keine Kleidung besitzt, für den weist der Erhalt einer Hose einen hohen Grenznutzen auf, mit jeder weiteren Hose nimmt der Grenznutzen ab.

1168 Der streng eigennützig-rationale homo oeconomicus wird solange verhandeln bis er sein Optimum erreicht. Dagegen handelt der eingeschränkt-rational Handelnde im Sinne von *Herbert Simon* als „satisficer", d. h. er sucht unter den ihm zugänglichen Alternativen solange, bis er eine „hinreichend" akzeptable Lösung findet und senkt bei Nichterreichen ggfs. sein Anspruchsniveau, vgl. *Kirchgässner*, S. 30.

1169 *Bitter* ZGR 2010, 147, 150.

1170 Eidenmüller, S. 484.

1171 Einführend *Schäfer/Ott*, S. 90 ff.

(des Verhandlungsvorgangs) berechnet werden kann. Verhalten sich alle „Spieler" individuell (risikoadäquat) optimal, ergibt sich eine bestmögliche Verhandlungsalternative.[1172] Auch bei den spieltheoretischen Ansätzen wird die Lösung des Verhandlungsproblems mit dem Hinzukommen mehrerer Spieler und insbesondere möglicher Kooperationsalternativen (Koalitionen) erschwert,[1173] erforderlich wird dann die Lösung über die kooperative Spieltheorie.[1174]

Letztlich kann und muss[1175] der verhandlungstheoretische Ansatz an dieser Stelle nicht annähernd vollständig nachvollzogen werden. Herauszustellen ist jedoch, dass eine formale Lösung einer Verhandlungssituation immer auf Vereinfachungen bzw. Verallgemeinerungen angewiesen ist. Das beste Ergebnis setzt insbesondere vollständig rationales und stringentes Verhandeln unter perfekten Umständen (zeitliche Ressourcen, perfekte Transparenz) voraus. Wie *Eidenmüller* schon zutreffend herausgearbeitet hat, sind diese Konzepte zur Bestimmung eines angebrachten Ergebnisses einer Sanierungsentscheidung aber nur bedingt nutzbar,[1176] weil nicht davon ausgegangen werden kann, dass die Teilnehmer der Sanierungsverhandlungen die objektiv an sie gestellten Anforderungen erfüllen. Zunächst wird die nötige Rationalität der Teilnehmer in der Sanierung noch mehr vom gewünschten Leitbild abweichen, als schon unter „neutralen" Umständen. Wird der Einzelne schon grundsätzlich von vielen nicht rationalen Interessen beeinflusst, wirkt die Krisensituation katalysierend. Als Beispiel mag die aktuelle Finanz- und Wirtschaftskrise dienen: „wenn die Unsicherheit ein bestimmtes Maß übersteigt, entsteht Panik. Allgemeine totale Panik setzt alles normale wirtschaftliche Verhalten außer Kraft. Das genau ist in der Krise von 2008

1172 Grundlegend *Nash*, S. 155 ff.

1173 *Muthoo*, S. 336.

1174 Ein Konzept ist zu finden bei *Shapley*, S. 307 ff., nach dem der Shapley-Wert benannt ist. Dieser stellt den durchschnittlichen Wert dar, den jeder Teilnehmer zu jeder möglichen Koalition beiträgt und der diesem sodann als Kooperationsgewinn zusteht, wobei als Annahme gilt, dass „kein Beteiligter durch eine konsensfähige Gesamtlösung schlechter stehen darf, als er bei irgendeiner Koalition mit einzelnen stünde", vgl. *Eidenmüller*, S. 484.

1175 Es wurde vielmehr versucht das „verhaltenstheoretische Arsenal der Nachbarwissenschaften" in Dogmatik und „Argumentationsbausteinen" darzustellen, um es auf die konkreten Bedürfnisse der Rechtspraxis herunterzubrechen. Zu dieser „Zielvorgabe" und der Reflexion in der Rechtswissenschaft vgl. *Lüdemann*, in Recht und Verhalten, S. 47 ff.

1176 *Eidenmüller*, S. 486 ff.

geschehen"[1177]. Die „alles oder nichts" Situation in der Krise kann zu einem „gambling for resurrection"[1178] führen und eine Sanierung um jeden Preis als angemessen erscheinen lassen.[1179] In der Folge kann die Entscheidungsfindung zu einer Alternative führen, die nicht dem wahrscheinlichkeitsgewichteten Durchschnittsnutzen aller möglichen bekannten Wahlmöglichkeiten entspricht.

Im Gegensatz dazu können besicherte Gläubiger die Insolvenz als Druckmittel ins Feld führen, da die Insolvenz sich für sie als im Verhältnis nicht so belastende Alternative darstellt. So können sie das alle risikoadäquat stellende Ergebnis der Sanierung zu ihren Gunsten verschieben. Eine solche Verschiebung kann durch Druckmittel außerhalb der Spielregeln geschehen, aber auch durch Koalitionsbildung und Verhandlungsabsprachen, eventuell verbunden mit eingeschränkter Informationsweitergabe. Auch kann das Verhandlungsergebnis von der individuellen Einstellung der Verhandlungsführer beeinflusst werden. Etwa ob sie diese Uneigennützigkeit als rationales, die eigenen Interessen förderliches Element ansehen, sich von Sympathie und Antipathie leiten lassen[1180] oder ihre Eigennutzannahme, je nachdem, welchen Nutzen oder Schaden mit der gewählten Entscheidungsalternative für Dritte einhergeht, verhältnismäßig korrigieren[1181].[1182] Viele weitere Möglichkeiten des nicht rationalen Verhaltens sind denkbar.[1183]

In der Sanierungssituation ist daneben nicht von einer ausreichenden Informationslage auszugehen. Zweckrationales Handeln setzt aber vollständige Information voraus.[1184] Diese nicht ausreichende Informationslage führt notwendigerweise dazu, dass nicht alle Beteiligten die jeweilige Eintrittswahrscheinlichkeit der für sie relevanten Alternativen ange-

1177 Martin Wolf (Wirtschaftsjournalist und Chefkommentator der "Financial Times) im Interview mit dem Deutschlandfunk vom 13.11.2011, abrufbar unter http://www.dradio.de/dlf/sendungen/essayunddiskurs/1602354/, zuletzt abgerufen am 14.09.2012.

1178 Vgl. Buth/Hermann/*Sievers/Bizenberger*§ 19 Rn. 29; *Veil* ZGR 2006, 374, 375; *Fleischer* ZGR 2004 437, 438.

1179 „Steht der Zusammenbruch unmittelbar bevor, so begreifen Gesellschafter-Geschäftsführer ihren Eigenkapitaleinsatz und ihr unternehmensspezifisches Humankapital als versunkene Kosten, die ohnehin verloren sind und allenfalls durch eine beträchtliche Risikoerhöhung zu retten wären", vgl. *Fleischer* ZGR 2004, 437, 447.

1180 Schäfer/Ott, S. 62.

1181 *Fleischer/Schmolke/Zimmer* in ZHR Beiheft 75, S. 19.

1182 *Lüdemann*, in Recht und Verhalten, S. 21 ff.

1183 *Schäfer/Ott*, S. 66 ff.

1184 Schäfer/Ott, S. 60.

messen einschätzen können.[1185] Zudem ist die regelmäßig nicht proportionale Verteilung des individuellen Verhandlungsgeschicks aller Beteiligten beachtlich. Dies betrifft schwerpunktmäßig die Kenntnis von Verhandlungs- und Entscheidungstheorien und -mechanismen.

Es bleibt festzuhalten, dass in der Sanierungssituation (als „Entscheidung unter Risiko und Unsicherheit"[1186]) besondere äußere Umstände die theoretisch Verifizierung eines Verhandlungsergebnisses als angemessen erschweren, wenn nicht unmöglich machen. Daneben fördert die Verhaltensökonomie den Nachweis zu Tage:

„Der homo oeconomicus weicht markant von einem leibhaftigen Entscheider „aus Fleisch und Blut" ab; seine Kernannahmen sind durch empirische Befunde widerlegt".[1187]

Nochmals soll darauf hingewiesen werden, dass ein Prognosemodell notwendig der Axiome bedarf, da es sonst aufgrund der faktischen Vielzahl von Variablen unmöglich ist, Verhandlungsergebnisse vorherzusagen und sich daher die Einsichten nicht deckungsgleich auf konkrete Rechtsprobleme übertragen lassen.[1188] Die beschriebenen, notwendigen Voraussetzungen, um zu einem „richtigen" Ergebnis zu gelangen, zeigen auf, welche Anforderungen an die Sanierungsbeteiligten zu stellen wären, um dem ausgehandelten Sanierungskonzept pauschal eine Angemessenheitsgewähr beizumessen. Die hier erfolgte Auseinandersetzung mit den denkbaren Modellen soll und kann kein Urteil über die Nutzbarkeitmachung selbiger darstellen, sie dient vielmehr dem Rückschluss auf die Variablen der Sanierungsentscheidung, denn sowohl ökonomische als auch allgemein sozialwissenschaftliche Fragestellungen lassen sich für juristische Wertungen nutzbar machen.[1189] Letztlich stellt die Jursiprudenz die Abbildung allseitiger sozialer und ethischer Normen des menschlichen Zusammenlebens in allgemeingültiger Gesetzesform dar. Sie ist aber auch dazu berufen, in fraglichen Situationen Entscheidungen vorweg zu nehmen.[1190] Im vorliegenden Fall wäre dies die Entscheidung darüber, ob ein ausgehandeltes Sanierungskonzept eine objektiv ange-

1185 Zu (fehlerhaften) Wahrscheinlichkeisteinschätzungen *Fleischer/Schmolke/Zimmer* in ZHR Beiheft 75, S. 32, 33 ff.

1186 *Fleischer/Schmolke/Zimmer,* in ZHR Beiheft 75, S. 22 ff.

1187 *Fleischer/Schmolke/Zimmer,* in ZHR Beiheft 75, S. 14 und 41.

1188 *Lüdemann,* in Recht und Verhalten, S. 47.

1189 *Fleischer/Schmolke/Zimmer* in ZHR Beiheft 75, S. 43.

1190 *Lüdemann* beschreibt die Rechtswissenschaft als Entscheidungsvorbereitungswissenschaft, vgl. *Lüdemann,* in Recht und Verhalten, S. 47.

messene Entscheidungsbasis ist und demzufolge rechtliche Privilegierungen verdient, beispielsweise hinsichtlich der Beweislastverteilung.

d. Stellungnahme

Anhand dieser Ergebnisse wird man die „Angemessenheitsgewähr" des Sanierungskonzepts stark abschwächen müssen; das in der Praxis erreichte und erreichbare Resultat wird in der Regel nicht dem gerechten, geschweige denn dem perfekten Ergebnis gleichen. In einer Verhandlungssituation gibt es für jeden Beteiligten einen kritischen Punkt (BATNA[1191]), ab dem eine Einigung keinen Sinn mehr macht. Erreichen nun alle einen Konsens, der sie besser und zumindest nicht schlechter stellt als der Dissens, spricht man von einer sog. Pareto-superioren Lösung.[1192] Eine solche Lösung bedeutet aber genauso nicht zwangsläufig objektiv die höchstmögliche Erfolgsquote des Sanierungskonzepts, wie sie nicht mit der besten Verteilung des Sanierungsgewinns übereinstimmen muss. Es existieren mehrere, für alle Seiten akzeptable Lösungen, die aber im Einzelfall disproportionaler Vorteilsverteilung entsprechen können. Die Adäquanz des Ergebnisses hängt damit unter anderem davon ab, ob die Beteiligten sich integrativ verhalten und die „fairste" Lösung suchen, oder aber die eigene Gewinnmaximierung als Maxime ausgeben (distributives Verhalten).[1193] Dies entspricht dem aus der Spieltheorie bekannten Gefangenendilemma. Für alle Seiten wäre ein kooperatives Verhalten mit allseitigem Nachgeben und somit einer Gewinneinbuße verbunden, während eigensüchtiges Verhalten den Anreiz bietet, den höchstmöglichen Gewinn zu erzielen. Aus eigensüchtigem Verhalten resultiert jedoch bei Versagen der Einigung die Gefahr höherer Einbußen. Das Scheitern der Sanierung brächte den vollständigen Verlust des möglichen Kooperationsgewinns bei allseitiger Einigung und damit einen Rückfall auf den BATNA[1194]. Hierbei muss auch die Wechselwirkung betrachtet werden, die sich aus den auf den Sanierungsgewinn abzielenden Verhandlungen auf die Erfolgswahrscheinlichkeit des Sanierungserfolgs ergibt. Wird etwa der Zufluss liquider Mittel nur unter Forderung hoher Zinsen zugestanden, um so schnellstmöglich zukünftigen Gewinn abzu-

---

1191 "Best alternative to a negotiated agreement", vgl. *Eidenmüller,* S. 490.

1192 *Eidenmüller,* S. 500.

1193 Anschaulich *Eidenmüller,* S. 500 ff, S. 506 ff.

1194 Vgl. oben Fn. 1191.

schöpfen, kann dies mittelfristig zu einer (erneuten) Illiquidität und zu einer nachgelagerten Insolvenz führen.

Dem praktisch erreichten Resultat muss also eher der Vorteil eine *Durchführungsgewähr* zugesprochen werden, als der einer grundsätzlichen Angemessenheit. Es stellt eben nur eine von mehreren Alternativen innerhalb eines möglichen Einigungsbereiches der Beteiligten dar.[1195] Doch auch die Eigenschaft jedenfalls im Konsens mit allen übrigen Parteien durchführbar zu sein ist ein gewichtiger Punkt, den die Minderheit, im Rahmen ihres konkurrierenden Konzepts, in der Regel nicht qualifiziert darlegen können wird. „Zweifel daran, ob sich die Reorganisation mit weniger einschneidenden Mitteln hätte erreichen lassen, gehen deshalb zu Lasten desjenigen, der sich hierauf beruft".[1196]

3. Die Zeitpunktproblematik

Grundsätzlich hat auch der Zeitpunkt, zu dem die Sanierung erfolgt, einen großen Einfluss auf die Erforderlichkeit bestimmter Sanierungsmaßnahmen und damit mittelbar auf die abstrakte Möglichkeit, positive Stimmpflichten erzwingen zu können. Verallgemeinernd kann herausgestellt werden, dass, je weiter die Krise vorangeschritten ist, es umso erforderlicher ist, eine grundsätzlich geeignete Sanierungsmaßnahme zu ergreifen. Dies steht nicht nur im faktischen Zusammenhang mit der Insolvenzantragspflicht, sondern auch im zeitlichen Zusammenhang mit der Möglichkeit, eine alternative Sanierungsmaßnahme oder ein gesamtes Sanierungskonzept, glaubhaft zu machen.

Bereits oben[1197] wurde dargestellt, dass es der *BGH* als zwingendes Erfordernis sieht, „daß bei Scheitern der Sanierungsmaßnahme der Zusammenbruch der Gesellschaft unvermeidlich [ist]".[1198] Die Präzisierung dieses Tatbestands wirft verschiedene *Abgrenzungsprobleme* auf. Die geforderte Unvermeidlichkeit lässt auf das Erfordernis einer mit „an Sicherheit grenzender Wahrscheinlichkeit" schließen. Im Hinblick auf die Insolvenzantragspflichten der Geschäftsführung ließe sich postulieren, dass diese Wahrscheinlichkeit jedenfalls dann gegeben ist, wenn die Gesellschaft bereits *abwendbar* überschuldet (§ 19 InsO) oder zahlungsunfähig

---

1195 Vereinfachend zu diesem Problem *Holler*, S. 9 f., am Beispiel der möglichen Verteilung beim bilateralenbilateralen Tausch in der „Edgeworth-Box".

1196 *Müller*, S. 327.

1197 Vgl. c. Vorgaben der Rechtsprechung, S. 152.

1198 *BGH*, Urteil vom 20.03.1995 – II ZR 205/94 = NJW 1995, 1739, 1743 („Girmes").

(§ 17 InsO) ist. Hier ist es für eine freie Sanierung regelmäßig zu spät, weil bereits die Insolvenzantragspflicht in Frage steht. Eine Überschneidung mit der Insolvenzantragspflicht würde die Geschäftsführung unlösbaren Abgrenzungsproblemen und einer erheblichen Haftungsgefahr aussetzen; sie ist abzulehnen.[1199]

In Betracht kommt daneben auch der Zeitpunkt der drohenden Zahlungsunfähigkeit (§ 18 InsO), was die *Vorverlagerung* von der insolvenzrechtlichen in die betriebswirtschaftliche Krise bedeuten würde.[1200] Die Einschlägigkeit von Insolvenztatbeständen kann nicht als zwingende Voraussetzung für den Zusammenbruch angesehen werden, da ansonsten offensichtlich eine sanierende Zustimmungspflicht ausschließlich in diesem Zeitfenster in Frage käme. Der sich daraus ergebende Schluss, dass eine Gesellschaft trotz einer akut existenzbedrohenden Entwicklung bis hierhin abwarten müsse, kann nicht akzeptabel sein.[1201] Noch früher würde die Anzeigepflicht bei hälftigem Verlust des Haftkapitals gem. § 49 Abs. 3 GmbHG bzw. § 92 Abs. 1 AktG greifen. Daneben könnte man auch über den Zeitpunkt nachdenken, zu dem die Gesellschaft „kreditunwürdig“ im Sinne des § 32 a GmbHG a.F. ist.[1202]

Schuster schlägt in diesem Zusammenhang eine Anknüpfung an einen Zwölfmonatszeitraum vor, d. h., die „Aktivierung“ des „Sonderregimes“ erfolgt, „wenn die Gesellschaft innerhalb des nächsten Jahres zahlungsunfähig oder überschuldet zu werden droht“, wobei dieser Zustand indiziert sei, „wenn in einem Lage- oder Prüfbericht zu dem maßgeblichen Zeitpunkt bestandsgefährdende Tatsachen (§§ 321 Abs. 1 Satz 3, 289 Abs. 1 HGB) berichtet werden müssten“ [1203].

Bei weiter vorangeschrittener Krise ist eine ist eine grundsätzlich geeignete Sanierungsmaßnahme umso erforderlicher; dies kann für den Eintritt in die Insolvenztatbestände, wenn die Antragsfrist also begonnen hat, nur umso stärker gelten.

Insgesamt ist es schwierig, gar unmöglich, hierzu abstrakte Aussagen zu treffen; je weiter eine Gesellschaft aber noch von der insolvenzrechtlichen- bzw. Liquiditätskrise entfernt und je näher demnach die Erfolgsbzw. Strategiekrise ist, desto weniger kann abstrakt von einer sanie-

---

1199 *Westpfahl* ZGR 2010, 385, 417; *Frind* ZInsO 2010, 1426, 1428; Je zur gleichlaufenden Problematik im Rahmen der Überlegungen mit dem ESUG ein vorinsolvenzliches Sanierungsverfahren einzuführen.

1200 Vgl. oben I. Begriff der Krise, S. 9.

1201 So auch *Schuster* ZGR 2010, 325, 343.

1202 *Westpfahl* ZGR 2010, 385, 417; Vgl. zum Begriff oben 2. Rechtliche Einordnung, S. 13.

1203 *Schuster* ZGR 2010, 325, 344.

rungsbezogenen Stimmpflicht aus Treugesichtspunkten ausgegangen werden, da mit der Erforderlichkeit der Sanierungsmaßnahme immer auch der Interessenwert der Sanierungswilligen sinkt.

4. Die erforderliche Mehrheit

Soweit ersichtlich, ist bisher nicht eingehend diskutiert worden, welche Höhe eine Mehrheit erreichen muss, um die abstrakt zustimmungspflichtige Situation gewissermaßen zu „aktivieren". Abgeleitet daraus lässt sich fragen, wie hoch die Mehrheit sein muss, um der Minderheit einen möglichen Verzicht auf zu oktroyieren. Gesellschaftsrechtlich sind grundsätzlich nur zwei Mehrheitserfordernisse ausgeformt, zunächst die qualifizierte und daneben die einfache Mehrheit.[1204] Bei Erreichung der qualifizierten Mehrheit stellt sich die hier diskutierte Frage nach der Zustimmungspflicht nicht. Relevant ist weitergehend nur, ob eine über die einfache Mehrheit hinausgehende Mehrheit erforderlich ist. Hier käme jede weitere Mehrheit in Betracht, die Auswahl eines bestimmten Quorums schiene willkürlich. Zwar ist zu bedenken, dass jede der qualifizierten Mehrheit näherkommende Zustimmung der zustimmungswilligen Gesellschafter eine entsprechend höhere Legitimation des Sanierungsbegehrens in sich tragen würde, mangels anderer anerkannter Alternativen kann jedoch bereits die einfache Mehrheit (50 %) als ausreichend betrachtet werden.[1205] Die Konsequenzen sind augenfällig. Spricht man im weiteren Verlauf der Untersuchung der Zustimmungspflicht in Sanierungssituationen Bedeutung zu, und verpflichtet darüber hinaus etwa auch die Minderheit, sich dem Willen der Mehrheit zu beugen, entschieden im Einzelfall 50 % der Stimmen über die Interessen aller übrigen Aktionäre und weitergehend faktisch über die Durchführung einer Maßnahme, deren ursprünglich gesetzlicher Zustimmungsgehalt einer Dreiviertelmehrheit betragen muss.

Muss dies aber die letzte Hürde sein? Richtet sich die Stimmpflicht insbesondere am Gesellschaftsinteresse aus und könnte eine Minderheit den Beweis eines durchführbaren und erfolgversprechenden Sanierungskonzepts führen, müsste nicht dann, zumindest eine Minderheit mit Sperrminorität, die Zustimmung zu diesem Konzept von einer Mehrheit

1204 I. Mehrheitsprinzip und Minderheitenschutz, S. 77; Das Einstimmigkeitserfordernis stellt schon denklogisch, – mangels entgegenstehender Minderheit – kein Mehrheitserfordernis dar.

1205 *Müller*, S. 334.

von 75 % der Stimmen fordern können?[1206] Augenscheinlicher wäre dies, wenn weiterhin angenommen würde, ein vorher zum Beschluss gestellter Auflösungsantrag *verfehlte* die Dreiviertelmehrheit. Wägt man die Interessen objektiv ab und erkennt die treupflichtigen Bindungen sowohl für die Minderheit als auch für die Mehrheit an, ist es fraglich, welche Verweigerungslegitimation der Mehrheit zustünde. Der bloße Hinweis darauf, „ohne die Legitimationswirkung der Mehrheitsentscheidung würde die Organisationsverfassung der Gesellschaft auf den Kopf gestellt"[1207], hat für die Minderheit – die im anderen Falle trotz fehlender Dreiviertelmehrheit zustimmen müsste – ein besonderes „Geschmäckle".

Diesen Umständen wird im Rahmen der Interessenabwägung ausreichend Rechnung zu tragen sein; weitergehend auch, ob ein erhöhtes Quorum die Interessenabwägung zu Gunsten der Mehrheit verschiebt und vice versa.

5. Schlussfolgerung

Den Gesellschaftern ist bei ihren gesellschaftsbezogenen, unternehmerischen Entscheidungen ein bestimmter Freiraum zuzugestehen. Lehnt eine qualifizierte Mehrheit den Sanierungsbeschluss ab, muss dieser Entscheidung auf erster Ebene die Legitimation durch das Mehrheitsprinzip zuerkannt werden. Für alle Gesellschafter, sowohl zustimmende als auch ablehnende, stellt die Entscheidung für oder wider ein Sanierungskonzept eine Entscheidung unter Unsicherheit dar. Angesichts dessen eröffnen sich den Parteien Freiräume. Die Legitimation durch das Mehrheitsvotum, durch die qualifizierte Zurückweisung des Beschlusses und die Freiheit des unter pflichtgemäßem Ermessen ausgeübten Stimmrechts wirken sich für die obstruierenden Gesellschafter unterstützend aus. Das bedeutet im Ergebnis erhöhte Anforderungen an die Rechtfertigung des Anliegens der Mehrheit. Die muss durch das Sanierungskonzept die Erforderlichkeit der konkreten, angestrebten Maßnahmen darlegen. Hierzu gehören insbesondere ausreichende Information und eine Darstellung, warum Alternativen hierzu nicht in Frage kommen bzw. eine nicht gleich erforderliche Lösung darstellen. Eine offene und auf Meinungsaustausch

---

1206 Vgl. *Schuster* ZGR 2010, 325, 335, der diese Überlegung ebenfalls anstellt, die Konsequenzen dann aber mit Verweis auf eine fehlende Mehrheit – nicht ziehen will und die missbräuchliche Ablehnung des Sanierungskonzepts durch die Mehrheit allein durch § 826 BGB auffangen will; Ebenfalls *Müller*, S. 334; Kritisch auch *LG Saarbrücken*, Urteil vom 10.08.2010 – 4 O 174/08 = *Cranshaw* jurisPR-InsR 21/2010 Anm. 4.

1207 *Schuster* ZGR 2010, 325, 335.

angelegte Informationspolitik transportiert die Evidenz und vergegenwärtigt der Minderheit das Bedürfnis der Mehrheit. Je eindeutiger die Gläubiger und Investoren das von Mehrheit und Verwaltung präferierte Sanierungskonzept unterstützen, desto schwieriger ist es, einen durchführbaren Alternativplan zu präsentieren. Die Erforderlichkeit des Sanierungskonzepts wird durch den Fortschritt der Krise qualifiziert. Das zwischen den verschiedenen Beteiligten ausgehandelte Sanierungskonzept trägt die Vermutung der Durchführbarkeit in sich. Ist die Mehrheit in der Lage, die Erforderlichkeit und Alternativlosigkeit des Konzepts in ausreichendem Maße darzulegen, sind an den Vortrag der Gegenseite, es existiere eine andere schonendere und gleich effektive Alternative, seinerseits erhöhte Anforderungen zu stellen. Es herrschen also wechselseitige, flexible Substantiierungspflichten[1208]. Mangels alternativer Grenzsetzungen im Gesellschaftsrecht ist jedenfalls eine Mehrheit von 50 % der Stimmen abstrakt ausreichend, um die erforderliche Zwangslage herbeizuführen.

Im Ergebnis muss trotz des Evidenzerfordernisses festgehalten werden, dass es faktisch der Minderheit kaum gelingen wird, zunächst eine durchführbare Alternativsanierung darzulegen und darüber hinaus dieser eine derartige Überlegenheit beizulegen, dass dies die Ermessenspielräume der Mehrheit so einengt, dass diese Alternative die einzig vertretbare ist. Faktisch bestimmen Verwaltung, Mehrheit und Gläubiger und ggfs. Investoren das „wie" und „wann" der Sanierungsentscheidung.[1209] Ob sie gleichzeitig das „ob" bestimmen, ist eine Frage der Verhältnismäßigkeit im engeren Sinne.

II. Zur Verhältnismäßigkeit i. e. S.

Im letzten Schritt der Prüfung sind die Interessen herausgearbeitet und eine erforderliche Maßnahme steht in Diskussion. Eine erforderliche Maßnahme ist aber nicht grundsätzlich geboten. Sie muss darüber hinaus verhältnismäßig sein, denn die Erforderlichkeit einer Maßnahme ist abstrakt bemessen. Aus der Erforderlichkeit allein lässt sich nicht ableiten, dass die Eingriffe – die zu Lasten der widersprechenden Gesellschafter erfolgen – tatsächlich durch die Förderlichkeit der Maßnahme – bezogen

1208 *Rottnauer* NZG 2001, 115, 121.

1209 Ähnlich *Timm* WM 1991, 481, 485, „bei Überschuldung der Gesellschafter bestimmen im Ergebnis *allein die Gläubiger* das Sanierungskonzept".

auf die zustimmenden Gesellschafter und die Gesellschaft – ausgeglichen werden. Da es im Rahmen der Verhältnismäßigkeit stets darum geht, widerstreitende Interessen nach ihrer Schutzwürdig- und Dringlichkeit gegeneinander abzuwägen, dies jedoch die Kenntnis der konkreten Interessen in der speziellen Situation erfordert, werden abstrakte Fallgruppen gebildet und diese daraufhin untersucht, wie sich in diesen die Interessenabwägung grundsätzlich verhält. Hierbei wird die bereits bei *Nehls*[1210] erfolgte Unterscheidung zwischen belastenden und nicht belastenden Beschlüssen als Einteilung genutzt.

1. Stimmpflicht bei nicht belastenden Maßnahmen

a. Abgrenzung: belastende und nicht belastende Maßnahmen

Um zu entscheiden, ob bei belastenden und nicht belastenden Maßnahmen im Allgemeinen unterschiedliche Bindungsintensitäten bestehen, muss erst definiert werden, was unter einer „Belastung" in diesem Sinne zu verstehen ist. Die Belastung kann sich zunächst aus dem Inhalt des Beschlusses selbst ergeben. Eingriffe in mitgliedschaftlich geschützte Positionen der Gesellschafter sind stets belastend. Soweit sich der Beschluss auf Vermögens- oder Verwaltungsrechte[1211] – in der GmbH kommen auch Sonderrechte[1212] in Betracht – des Gesellschafters nachteilig auswirkt, ist er als für diesen belastend anzusehen. Zugleich bedeutet dies aber auch, dass es sich bei den nicht belastenden Maßnahmen nicht ausschließlich um solche der Geschäftsführung handeln kann, sondern sehr wohl auch Strukturentscheidungen für den einzelnen Gesellschafter neutral sein können.

Wenn *Nehls* in seiner Arbeit zwischen nicht belastenden und belastenden Maßnahmen unterscheidet und in dieser Folge bei ersteren eine Stimmpflicht annimmt, soweit „ein solcher Beschluss im Interesse der Gesellschaft oder auch der Mitaktionäre liegt",[1213] kann dem im Ansatz gefolgt werden. Letztlich erschöpft sich die Nutzbarmachung dieser Unterteilung in der Auswirkung auf die Interessenabwägung. Macht der

1210 *Nehls,* S. 88 ff.

1211 Näher KK-AktG/*Drygala* § 11 Rn. 9 ff.; zur GmbH, MünchKommGmbHG/*Reichert/Weller* § 14 Rn. 74 ff.

1212 Hierzu *Fastrich* in Baumbach/Hueck § 14 Rn. 18; MünchKommGmbHG/*Reichert/Weller* § 14 Rn. 95 ff.; kritisch zur Eingruppierung dieser „Rechtegruppe" in der AG Spindler/Stilz/*Vatter* § 11 Rn. 4 m. w. N.

1213 *Nehls,* S. 89.

Gesellschafter bei Beschlüssen, die ihn nicht in seiner Rechtsstellung betreffen, geltend, er wolle dem Beschluss die Gefolgschaft verweigern, ist er faktisch weitreichenden schützenswerten Interessen beraubt. Die Argumentation, das Stimmrecht verleihe dem Einzelnen nicht nur Rechte zur Partizipation, sondern insbesondere auch zur Abwehr von Eingriffen in seine Mitgliedschaft, kann schützend nur im Sinne einer geschäftstätigen Mitentscheidungsfreiheit geltend gemacht werden.[1214] Dies führt jedoch nicht dazu, dass dem Gesellschafter keinerlei geschützte Einwände zur Verfügung stünden. Insbesondere ist er nicht allein durch die nicht belastende Qualität der Maßnahme an sich verpflichtet einem Beschluss zuzustimmen. Dem Gesellschafter steht tatsächlich ein, zwar pflichtgebundenes, jedoch nichts desto trotz nur beschränkt gerichtlich nachprüfbares[1215], Ermessen zu. Allein der fehlende Eingriff in konkret geschützte Positionen durch den Beschluss selbst, führt nicht zu einer Ermessensreduktion auf null und somit stets zu einer gebundenen Entscheidung. Schon aus der Natur der Sache heraus kann in einem solchen Sachverhalt, insbesondere bei den von *Nehls* propagierten Geschäftsführungsmaßnahmen[1216], nicht von der ausschließlichen Erforderlichkeit der (von der Mehrheit) angestrebten Maßnahme ausgegangen werden. Bei einer Geschäftsführungsmaßnahme handelt es sich in der Regel um eine unternehmerische Entscheidung, die „infolge ihrer Zukunftsbezogenheit durch Prognosen und nicht justiziable Einschätzungen geprägt [ist]".[1217] In einzelnen Fällen kann eine Entscheidung zwar objektiv die allein zu wählende Alternative darstellen und sodann mag sich auch die Neutralität der Maßnahme in Bezug auf den Gesellschafter in der nachfolgenden Interessenabwägung mit der Folge einer positiven Stimmpflicht niederschlagen. Dem Grundsatz dahingehend, „dass bei Beschlüssen, die für den abstimmenden Aktionär mit keinerlei nachteiligen Auswirkungen verbunden sind, andererseits aber im Interesse der Gesellschaft oder der Mitaktionäre liegen, grundsätzlich eine positive Stimmpflicht be-

1214 Dem Einwand, schon der Eingriff in die Stimmrechtsausübung sei von Nachteil und deshalb im Wege der Interessenabwägung zu berücksichtigen, begegnet *Nehls* (S. 89 f.) mit der Annahme, die verpflichtende Stimmabgabe sei für den Aktionär schon keine Belastung, da sich die alternative Stimmrechtsausübung aufgrund des treupflichtigen Schädigungsverbot verbiete, hierzu auch unten b. Stimmpflicht als Belastung, S. 210.

1215 *BGH*, Urteil vom 13.03.1978 – II ZR 142/76 = NJW 1978, 1316, 1318 („Kali & Salz"); *BGH*, Urteil vom 08.07.1985 – II ZR 4/85 = NJW 1986, 844.

1216 *Nehls*, S. 89.

1217 Begr. RegE UMAG BT-Drucks. 15/5092 S. 11

steht"[1218], kann jedoch nicht gefolgt werden[1219]. Ableiten lässt sich daraus aber eine grundsätzliche Verstärkung der „Erfolgsaussichten" in der Interessenabwägung zu Gunsten der befürwortenden Mehrheit.

b. Stimmpflicht als Belastung

Bereits oben wurde angesprochen, dass nicht nur die positive Stimmrechtsausübung, sondern daneben auch die Enthaltung, letztendlich aber jede erzwungene Ausübung des Stimmrechts, eine Belastung des Gesellschafters darstellt.[1220] Ob der Gesellschafter etwas gegen seinen Willen geschehen lassen muss oder er dafür zu stimmen verpflichtet ist, hat auf die Notwendigkeit der Untersuchung danach, ob die Treupflicht ihn zu einer der beiden Handlungsweisen verpflichten kann, keinen Einfluss. Im Anschluss daran stellt sich jedoch die Frage, was die rechtlichen Auswirkungen einer Stimmpflicht im Verhältnis zum Gesellschafter darstellen. Ist bereits die Stimmpflicht an sich eine Belastung oder folgt diese aus der Wirkung des herbeigeführten Beschlusses, also aus dem Beschlussinhalt?

Dies führt zu einem Problem, das sich grundsätzlicher nicht stellen könnte:

Begrenzt die Treupflicht die Mitgliedschaft oder ist die Mitgliedschaft von vornherein treupflichtig begrenzt?

Ist also die Stimmrechtsausübung (wir wollen nun die Mitgliedschaft auf dieses Mitverwaltungsrecht herunterbrechen) vollkommen frei und wird sie erst nachträglich durch den treupflichtig gerechtfertigten Eingriff beschränkt oder ist die Ausübung des Stimmrechts immanent nur im Rahmen der treupflichtigen Bindungen gestattet[1221]? Im öffentlichen Recht ergäbe sich hierdurch ein Unterschied bezogen auf den Schutzbereich. Im übertragenen Sinne läge, im einen Fall, eine treuwidrige Entscheidung im Schutzbereich des freien Stimmrechts und wäre durch ei-

---

1218 *Nehls,* S. 90.

1219 So auch *Kunze,* S. 145 ff.

1220 I. Erforderlichkeit positiver Stimmpflichten, S. 137, insb. 3. Stellungnahme, S. 140.

1221 Ähnliches diskutieren auch *Mülbert/Leuschner,* wenn sie im Kontext des sog. Scheidelmann-II Beschlusses des *BVerfG* die Frage aufwerfen, ob die Beschränkung des Auskunftsanspruchs nach § 113 Abs. 3 AktG einen durch Inhalts- oder Schrankenbestimmung gerechtfertigten Eingriff darstellt oder es nicht schon an einem solchen fehle, weil den Aktionären der Auskunftsanspruch gesetzlich schon nur unter dem Vorbehalt des § 131 Abs. 3 AktG gewährt ist, vgl. *Mülbert/Leuschner* ZHR 170 (2006) 615, 622.

nen gerechtfertigten Eingriff mittels Treupflicht beschränkbar. Im anderen Fall wäre die Grenze des Schutzbereichs bereits durch die Treupflicht bestimmt und demnach stellte die Stimmpflicht keinen Eingriff und somit auch keine Belastung dar.[1222] Die Treupflicht ist dann „eine inhaltliche Bestimmung des rechtlich geschützten Bereichs".[1223] Argumentativ kann bei dieser Sicht darauf abgestellt werden, die Gesellschafter begäben sich bei Gründung der Gesellschaft bewusst in ein Gemeinschaftsverhältnis. Deshalb erkennen sie, angesichts der gegenseitigen Pflicht, gemeinsam den Gesellschaftszweck zu fördern, an, dass Sachverhalte entstehen können, in denen sie zunächst ihr eigenes Interesse hinter das der Kooperation stellen und daneben, durch die gegenseitige Möglichkeit der Einwirkung auf Rechte der Mitgesellschafter, auch deren Belange in gewissem Umfang berücksichtigen müssen. Insoweit besteht schon gar *„kein Recht" des Einzelnen, treuwidrige Entscheidungen zu treffen.* Ist die Mitgliedschaft bereits mit der Treupflicht belastet erworben, kann sich der Gesellschafter bei „Realisierung" derselben nicht auf einen Eingriff berufen.[1224] Dies entspricht der engen Verknüpfung der Treupflicht zu § 242 BGB[1225] und damit der Treupflicht als „dem Recht immanente Inhaltsbegrenzung"[1226] („Innenschranke"[1227]). Die treuwidrige Rechtsausübung kann mit der rechtsmissbräuchlichen verglichen werden, da der Einzelne bei der treuwidrigen Handlung die eigenen oder fremde Rechte in signifikanter Weise über die Rechte anderer stellt. Dadurch wird die durch die privatrechtliche Vereinigung gemittelte Einwirkungsmacht, die man sich unter der Prämisse der gebotenen Rücksichtnahme zubilligte, missbraucht. Da die Mitgliedschaft –und somit auch die Stimmrechtsausübung – subjektives Recht ist, sind ihr die immanenten Grenzen selbiger inhärent. Die treupflichtige Beschränkung stülpt sich nicht „von außen" her über das subjektive Recht (der Mitgliedschaft),[1228] vielmehr steht sie unter dem Vorbehalt von Treu und Glauben und somit der

1222 Zu diesem Komplex ähnlich die Frage nach der Immanenz der Eigentumsbeschränkungen und zum Verhältnis von Eigentumsrecht und Eigentumsbeschränkung, vgl. *Aicher*, S. 82 ff.

1223 Vgl. *Aicher*, S. 83.

1224 Ähnlich *Mülbert/Leuschner* ZHR 170 (2006) 615, 628.

1225 Vgl. oben 1. Bestehens- und Rechtsgrund, S. 82.

1226 So *Timm* ZGR 1987, 403, 405; (zu § 242 BGB) Jauernig/*Mansel* § 242 Rn. 33; MünchKommBGB/*Roth/Schubert* § 242 Rn. 78.

1227 H. M. zu § 242 BGB, vgl. MünchKommBGB/*Roth* § 242 Rn. 63 m.w.N.

1228 *Huber* in Staudinger/Eckpfeiler (2011) D. Rn. 36.

Treupflicht; diese Beschränkung ist allen Rechten eigen.[1229] Die Gesellschafter können in gewissem Umfang über diese grundsätzlich gegebene Grenzziehung disponieren.[1230]

Stellt man einen gerechtfertigten Eingriff einem nicht vorhandenen Eingriff gleich, ist diese Abgrenzung nur eine akademische oder eher gesagt rechtstheoretische und -philosophische Frage. Denn ob untersucht werden muss, wie weit der Schutzbereich reicht, also wann die Treupflicht Rechte beschränkt oder wann ein mittels Treupflicht gerechtfertigter Eingriff vorliegt, macht inhaltlich keinen Unterschied.

In jedem Fall liegt in der Pflicht, bei der Ausübung mitgliedschaftlicher Rechte treupflichtig zu handeln, keine Belastung des Gesellschafters.

c. Zwischenergebnis

Aus der fehlenden rechtlichen Beeinträchtigung des Mitglieds durch den Beschlussinhalt allein kann keine Aussage über die Stimmpflicht abgeleitet werden. Eine solche Vorgehensweise blendet das Ermessen bei der Stimmrechtsausübung und die notwendige Verhältnismäßigkeitsprüfung aus. Wenn eine Maßnahme aber nicht in mitgliedschaftliche Rechte des Gesellschafters eingreift, kann diesem Umstand entnommen werden, dass die Abwägungsentscheidung in der Regel zugunsten des Gesellschaftsinteresses ggfs. dem Interesse der Mitgesellschafter ausfallen wird. Dies muss jedoch nicht der Fall sein, was von den geltend gemachten *schützenswerten* „Gegeninteressen" abhängt.

Weiterhin ist in der Pflicht des Gesellschafters, seine Rechte *treupflichtig* auszuüben, keine Beeinträchtigung zu sehen, da das abverlangte Verhalten, nach vorzugswürdiger Ansicht, schon durch die immanenten Grenzen der Treupflicht das einzig Erforderliche[1231] und Gebotene[1232] ist, jedenfalls aber einen „gerechtfertigten treupflichtigen Eingriff" darstellt.

1229 Palandt/*Grünberg* § 242 Rn. 38; MünchKommBGB/*Roth/Schubert* § 242 Rn. 63; *Huber* in Staudinger/Eckpfeiler (2011) D. Rn. 36.

1230 Einen generellen Verzicht zuzulassen wäre systemwidrig, einzelne generelle und insbesondere in konkreten Situationen vorgenommene „Verzichte" sind aber möglich; vgl. *Henze/Notz* Anh. § 53 a Rn. 126, 127; *Raiser/Veil* § 33 Rn. 12.

1231 Beachte aber oben, I. Zur Erforderlichkeit, S. 187.

1232 Oben 2. Interessenabwägung, S. 141; II. Zur Verhältnismäßigkeit i. e. S, S. 201.

2. Konkrete Belastungen der Sanierungsmaßnahmen

Nachdem herausgestellt wurde, dass es durchaus problematisch ist, Gesellschafter nachträglich zur Eingehung von persönlich nachteiligen Maßnahmen zu verpflichten, gilt es nun, die relevanten Sanierungsmaßnahmen daraufhin zu überprüfen, ob mit deren Förderung, beziehungsweise ihrer Duldung, ein Nachteil für den Gesellschafter einhergeht. Betrachtet werden nachfolgend die in der Sanierungspraxis praktisch wichtigen Maßnahmen, die zur Kapitalsanierung und zur Einbringung von Mitteln in die Gesellschaft benötigt werden; die Kapitalherabsetzung und die Kapitalerhöhung.

a. Kapitalherabsetzung

aa. Voraussetzungen

Die Herabsetzung des Stammkapitals (GmbH) bzw. des Grundkapitals (AG) kann in verschiedenen Formen erfolgen. Zum einen durch eine ordentliche Kapitalherabsetzung gem. § 58 GmbHG bzw. § 222 AktG, was dem gesetzlich geregelten Grundfall entspricht. Da die Kapitalherabsetzung abseits der Sanierungsbemühung auch anderen Zwecken dienlich sein kann[1233] und mit ihr zugleich eine Herabsetzung des Grundkapitals und somit der Haftungsgrundlage der Gläubiger erfolgt, ist eine gesetzliche Absicherung der Gläubigerinteressen normiert. Nach § 58 Abs. 2 GmbHG und § 225 Abs. 1 AktG ist insbesondere den Gläubigern Sicherheit zu leisten. Dies kompensiert die Tatsache, dass bei ausgeglichener Bilanz, durch die Herabsenkung des Haftkapitals, bislang gebundenes Gesellschaftsvermögen frei wird und zur Ausschüttung verfügbar ist.[1234] In diesem Fall spricht man von einer effektiven Kapitalherabsetzung; sie ist in der Praxis jedoch nur von geringer Bedeutung.[1235]

Dient die Herabsetzung ausschließlich dem Zweck, bei bestehender Unterbilanz das Haftkapital an das Eigenkapital anzupassen, wird diese

1233 Bspw. um den Buchertrag an die Gesellschafter auszuschütten, Einlageverpflichtungen zu erlassen oder jederzeit auflösbare Rückstellungen zu bilden, vgl. Spindler/Stilz/*Marsch-Barner* § 225 Rn. 1; Zur weiteren Bedeutung der ordentlichen Kapitalherabsetzung vgl. MünchKommAktG/*Oechsler* § 222 Rn. 2; *Jung/Otto* in Beck Hdb GmbH § 8 Rn. 114.

1234 Münch. Hdb. GesR V/*Krieger* § 60 Rn. 2; *Priester* in Scholz § 58 Rn. 9; *Fabis* MittRhNotK 1999, 170, 171.

1235 *Schmidt*, GesR, S. 906.

Maßnahme als nominelle Kapitalherabsetzung bezeichnet.[1236] Durch sie wird kein Vermögen frei und eine rechnerische Überschuldung kann ebenfalls nicht ausgeräumt werden, sie ermöglicht aber in Zukunft, zügiger Gewinne auszuschütten[1237], da keine Auffüllung des Haftungsschirms nötig ist. Besonders in der Restrukturierung und Sanierung ist eine Absenkung des Haftkapitals erforderlich, um nach dem Turnaround zeitnah wieder ausschüttungsfähig zu werden.[1238] Daneben sorgt sie dafür, dass die Verluste von allen Gesellschaftern im Verhältnis zur Kapitaleinlage getragen werden[1239] und nicht den investitionsbereiten Investoren alleine anheim fallen.[1240] Die neuen Anteile stellen sodann eine dem tatsächlichen Wert entsprechende gesellschaftsrechtliche Beteiligung – auch hinsichtlich der Stimmrechte – dar.[1241]

Beliebtes Mittel und auch auf den Zweck der Sanierung ausgerichtet[1242] ist die Absenkung des Haftkapitals mittels vereinfachter Kapitalherabsetzung (§§ 58 a-f GmbHG bzw. §§ 229 – 236 AktG). Die Sanierung per nomineller, vereinfachter Kapitalherabsetzung stellt den bedeutsamsten Anwendungsbereich der Kapitalherabsetzung dar.[1243] Dies ist verständlich, da das Haftkapital eine wichtige Grundlage für das Vertrauen ist, das der Gesellschaft im Wirtschaftsleben entgegengebracht wird.[1244] Die Kapitalherabsetzung ist also eine Krisenmaßnahme.

Auf die Befriedigung bzw. Besicherung der Gläubiger wird bei der vereinfachten Kapitalherabsetzung verzichtet[1245], da ihr ausschließlicher Zweck darin liegt, das Stammkapital an das Aktivvermögen der Gesellschaft anzupassen und somit Verlustvorträge aus der Bilanz zu eliminieren bzw. den Verlustausweis zu vermeiden[1246] (Buchsanierung). Vermögen, das sonst zur Besicherung der Gläubiger zur Verfügung stünde, wird in diesem Fall also gerade nicht frei.[1247] In der AG können die ver-

---

1236 *Priester* in Scholz § 58 Rn. 14; *Schmidt,* GesR, S. 907; *Fabis* MittRhNotK 1999, 170; *Schmidt* ZGR 1982, 519, 520.

1237 *Schmidt,* GesR, S. 907; *Jäger* NZG 1999, 238, 239.

1238 *Geißler* NZG 2000, 719, 720.

1239 *Schmidt* ZGR 1982, 519, 520.

1240 *Fabis* MittRhNotK 1999, 170, 171.

1241 *Nerlich* in Nerlich/Kreplin § 9 Rn. 15; *Vaupel/Reers* AG 2010, 93, 102.

1242 *Fabis* MittRhNotK 1999, 170, 171.

1243 MünchKommGmbHG/*Vetter* Vorbem. § 58 Rn. 33; Münch. Hdb. GesR V/*Krieger* § 61 Rn. 1; *Schmidt,* GesR, S. 907; *Schmidt* ZGR 1982, 519.

1244 Beck AG-HB/*Gotthardt* § 9 Rn. 121.

1245 *Jung/Otto* in Beck Hdb GmbH § 8 Rn. 149.

1246 *Jung/Otto* in Beck Hdb GmbH § 8 Rn. 149; *Schmidt* ZGR 1982, 519, 533.

1247 *Jung/Otto* in Beck Hdb GmbH § 8 Rn. 149; *Geißler* NZG 2000, 719, 723.

einfachte Kapitalherabsetzung und die regelmäßig folgende Kapitalerhöhung miteinander verbunden werden. Dies ist aufgrund des Sperrjahres in der GmbH nach § 58 Abs. 1, Nr. 1 und Nr. 3 GmbHG nicht möglich.

Das Haftkapital kann unter den Mindestbetrag gesenkt werden, wenn im Anschluss an die Kapitalherabsetzung eine Kapitalerhöhung erfolgt, die wenigstens den Mindestbetrag (wieder) erreicht (vgl. § 228 Abs. 1 AktG; § 58 a Abs. 4 GmbHG). Im Aktienrecht wird auch auf die Sperrfrist hinsichtlich Auszahlungen verzichtet (§ 225 Abs. 2 AktG). Letztlich ist auch die Möglichkeit der rückwirkenden bilanziellen Abbildung der Kapitalmaßnahmen ein wichtiger Vorteil (§§ 58 e, 58 f GmbHG; §§ 234, 235 AktG).

Die vereinfachte Kapitalherabsetzung ist ausschließlich zum Ausgleich von Wertminderungen und sonstigen Verlusten, bzw. in der AG gem. § 229 Abs. 1, S. 1 AktG zur Einstellung von Beträgen in die Kapitalrücklage, zulässig. Zusammen mit einer anschließenden Kapitalerhöhung – in diesem Fall ist auch eine Herabsetzung des Haftkapitals auf Null möglich[1248] – kann hierdurch eine Kapitalsanierung der Gesellschaft erreicht werden. Eine solche ist oftmals erforderlich, um der Gesellschaft die zum Überleben erforderlichen Mittel zukommen zu lassen, da diese allein mit der verminderten Kapitalausstattung nicht lebensfähig sein wird.[1249] Dem Gläubigerschutz dient daneben der Grundsatz, dass die Auflösung vorhandener Kapital- und Gewinnrücklagen vorrangig vorzunehmen ist.[1250]

In der Aktiengesellschaft kann die Herabsetzung auf vier Wegen durchgeführt werden. Möglich ist zunächst (1) die Herabsetzung des Nennbetrags bei Nennbetragsaktien, (2) bei Stückaktien die Herabsetzung der Grundkapitalziffer, danach (3) die Zusammenlegung von Aktien und als ultima ratio (4) die Einziehung von Aktien (vgl. §§ 222 ff AktG). In der GmbH kommt die Herabsetzung der Nennbeträge der Geschäftsanteile genauso in Betracht wie die Zusammenlegung (Vereinigung) und die Einziehung von Geschäftsanteilen.[1251] Grundsätzlich sind im Aktienrecht die Arten der Vornahme auch in dieser Staffelung durchzuführen (Subsidiaritätsgrundsatz[1252], vgl. § 222 Abs. 4 AktG), also insbe-

---

1248 Ausdrücklich *BGH*, Urteil vom 05.07.1999 – II ZR 126-98 = NJW 1999, 3197 („Hilgers").

1249 *Jung/Otto* in Beck Hdb GmbH § 8 Rn. 120.

1250 Münch. Hdb. GesR V/*Krieger* § 60 Rn. 8; *Jung/Otto* in Beck Hdb GmbH § 8 Rn. 151.

1251 *Jung/Otto* in Beck Hdb GmbH § 8 Rn. 112.

1252 Vgl. MünchKommAktG/*Oechsler* § 222 Rn. 43.

sondere Zusammenlegung im Verhältnis zur Herabsetzung von Nennbetrag bzw. Herabsetzung der Grundkapitalziffer subsidiär.[1253]

Da es sich um einen satzungsändernden Beschluss handelt, müssen Dreiviertel der abgegeben Stimmen (§ 53 Abs. 2 AktG) bzw. Dreiviertel des vertretenen Kapitals (§§ 229 Abs. 3, 222 Abs. 1, 2 AktG) die Durchführung befürworten.

bb. Mögliche Belastungen

Soweit eine Kapitalherabsetzung lediglich dazu dient, das Stammkapital der Gesellschaft an das Aktivvermögen anzupassen, liegt darin kein Eingriff.[1254] Die Anteile werden lediglich entsprechend ihrem tatsächlichen Wert „gekürzt". Soweit alle Anteile gleichmäßig von der Herabsetzung betroffen sind, bleibt das Beteiligungsverhältnis insgesamt gewahrt. Dann bedeutet die Kapitalherabsetzung keine Beeinträchtigung und keinen Untergang von Mitgliedschaftsrechten.[1255] Die Kapitalherabsetzung kann zu Problemen führen, wenn es nicht möglich ist alle Anteile gleichmäßig herabzusetzen, weil hierdurch Anteile möglicherweise unter den Mindestnennbetrag (vgl. § 8 Abs. 2, S. 1 AktG; § 5 Abs. 2, S. 1 GmbHG) fallen würden. In diesem Fall ist es notwendig, mehrere Anteile zusammenzulegen. Hierbei können sog. „Spitzen" entstehen, mit denen ein teilweiser Wegfall der Aktie bzw. des Geschäftsanteils verbunden ist, es besteht lediglich ein Bruchteil fort. Die jeweiligen Teilrechte können unter Umständen mangels verfügbarer weiterer Teilrechte nicht mehr durch Zusammenlegung zum Vollrecht erstarken. Der Gesellschafter verbleibt nur seine Bruchteile der Gesellschaft zur Verwertung abzutreten bzw. sie zu verwerten, den Bruchteil durch Zukauf zu ergänzen oder aber mit anderen zusammen eine Bruchteilsgemeinschaft zu bilden. Jedenfalls wird der Gesellschafter durch die entstehenden Spitzen in seiner Mitgliedschaft belastet. Ohne weiteres finanzielles Zutun kann er seine Quote nicht beibehalten. Für die AG erkennt der *BGH* in der sog. „Sachsenmilch" Entscheidung:

„die Herabsetzung durch Zusammenlegung führt zu einem Eingriff in die mitgliedschaftliche Stellung der Aktionäre, wenn ihnen nur sogenannte Spitzen verbleiben. Da diese Aktionäre nicht über die zur Zu-

---

1253 *BGH*, Urteil vom 09.02.1998 – II ZR 278–96 = NJW 1998, 2054 („Sachsenmilch"); Münch. Hdb. GesR V/*Krieger* § 61 Rn. 3.

1254 *Fabis* MittRhNotK 1999, 170, 188.

1255 Spindler/Stilz/*Oechsler* § 222 Rn. 43; *Hüffer* § 222 Rn. 22.

sammenlegung erforderliche Anzahl von Aktien verfügen, müssen sie, um ihre Beteiligungsquote zu erhalten und das Verhältnis ihrer Beteiligung zu derjenigen der anderen Aktionäre zu wahren, zusätzliche Aktien erwerben. Sind sie dazu nicht bereit, müssen sie den Verlust ihrer Mitgliedschaft hinnehmen".[1256]

Das Verhältnis der Zusammenlegung wird in der Regel ein streitiger Punkt sein.[1257] Je größer das Zusammenlegungsverhältnis, desto tiefer ist der Eingriff in die Rechte des Aktionärs. Dies wird besonders im Fall der vereinfachten, die Überschuldung nicht vollständig beseitigenden Kapitalherabsetzung deutlich. Wird die Herabsetzung ohne anschließende Kapitalerhöhung ggfs. unter Hinzunahme eines hohen Zusammenlegungsverhältnisses durchgeführt, besteht zusätzlich zur Verwässerung die große Gefahr, dass die Herabsetzung dazu genutzt wird, Minderheitsaktionäre aus der Gesellschaft zu drängen („Kalte Enteignung"[1258]),[1259] Sperrminoritäten auszuschalten oder einem strategischen Investor den Einstieg in die AG zu Lasten der Altgesellschafter zu erleichtern.[1260] Deshalb wird in diesen Fällen – entgegen der ansonsten anerkannten Grundsätze zur Kapitalerhöhung und -herabsetzung – eine eingeschränkte sachliche Begründungspflicht bei isolierter Kapitalherabsetzung verlangt.[1261]

b. Die Kapitalerhöhung

aa. Voraussetzungen

Durch die Kapitalerhöhung (§ 55 GmbHG; § 182 AktG) wird der Gesellschaft neues Eigenkapital zugeführt. Dies kann durch eine Erhöhung der Einlagen der ursprünglichen Gesellschafter erfolgen oder aber durch

---

1256 *BGH*, Urteil vom 09.02.1998 – II ZR 278–96 = NJW 1998, 2054, 2055 („Sachsenmilch").

1257 Zentrales Problem war dieses in der Girmes Entscheidung, vgl. *BGH*, Urteil vom 20.03.1995 – II ZR 205/94 = NJW 1995, 1739 („Girmes") und oben bb. Der Fall „Girmes, S. 154.

1258 Anschaulich *Decher/Voland* ZIP 2013, 103.

1259 So noch *OLG Dresden*, Urteil vom 18.09.1996 – 12 U 1727/95 = ZIP 1996, 1780; anders jedoch der *BGH* in nachgehender Instanz, vgl. *BGH*, Urteil vom 09.02.1998 – II ZR 278–96 = NJW 1998, 2054 („Sachsenmilch"); Spindler/Stilz/*Marsch-Barner* § 222 Rn. 27 m.w.N.

1260 *Jäger* NZG 1999, 238, 241; *Hirte* EWiR 1997, 195, 1996.

1261 MünchKommAktG/*Oechsler* § 229 Rn. 29; *Hüffer* § 222 Rn. 14; kritisch Spindler/Stilz/*Marsch-Barner* § 229 Rn. 21 f.; *Fabis.* MittRhNotK 1999, 170, 178; ablehnend MünchKommGmbHG/*Vetter* Vorbem. § 58 Rn. 62.

Aufnahme neuer Gesellschafter. Die Einlageleistung ist zunächst durch Leistung von baren Mitteln (Barkapitalerhöhung), alternativ auch durch Einbringung von Sacheinlagen (Sachkapitalerhöhung), zu erbringen. In einigen wichtigen Fällen ist es jedoch ratsam, in weiteren auch notwendig, die Kapitalerhöhung allein durch Leistung von Sacheinlagen zu vollziehen. Insbesondere in der Krisensituation[1262] bietet sich eine Umwandlung von Gläubigerforderungen in haftendes Eigenkapital an.[1263] Hier realisiert sich aber ein erhöhtes Bewertungsrisiko bezüglich der Werthaltigkeit von Forderungen gegen die Gesellschaft in der Krise. Der Inferent sieht sich dem Problem ausgesetzt, dass die Leistung der Forderung ihn nicht nach Maßgabe des Nennwertes, sondern nach wohl h. M. nur in Höhe des wirtschaftlichen Werts von seiner Einlagepflicht befreit.[1264]

Auf die Festsetzung von Sacheinlagen muss im Falle einer Kapitalherabsetzung mit anschließender Kapitalerhöhung jedoch verzichtet werden, wenn die Gesellschafter vom bilanziellen Rückwirkungswahlrecht gem. § 235 AktG bzw. § 58 f GmbHG Gebrauch machen wollen. Ausgeschlossen ist die Erbringung von Sacheinlagen ebenfalls, soweit das Haftkapital unter den Mindestwert herabgesetzt wurde und anschließend wieder heraufgesetzt wird (vgl. § 228 Abs. 1 AktG; § 58 a Abs. 4 GmbHG). Bis zur Erreichung der Mindestkapitalziffer ist sodann nur eine Barkapitalerhöhung zulässig.[1265] Hinzuweisen ist angesichts der GmbH-Novelle II Entscheidung des *BGH* auf die Möglichkeit einer Kapitalerhöhung aus Gesellschaftsmitteln (§ 57 c GmbHG; § 207 AktG).[1266] Hierbei erfolgt durch die Umwandlung von Rücklagen eine Erhöhung des Haftkapitals.

1262 *Carli/Rieder/Mückl* ZIP 2010, 1737.

1263 Ausführlich, mit Angaben zu den bekannten Fällen, *Carli/Rieder/Mückl* ZIP 2010, 1737; „Sanierungsinstrument der Zukunft", vgl. *Bauer/Dimmling* NZI 2011, 517; „häufig gewählte Möglichkeit der Unternehmenssanierung", vgl. *Wirsch* NZG 2011, 1131; Zur Möglichkeit des Kontrollerwerbs an Krisengesellschaften mittels D-E-S, vgl. *Redeker* BB 2007, 673; „A. A. *Schmidt* ZGR 1982, 519, 522: „Als Maßnahme der Sanierung ist sie fragwürdig und für die Übernehmer gefährlich"

1264 H. M. *BGH*, Urteil vom 21.02.1994 – II ZR 60/93 = NJW 1994, 1477; Lutter/Hommelhoff/*Lutter* § 58 Rn. 9; Bay/*Seeburg/Böhmer* ZInsO 2011, 1927, 1934; *Priester* DB 2010, 1445 ff.; *Vaupel/Reers* AG 2010, 93, 99; *Goette* DStR 1996, 273, 274; *Schmidt* ZGR 1982, 519, 522; a. A. *Hoffmann* BB 1992, 575, 576; *Karollus* ZIP 1994, 589; *Cahn/Simon/Theiselmann* CF 2010, 238; *dies.* DB 2010, 1629; *Heintges/Urbanczik* DB 2010, 1469.

1265 MünchKommAktG/*Oechsler* § 228 Rn. 7; *Hüffer* § 228 Rn. 3; *Zöllner* in Baumbach/Hueck § 58 a Rn 34; Michalski/*Waldner* § 58 a Rn. 19.

1266 Oben (2) „GmbH-Novelle II", S. 153.

Rechtlich folgt aus dem *Kapitalerhöhungsbeschluss allein noch keine Teilnahme- oder Zeichnungspflicht,* denn der Erhöhungsbeschluss bedarf zunächst der Durchführung. Zumeist erfolgt im Erhöhungsbeschluss auch die Festsetzung über die Zulassung zur Kapitalerhöhung, soweit von den gesetzlichen Vorgaben abgewichen werden soll. Die sodann Zeichnungsberechtigten schließen hiernach einen Übernahmevertrag mit der Gesellschaft und leisten die Einlagen. Schlussendlich erfolgt die Anmeldung der Erhöhung zum Handelsregister.[1267]

bb. Der Bezugsrechtsausschluss

Wichtiger Bezugspunkt bei der Durchführung von Kapitalerhöhungen ist die Tatsache, dass es jedem Gesellschafter auf sein Verlangen hin ermöglicht werden muss, einen, seinem Anteil an dem bisherigen Haftkapital entsprechenden, Teil der neuen Anteile erwerben zu können (Bezugsrecht). Bei der GmbH ist die konkrete Ausgestaltung des Bezugsrechts angesichts des von § 186 AktG abweichenden Wortlauts des § 55 Abs. 2 GmbHG umstritten[1268] (Anwartschaft auf Teilnahme an der Kapitalerhöhung oder gesetzliches Bezugsrecht). Dies hat auch Folgen bei der gerichtlichen Erstreitung der Zulassung, die einer Ansicht nach gem. § 186 Abs. 1, 3 und 4 AktG analog gegen die GmbH und nach anderer Ansicht gegen die Gesellschafter (Zulassungsbeschluss) geltend zu machen ist. Beide Ansichten unterstreichen das Interesse der Gesellschafter an einer quotengerechten Teilnahme an der Kapitalerhöhung. Die Gegner eines gesetzlichen Bezugsrechtsanspruchs[1269] schützen die Teilnahme im Wege der Inhaltskontrolle des Zulassungsbeschlusses (Treupflicht / Gleichbehandlungsgebot),[1270] wofür die grundsätzliche Autonomie bei der GmbH und der Wortlaut[1271] streiten. Nach wohl herrschender Meinung[1272] entspricht die Anerkennung eines gesetzlichen Bezugsrechts – der oftmals zur Begründung verschiedentlicher Ansätze herbeigeführten Argumen-

1267 Vgl. nur MünchKommAktG/*Peifer* § 186 Rn. 9.

1268 Vgl. zum Streitstand Ulmer/*Ulmer* § 55 Rn. 44 ff.

1269 *Roth* in Roth/Altmeppen § 55 Rn. 20 f.

1270 Nachteil: Dieser ist abstrakt vom Kapitalerhöhungsbeschluss, welcher bestehen bleibt.

1271 Kritisch hierzu *Rottnauer* ZGR 2007, 401, 407, der bei strenger Orientierung am Wortlaut den historischen Kontext außer Acht gelassen sieht, da die Entstehung der Vorschrift noch aus einer Zeit datiere, in der auch im Aktienrecht ein gesetzliches Bezugsrecht nicht bekannt gewesen sei.

1272 *Zöllner* in Baumbach/Hueck § 55 Rn. 20; Lutter/Hommelhoff/*Lutter* § 55 Rn. 17; *Priester* in Scholz/Schmidt § 55 Rn. 42; *Rottnauer* ZGR 2007, 401, 409; *Priester* DB 1980, 1925; *LG Kleve,* Beschluss vom 29.09.1988 – 8 (6) T 5/85 = MittRhNotK 1989, 21.

tationsfigur – der „personalistischen Struktur" der GmbH und ist deshalb im erst-Recht-Schluss[1273] anzunehmen. Dem ist zuzustimmen, die Gewährung des Bezugsrechts entspricht richtigerweise „einem verbandsimmanentes Rechtsprinzip, das die Perpetuierung der bisherigen Verhältnisse fordert, soweit nicht die Gesellschafter selbst Positionsverschiebungen zu ihren Lasten hinnehmen".[1274]

Letztlich gelangen beide Ansichten auf unterschiedlichem Wege zu gleichen Ergebnissen. Bestehende Gesellschafter haben also ein Bezugsrecht, das ihnen grundsätzlich das Recht vermittelt, vorrangig an der Kapitalerhöhung zu partizipieren.[1275]

Dem Gesellschafter steht das Bezugsrecht jedoch nicht unverrückbar zu. Es kann Konstellationen geben, in denen das Gesellschaftsinteresse an der Bestimmung des Zeichners der Kapitalerhöhung das Erhaltungs- und Beteiligungsinteresse des Gesellschafters übertrifft. Dies hat auch der Gesetzgeber gesehen und in § 186 Abs. 3, S. 2 AktG[1276] normiert, ein solcher Bezugsrechtsausschluss solle nur mit der Legitimation einer Dreiviertelmehrheit des bei der Beschlussfassung vertretenen Grundkapitals möglich sein. Das Bezugsrecht vermittelt einen zentralen Schutz der Mitgliedschaft des Gesellschafters, indem es ihm ermöglicht, seine Beteiligung stets zumindest im Verhältnis aufzustocken.[1277] Nur so kann der Gesellschafter im einen Fall seine Beteiligung entsprechend beibehalten und im anderen Fall, etwa bei der vorherigen Herabsetzung der Kapitals auf Null bzw. einer Herabsetzung durch Zusammenlegung im kritischen Verhältnis, seine Mitgliedschaft in der Gesellschaft überhaupt aufrecht erhalten. Probleme tauchen hier auf, soweit das Bezugsrecht (teilweise) zwingend ausgeschlossen werden muss, um den Sanierungserfolg herbeiführen zu können. Dies ist der Fall, soweit die Kapitalerhöhung zwingend mit der Einbringung einer Sacheinlage einhergeht, insbesondere

1273 *Priester* in Scholz/Schmidt § 55 Rn. 45; So auch *Rottnauer* ZGR 2007, 401, 408.

1274 *Rottnauer* ZGR 2007, 401, 404.

1275 Bejahend, aber ohne Festlegung auf einen materiellen Ansatz, *BGH*, Urteil vom 18.04.2005 – II ZR 151/03 = NZG 2005, 551.

1276 Im Folgenden sollen die aktienrechtlichen Regelungen bei der GmbH analog angewandt werden, vgl. hierzu oben aa. Voraussetzungen, S. 217.

1277 *Rottnauer* ZGR 2007, 401, 404; Die Möglichkeit eine darüber hinausgehende bzw. negativ abweichende Beteiligung zu erwerben muss, zumindest bei der GmbH, nicht grundsätzlich gewährt werden, vgl. *BGH*, Urteil vom 18.04.2005 – II ZR 151/03 = NZG 2005, 551; *Werner* GmbHR 2005, 925, 928.

etwa bei der Umwandlung von Fremd- in Eigenkapital.[1278] Ein Bezugsrechtsausschluss ist aber auch erforderlich, wenn die Anteile „en bloc" platziert einen höheren Ausgabebetrag erzielen können oder der Investor sein Engagement von der Erreichung einer Mehrheitsbeteiligung abhängig macht.[1279]

Um dem Bezugsrecht der Gesellschafter grundsätzlich einen angemessen Schutz gewährleisten zu können, fordert die herrschende Meinung neben der formalen Beschlussmehrheit inhaltlich eine sachliche Rechtfertigung für den Bezugsrechtsausschluss. Dies bedeutet eine materielle Inhaltskontrolle des Bezugsrechtsausschlussbeschlusses an den Maßstäben des Gleichbehandlungsgebots und insb. der Treupflicht. Der Ausschluss muss konkret im Gesellschaftsinteresse liegen, geeignet sein, dieses zu fördern und darüber hinaus auch erforderlich und verhältnismäßig sein.[1280] Wesentlich wurden diese Erfordernisse aus der Rechtsprechung zum Aktienrecht abgeleitet[1281], sie müssen in ihren Grundsätzen aber auch für das GmbH-Recht gelten.[1282] Die Gesellschafter dürfen im Rahmen des Bezugsrechtsausschlusses nicht willkürlich ungleich behandelt werden und, selbst bei gleicher Behandlung, muss der Bezugsrechtsausschluss an sich treupflichtig sein. Zutreffend formuliert hat sich „das gesetzliche Bezugsrecht von einem grundsätzlich mehrheitsdisponiblen Recht auf Teilhabe an Veräußerungsgewinnen zu einem nur in engen Grenzen einschränkbaren Recht auf Beibehaltung der Beteiligungsquote entwickelt".[1283] Während der Kapitalerhöhungsbeschluss seine materielle Rechtfertigung in sich trägt[1284], gehört der Bezugsrechtsausschluss zu den Grundlagenentscheidungen, die einer materiellen Beschlusskontrolle unterworfen werden.[1285] Da das Bezugsrecht die Regel und der Ausschluss

---

1278 Hier kann es sich aber anbieten, die Sachkapital- mit einer Barkapitalerhöhung zu verbinden (gemischte Kapitalerhöhung), um so den Gesellschaftern ein Bezugsrecht gewähren zu können, vgl. *Schmidt/Schlitt* Der Konzern 2009, 279, 281.

1279 *Vaupel/Reers* AG 2010, 93, 95 m. w. N.

1280 Hüffer § 186 Rn. 25, Michalski/Hermanns § 55 Rn. 47, 50, Vgl. zum Schema der Interessenabwägung oben 2. Interessenabwägung, S. 141.

1281 BGH, Urteil vom 13.03.1978 – II ZR 142/76 = NJW 1978, 1316 („Kali & Salz"); *BGH*, Urteil vom 19.04.1982 – II ZR 55/81 = NJW 1982, 2444 („Holzmann"); *BGH*, Urteil vom 07.03.1994 – II ZR 52/93 = NJW 1994, 1410 („Deutsche Bank"); jeweils kurz darstellend *Tettinger*, S. 19 ff.

1282 *Zöllner* in Baumbach/Hueck § 55 Rn. 27.

1283 *Priester* in Scholz/Schmidt § 55 Rn. 44; Zur Entwicklung *Priester* DB 1980, 1925, 1926.

1284 Was ihn jedoch nicht von der treupflichtigen Bindung bei der Beschlussfassung ausnimmt.

1285 Heckschen DStR 2001, 1437, 1438.

die Ausnahme darstellt, bedarf die Abweichung von der Regel, ob des starken Eingriffs in die Rechte der Gesellschafter, einer positiven sachlichen Rechtfertigung.[1286] Diesen Grundsatz bestätigte der Gesetzgeber mit Einführung des § 186 Abs. 3, S. 4 AktG implizit.

Die sich aufdrängende Frage nach dem Unterschied zwischen dem Erfordernis einer sachlichen Rechtfertigung und der Kontrolle mittels Treupflicht kann in dieser Untersuchung, schon wegen des Umfanges beider Bereiche, nicht vertieft nachgegangen werden. Zuzustimmen ist jedoch der Auffassung[1287], dass es sich bei der in Frage stehenden sachlichen Rechtfertigung um eine Ausprägung bzw. eine Fallgruppe der inhaltlichen Kontrolle anhand der Treupflicht handelt. In der sachlichen Rechtfertigung wird letztlich das Gesellschaftsinteresse an der Vornahme des Ausschlusses gegen das Interesse der anderen Aktionäre an Teilhabe abgewogen und einer Verhältnismäßigkeitsprüfung unterworfen. Wenn hier einzelne Aspekte einschränkend beurteilt werden und die besonderen Verhältnisse in der Prüfung des Ausschlusses aufgehen, erklärt sich dies aus dem Gesamtkonzept des § 186 AktG und der Einzelfallbezogenheit der Treupflicht. Damit kann die Kontrolle nach der sachlichen Rechtfertigung als Fallgruppe der Treupflicht angesehen werden[1288], jedenfalls wird sich aufgrund der gleichlaufenden Kontrollgesichtspunkte das Ergebnis regelmäßig entsprechen.

cc. Festsetzung des Erhöhungsbetrags

Neben dem formellen Ausschluss des Bezugsrechts kann sich der Gesellschafter auch einem „faktischen Bezugsrechtsausschluss“[1289] ausgesetzt sehen. Der Ausgabepreis wird grundsätzlich von den Gesellschaftern bestimmt und muss zumindest dem Nennwert der Anteile entsprechen (Verbot der Unterpariemission). Erfolgt die „Bepreisung“ der Anteile zum Nennwert, spricht man von einer Pari-, bei einem darüberliegenden Preis von einer Überpariemission. Der bei einer Überpariemission auf den Nennwert zu zahlende Mehrbetrag wird echtes, gesellschaftsrechtliches Agio (= Aufgeld) genannt. Erfolgt eine Pariemission mit (nur) schuldrechtlicher Verpflichtung zur Mehrleistung, handelt es sich um ein

---

1286 MünchKommAktG/*Peifer* § 186 Rn. 71.

1287 Vgl. Fn. 1288.

1288 So auch GroßkommAktG/*Henze/Notz* Anh. § 53 a Rn. 23; *Hüffer* § 53 a Rn. 17; *Rottnauer* NZG 2001, 159, 118.

1289 Vgl. *LG Düsseldorf*, Urteil vom 13.08.1998 – 31 O 104/97 = AG 1999, 134; Spindler/Stilz/*Servatius* § 186 Rn. 75 ff; *Gehling* ZIP 2011, 1699.

unechtes, „schuldrechtliches Agio". Letzteres ist deshalb kein echtes Agio, weil die schuldrechtliche Zuzahlung nicht Teil der korporativen Einlageleistung ist und somit auch nicht von den Vorschriften zur Kapitalerhaltung umfasst wird.[1290]

Soweit im Erhöhungsbeschluss die Anteile einen (zu) hohen Ausgabepreis aufweisen,[1291] kann sich die Gefahr zeitigen, dass einzelne Gesellschafter entweder nicht in der Lage sind, überhaupt Anteile zu übernehmen, oder, im Falle einer vorlaufenden Kapitalherabsetzung, gar aus der Gesellschaft gedrängt werden, weil die herabgesetzten Anteile zusammen den Nennwert eines einzelnen neuen nicht erreichen (Gefahr – unverhältnismäßig hoher – Spitzen).[1292] Daneben würde der Gesellschafter, um seine Beteiligungsquote aufrecht zu erhalten, faktisch zu einem für ihn unwirtschaftlichen Zukauf gezwungen. Eine solche Gestaltung kann gezielt dazu genutzt werden, Dritten die Möglichkeit zu eröffnen, Grenzbeteiligungen zu erwerben bzw. umgekehrt, solche zu verwässern oder die Erreichung zu verhindern. Das Problem bei der Kapitalerhöhung ist stets die Festsetzung des Ausgabebetrags[1293] und zwar sowohl im Sinne einer zu hohen als auch einer zu geringen Bemessung. Da die Höhe des Haftkapitals regelmäßig nicht in Relation zum Verkehrswert der Gesellschaft steht, kann hierbei auch die Gefahr einer wirtschaftlich zu niedrigen Bemessung gegeben sein.[1294] Insgesamt muss die Problematik der Bestimmung des Ausgabebetrags – auch bei bestehendem Bezugsrecht und gegebener Befähigung aller Gesellschafter zur Partizipation – als mögliche Belastung betrachtet werden.[1295] Der im Laufe des Wirtschaftslebens der Gesellschaft erreichten Divergenz zwischen der ursprünglich anteils- und einflussbestimmenden Höhe des Haftkapitals und dem wahren Wert des Unternehmens kann, wenn sich nicht alle Ge-

---

1290 Spindler/Stilz/*Vatter* § 9 Rn. 34.

1291 Ausführlich zum Diskussionsstand *Gehling* ZIP 2011, 1699; Nach vorherrschender Meinung ist ein unangemessen hoher Preis gegeben, wenn der Bezugspreis über dem wirklichen Wert der Anteile einschließlich stiller Reserven und innerem Geschäftswert liegt, vgl. *Vaupel/Reers* AG 2010, 93, 95 m.w.N.

1292 *BGH*, Urteil vom 05.07.1999 – II ZR 126-98 = NJW 1999, 3197.

1293 Kapitalerhöhungen börsennotierter Gesellschaften erfolgen oftmals unter Einschaltung einer Emissionsbank. Hier verpflichtet sich die Bank, die Aktien zum Ausgabepreis von der Gesellschaft zu übernehmen und diese dann zum Bezugspreis an die Aktionäre zu veräußern. Es entsteht also ein Unterschied zwischen Ausgabe- und Bezugspreis. Im Folgenden wird der Ausgabepreis als von den Aktionären zu zahlender „Endpreis" aufgefasst.

1294 Hierzu *Rottnauer* ZGR 2007, 401, 402 und dort Fn. 4.

1295 *OLG Stuttgart*, Urteil vom 01.12.1999 – 20 U 38/99 = NZG 2000, 156.

sellschafter beteiligungsproportional an der Kapitalerhöhung beteiligen, durch Festsetzung eines Agios begegnet werden.[1296]

Weiterhin ist zwischen der Kapitalerhöhung mit und ohne Bezugsrechtsausschluss zu unterscheiden. Jedenfalls bei Bezugsrechtsausschluss ist die Festsetzung eines Agios nach herrschender Meinung notwendig[1297] (vgl. auch § 255 Abs. 2 AktG). Ob darüber hinaus stets ein adäquates Agio auch bei Erhöhung unter Bezugsrecht festgesetzt werden muss, ist strittig.[1298]

Die Bestimmung des Ausgabebetrages obliegt grundsätzlich den Gesellschaftern, die Untergrenze besteht im Unterpariverbot. Die konkrete Entscheidung kann jedoch auch der Geschäftsführung überlassen werden, wobei hier regelmäßig Mindestangaben erforderlich sind (vgl. auch § 182 Abs. 3 AktG). Jedenfalls im Aktienrecht ist die Hauptversammlung bei der Bemessung des Betrages bei Bezugsrechtsgewährung nach h. M. grundsätzlich frei.[1299]

Das Problem bei der Bejahung einer Zustimmungspflicht zur Kapitalerhöhung ist nicht allein, dass die Erhöhung an sich in Kauf genommen wird, sondern darüber hinaus auch die inhaltliche Ausgestaltung der Erhöhungsmaßnahme durch die Mehrheit. Bei der erzwungenen Zustimmung muss deshalb der Ausgabebetrag richtigerweise am wahren Wert

---

1296 Dies forderte etwa auch die Gesellschafterin einer GmbH, die trotz Stimmbindungsvertrags ihre antizipierte Zustimmung verweigerte, denn „der Wert für 100 DM Nennkapital betrage wegen des erfreulichen Aufschwungs der Gesellschaft nunmehr 276 DM, und deshalb werde sie einer Übernahme einer weiteren Stammeinlage nur zustimmen, wenn der Kl. ein Agio zu zahlen bereit sei", vgl. *OLG Hamm,* Urteil vom 12.04.2000 – 8 U 165/99 = GmbHR 2000, 673, 675.

1297 H. M. GroßkommAktG/*Wiedemann* § 182 Rn. 68; Spindler/Stilz/*Servatius* § 182 Rn. 50; *Hüffer* § 255 Rn 8; Ulmer/*Ulmer* § 55 Rn. 25; *Priester* in Scholz § 55 Rn. 55; Lutter/Hommelhoff/*Lutter* § 55 Rn. 11; *Vaupel/Reers* AG 2010, 93, 94.

1298 Jedenfalls wird bei der GmbH eine dahingehende Pflicht gefordert, vgl. Ulmer/*Ulmer* § 55 Rn. 25; Michalski/*Hermanns* § 55 Rn. 21; *Zöllner* in Baumbach/Hueck § 55 Rn. 13; Immenga, S. 238 ff.; a. A. 1298 Lutter/Hommelhoff/*Lutter* § 55 Rn. 11; Rowedder/Schmidt-Leithoff/*Schnorbus* § 55 Rn. 41, 42, je unter Verweis auf Bewertungsprobleme und den bestehenden Schutz durch Ausübung des Bezugsrechts; – Nach h. M. würden die Gesellschafter ansonsten einem faktischen Zwang zur Bezugsrechtsausübung ausgesetzt, vgl. *Immenga,* S. 238; *OLG Stuttgart,* Urteil vom 1. 12. 1999 – 20 U 38/99 – NZG 2000, 156; Zustimmend Michalski/*Hermanns* § 55 Rn. 21 („Nachschusspflicht"); Zurückhaltend zustimmend *Priester* in Scholz § 55 Rn. 27; *Roth* in Roth/Altmeppen § 55 Rn. 25; Dem Gesellschafter dürfe sein „Recht zur Nichtausübung des Bezugsrechts" nicht genommen werden, vgl. *Immenga,* S. 239 f.

1299 MünchKommAktG/*Peifer* § 182 Rn. 48; Hüffer AktG § 182 Rn. 22; *Hermanns* ZIP 2003, 788.

orientiert sein, eine Festlegung auf einen bestimmten Betrag kann jedoch, schon aufgrund der Volatilität der erforderlichen Bewertungsverfahren,[1300] nicht festgelegt werden. Sofern ein Markt existiert, muss dieser der Indikator sein[1301], wobei (auch in diesem Fall) geringe Abweichungen zulässig sind und „größere" durch Gesellschaftsinteressen[1302] gerechtfertigt sein können und im letzteren Fall müssen.[1303] Bei der Bemessung des Ausgabebetrags sind das Finanzierungsinteresse der Gesellschaft und das Interesse der (zustimmenden) Gesellschafter an günstigen Bezugsbedingungen gegeneinander abzuwägen. So können Gesellschaften neue Anteile unter ihrem „wahren" (Börsen-)Wert ausgeben, um die Attraktivität zu erhöhen.[1304] Bei Überpariemissionen darf ein unangemessen hoher Preis nicht als Mittel zur Erschwerung des Erwerbs durch den Minderheitsgesellschafter genutzt werden.

dd. Mögliche Belastungen

Nehmen alle Gesellschafter entsprechend ihrer bisherigen Beteiligungen an der Kapitalerhöhung teil, bringt diese in einem ersten Schritt keine negativen Veränderungen hinsichtlich des Stimmrechtsverhältnisses oder der mittelbaren Beteiligung am Gesellschaftsvermögen mit sich.[1305] Wird eine Kapitalerhöhung (gegen den Willen des Gesellschafters) beschlossen bzw. sieht sich dieser einer Zustimmungspflicht ausgeliefert, trifft ihn zunächst eine Verwässerungsgefahr.[1306] Faktisch wird er dazu verpflichtet, einen, seiner bisherigen Einlage entsprechenden, Anteil an der Erhöhung zu zeichnen, um seine Mitgliedschaft äquivalent beizubehalten; schon dies stellt einen Eingriff in die Mitgliedschaft dar.[1307] Der (wirtschaftliche) Druck auf den Gesellschafter ist umso größer, je mehr sich der Ausgabebetrag neuer Anteile von dem der alten Anteile unterschei-

---

1300 Hierzu *Tettinger,* S. 69.

1301 *BVerfG,* Beschluss vom 27.04.1999 – 1 BvR 1613–94 = NJW 1999, 3769 („DAT/Altana"); *BGH,* Beschluss vom 12.03.2001 – II ZB 15/00 = NZG 2001, 603 („DAT/Altana").

1302 Hier das Finanzierungsinteresse der Gesellschaft.

1303 Nach *Vaupel/Reers* AG 2010, 93, 94, kann auch ein erheblicher Abschlag (deep discount) vom Marktpreis zulässig sein, solange dies im Interesse der Gesellschaft liegt.

1304 Hierzu *Immenga,* S. 240; MünchKommAktG/*Peifer* § 182 Rn. 46; *Pleister/Kindler* ZIP 2011, 503, 508, zur Kapitalerhöhung in der Insolvenz.

1305 *Heckschen* DStR 2001, 1437.

1306 Anschaulich *Schmidt-Diemitz* in Gesellschaftsrecht 1999, 79, 90 ff.

1307 „Jede Kapitalerhöhung greift in die Mitgliedschaftsrechte insofern ein, als der Aktionär, wenn er seine Quote behalten will, sein Bezugsrecht ausüben muß", *Zöllner* AG 2000, 145, 154; *Kunze,* S. 177.

det.[1308] In Kombination mit einer zuvor erfolgten Kapitalherabsetzung kann dies dazu führen, dass Gesellschafter ihre Mitgliedschaft verlieren. Wird bei der Kapitalerhöhung das Bezugsrecht ausgeschlossen, bedeutet das nicht nur einen (möglicherweise gerechtfertigten) Eingriff in mitgliedschaftliche Rechte, sondern führt immer zu einer tatsächlichen Einbuße an der Mitgliedschaft selber.[1309]

Dies gilt umso mehr, wenn Anteile unter ihrem wahren Wert ausgegeben werden, hier besteht auch bei Gewährung eines Bezugsrechts die Gefahr, Einbußen hinnehmen zu müssen. Liegt der Ausgabepreis unangemessen hoch, kann dies dazu führen, dass der Gesellschafter sein Bezugsrecht faktisch nicht auszuüben vermag. Die Preisfindung kann im Fall der Zustimmungspflicht auch nicht durch das qualifizierte Votum der Gesellschafter legitimiert werden, dies ist ja gerade nicht erreicht worden.

Als Besonderheit muss schließlich die Ausfallhaftung der Mitgesellschafter bei der GmbH bedacht werden. Erfolgt eine Kapitalerhöhung, haften *alle Gesellschafter ohne Unterscheidung* für sämtliche Stammeinlageforderungen der Gesellschaft nach § 24 GmbHG.[1310] Das bringt die allgemeine Übernahme des Insolvenzrisikos mit sich und potenziert sich um ein vielfaches in den Fällen, in denen eine Sacheinlage gefordert wird. Gerade in den sanierungsrelevanten Fällen der Umwandlung von Forderungen in Gesellschaftsanteile besteht ein außergewöhnliches Bewertungsrisiko.[1311]

c. Zwischenergebnis

Es kann demnach nicht allgemein davon ausgegangen werden, dass eine Kapitalherabsetzung keinen Eingriff in die Rechte des Gesellschafters darstellt. Im Gegenteil: Mit Ausnahme einer gleichmäßigen Nennbetragsherabsetzung bzw. einer Zusammenlegung ohne Spitzenaufkommen, stellt die Kapitalherabsetzung stets einen Eingriff in die Mitgliedschaft des Gesellschafters dar und verpflichtet diesen entweder dazu neue Mittel zur Erhaltung (ggfs. nur der Quote) seiner Mitgliedschaft aufzubringen oder auf selbige (teilweise) zu verzichten.

1308 *Schmidt-Diemitz* in Gesellschaftsrecht 1999, S. 73, 93 f.

1309 *Priester* in Scholz/Schmidt § 55 Rn. 43; *Wiedemann* ZGR 1980, 147, 156.

1310 Für eine Ausnahme bei Gesellschaftern, die keine Geschäftsführer und zu höchstens 10% beteiligt sind, *Grunewald* FS Lutter, S. 413, 417 ff.

1311 Vgl. oben die Nachweise bei Fn. 1264.

Die Kapitalerhöhung dagegen stellt stets eine Belastung dar, denn auch wenn das Bezugsrecht nicht ausgeschlossen wurde, besteht für den dissertierenden Gesellschafter der faktische Druck, dieses auch auszuüben, um einer Verwässerung entgegenzutreten. Die durch eine erzwungene Kapitalerhöhung folgenden Nachteile können sich durch den Ausschluss vom Bezugsrecht und die im konkreten Fall erfolgte Festsetzung des Ausgabebetrags noch erhöhen. Gleiches gilt für die Kapitalherabsetzung, bei der das Herabsetzungs- bzw. Zusammenlegungsverhältnis die Stärke des Eingriffs qualifizieren kann.

Jeder dieser vorgenannten Kapitalmaßnahmen ist die Gefahr immanent, dass die konkrete Ausgestaltung dazu führen kann und unter Umständen soll, Minderheiten aus der Gesellschaft zu drängen. Dies mag durch das Herabsetzungsverhältnis bzw. Zusammenlegungsverhältnis direkt[1312] oder mittels eines erhöhten Ausgabepreises geschehen. Die Maßnahmen können weiterhin gezielt dazu dienen, Kleinstbeteiligungen auf die 5 %-Marke zu drücken, um so einen Squeeze-out (§§ 327 a AktG ff.) vornehmen zu können und auch Sperrminoritäten können durch entsprechende Ausgestaltungen beseitigt werden.[1313]

3. Stimmpflicht trotz Nachteiligkeit der Maßnahme?

Auffällig ist, dass es sich bei den bisher entschiedenen Sachverhalten stets um solche handelte, in denen die Gesellschafter durch das ihnen auferlegte Stimmverhalten nicht schlechter gestellt wurden. In den beiden zur GmbH-Novelle getroffenen Entscheidungen war der Gesellschafter im ersten Fall[1314] von seinem Mitgesellschafter so gestellt worden, als habe er sich an der Kapitalerhöhung beteiligt bzw. als sei diese nie vorgenommen worden, was letztlich auch die Rechtfertigung für die Zustimmungspflicht darstellte, da diese ihm „keinerlei Nachteile" zufügte.

Im zweiten Fall[1315] hatte der anspruchstellende Mitgesellschafter die Freistellung zumindest hilfsweise angeboten, was den *BGH* von einer belastenden Entscheidung im Ergebnis befreite. Nachfolgend werden aber zwei Aspekte dieses Urteils besondere Beachtung finden. Zunächst

---

1312 *Müller*, S. 358.

1313 Lutter/Hommelhoff/*Lutter* § 58 a Rn. 15 a.

1314 *BGH*, Urteil vom 25.09.1986 – II ZR 262/85 = NJW 1987, 189; vg. oben (1) „GmbH-Novelle I", S. 152.

1315 *BGH*, Urteil vom 23.03.1987 – II ZR 244/86 = NJW 1987, 3192; vgl. oben (2) „GmbH-Novelle II", S. 153.

die Aussage, dass eine Pflicht zur Erhöhung des Geschäftsanteils aus Mitteln des Kapitalkontos des Gesellschafters für diesen „kein, ihn in irgendeiner Weise spürbar, belastendes wirtschaftliches Opfer" darstelle und daneben die Feststellung, nicht „jeder auch noch so geringfügige Nachteil" zur Verweigerungsberechtigung der Gesellschafters führe.

Betrachtet man in diesem Kontext nun auch die *Girmes*-Entscheidung[1316], in der es sich bei der zustimmungsrelevanten Maßnahme um eine „neutrale" Kapitalherabsetzung handelte, und weiterhin die „Sanieren oder Ausscheiden" Rechtsprechung[1317], bei der die Gesellschafter im Sinne der Auseinandersetzungsrechnung durch ihr Ausscheiden letztlich wirtschaftlich „besser gestellt" waren, stellt sich der Komplex „Zustimmungspflichten in Sanierungssituationen" dergestalt dar, dass bisher kein Gesellschafter zur Ausübung seines Stimmrechts unter Inkaufnahme persönlicher Opfer verpflichtet wurde.

Diese Feststellung leitet die nachfolgenden Überlegungen, in denen zunächst geklärt werden muss, ob eine Zustimmungspflicht bei nachteiligen Maßnahmen überhaupt denkbar ist oder ob eine Belastung die Interessenabwägung pauschal zu Gunsten der potentiellen Stimmpflichtigen verschieben würde.

Erstreckt man aber die treupflichtige Bindung auch auf die Verpflichtung zur Bejahung nachteiliger Maßnahmen, stellt sich die Anschlussfrage, woraus diese (Aufopferungs-[1318])Pflicht abgeleitet werden kann und welche Nachteile in Kauf genommen werden müssen. Hierbei ist zu hinterfragen, was der *BGH* meint, wenn er in diesem Zusammenhang von zulässigen „geringfügigen Nachteilen" spricht.

a. Förderpflicht

Nach herrschender Meinung können aus der Treue zu Gesellschaft und Gesellschaftern sowohl Förder- als auch Rücksichtnahmepflichten entspringen.[1319] Dementsprechend kann in der Stimmenthaltung eine be-

---

1316 *BGH*, Urteil vom 20.03.1995 – II ZR 205/94 = NJW 1995, 1739 („Girmes"); vgl. oben bb. Der Fall „Girmes, S. 154.

1317 BGH, Urteil vom 19.10.2009 – II ZR 240/08 = NZG 2009, 1347 („Sanieren oder Ausscheiden I"); vgl. oben (1) „Sanieren oder Ausscheiden I", S. 155.

1318 Zum Begriff *Bitter* ZGR 2011, 147, 172.

1319 *BGH*, Urteil vom 25.09.1986 – II ZR 262/85 = NJW 1987, 189, 190 (Sanieren oder Ausscheiden I); Grundsätzlich auch *BGH*, Urteil vom 20.03.1995 – II ZR 205/94 = NJW 1995, 1739, 1743 („Girmes"); Baumbach/Hueck/*Fastrich* § 13 Rn. 21; Lutter/Hommelschränkende Rücksichtnahme liegen und die positive Stimmpflicht als fördernde Maßnahme bezeichnet werden. In beiden Fällen geht es aber bei einem belastenden Beschlussinhalt um die Frage, aus welchem Grund der einzelne Gesellschafter verpflichtet ist, die Maßnahme (aktiv oder passiv) zu fördern und somit persönliche Einbußen in Kauf zu nehmen.

Originär verpflichtet sich der Gesellschafter bei Gründung oder Beitritt dazu, gemeinsam mit den Mitgesellschaftern einen bestimmten Zweck in vereinbarter Weise zu fördern. Dies geschieht primär durch die vertraglich fixierte Leistung bei Beitritt zur Gesellschaft. Dieser vertraglich fixierte Beitrag, der in den Kapitalgesellschaften als Einlage bezeichnet wird, ist von der darüber hinausgehend geschuldeten und durch die Treupflicht transportierten Förderpflicht zu unterscheiden.[1320] Letztere postuliert, dass sich die Pflichten der Gesellschafter nicht in ihrer Beitragspflicht erschöpfen, sondern sie darüber hinaus dazu verpflichtet sind, Schaden von der Gesellschaft abzuwenden, sich loyal zu verhalten und *insbesondere* den Gesellschaftszweck aktiv zu fördern.[1321] Diesen Grundgedanken bringt auch § 705 BGB zum Ausdruck.

Problematisch ist aber, inwieweit aus dieser allgemeinen Förderpflicht und somit eigentlich aus der Treupflicht, in der Sanierungssituation eine Pflicht des einzelnen Gesellschafters entstehen kann, das Stimmrecht zu seinem Nachteil auszuüben. Hierfür ist zunächst zu untersuchen, zu welchen Leistungen sich ein Gesellschafter durch den Beitritt zur Gesellschaft verpflichtet und ob diese Regelungen überhaupt einen Spielraum für eine weitere Belastung zulassen.

b. Belastungs- und Nachschussverbot

Insbesondere in Kapitalgesellschaften begibt sich der Einzelne in Anbetracht des Haftungsschirms in den Zusammenschluss. Soweit keine abweichenden Individualvereinbarungen getroffen worden sind, kann der Gesellschafter darauf vertrauen, materiell ausschließlich zur Leistung seiner Einlage verpflichtet zu sein.[1322] Gleiches gilt aber auch für die Personengesellschaft. Abweichend von den Kapitalgesellschaften unterliegt der Gesellschafter zwar einer unbegrenzten Haftung für die Gesellschaftsschulden, jedoch braucht er darüber hinausgehend der Gesell-

---

hoff/*Bayer* § 14 Rn 22; MünchKommAktG/*Bungeroth* Vorbem § 53 a Rn. 28; *Lutter* AcP 180 (1980), 84, 102 ff.

1320 *Raiser/Veil* S. 392; *Lutter* AcP 180 (1980), 84, 104.

1321 Raiser/Veil S. 391.

1322 Vgl. §§ 53, 54 AktG; 26 ff. GmbHG; *Schuster* ZGR 2010, 325, 331.

schaft und den anderen Gesellschaftern keine Leistung zu erbringen. Die Beitragspflicht erschöpft sich in der vertraglich vereinbarten Leistung. So sind dann auch die gesetzlichen Regelungen ausgestaltet. Gem. § 707 ist ein Gesellschafter zur Erhöhung des vereinbarten Beitrags oder zur Ergänzung der durch Verlust verminderten Einlage nicht verpflichtet. Bedeutungsgleiche Regelungen zeigen auch das GmbH- und Aktiengesetz.[1323]

Bei der GmbH gilt zunächst ein allgemeines Nachschussverbot, d. h. die Gesellschafter sind grundsätzlich über die Leistung ihrer Stammeinlage hinaus nicht zur Aufbringung weiterer Beiträge verpflichtet.[1324] Die Vereinbarung eines Nachschusses ist aber gem. § 26 GmbHG durch gesellschaftsvertragliche Regelung möglich, wobei bei nachträglicher Einführung sämtliche Beteiligten zustimmen müssen (vgl. § 53 Abs. 3 GmbHG). Der Nachschuss im eigentlichen Sinne bedeutet die Zahlung eines über die Einlage hinausgehenden Geldbetrags[1325] zur Bildung von Eigenkapital. Der Nachschuss unterscheidet sich insofern von einer *abstrakten* Verpflichtung zur Kapitalerhöhung, als mit Einzahlung des Beitrags keine Mehrung des Stammkapitals und somit auch keine Erhöhung der Geschäftsanteile einhergehen. Bilanziell handelt es sich um eine sonstige Zuzahlung ins Eigenkapital gem. § 272 Abs. 2 Nr. 4 HGB[1326], die, aufgrund der Tatsache, dass sie nur unter besonderen Voraussetzungen aufgelöst werden kann, nach h. M. als Sonderposten in der Kapitalrücklage besonders auszuweisen ist.[1327] Neben Nachschüssen in diesem Sinne können die Gesellschafter auch andere Nebenleistungspflichten vereinbaren. Die Möglichkeit, auf diese Weise weitere Leistungen der Gesellschafter zu erlangen, ist (im Gegensatz zur Nachschusspflicht[1328]) auch im AktG in geringem Umfang möglich (§§ 55, 180 AktG). Jedoch ist auch zur Auferlegung anderer als Nachschusspflichten – gesetzesübergreifend –

1323 Vgl. §§ 26, 53 GmbHG und §§ 54, 180 AktG.

1324 *BGH*, Urteil vom 20.09.2004 – II ZR 288/02 = NJW 2004, 3561; Michalski/*Zeidler* § 26 Rn. 1.

1325 Michalski/*Zeidler* § 26 Rn. 5.

1326 *Küting/Reuter* in HdR § 272 Anm. 129, Stand 10/2009; a. A. *Förschle/Hoffmann* in Beck-BK § 272 Rn. 217.

1327 Vgl. *Winnefeld*, Bilanz-HB, Kapitel L, Rz.. 945 ff; *Förschle/Hoffmann* in Beck-BK § 272 Rn. 217.

1328 Das Verbot der Einführung von Nachschusspflichten ergibt sich bei der AG bereits aus § 54Abs. 1 AktG.

die Zustimmung aller Gesellschafter erforderlich (§ 53 Abs. 3 GmbHG, § 180 Abs. 2 AktG, § 707 AktG[1329]).

Aus den angeführten Regelungen ist zu erkennen, dass der Schutz vor der Verpflichtung zu weiteren, als den bei Beitritt vereinbarten Leistungen zum Kernbereich der mitgliedschaftlichen (Abwehr-)Rechte zählt.[1330] Im Gesellschaftsrecht gehört das Allgemeine Belastungsverbot zu den unverzichtbaren Grundrechten.[1331] Kein Gesellschafter darf ohne seine Zustimmung zu zusätzlichen Leistungen an die Gesellschaft verpflichtet werden.[1332] Er soll davor geschützt werden, unkalkulierbaren Verlustrisiken ausgesetzt zu sein.[1333] Die Mitgliedschaft in einer Gesellschaft muss in ihren rechtlichen Folgen und insbesondere auch in ihren (finanziellen) Risiken in gewissem Umfang kalkulierbar sein. Soweit (mittelbare) Eingriffe in die Stellung des Gesellschafters zum Funktionieren der Gesellschaft notwendig sind, hat der Gesetzgeber hierfür entsprechende Regelungen gestaltet. So muss ein Gesellschafter die von der qualifizierten Mehrheit beschlossene Kapitalerhöhung und – soweit er nicht in der Lage ist sich hieran zu beteiligen bzw. ein Bezugsrechtsausschluss notwendig ist – eine entsprechende Verminderung seiner Beteiligung und Vermögensrechte dulden. Da aus der bloßen Zustimmung zur Kapitalerhöhung jedoch nicht gleichzeitig eine Übernahmepflicht neuer Anteile folgt, kann die nachfolgende Belastung auch rechtstechnisch *konsequent nicht als Nachschusspflicht* angesehen werden, da der Einzelne sich nicht zur Erhöhung seiner Einlage verpflichtet. Da es sich aber um eine Einbuße in seiner Einlage handelt, die aus der Verminderung der Beteiligungsquote und dem damit einhergehenden Gewinn- und Stimmverlust resultiert, scheint dies eine eher förmliche Sichtweise zu sein. Zwar kann postuliert werden, selbst der Anwendungsbereich des Belastungsverbots werde durch die Zustimmungspflicht nicht tangiert, da bei den einhergehenden Kapitalmaßnahmen keine Teilnahmepflicht bestehe, sondern nur ein Recht darauf.[1334] Die Pflicht dazu, die Einlageerhöhung der übrigen Gesellschafter unter Hinnahme eigener Nachteile zuzulassen ist aber ebenso eine Leistung wie eine Erhöhung und kann deshalb an den Erfordernis-

1329 Auch hier ist die Vereinbarung durch einstimmigen Gesellschafterbeschluss möglich, vgl. Staudinger/*Habermeier* § 707 Rn. 2.

1330 Staudinger/*Habermeier* § 707 Rn. 2; GroßKommAktG/*Wiedemann* § 180 Rn. 4.

1331 GroßKommAktG/*Wiedemann* § 180 Rn. 4.

1332 MünchKommAktG/*Stein* § 180 Rn. 4; *Spindler/Stilz* § 180 Rn. 1.

1333 Spindler/Stilz/*Cahn/v.Spannenberg* § 54 Rn. 23.

1334 *Nentwig*, Nachschusspflichten, S. 164.

sen des Belastungsverbots gemessen werden.[1335] Jedenfalls handelt es sich bei der erzwungenen Akzeptanz und deren Folgen um eine *Nebenleistung* des Gesellschafters, die auch im Belastungsverbot inkorporiert ist[1336], und die der Zustimmung aller Gesellschafter bedarf.

Aus der Struktur der Gesetze lässt sich zunächst ableiten, dass ein Gesellschafter, abgesehen von den mit seinem Einverständnis (ursprünglich) vereinbarten Beiträgen, keinen weiteren Belastungen ausgesetzt werden darf. Auch „Nachteile" die durch gesetzlich vorgesehene Mehrheitsentscheidungen herbeigeführt werden, sind von diesem „Einverständnis" gedeckt. Der Gesellschafter hat sich in Kenntnis der gesetzlichen Regelungen begeben in die Gesellschaft. Ihm musste von Beginn an klar sein, dass gesetzlich vorgesehene Maßnahmen, bei Erreichung des erforderlichen Quorums, vorgenommen werden und sich hieraus Nachteile ergeben können. Es ist einerlei, ob sich die entsprechende Verpflichtung durch eine Pflicht zur Zahlung oder zur Duldung (einer Belastung) realisiert. Dem Schutzzweck der vorgenannten Normen entsprechend ist der Anwendungsbereich des Belastungsverbots weit auszulegen.[1337] Insofern kann nicht nur der positive Bezug von Leistungen durch die Gesellschaft, sondern auch ein Verzicht oder Unterlassen als Belastung in Betracht kommen.[1338]

Bereits an dieser Stelle könnte mit guten Argumenten eine Stimmpflicht bei belastenden Beschlüssen kategorisch verneint werden. Die in diesem Bereich bestehenden Regelungen des Gesetzgebers sind eindeutig und durchziehen das gesamte Gesellschaftsrecht. Der Einwand hier korrigierend mittels Treupflicht einzugreifen, stellt, abgesehen von zulässigen Eingriffen im Falle des Rechtsmissbrauchs, eine Umgehung des gesetzgeberischen Willens dar.

4. Das Maß der zu ertragenden Nachteiligkeit

Auch nach den Entscheidungen des *BGH* zur GmbH-Novelle II und *Girmes* ist unklar, welche Nachteile mit der Sanierungsentscheidung einhergehen dürfen. Hier sind mannigfaltige Eingriffskonstruktionen mit unterschiedlichen Einwirkungsgraden denkbar. Eine Einschränkung kann, bei grundsätzlicher Bejahung der Duldungspflicht, weder anhand ge-

1335 Heidel/Schall/*Psaroudakis* § 109 Rn. 11; a. A. KölnKommAktG/*Drygala* § 53 a Rn. 122.
1336 *Schmidt* GesR, S. 473 f.
1337 GroßKommAktG/*Wiedemann* § 180 Rn. 8.
1338 Michalski/*Hoffmann* § 53 Rn. 87.

setzlicher Bestimmungen vorgenommen werden noch wäre eine (letztlich „willkürliche") abstrakte Abgrenzung mit der Ergebnisoffenheit der Verhältnismäßigkeitsprüfung zu vereinbaren. Um dies zu verdeutlichen werden nachfolgend die „Kriterien" näher betrachtet, die der *BGH* in den bisherigen Urteilen dargelegt hat.

Im Urteil GmbH-Novelle II hat der *BGH* den Satz geprägt: Auch wenn der Gesellschafter verpflichtet ist, einer „erforderlichen Kapitalerhöhung zuzustimmen, wenn ihm dadurch keine Nachteile gegenüber dem bisherigen Rechtszustand entstehen, so kann daraus nicht entnommen werden, daß umgekehrt jeder auch noch so geringfügige Nachteil den Gesellschafter zur Verweigerung seiner Zustimmung berechtigt".[1339]

Grundsätzlich lässt dies erkennen, dass von der Rechtsprechung nicht nur eine Zustimmung zu nicht belastenden Beschlüssen in Erwägung gezogen wird. Zwei Dinge sind allerdings angesichts des Ausspruchs des *BGH* fraglich. Nämlich zunächst, ob aus ihm auch der Schluss gezogen werden kann, dass jedenfalls geringfügige Nachteile in Kauf zu nehmen sind[1340] und, wenn dies der Fall ist, was unter der Geringfügigkeit zu verstehen ist. In der vom *BGH* entschiedenen Konstellation war der Ausspruch auf die Frage danach ergangen, ob ein Gesellschafter einer Kapitalerhöhung zustimmen müsse, soweit er auf seinem Kapitalkonto bei der Gesellschaft über einen – im Verhältnis zum dringend erforderlichen Erhöhungsbetrag – hohen Geldbetrag verfügt. In concreto stand die Übernahme eines Stammanteils in Höhe von 15.000 DM einem Guthaben von 4.275.000 DM gegenüber. Hierbei wird es sich um das Guthaben auf dem Kapitalkonto II (Gewinnkonto) der KG gehandelt haben. Beträge, die auf einem solchen Konto gutgeschrieben sind, haben keinen Beteiligungscharakter, sondern stellen eine Verbindlichkeit der KG im Sinne eines nicht entziehbaren Anspruchs des Gesellschafters dar.[1341] Die auf diesem Konto ausgewiesenen Beträge können durch den Gesellschafter grundsätzlich ohne Rücksicht auf die Interessen der KG vollständig entnommen werden.[1342] Der *BGH* nimmt damit also nicht etwa Stellung zur Pflicht, einer Kapitalerhöhung aus Gesellschaftsmitteln zustimmen zu müssen, sondern leitet aus dem „Guthaben" allein die (fiktive) wirtschaftliche Leistungsfähigkeit ab. Einer solchen Herangehensweise ist

---

1339 *BGH*, Urteil vom 23.03.1987 – II ZR 244/86 = NJW 1987, 3192, 3193; Vgl. oben (2) „GmbH-Novelle II", S. 153.

1340 Zustimmend Gottwald/*Haas/Hossfeld* § 92 Rn. 21.

1341 MünchHdb. KG/*v. Falkenhausen/Schneider* § 22 Rn. 50; *Winnefeld*, Bilanz-HB Kapitel L, Rn. 546.

1342 *Winnefeld*, Bilanz-HB Kapitel L, Rn. 545.

mit Nachdruck entgegenzutreten.[1343] Die Zustimmungspflicht kann nicht an die persönlichen Verhältnisse des Gesellschafters[1344] gekoppelt und darf nicht aufgrund privater „individueller Zumutbarkeitserwägungen" getroffen werden.[1345] Wenn schon die persönlichen Verhältnisse einbezogen werden, so sagt das Guthaben nichts über die sonstigen Verhältnisse des Gesellschafters aus, dieser mag persönlich erheblichen Schulden ausgesetzt sein. Zum anderen handelt es sich bei dem Begriff des „nicht nur geringen Nachteils" um einen – in diesem Kontext – nur schwer ausfüllungsfähigen Rechtsbegriff. Es ist unklar, wo die Grenze gezogen werden soll und kann. Wie wäre die Sache zu beurteilen, wenn das Guthaben lediglich 1.000.000 DM, 200.000 DM oder 50.000 DM betragen hätte. Es macht auch keinen Unterschied, ob es sich um Vermögen handelt, das der Gesellschafter in der Gesellschaft „lagert" oder ob es sich um unmittelbares Privatvermögen handelt, in beiden Fällen resultiert aus der Verpflichtung zur „*Übernahme* (Hervorhebung durch Bearbeiter) eines zusätzlichen Stammanteils in Höhe von 15.000 DM" eine Nachschusspflicht. *Müller* formuliert es treffend: „Was der *BGH* hier postuliert ist nichts anderes als Investitionszwang kraft richterlichen Gestaltungsakts".[1346] Eine solche Nachschusspflicht ist evident abzulehnen.[1347] Auch die „nur" die Zustimmung zum Kapitalerhöhungsbeschluss könnte mit einer derartigen Argumentation nicht begründet werden.

Auch die Stellungnahme des *BGH* im *Girmes*-Fall bringt keine weiteren Bestimmungen in Hinsicht auf den zu ertragenden Nachteil; allenfalls mag man der *Girmes*-Entscheidung entnehmen, dass zumindest eine unbestimmte Verringerung der Beteiligungsquote in Kauf zu nehmen ist,[1348] da diese mit der in Frage gestandenen Kapitalherabsetzung verbunden war. Aus der Urteilsbegründung ergibt sich, dass der Gesellschafter auch einer nachteiligen[1349] Sanierung zustimmen muss, „wenn im Falle des

---

1343 So auch *Müller*, S. 338.

1344 Zum ähnlichen Komplex oben I. Durch das Gesellschaftsverhältnis gemittelte persönliche Interessen der Gesellschafter, S. 170.

1345 Anders *Nentwig*, Nachschusspflichten, S. 248.

1346 *Müller*, S. 337.

1347 Ganz h. M. MünchKommAktG/*Bungeroth* Vorbem. § 53 a Rn. 35; Michalski/*Waldner* § 58 a Rn. 17; *Müller*, S. 336; *Timm* WM 1991, 481, 485; *Schmidt* ZGR 1982, 519, 525; *Schmidt* ZIP 1980, 328, 336; vgl. auch oben b. Belastungs- und Nachschussverbot, S 229.

1348 BeckOKGmbHG/*Ziemons/Jäger* § 55, Rn. 29 a.

1349 Zwar war im Girmes Fall an sich eine möglicherweise neutrale Maßnahme in Frage gestellt, nämlich die Kapitalherabsetzung. Eine Herabsetzung von 5:2 wird aber je-

Zusammenbruchs die Stellung des einzelnen Gesellschafters ungünstiger ist als bei Durchführung der vorgeschlagenen Maßnahme".[1350] Ableiten lässt sich hieraus im Ergebnis nur die besondere Zustimmung bei Vorliegen aller bereits geprüften Kriterien. Vergleichbar ist dies mit dem Minderheitenschutz in der Insolvenz gem. § 251 InsO. Auch hier kommt eine Weigerung, am Insolvenzplanverfahren teilzunehmen nur in Betracht, wenn der Gläubiger durch den Plan, also die Fortführung durch die Sanierungsmaßnahmen, schlechter gestellt wird, als er bei einem „normalen" Insolvenzverfahren stünde.[1351] Über die Zumutbarkeit bzw. Verhältnismäßigkeit von konkreten Nachteilen in bestimmten Situationen oder über abstrakt zumutbare Nachteile, sagt das Urteil nichts aus.[1352] Hervorzuheben ist, dass die zur Heranziehung der Vergleichbarkeit erforderliche Voraussage über die Geeignetheit des Sanierungskonzepts und der Stellung des Gesellschafters bei Fortführung höchst prognostisch ist und das dahingehende Risiko somit zunächst dem widersprechenden Gesellschafter aufgebürdet wird.[1353]

Erheblichen Abgrenzungsproblemen begegnet auch die Bejahung positiver Stimmpflichten anhand verschiedener Nachteilskategorien. So wird in der Regel als Voraussetzung einer Zustimmungspflicht zur Kapitalerhöhung angesehen, dass zumindest das Bezugsrecht der Gesellschafter erhalten bleibt.[1354] Die hierbei in Frage kommenden Nachteile wurden bereits oben ausgeführt und hängen unter anderem auch von der Höhe der durchgeführten Kapitalerhöhung ab. Selbst wenn die Erhöhung genau im erforderlichen Maß durchgeführt, der Ausgabepreis adäquat angesetzt würde und der Gesellschafter leistungsfähig wäre, entstünden Probleme, wenn dieser etwa eine Sperrminorität innehielte. Der Verlust der Möglichkeit, qualifizierte Beschlüsse zu verhindern, stellt sicherlich einen erheblichen Eingriff dar. Das Gesellschaftsrecht hat selbst die Wertigkeit dieser Position durch die Erforderlichkeit des 3/4-Quorums geschaffen.[1355] Teilweise wird vorgebracht, der Verlust der Sperrminorität

denfalls, wenn auch im geringen Umfang, Nachteile mit sich bringen. Hierzu oben bb. Mögliche Belastungen, S. 216.

1350 *BGH*, Urteil vom 20.03.1995 – II ZR 205/94 = NJW 1995, 1739, 1743 („Girmes"); *Marsch-Barner* ZIP 1996, 853, 854.

1351 Hierzu *Thorwart/Scheuer* NZI 2011, 574.

1352 Zum Inhalt der Entscheidung oben bb. Der Fall „Girmes, S 154.

1353 *Henze* ZHR 162 (1998) 186, 193 f.; Michalski/*Waldner* § 58 Rn. 17; Eine vergleichbare Lage stellt sich auch im Rahmen des § 251 InsO, vgl. *Thorwart/Scheuer* NZI 2011, 574, 575.

1354 *Winter,* Treuebindungen, S. 179; *Müller,* S. 336; *Schmidt* ZGR 1982, 519, 525.

1355 *Kort* ZIP 1990, 294, 297.

sei kein schützenswerter Grund, die Zustimmung zu versagen,[1356] während ihr andere erhöhte rechtliche Relevanz zukommen lassen.[1357]

An dieser Stelle entbrennt sodann die Diskussion um die tatsächliche Nachteiligkeit der Maßnahme. Wenn nämlich die Anteile, zumindest bei Überschuldung, in der Sanierungssituation regelmäßig als wertlos angesehen werden und die Stimmrechtsmacht als bloß formale Rechtsposition angesehen wird, lässt sich anbringen, die Maßnahmen brächten gar keine Nachteile im Sinne des Art. 14 GG für den Gesellschafter mit sich, da der Machtverlust des Gesellschafter faktisch bereits mit der Krise eingetreten sei.[1358] Vielmehr sei jedes Sanierungskonzept, das dem Aktionär auch nur einen Teil seiner Einlagen rettet für ihn vorteilhaft.[1359] Durch die Sanierung profitiere er vom Sanierungserfolg und eine verhältnismäßig kleinere Beteiligung am Sanierungserfolg sei jedenfalls der höheren Beteiligung an einem wertlosen Unternehmen vorzuziehen. Wobei diese Argumentation konsequenterweise nur greifen kann, wenn die Gesellschafter weiterhin mit einem Anteil an der Gesellschaft beteiligt bleiben.[1360] Die aufgeführten Argumente beziehen sich aber regelmäßig auf die Sanierungssituation in der Insolvenz bzw. in einem Stadium, in dem die Gesellschaft faktisch insolvenzreif ist. In der freien Sanierung kommen aber verschiedene Sanierungszeitpunkte in Betracht[1361] und nicht in jedem Fall muss die Beteiligung wertlos sein. Wenn schon im Insolvenzverfahren nicht ausgeschlossen ist, dass die Anteile der Gesellschafter einen – wenn auch niedrigen – Wert aufweisen,[1362] muss das im Umkehrschluss für das vorverlagerte freie Sanierungsverfahren erst Recht gelten.

Richtigerweise kann, bei Bejahung einer Zustimmungspflicht, allgemein keine Aussage darüber getroffen werden, welche Belastungen ein Gesellschafter im Rahmen des Sanierungskonzepts maximal hinnehmen muss. Erst recht taugt die Aussage, dass lediglich geringfügige Maßnahmen hinzunehmen seien, nichts. Wie beispielhaft die Ausfallhaftung gem. § 24 GmbHG in diesem Sinne zu bewerten ist, bleibt fraglich. Ist sie auch bei Vornahme eines Debt-Equity-Swaps im „Regelfall […] so wenig

---

1356 Michalski/*Funke* § 13 Rn. 151; *Schuster* ZGR 2010, 325, 337 f.; *v.Schorlemer/Stupp* NZI 2003, 345, 350.

1357 *Nonn,* S. 100.

1358 v.*Schorlemer/Stupp* NZI 2003, 345, 351.

1359 *Timm* WM 1991, 481, 485; v.*Schorlemer/Stupp* NZI 2003, 345, 349.

1360 *Schmidt/Schlitt* Der Konzern 2009, 279, 282; *Redeker* BB 2007, 673, 676.

1361 Oben 3. Die Zeitpunktproblematik, S. 192 und Fn. 1502.

1362 *Decher/Voland* ZIP 2013, 103, 107 f., 113 f.

spürbar",[1363] dass sie als zu vernachlässigende geringe Belastung gesehen werden kann? Immerhin hat der Gesetzgeber die mit der Forderungsbewertung einhergehenden Risiken so stark eingeschätzt, dass er im Rahmen des ESUG einen dahingehenden Haftungsausschluss normiert hat, vgl. § 254 Abs. 4 InsO. Im Falle tatsächlich mehrheitlich beschlossener Kapitalerhöhungen mag dies ein (an der eigenen Mehrheit kalkulierbares) inhärentes Risiko des Gesellschaftsrechts sein, ob hiervon aber auch im Falle eines gegen die qualifizierte Minderheit erzwungenen Beschlusses gesprochenen werden kann, muss bezweifelt werden. Wird der Gesellschafter dazu verpflichtet, die Kapitalerhöhung nicht zu verhindern, muss er zwingend vom Ausfallrisiko nach § 24 GmbHG freigestellt werden, was insbesondere bei der Erbringung von Sacheinlagen bzw. der Vornahme eines Debt-Equity-Swaps erforderlich ist.[1364]

5. Bestehende und künftige gesetzgeberische Wertungen zur Sanierung

Es ist vorausschickend darauf hinzuweisen, dass dem Gesetzgeber die Notwendigkeit, konkrete Sanierungsmaßnahmen vornehmen zu können, bekannt ist. Dies zeigt bereits das Vorhandensein von geeigneten Sanierungsinstrumenten wie der vereinfachten Kapitalherabsetzung in GmbH und AG, die ausdrücklich mit einer Kapitalerhöhung verbunden werden kann.[1365] In Kombination ist sowohl eine Herabsetzung unter das Mindestkapital möglich, wie auch eine bilanzielle Rückwirkung der Sanierungsmaßnahme. Der Gesetzgeber sah sich aber bisher nicht dazu veranlasst, an den allgemeinen Beschlussvoraussetzungen, insbesondere hinsichtlich der erforderlichen Quoren, Änderungen vorzunehmen.

Insgesamt gibt es *keinen* gesetzlichen Regelungsbereich im GmbH und Aktienrecht sowie im allgemeinen Gesellschaftsrecht, in dem es möglich wäre, eine nicht erreichte Mehrheitsentscheidung durch sachliche Rechtfertigung zu überwinden und die Obstruktion der qualifizierten Minder-

---

1363 Ulmer/*Ulmer* § 53 Rn. 20, Äußerung im Rahmen der Diskussion über eine allgemeine Zustimmungspflicht bei Kapitalerhöhungsbeschlüssen.

1364 Richtig Hdb. GesR III/*Wegmann* § 53 Rn. 14Vgl. auch die durch die § 254 Abs. 4 InsO erfolgte Wertung; Im Ergebnis auch *Schmidt* ZGR 1982, 519, 525, wenn er darlegt, dass „eine Kapitalerhöhung keine Pflicht der Gesellschafter zur anteiligen Übernahme von Einlagen [...] zur Folge haben [darf]." Diese bestünde bei einer Ausfallhaftung jedenfalls.

1365 Hierzu oben 2. Konkrete Belastungen der Sanierungsmaßnahmen, S. 213.

heit zu bewältigen, wenn es sich um eine für die Minderheit nachteilige Maßnahme handelt.

Im Folgenden soll nach der Darstellung des grundsätzlich vorherrschenden Mehrheitsprinzips ein Überblick über aktuelle, sanierungsrelevante Gesetze gegeben werden. Diese sollen insbesondere darauf untersucht werden, ob sich aus ihnen „Leitlinien" des Gesetzgebers ergeben oder sich die Gesetze gar auf den Anwendungsbereich der Stimmpflicht in der freien Sanierung erstrecken

a. Das Mehrheitsprinzip

Das Mehrheitsprinzip[1366] stellt eine grundsätzliche Entscheidung des Gesetzgebers dar, wie mit Interessenkonflikten umgegangen werden soll. Hierbei wird der kapitalistischen Ausrichtung von GmbH und AG Rechnung getragen, indem regelmäßig die einfache Mehrheit entscheidet. Das hieraus entstehende Risiko wird weitergehend durch den Umstand berücksichtigt, dass gewichtige Entscheidungen einer höheren Legitimation, und damit der Zustimmung einer Dreiviertelmehrheit bedürfen. Mit diesem besonderen Erfordernis sind insbesondere Entscheidungen ausgestattet, die das Potenzial besitzen, die mitgliedschaftlichen Rechte der Gesellschafter dauerhaft zu beeinflussen. Die Entscheidung für eine Dreiviertelmehrheit, anstatt einer erforderlichen Einstimmigkeit, lässt sich leicht aus der Notwendigkeit von Strukturmaßnahmen innerhalb des wirtschaftlichen Lebens einer Gesellschaft ableiten. Der Einstimmigkeit bedarf aber der Eingriff in den strikten Kernbereich des Mitglieds und der Gesellschaft. Hierzu gehören nicht nur die Änderung des Gesellschaftszwecks und der Ausschluss eines Gesellschafters, sondern auch die Festlegung von weiteren Pflichten der Gesellschafter, die über die gesetzliche Einlageleistung und die neutralen Mitwirkungspflichten hinausgehen.[1367]

Hieraus ist eine gesetzliche Trias der Zustimmungserfordernisse zur Durchführung von Maßnahmen in Verbänden abzuleiten.

In diesem Zusammenhang kann die „Hibernia-Entscheidung" des *Reichsgerichts* herangezogen werden, in der es 1907 auf das Mehrheitsprinzip einging.[1368] Eine unabwendbare Folge des im Gesetz geltenden Mehrheitsprinzips sei, dass die Mehrheit über die Verwaltung der Ge-

---

1366 Auch schon oben I. Mehrheitsprinzip und Minderheitenschutz, S. 77.

1367 b. Belastungs- und Nachschussverbot, S. 229; a. Förderpflicht, S. 228.

1368 Hierzu *Wiedemann* ZGR 1980, 147, 155.

sellschaft und darüber entscheide, was im Interesse der Gesellschaft und ihrer Aktionäre zu tun und zu lassen sei und „mit dieser Tatsache muß sich jeder abgefunden haben, der Aktien erwirbt"[1369]. In diesem Kontext muss aber folgendes hinzugefügt werden, das dieser Aussage implizit inne wohnt: Genauso wie die einfache und qualifizierte Mehrheit über die einfache Minderheit bestimmt, bestimmt die qualifizierte Minderheit darüber, ob qualifizierte Maßnahmen durchgeführt werden. Auch mit dieser Tatsache muss sich der Gesellschafter abfinden. Wer sich einerseits mit einer einfachen Mehrheit an einer Kapitalgesellschaft beteiligt, muss sich bewusst sein, dass er, dem Regelkomplex des Kapitalgesellschaftsrechts folgend, Entscheidungen, bis auf solche den Kernbereich betreffend, nicht beeinflussen können wird. Nur so ist das wirtschaftliche Funktionieren einer Gesellschaft möglich. Wer sich jedoch andererseits ohne qualifizierte Mehrheit in eine solche Gesellschaft begibt, dem schreibt das Gesellschaftsrecht grundsätzlich die Grenzen seiner Handlungsmöglichkeiten vor.

Das Mehrheitsprinzip streitet also sowohl für den mehrheitlich gefassten als auch für den mehrheitlich ablehnenden Beschluss. Ist die notwendige Mehrheit nicht erreicht, fehlt es zur Durchführung der beantragten Maßnahme, mangels abweichender Regelungen, grundsätzlich an der erforderlichen Legitimation.

b. Das ESUG

Wie auch in der freien Sanierung, konnte in der Insolvenz bisher eine Sanierung des Unternehmens nicht ohne die gesellschaftsrechtliche Mitwirkung der Anteilsinhaber durchgeführt werden. Neben den erforderlichen (Kapital-)Maßnahmen bedarf es hier weitergehend der Fassung eines Fortsetzungsbeschlusses durch die Gesellschafter.[1370] Die Gesellschafter können und werden ihre Mitwirkung an den erforderlichen Beschlüssen, trotz der regelmäßigen Wertlosigkeit ihrer Anteile, von Zugeständnissen abhängig machen und an eine Beteiligung am Sanierungsgewinn knüpfen.[1371] Es handelt sich um eine mit der freien Sanierung vergleichbare Lage, wobei das nicht grundsätzlich die Wertlosigkeit der Anteile betrifft. In beiden Fällen kommt die sog. „Trittbrettfahrerproble-

1369 *RG*, Urteil vom 08.04.1908 – I 595/07 = RGZ 68, 235, 246.

1370 *Willemsen/Rechel* BB 2010, 2059, 2063; oben 1. Insolvenzantrag und Verfahrenseröffnung, S. 30.

1371 *Verse* ZGR 2010, 299, 301; *Willemsen/Rechel* BB 2010, 2059, 2062 f.

matik“ zum Vorschein.[1372] Diese äußert sich in der – durchaus rationalen – Ausnutzung der gegebenen formalen Verhandlungsposition, um ohne Mitwirkung und Risiko eine Gewinnbeteiligung zu erlangen.[1373] Das eigentliche Problem liegt im System. Sieht sich eine einzelne Partei in der Lage, den Kooperationsgewinn aller zu blockieren und sie stattdessen auf ihre BATNA zurückzuwerfen,[1374] besteht für sie eine große Wahrscheinlichkeit, dass sich die Mehrheit dazu bereit erklärt, in bestimmtem Maße Zugeständnisse zu machen, um somit wenigstens den Kooperationsgewinn in relativem Umfang realisieren zu können.[1375] Die Gesellschafter lassen sich ihre Blockadeposition einfach „abkaufen“.[1376] Die Abkaufende stehen in Relation zum Scheitern der Sanierung immer noch besser da, jedoch nicht so gut, wie im Falle der bedingungslosen Zustimmung. Ähnlichkeiten mit dem bekannten Problem der „räuberischen Anfechtungskläger“ sind augenfällig.

Mit den Regelungen des ESUG ist es erstmals auf formalgesetzlicher Grundlage möglich, „in die Anteils- oder Mitgliedschaftsrechte der am Schuldner beteiligten Personen einzugreifen“.[1377] Hierdurch wird die gesellschaftsrechtliche Neutralität der Insolvenzordnung[1378] aufgehoben und es ist fortan nicht mehr nötig, zur Erzwingung von Sanierungsbeschlüssen mit der gesellschaftsrechtlichen Treupflicht zur arbeiten.[1379] Im Insolvenzplan kann jetzt grundsätzlich jede Regelung getroffen werden, die gesellschaftsrechtlich zulässig ist (vgl. §225 a Abs. 3 InsO). Hierzu gehören insbesondere die Kapitalerhöhung und -herabsetzung, sowie der Bezugsrechtsausschluss. Verweigerungs- und Erpressungspotentiale können in Folge des Obstruktionsverbots gem. § 245 InsO überwunden werden. Anzumerken bleibt, dass im Obstruktionsverbot jedoch eher eine Gesellschafter-Zustimmungspflicht zu einem mehrheitlich getragenen Sanierungskonzept zu sehen ist, da es letztlich kaum vorkommen wird, dass die Verweigerungsvoraussetzung einer wirtschaftlichen Schlechterstellung erfüllt werden.[1380] Die Gewährung von Minderheitenschutz gem.

1372 Hierzu *Bitter* ZGR 2010, 147, 149; Priester ZIP 2010, 497, 501.

1373 Ein Beispiel bei *Verse* ZGR 2010, 299, 306.

1374 Vgl. oben b. Angemessenheitsgewähr des Sanierungskonzepts, S. 195.

1375 Eidenmüller, S. 570 f.

1376 *Bitter* ZGR 2010, 147, 161.

1377 BTDrucks 17/7511, S. 5.

1378 *Uhlenbruck* in FS Lüer, S. 461, 463; *Braun/Heinrich* NZI 2011, 505, 506; *Schmidt* BB 2011, 1603, 1607.

1379 *Schmidt* BB 2011, 1603, 1608.

1380 Hierzu *Madaus* ZGR 2011, 749, 754 f; *Hölzle* KTS 2011, 291, 322; *Decher/Voland* ZIP 2013, 103, 104; 97*Bauer/Dimmling* NZI 2011, 517, 518; *Kresser*, ZInsO 2010, 1409, 1415.

§ 251 Abs. 1 InsO ist weiterhin zu verweigern, wenn im gestaltenden Teil des Insolvenzplans Mittel für den Fall bereitgestellt werden, dass ein Beteiligter eine Schlechterstellung nachweist.[1381] Das entspricht gewissermaßen einer „Abwendungsbefugnis" der Planersteller. Die Alternativen bestehen lediglich in der Zerschlagung oder übertragenden Sanierung, beides führt am Ende zum Totalverlust der Anteile. Deshalb dürfte folgende Formulierung zutreffend sein: Ein Insolvenzplan kann nunmehr *grundsätzlich* gegen den Willen der Gesellschafter durchgesetzt werden.[1382]

Ausdrücklich geregelt ist weiterhin ein besonderes Sanierungsinstrument, das allein in Kombination der vorgenannten Kapitalmaßnahmen möglich ist, der jetzt erstmals gesetzlich geregelte Debt-Equity-Swap (vgl. 225 a Abs. 2 InsO).[1383] Eine besonders attraktive und zugleich kritische Regelung ist in diesem Zusammenhang in § 254 Abs. 4 InsO zu erkennen. Da es bei der Umwandlung von Fremd- in Eigenkapital regelmäßig zu schwierigen Bewertungsfragen kommt[1384] – daneben ist selbst die grundsätzliche Bewertung umstritten[1385] – hat der Gesetzgeber Ansprüche der Gesellschaft gegen die einbringenden Gläubiger wegen Überbewertung der Sacheinlage grundsätzlich ausgeschlossen. Dies hat erhebliche Auswirkungen auf die Konstanz der Kapitalaufbringungsregeln und kann im Einzelfall zu Gesellschaften mit hohem nicht werthaltigem Haftkapital und somit zur Zulässigkeit eines rechtmäßig von vornherein nicht aufgebrachten Kapitals führen.[1386]

Der durch die o. g. möglichen Maßnahmen erfolgende Eingriff in die Rechtsstellung der Gesellschafter und in die Struktur der Gesellschaft wird durch eine entschädigungsbegleitende Austrittsregelung in § 225 a Abs. 5 InsO anerkannt.[1387] Den überstimmten Gesellschaftern verbleibt die Möglichkeit einem Eingriff durch den Minderheitenschutz gem. § 251

1381 § 251 Abs. 3 S. 1 InsO; Ob der Anspruchssteller einen Ausgleichsanspruch auf die Mittel hat, ist außerhalb des Insolvenzverfahrens zu klären, § 251 Abs. 3 S.1 InsO.

1382 Vgl. *Schmidt* ZIP 2012, S. 2085, 2086.

1383 Speziell hierzu *Bay/Seeburg/Böhmer* ZInsO 2011, 1927; Zu Recht aber die Kritik von *Hölzle* KTS 2011, 291, 321, der die Möglichkeit der Altgesellschafter fordert, sich, zumindest durch effektive Einlageleistung, an der Kapitalerhöhung zu beteiligen, um so eine Verwässerung zu verhindern.

1384 „Forderungen gegen einen Pleitier zu bewerten heißt die Wahrscheinlichkeit der Realisierung zu schätzen – wofür kaum ein Gutachter eine Gewähr übernehmen möchte", vgl. *Römermann* GmbHR 2011, R369, R370.

1385 Hierzu oben Fn. 1264.

1386 *Hölzle* KTS 2011, 291, 324; *Römermann* GmbHR 2011, R369, R370.

1387 Zu deren Erforderlichkeit *Verse* ZGR 2010, 299, 322; *Kresser* ZInsO 2010, 1402, 1417.

InsO zu begegnen; wobei dieses Beschwerderecht hohen Anforderungen unterliegt.[1388] Gerechtfertigt wird der Eingriff in die Rechte der Anteilsinhaber durch den Umstand, dass deren Stellung in der Insolvenz aus der Shareholderposition in eine stakeholderähnliche Lage umgewandelt wird. *Bitter* benennt die Anteilsinhaber weitergehend sogar lediglich als „Treuhänder" der Gläubiger, da bei Entwertung der Anteile den Gesellschaftern nur noch eine formale Inhaberstellung zusteht.[1389] Durch das ESUG wird die Stellung der Anteilseigner jetzt konsequenterweise im Verhältnis zur hervortretenden Bedeutung der Gläubiger eingeengt, indem sie als Beteiligte, will heißen als (letztrangige) Gläubiger,[1390] in das Verfahren einbezogen werden. Da sie sich so den gleichen Regelungen wie alle anderen unterwerfen müssen, ist ihnen das Ausspielen einer formalen Rechtsposition zu Lasten aller genommen. Leitender Gesichtspunkt ist nun, auch die Gesellschafter betreffend, die bestmögliche Befriedigung der Beteiligten, was im Rahmen des Obstruktionsverbots eben auch zur Majorisierung von Einzelinteressen zum Wohle der Gesamtheit führen kann.

Das Insolvenzrecht versteht sich, wie bereits oben dargelegt wurde, nicht als reiner Totengräber, sondern durchaus als Retter von Unternehmen.[1391] „Das Insolvenzrecht ist künftig mehr denn je auf Sanierung statt auf Abwicklung von Unternehmen ausgerichtet".[1392] Die Durchsetzung von Strukturmaßnahmen ist ausdrücklich durch die Alternative Insolvenz möglich. Das Insolvenzrecht verfügt über ein Instrumentarium, das die Probleme der Stimmpflichten in der freien Sanierungssituation löst. Im Rahmen des Obstruktionsverbots kann die Weigerung der Gesellschafter, Sanierungsmaßnahmen zuzustimmen ersetzt und die Zustimmung fingiert werden. Somit kann ein Sanierungskonzept, das in der freien Sanierung aufgrund der fehlenden Zustimmung der Gesellschafter nicht durchzusetzen wäre, im Rahmen des Insolvenzplanverfahrens bewältigt werden. Die besondere Stellung des gesetzlich geregelten Insol-

---

1388 Vgl. *Thorwart/Scheuer* NZI 2011, 574.

1389 *Bitter* ZGR 2010, 147, 189; Ähnlich, wenn auch weniger drastisch, BegrRegE ESUG, S. 27:„Nach Eröffnung eines Insolvenzverfahrens [...],beschränkt sich die schützenswerte Rechtsposition des Anteilsinhabers auf den restlichen Vermögenswert, der dem Anteils- oder Mitgliedschaftsrecht auch im Insolvenz verfahren *teilweise* noch zukommt".

1390 *Braun/Heinrich* NZI 2011, 505, 507; *Smid* DZWiR 2010, 397, 402.

1391 *Bay/Seeburg/Böhmer* ZInsO 2011, 1927; *Haarmeyer* ZInsO 2011, 2153.

1392 Pressemitteilung: „Neues Insolvenzrecht – mehr Chancen zur Sanierung" des *BMJ* vom 27.10.2011, abrufbar unter www.bmj.de.

venzverfahrens rechtfertigt in erforderlichem Maße die Verkürzung der Gesellschafterrechte; auch zur Gewährleistung der insolvenzrechtlichen Verteilungsreihenfolge.[1393] Durch die Einbeziehung der Anteilsinhaber als Gläubigergruppe wird zum Wohle der Allgemeinheit,[1394] in concreto zum Schutz der gleichmäßigen Befriedigungsinteressen aller Gläubiger, der Grundsatz der „par conditio creditorum"[1395] durchgesetzt. Beachtlich sind der regelmäßig vollständige Verlust des wirtschaftlichen Anteilswerts in der Insolvenz und gleichlaufend der bereits mit Insolvenzeröffnung nur noch marginal verbleibende Einfluss des Gesellschafters auf die Geschicke der Gesellschaft.[1396]

Die erfolgten Eingriffe zur Ersetzung der Zustimmung sind – insbesondere im Hinblick auf Art. 14 GG durch die regelmäßig eingetretene wirtschaftliche Wertlosigkeit der Anteile[1397] – gerechtfertigt[1398] und das Gesetz sieht (erforderlicherweise[1399]) einen Nachteilsausgleich vor. Daneben ist die soziale Bindung des Eigentums nach Art. 14 Abs. 2 GG ein gewichtiges Argument. Ob dies auch den Eingriff in die Anteilseignerrechte aus Art. 9 GG kompensiert, wird teilweise in Frage gestellt.[1400] Neben der wirtschaftlichen Wertlosigkeit der Anteile wird zur Rechtfertigung der Eingriffe auch vorgebracht, dass das Insolvenzverfahren letztlich ohne den Plan zu einer Abwicklung und damit Löschung des insolventen Rechtsträgers im Register führe, die Gesellschafter also ohnehin nicht mehr mit dem Erhalt ihres Anteils- oder Mitgliedschaftsrechts

1393 *Kresser* ZInsO 2010, 1409, 1412; a. A. *Madaus* ZGR 2011, 749,753 ff.

1394 BegrRegE ESUG 17/5712, 24: „Mit der Verbesserung der Sanierungschancen wird zugleich zum Erhalt von Arbeitsplätzen beigetragen"; *Bay/Seeburg/Böhmer* ZInsO 2011, 1927, 1937; *Paulus* WM 2011, 2205, 2206.

1395 Zur „conditio par creditorum" vgl. MünchKommInsO/*Stürner* Einl. Rn. 62.

1396 Bay/*Seeburg/Böhmer* ZInsO 2011, 1927, 1939.

1397 *Bitter* ZGR 2010, 147, 192, für den die Wertlosigkeit die Regel darstellt und eine trotz Insolvenz bestehende Werthaltigkeit von Anteilen eine absolut seltene Ausnahme darstellt, die einen Grundsatz rechtfertigt. Der Gesetzgeber durfte den in der „Praxis absolut dominierenden Regelfall, in dem die Anteile ohnehin entwertet und damit für die Anteilsinhaber verloren sind , zum Ausgangspunkt seiner Verwertungsregelung nehmen", vgl. *Bitter* ZGR 2010, 147, 192.

1398 BegrRegE ESUG 17/5712, 27; *Decher/Voland* ZIP 2013, 103, 108; *Hölzle* KTS 2011, 291, 318; *Madaus* ZGR 2011, 749, 760; *Schmidt* BB 2011, 1603, 1609; *Braun/Heinrichs* NZI 2011, 505, 507 f.; *Verse* ZGR 2010, 299, 310; *Willemsen/Rechel* BB 2010, 2059, 2063; *Westpfahl/Janjuah* ZIP 2008, 1, 14 f.

1399 *Verse* ZGR 2010, 299, 310; Bay/*Seeburg/Böhmer* ZInsO 2011, 1927, 1939; ; kritisch *Braun* in FS Fischer, S. 53, 68.

1400 Kritisch *Müller* KTS 2012, 419, 425; *Madaus* ZGR 2011, 749, 761 ff.

rechnen können.[1401] Schließlich wird vorgebracht durch die Regelungen des ESUG werde der Gehalt des Grundrechts aus Art. 9 GG selbst ausgeprägt, weshalb bereits ein Eingriff zweifelhaft sei.[1402] Ein Schutz des Fortbestands des insolventen Unternehmens selbst durch Art. 9 GG kommt aber nicht in Betracht.[1403]

In der Insolvenz ist es vor allem möglich und sogar erforderlich, Drittinteressen in die Abwägung einzubeziehen. Im Gegensatz zu einer Stimmpflicht in der freien Sanierung können hier die Verteilungsinteressen der Insolvenzordnung und damit insbesondere die Gläubigerinteressen sowie das Wohl der Allgemeinheit Berücksichtigung finden, denn mit der Reorganisation insolventer Unternehmen verfolgt der Gesetzgeber gewichtige soziale Verpflichtungen (wettbewerbsfähige Marktwirtschaft / Erhalt von Arbeitsplätzen etc.).[1404] Weiterhin werden die Anteilsinhaber durch die Mitwirkung im Verfahren und durch den Minderheitenschutz abgesichert.[1405]

Zu berücksichtigen ist aber auch, dass sich mit diesem Verständnis der Insolvenzordnung der Charakter eines ausnahmslos auf Sachexekution gerichteten Verfahrens in einem engeren Verständnis nicht mehr durchgängig aufrechterhalten lässt. Bis dato war den Gläubigern nur das pfändbare Vermögen des Schuldners zur Verwertung zugewiesen. Die Einflussnahme auf den Schuldner (bzw. auf die hinter ihm stehenden Anteilseigner) oder gar die „Verwertung des Schuldners selbst", hier im Wege der Reorganisation des Unternehmensträgers und des damit einhergehenden Zugriffs auf rechtsträgergebundene (unpfändbare) Werte, konnte bis dato nicht erfolgen.[1406] Die Gesellschaft selbst und damit die innergesellschaftliche Organisation wurde durch die InsO nicht beeinflusst. Dies ändert sich durch das ESUG. Durch die Möglichkeit der direkten Einflussnahme auf die Willensbildung der Gesellschafter und weitergehend die Nutzbarmachung des Rechtsträgers selbst, erfolgt eine geringfügige (aber dogmatisch bedeutende) Abkehr von der vollstreckungsrechtlichen Sachexekution ausschließlich pfändbarer Ansprüche hin zu einer auf juristische Personen beschränkte „Personalexekution".[1407]

1401 *Braun/Heinrich* NZI 2011, 505, 508; *Smid* DZWiR 2010, 397, 403.

1402 *Decher/Voland* ZIP 2013, 103, 112.

1403 A.A. *Decher/Voland* ZIP 2013, 103, 112.

1404 So auch *Bay/Seeburg/Böhmer* ZInsO 2011, 1927, 1938; *Kresser* ZInsO 2010, 1409, 1417.

1405 BegrRegE ESUG 17/5712, 27; Hierzu *Braun/Heinrichs* NZI 2011, 505, 509; *Smid* DZWiR 2010, 397, 404.

1406 *Madaus* ZGR 2011, 749, 757.

1407 Zum ganzen *Madaus* ZGR 2011, 749.

c. Das KredReorG

Am 01.01.2011 trat das Gesetz zur Reorganisation von Kreditinstituten, eingeführt als Artikel 1 des Restrukturierungsgesetzes, in Kraft.[1408] Es handelt sich hierbei um die Einführung eines Spezial-Insolvenzrechts für Banken.[1409] Das KredReorgG verfolgt das Ziel, den Zusammenbruch von Banken allgemein und im Besonderen systemrelevanter Institute, zu vermeiden. Ein speziell auf die Sanierung von Banken zugeschnittenes Gesetz war notwendig geworden, weil die Insolvenzordnung nicht ausreichend Mittel bot, Banken die in Schwierigkeiten geraten waren, in einem geordneten Verfahren entweder zu sanieren oder abzuwickeln.[1410] Zwar waren im Verlauf des Gesetzgebungsverfahrens bereits die angestrebten Änderungen des ESUG bekannt, die systemische Bedrohung durch die Finanzmarktkrise und der sowohl zeitlich als auch sachlich ungewisse Ausgang der Insolvenzordnungsänderung zwangen jedoch zu einem raschen, eigenständigen Handeln und zu teils erheblich vom ESUG abweichenden Regelungen. Der Plan, das KredReorgG gewissermaßen als Vorbild für die Änderungen in der InsO zu gestalten,[1411] konnte nicht insgesamt umgesetzt werden. Ob hierin aber ein gewollter Paradigmenwechsel – hinsichtlich des Grundsatzes „Banken dürfen nicht in die Insolvenz gehen" – liegt,[1412] scheint fraglich, es handelt sich eher um eine notwendige Anpassungen an die Umstände der Finanzkrise. Durch das KredReorgG soll verhindert werden, dass es ähnlich aufwendige staatliche Hilfeleistungen wie die im Rahmen des FMStBG nicht mehr bedarf. Der Staat ist in seinem Krisenbewältigungspotential beschränkt, wenn eine Restrukturierung oder geordnete Abwicklung von systemrelevanten Banken nicht möglich ist.[1413] Dies gilt umso mehr unter Berücksichtigung der zeitlichen Begrenzung der aufgrund des FMStBG möglichen Maßnahmen.

Inhaltlich soll das Gesetz durch ein Bündel verschiedener gesetzgeberischer Regelungen durchgesetzt werden. Im Rahmen der Untersuchung von Interesse ist vor allem die Einführung von Verfahren zur Sanierung und Reorganisation von Kreditinstituten. Hierbei hat sich der Gesetzgeber für ein zweistufiges Vorgehen entschieden. Als erste Stufe wurde ein

1408 Restrukturierungsgesetz („RStruktG") vom 09.12.2010, BGBl. I S. 1900.
1409 *Lorenz* NZG 2010, 1046, 1047.
1410 KredReorgG-RegE BT-Drucks 17/3024, S. 1.
1411 *Paulus* WM 2011, 2205, 2207.
1412 So Müller-Eising/Brandi/Sinhart/Lorenz/Löw BB 2011, 66.
1413 KredReorgG-RegE BT-Drucks 17/3024, S. 1.

für alle Banken geltendes Sanierungsverfahren (§§ 2-6 KredReorgG) eingerichtet und als zweite Stufe ein Reorganisationsverfahren (§§ 7-23 KredReorgG), das ausschließlich zur Sanierung von Kreditinstituten dient, bei denen eine Bestandsgefährdung nach § 48b Absatz 1 KWG-E vorliegt, die zu einer Systemgefährdung nach § 48b Absatz 2 KWG-E führt. Vom Aufbau her gleicht dies dem aus dem ESUG bekannten Muster eines Schutzschirmverfahrens, kombiniert mit anschließender Planinsolvenz. Während also nicht systemrelevante Banken allein Zugang zum Sanierungsverfahren haben, steht den großen Banken das Reorganisationsverfahren nach erfolgloser Sanierung oder bei offensichtlicher Aussichtslosigkeit des Sanierungsverfahrens (§ 7 Abs. 1 KredReorgG) als Alternative zur Verfügung.

Der besondere Unterschied zwischen den beiden Verfahren besteht in der Möglichkeit, mittels des Reorganisationsverfahrens in Rechte Dritter eingreifen zu können. Im Rahmen des Sanierungsverfahrens sind im Wesentlichen nur Eingriffe in die Geschäftsführung möglich;[1414] einzige Ausnahme stellt die mittelbare Drittwirkung bei der Untersagung/Beschränkung von Entnahmen und Gewinnausschüttungen dar.

Anders ist dies in dem, dem Insolvenzplanverfahren nachempfundenen,[1415] Reorganisationsverfahren geregelt.[1416] Hier sind ausdrücklich Eingriffe in Gläubigerrechte und in Rechte der Anteilsinhaber möglich (§ 8 Abs. 3 KredReorgG). Durchführbar sind alle gesellschaftsrechtlichen Maßnahmen, die geeignet sind, die Reorganisation des Kreditinstituts zu fördern (vgl. § 10 KredReorgG), ausdrückliche Regelung hat – auch hier – der Debt-Equity-Swap erhalten (§ 9 KredReorgG). Die verfahrensrechtlichen Regelungen entsprechen denen des Insolvenzplanverfahrens nach dem ESUG. Die Anteilsinhaber müssen über die Durchführung der Reorganisation jedoch separat auf einer Hauptversammlung abstimmen, so soll den verfassungsrechtlichen und europarechtlichen Konflikten[1417] entgegengewirkt werden,[1418] die durch das gleichsam geltende Obstruktionsverbot der Anteilsinhaber gem. § 19 Abs. 4 KredReorgG (Ersetzung der Zustimmung) möglich werden.[1419] Die Konflikte sollen durch die

---

1414 Zu den Möglichkeiten *Müller-Eising/Brandi/Sinhart/Lorenz/Löw* BB 2011, 66, 70; *Obermüller* NZI 2011, 81, 84.

1415 KredReorgG-RegE BT-Drucks 17/3024, S. 2.

1416 Beschreibend *Müller-Eising/Brandi/Sinhart/Lorenz/Löw* BB 2011, 66, 70; *Obermüller* NZI 2011, 81, 88.

1417 Erhebliche Bedenken bei *Bormann* ZIP 2011, 892, 893; *Schuster* ZGR 2010, 325, 350.

1418 *Lorenz* NZG 2010, 1046, 1050.

1419 Vgl. *Müller* KTS 2011, 1, 12.

Verhältnismäßigkeitserwägungen des § 19 Abs. 4 Nr. 2 KredReorgG ausgeräumt werden. Die Zustimmung gilt danach nur als ersetzt, wenn nicht nur die Mehrheit aller Gruppen für das Konzept gestimmt hat, sondern die erforderlichen Maßnahmen dazu führen, „erhebliche negative Folgeeffekte bei anderen Unternehmen des Finanzsektors infolge der Bestandsgefährdung des Kreditinstituts und eine Instabilität des Finanzsystems zu verhindern und wenn diese Maßnahmen hierzu geeignet, erforderlich und angemessen sind" (vgl. § 19 Abs. 4 Nr. 2, 1. HS KredReorgG). Besondere Bemerkung verdient dabei der nachfolgende Halbsatz, der besagt: „wenn die Anteilsinhaber ein alternatives Konzept vorgelegt haben, ist auch dieses zu berücksichtigen".

Die für den Anteilsinhaber nachteiligen Folgen einer gesellschaftsrechtlichen Maßnahme sind gem. §§ 9 Abs. 2 und § 10 S. 3 KredReorgG durch eine angemessene Entschädigung auszugleichen.

Als ausreichende Beschlussmehrheit gilt grundsätzlich die Mehrheit der abgegebenen Stimmen gem. § 18 Abs. 3, S. 1 KredReorgG. Sind jedoch Maßnahmen mit besonderen Nachteilen verbunden, etwa dem vollständigen oder teilweisen Ausschluss des Bezugsrechts oder wird das Grundkapital herabgesetzt, bedarf der Beschluss einer Mehrheit, die mindestens zwei Drittel der abgegebenen Stimmen oder des vertretenen Grundkapitals umfasst, wobei die einfache Mehrheit ausreicht, wenn die Hälfte des Grundkapitals vertreten ist (vgl. § 18 Abs. 3, S. 2-3 KredReorgG).

d. Das FMStBG

Das Finanzmarktstabilisierungsbeschleunigungsgesetz (FMStBG) ist Teil des Finanzmarktstabilisierungsgesetzes (FMStG) von 2008.[1420] Ursprünglich als Gesetz zur Beschleunigung und Vereinfachung des Erwerbs von Anteilen an sowie Risikopositionen von Unternehmen des Finanzsektors durch den „Finanzmarktstabilisierungsfonds" (FMS) eingeführt, erfuhr es durch das Finanzmarktstabilisierungsergänzungsgesetz (FMStErgG)[1421] eine Namensänderung in FMStBG. Ziel der – zunächst hastig entworfenen[1422] – Gesetze ist es, Banken effektiv durch den Staat rekapitalisieren

1420 Gesetz vom 17.10.2008 (BGBl. I S. 1982).

1421 Gesetz vom 07.04.2009 (BGBl. I S. 725).

1422 Nach der Lehman Brothers Pleite am 15.09.2008 wurde innerhalb einer Woche das Finanzmarktstabilisierungsgesetz (FMStG) ausgedacht, entworfen, beraten, beschlossen, unterzeichnet und verkündet (am 17. 10. 2008); „Die Finanzkrise schafft ihre eigenen Gesetze. Und zwar schnell.", vgl. *Böckenförde* NJW 2009, 2484.

zu können, um deren Insolvenz und einem Zusammenbruch des Finanzsystems zu verhindern. Begründet werden die weitreichenden Maßnahmen durch die besonderen Erfordernisse der Finanzkrise, denn in Not- und Krisenzeiten kann die soziale Bindung des Eigentums stärker sein als in gewöhnlichen Zeiten,[1423] was auch stärkere Eingriffe durch den Staat rechtfertigt.[1424]

Im Gesetz wurden verschiedene Maßnahmen kombiniert, die aus praktischer Sicht eine perfekte Umgebung zur Sanierung bieten und erhöhte Rechtssicherheit (für den Sanierenden) aufweisen, was aufgrund der Bevorteilung des Staates vielfach Kritik, insbesondere hinsichtlich des Eigentumsschutzes, hervorrief.[1425] Aus dem Bündel von Maßnahmen ist vor allem die allgemeine Absenkung der Mehrheitserfordernisse auf die Minimalanforderungen der europäischen Kapitalrichtlinie hervorzuheben.[1426] Der Kapitalerhöhungs- und Herabsetzungsbeschluss ist somit bereits bei einfacher Mehrheit möglich und der vollständige oder teilweise Bezugsrechtsausschluss mit 2/3- anstatt 3/4-Mehrheit zu fassen; ist die Hälfte des Kapitals vertreten, genügt auch hier die einfache Mehrheit. Erfolgt der Ausschluss „zur Zulassung des Fonds zur Übernahme der Aktien ist [er] in jedem Fall zulässig und angemessen", was einer generellen Fiktion der sachlichen Rechtfertigung entspricht,[1427] vgl. insgesamt § 7, insb. Abs. 2 und 3 FMStBG. Letztlich ist erwähnenswert, dass das in der Sanierung allgegenwärtige Zeitproblem bei Entscheidungen der Hauptversammlung einer AG durch eine Fristverkürzung auf 21 Tage gem. § 7 Abs. 1, S. 3 FMStBG und einen Entscheidungsdruck auf die Aktionäre durch eine verschuldensunabhängige (!) Schadensersatzdrohung gem. § 7 Abs. 7 FMStBG erheblich „abgemildert" wurde.[1428]

1423 *BGH,* Beschluss vom 10.06.1952 – GSZ 2/52 = NJW 1952, 972, 973.

1424 *Droege,* DVBl 2009, 1415, 1421; *Noack* AG 2009, 227, 230 f.

1425 *Böckenförde* NJW 2009, 2484, 2485; *Spindler* DStR 2008, 2268, 2273; weniger kritisch *Uechtritz* NVwZ 2010, 1472; *Langenbucher* ZGR 2010, 75.

1426 Hierzu *Langenbucher* ZGR 2010, 75, 94; Kritisch zur Europarechtskonformität der Maßnahmen insgesamt *Roitzsch/Wächter* DZWiR 2009, 1, 2; *Spindler* DStR 2008, 2268, 2273; *Ziemons* DB 2008, 2635, 2637.

1427 Kritisch hierzu *Spindler* DStR 2008, 2268, 2273; vgl. auch bb. Der Bezugsrechtsausschluss, S 219.

1428 Hinsichtlich der Schadensersatzandrohung spricht *Langenbucher* (ZGR 2010, 75, 97) zutreffend von „der Kodifikation von Girmes" (hierzu oben bb. Der Fall „Girmes", S. 154) unter verschärften Voraussetzungen und mit verfassungs- und europarechtlich bedenklichem Inhalt.

e. Die Kapitalmarktrichtlinie

Im Zusammenhang mit den oben dargestellten Sanierungserleichterungen wurde bereits auf die Frage nach der Europarechtskonformität hinsichtlich der Kapitalrichtlinie[1429] hingewiesen. Hier besteht unter zwei Gesichtspunkten Konfliktpotential.

Zunächst gebieten Art. 25 und 30 KapRL, dass für Kapitalerhöhungen und -herabsetzungen sowie etwaige Bezugsrechtausschlüsse ausnahmslos Beschlüsse der Hauptversammlung erforderlich sind. Eine Ausnahme bildet hierbei die gerichtlich angeordnete Kapitalherabsetzung gem. Art. 30 Abs. 1 KapRL. Die Richtlinie regelt weiterhin die Voraussetzung bestimmter Mehrheiten für das positive Zustandekommen von Beschlüssen. Während für die Kapitalerhöhung und -herabsetzung mangels europarechtlicher Regelung die einfache Mehrheit ausreichend ist, gilt für den Bezugsrechtsausschluss – Art. 29 Abs. 1 KapRL verankert das Bezugsrecht der Aktionäre – besonderes. Hier ist eine Mehrheit von nicht weniger als zwei Dritteln der Stimmen der vertretenen Wertpapiere oder des vertretenen gezeichneten Kapitals erforderlich, wobei auch eine einfache Mehrheit ausreicht, sofern mindestens die Hälfte des gezeichneten Kapitals vertreten ist. Anzumerken ist jedoch, dass Art. 29 Abs. 1 KapRL ein Bezugsrecht nur bei Erhöhung des gezeichneten Kapitals durch Bareinlagen vorsieht.

In Bezug auf alle oben genannten Gesetze ist höchst strittig, ob diese Anforderungen eingehalten werden. Dies soll anhand des ESUG dargestellt werden. Zunächst ist die Anwendbarkeit der Kapitalrichtlinie auf den Sanierungsfall in Rede. Zum Anwendungsbereich der Richtlinie hat der *EuGH* bereits geurteilt, nationale Gesetzgeber dürften von der unbedingten[1430] inhaltlichen Vorgabe – der Zuständigkeit der Aktionäre für Kapitalmaßnahmen – auch nicht im besonderen Fall der Sanierungsbedürftigkeit abweichen.[1431]

Ob gleiches auch für insolvenzrechtliche Regelungen gilt, wird teilweise mit dem Argument verneint, die Vorschriften der Richtlinie sollten keine Anwendung finden, wenn die Gesellschaft und ihr Vermögen in einem kollektiven Zwangsvollstreckungsverfahren nur noch als Befriedi-

1429 RL 77/91/EWG, ABl. vom 31. Januar 1977, L 26/1.

1430 *EuGH* Slg. 1991, I-0269, Rz. 20 („Karella").

1431 *EuGH* Slg. 1991, I-0269, Rz. 30, 31 („Karella"); *EuGH* Slg. 1992, I-02111, Rz. 27, 37. („Syndesmos Melon"); *EuGH* Slg. 1996, I-01347 Rz. 38 ff. ("Pafitis") – EwiR 1996, 1073 (Anm. *Hirte*); Zusammenfassend *Ziemons* DB 2008, 2635, 2637.

gungsgegenstand für ihre Gläubiger dienen.[1432] Das Insolvenzverfahren löse aber die Gesellschaft auf und diese bestehe nicht in ihren eigenen Strukturen fort, weshalb die Richtlinie auch keine Anwendung finde.[1433] Bezug genommen wird insbesondere auf folgende Äußerung des *EuGH*:

„Die Richtlinie steht zwar nicht dem Erlaß von Zwangsvollstreckungsmaßnahmen, durch die die Gesellschaft zum Erlöschen gebracht werden soll, und insbesondere nicht Abwicklungsregelungen entgegen, die die Gesellschaft zum Schutz der Rechte der Gläubiger einer Zwangsverwaltungsregelung unterstellen. Sie findet jedoch im Fall einer einfachen Sanierungsregelung, die den Fortbestand der Gesellschaft sichern soll, weiter Anwendung, auch wenn diese Regelung bewirkt, daß die Aktionäre und die satzungsmäßigen Organe der Gesellschaft vorübergehend ihrer Rechte enthoben werden".[1434]

Da im Rahmen eines Abwicklungsverfahrens schon der Natur nach kein Bedürfnis danach besteht, eine Kapitalerhöhung vorzunehmen, könne die o. g. Ausnahme des *EuGH* nicht als auf reine Liquidationsverfahren beschränkt verstanden werden. Vielmehr müsse auch im Falle, „dass die Kontrolle über das Unternehmen auf die Gläubiger bzw. einen in ihrem Interesse tätigen Verwalter übergeht und diese eine Liquidation erzwingen könnten [...] der von der Richtlinie bezweckte Aktionärsschutz hinter der Gläubigerbefriedigung zurück[stehen]".[1435] Im Insolvenzplanverfahren sei ein kollektives Zwangsvollstreckungsverfahren zur Gläubigerbefriedigung zu sehen[1436] und weiterhin seien in den vom *EuGH* entschiedenen Fällen auch jeweils Maßnahmen der freien Sanierung Inhalt der Entscheidungen gewesen.[1437] Letztlich überdehne der *EuGH* auch die Bedeutung der Kapitalrichtlinie, wenn er staatliche Eingriffsmaßnahmen der Richtlinie unterstelle, wo diese doch nur die Binnenverfassung und Gewaltenteilung in der Aktiengesellschaft betreffe; daneben sei das Insolvenzrecht keine europarechtlich geregelte Materie.[1438]

1432 *Eidenmüller/Engert*, ZIP 2009, 541, 548.

1433 *Hölzle* KTS 2011, 291, 319; *Brinkmann* WM 2011, 97, 100.

1434 *EuGH* Slg. 1996, I-01347 Rz. 57 ("Pafitis").

1435 *Eidenmüller/Engert*, ZIP 2009, 541, 548.

1436 *Verse* ZGR 2010, 299, 313.

1437 *Eidenmüller/Engert*, ZIP 2009, 541, 548.

1438 *Schmidt* BB 2011, 1603, 1610; Vergleichbar, aber im Zusammenhang mit der drastischen Finanzkrise, *Schöne* ZHR 174 (2010), 155, 161.

Ob man dieser Argumentation folgen kann, ist indes sehr fraglich.[1439] Mit guten Argumenten wird dagegen eingewandt, die Aussagen des *EuGH* hielten einer solch weiten Auslegung nicht stand.[1440] Nur weil die Richtlinie nicht im Liquidationsverfahren angewendet werden muss, folgt nicht ohne weiteres, dass sie auch nicht im Planverfahren gilt.[1441] Grundsätzlich ist das Planverfahren als Sanierungsinstrument zur Fortführung des Unternehmens anzusehen, auch wenn im Einzelfall eine Liquidation in Betracht kommt. Alle neu in das Insolvenzrecht eingebrachten Eingriffe in die Rechte der Gesellschafter sind zwecks erfolgreicher Sanierung der Unternehmen eingefügt worden; „Das Insolvenzrecht ist künftig mehr denn je auf Sanierung statt auf Abwicklung von Unternehmen ausgerichtet".[1442] Das Insolvenz(plan)verfahren hat darüber hinaus grundsätzlich keine Auswirkungen auf die Organisationsverfassung der Gesellschaft, dies geschieht auch nicht durch das ESUG. Vielmehr bleibt die grundsätzliche Kompetenz der Gesellschafter, die aus diesem Grunde auch auf einer gesonderten Versammlung abstimmen müssen, hinsichtlich der Strukturmaßnahmen unangetastet. Zumeist werden die Gesellschafter, wenn auch in geringem Umfang, weiterhin an der Gesellschaft beteiligt bleiben, was grundsätzlich einem dauerhaften Entzug im Sinne einer Rechtsenthebung entgegensteht.[1443] Im Gegensatz zum FMStBG, wird man im normalen Insolvenzverfahren auch den Verstoß gegen die Richtlinie nicht mit überragenden Gesamtinteressen rechtfertigen können.[1444] Vielmehr ist es mit der Richtlinie unvereinbar, wenn die Staaten, ohne ausdrücklich abweichende Legitimation durch die Richtlinie, „Regelungen – mögen sie auch als Sonder- oder Ausnahmeregelungen bezeichnet werden – beibehielten, auf Grund deren durch eine Maßnahme der Geschäftsführung, ohne jeden Beschluss der Hauptversammlung, eine Erhöhung des Grundkapitals beschlossen werden kann, die dazu führt, dass die bisherigen Aktionäre gezwungen sind ihre Einlagen zu erhöhen oder ihnen der Eintritt neuer Aktionäre in die Gesell-

---

1439 Ablehnend *Bormann* ZIP 2011, 892, 893 ff.; *Müller* KTS 2012, 419, 429; *Schuster* ZGR 2010, 325, 350; *Drouven* ZIP 2009, 1052, 1053.

1440 *Bormann* ZIP 2011, 892, 894; *Schuster* ZGR 2010, 325, 350; *Drouven* ZIP 2009, 1052.

1441 *Schuster* ZGR 2010, 325, 350 (zum Planverfahren im Rahmen des KredReorgG, dieses ist aber dem insolvenzrechtlichen Verfahren nachempfunden).

1442 Pressemitteilung: „Neues Insolvenzrecht – mehr Chancen zur Sanierung" des *BMJ* vom 27.10.2011, abrufbar unter www.bmj.de.

1443 *Bormann* NZI 2011, 892, 894.

1444 So zum FMStBG mit praktisch ethischen Argumenten *Noack* AG 2009, 227, 230 f., im Ergebnis auch *Schöne* ZHR 174 (2010), 155.

schaft aufgezwungen wird und sich demgemäß ihr Anteil an der Entscheidungsgewalt der Gesellschaft verringert".[1445] Eine Regelung, die eine Kapitalerhöhung entgegen des ausdrücklichen Votums der Gesellschafter und somit ohne erforderlichen Mehrheitsbeschluss der Anteilseigner zulässt und die Entscheidung auf Dritte verlagert (in concreto die Gemeinschaft der Gläubiger) steht den Urteilen des *EuGH* folgend im Konflikt mit der Kapitalrichtlinie,[1446] und zwar auch in dem Fall, in dem der Eingriff einem Gericht übertragen würde.[1447] Dies wird auch vom Gesetzgeber anerkannt, wenn es in der Regierungsbegründung zum ESUG heißt: „Größere Probleme stellen sich jedoch bei der Kapitalerhöhung ein, die nach Artikel 25 Absatz 1 der Richtlinie stets von der Hauptversammlung beschlossen werden muss".[1448]

f. Die Aktienrechtsnovelle „2012"

Einen weiteren Baustein zur Verbesserung der Möglichkeiten zur Krisenbewältigung will der Gesetzgeber im Rahmen der Novelle 2012 einführen.[1449] In dieser soll unter anderem durch die Einführung einer neuen, gesetzlich geregelten Kategorie von Pflichtwandelanleihen[1450] die Eigenkapitalbeschaffung vereinfacht und die umgekehrte Wandelanleihe als Sanierungsinstrument gesetzlich geregelt werden. Diese ermöglicht es nunmehr auch der Gesellschaft das Wandlungsrecht auszuüben. Hierdurch wird dem Anleihegläubiger zunächst das Risiko einer ungünstigen Kursentwicklung auferlegt. Daneben kann die Gesellschaft auch im Falle einer negativen Kursentwicklung die mit der Wandlung einhergehende Kapitalerhöhung erzwingen, den Anleihegläubiger also in die Gesellschafterposition zwingen und ihn den Kursverlust ganz oder teilweise

---

1445 *EuGH* Slg. 1991, I-0269, Rz. 26 („Karella");

1446 So *Ziemons* DB 2008, 2635, 2637, zur vergleichbaren Regelung des genehmigten Kapitals kraft Gesetzes im Rahmen des FMStG.

1447 *Müller*, S. 366; teilweise a. A. *Eidenmüller/Engert*, ZIP 2009, 541.

1448 BegrRegE ESUG 17/5712, S. 29.

1449 Vgl. RegE „Entwurf eines Gesetzes zur Änderung des Aktiengesetzes" vom 20.12.2011 („RegE-Aktienrechtsnovelle 2012"), abrufbar unter www.bmj.bund.de.

1450 Wandelanleihen „sind Schuldverschreibungen, die dem Gläubiger das Recht gewähren, seinen Anspruch auf Rückzahlung des Nennbetrags gegen eine bestimmte Zahl Aktien einzutauschen", vgl. *Hüffer* § 221 Rn. 4; Pflichtwandelanleihen weisen die abweichende Eigenschaft auf, dass den Gläubiger neben dem Umtauschrecht eine Umtauschpflicht am Ende der Laufzeit der Anleihe, sowie gegebenenfalls auch früher bei Eintritt bestimmter Ereignisse, trifft, vgl. Hölters/*v.Dryander/Niggemann* § 192 Rn. 24.

tragen lassen.[1451] Zwar war es auch bisher anerkannt, dass ein Tilgungswahlrecht der Gesellschafter oder eine Wandlungspflicht des Gläubigers vorgesehen werden konnte, der neue § 192 Abs. 1 AktG-E sichert den Rechtszustand jedenfalls ab.[1452] Besonderer Beachtung bedarf daneben die Änderung in § 192 Abs. 3 AktG-E, wonach die 50 %-Begrenzung des § 192 Abs. 3, S. 1 AktG im Falle der Begebung von Wandelanleihen mit einem Umtauschrecht der Gesellschaft ausgeschlossen ist, sofern das bedingte Kapital zur Erfüllung eines Umtauschs ermöglicht wird, zu dem sie für den Fall ihrer drohenden Zahlungsunfähigkeit berechtigt ist. Diese Formulierung ist eine Änderung zum RefE, in dem noch eine allgemeine Ausnahme von der 50 %-Beschränkung für Wandelanleihen mit Umtauschrecht der Gesellschaft vorgesehen war.[1453] Nunmehr ist diese Freistellung auf Fälle beschränkt, in denen die Gesellschaft die Wandelanleihe dazu konzipiert, in der Krise ein wirkungsvolles Mittel zur Sanierung zur Hand zu haben. Die Höchstgrenze für das bedingte Kapital der Gesellschaft auch auf Notsituationen anzuwenden ist nach Ansicht der Regierung sanierungsfeindlich.[1454] Die Möglichkeit, „dass ein so genannter debt-equity-swap gewissermaßen auf Vorrat angelegt und im Notfall geräusch- und problemlos vollzogen werden kann"[1455], stellt den im Fokus des Gesetzgebers stehenden Anwendungsbereich dar.[1456] Bei Hingabe von genehmigtem Kapital zur Bedienung der Anleihe wird in der Krisensituation die Entscheidung über die Vornahme der Kapitalmaßnahme aus dem Bereich der strittigen Sanierungspflicht der Gesellschafter und der individuellen Umwandlungsentscheidung der Gläubiger hinaus[1457] in die Entscheidungsbefugnis der Verwaltung hinein transportiert. Dies stellt ein „Werkzeug" zur Insolvenzvermeidung und Unterstützung der

---

1451 *Drygala* WM 2011, 1637.

1452 *Drinhausen/Keinath* BB 2011, 11, 12; *Handelsrechtsausschuss DAV* NZG 2011, 217, 220; *Müller-Eising* GWR 2010, 591; So nun auch RegE-Aktienrechtsnovelle 2012 vom 20.12.2011, S. 21, abrufbar unter www.bmj.bund.de.

1453 RefE-Aktienrechtsnovelle 2012 vom 02.11.2010, S. 4, abrufbar unter ww.bmj.bund.de.

1454 RegE-Aktienrechtsnovelle 2012 vom 20.12.2011, S. 23, abrufbar unter www.bmj.bund.de; Die Reaktionen in der Literatur sind allgemein kritisch, vgl. *Drygala* WM 2011, 1637, 1641; *Handelsrechtsausschuss DAV* NZG 2011, 217, 220; *Müller-Eising* GWR 2010, 591.

1455 RegE-Aktienrechtsnovelle 2012 vom 20.12.2011, S. 21, abrufbar unter www.bmj.bund.de.

1456 RegE-Aktienrechtsnovelle 2012 vom 20.12.2011, S. 22, abrufbar unter www.bmj.bund.de; *Drygala* WM 2011, 1637.

1457 Kritisch *Drygala* WM 2011, 1637, 1641, der in Treupflicht und Obstruktionsverbot die besseren Lösungen sieht.

freien Sanierung dar, das unter Beachtung der Regelungen des KredReorgG und des ESUG entworfen wurde.[1458] Unabhängig von den Problemen, die das Gesetz hinsichtlich des Anleger- und Altgesellschafterschutzes[1459] und auch bezüglich der Kapitalaufbringung[1460] aufweist, sind die durch die Aktienrechtsnovelle eingeführten Maßnahmen Ergebnis einer konkreten Auseinandersetzung des Gesetzgebers mit der Krisen- und Sanierungssituation der Aktiengesellschaft. Insbesondere betreffen die Regelungen die Möglichkeit der vorausschauenden Schaffung eines Fremd-Eigenkapital-Tauschs und die Verlagerung der diesbezüglichen Zuständigkeit in die Hände der Verwaltung[1461], was eine spezifische Regelung zur Sanierungspflicht-Problematik in der freien Sanierung beinhaltet.

g. Zwischenergebnis

Aus den dargestellten gesetzlichen Wertungen können eine Reihe wichtiger Erkenntnisse in Bezug auf die Zustimmungspflicht zu Kapitalmaßnahmen in der Sanierung abgeleitet werden. Zunächst muss die grundsätzliche Entscheidung des Gesetzgebers für das Mehrheitsprinzip anerkannt werden. Ist die notwendige Mehrheit nicht erreicht, fehlt dem Beschluss mangels abweichender Regelungen grundsätzlich die erforderliche Legitimation. Findet sich eine ausreichende Mehrheit, um einen Beschluss zu verhindern, muss dieser vom Ausgangspunkt her die gleiche grundsätzliche Berechtigung zugesprochen werden, wie einem mehrheitlich gefassten zustimmenden Beschluss.

1458 RegE-Aktienrechtsnovelle 2012 vom 20.12.2011, S. 22, abrufbar unter www.bmj.bund.de.

1459 Insoweit kann der Vorstand durch die put-option in der Wandelanleihe über eine kapitalbezogene Sanierungsmaßnahme entscheiden. Dies als unternehmerische Entscheidung sogar ohne auf ein Sanierungskonzept gestützt zu handeln, was zu einer bloß zeitlichen Insolvenzverschiebung ohne Erhöhung der Sanierungschancen führen kann. Es besteht auch die Gefahr, dass der Vorstand diese Zuständigkeitsverlagerung zum Erhalt der eigenen Machtposition ausnutzt. Vgl. vertiefend *Drygala* WM 2011, 1637, 1639.

1460 Vgl. *Drygala* WM 2011, 1637, 1641; Insofern sieht der RegE-Aktienrechtsnovelle 2012 die Einbringung der Gläubigerforderungen (im Wege der Barkapitalerhöhung) zum Nennwert vor, § 194 Abs. 1 AktG-E. Die Diskussion wird bereits kritisch allgemein zum Debt-Equity-Swap geführt. Nach h. M. sind Forderungen nicht nach Maßgabe des Nennwertes, sondern nur in Höhe des wirtschaftlichen Werts einzubringen, vgl. oben Fn. 1264.

1461 Zu den hierdurch entstehenden Gefahren vgl. oben S. 49 und Fn. 1459.

Durch die im ESUG, dem KredReorgG und dem FMStBG getroffenen Regelungen lässt sich das problematische Feld bei der Sanierung abstecken. Allen diesen Gesetzen ist es gemein, dass eine Herabsetzung der Beschlussmehrheiten auf das niedrigste nötige Maß vollzogen wurde. Gleichsam ist stets ein Obstruktionsverbot verankert, im Fall des FMStBG zugleich durch explizite verschuldensunabhängige Schadensersatzandrohungen. Im ESUG und im KredReorgG, als dem bankenrechtlich gleichlaufenden Spezialgesetz, wurde dem eigentlichen „Insolvenzverfahren" ein vorläufiges Sanierungs- bzw. Schutzschirmverfahren vorangestellt. Hierbei ist besonders deutlich darauf hinzuweisen, dass im Rahmen dieses Verfahrens jeweils *keine* Eingriffe in die Anteilsrechte der Gesellschafter möglich sind.

Die vorgenannten Eingriffsbefugnisse in die Rechte der Gesellschafter sind verfassungs- und insbesondere europarechtlichen Konflikten ausgesetzt. Allen voran wirft die Kapitalrichtlinie Zweifel an der Zulässigkeit des „Overruling" von Gesellschafterentscheidungen auf. Diese werden durch das Abstimmungsergebnis der Gläubigerversammlung insgesamt *ersetzt,* womit es an einem Gesellschafterbeschluss zur Legitimation der Kapitalmaßnahme fehlt. Auch gibt die Kapitalrichtlinie Vorgaben für erforderliche Mindestquoren.

Verfassungsrechtliche Bedenken, vor allem im Hinblick auf Art. 14 GG und Art. 9 GG, werden mehrheitlich als insgesamt durch die besondere Bedeutung der Verfahren als gerechtfertigt angesehen. Insbesondere das FMStBG ist als „Notstandsmaßnahme" das Ergebnis einer besonders drastischen Bindung des Eigentums an die Sozialfunktion.[1462] Aber auch das KredReorgG und das ESUG nehmen besondere hoheitliche Funktionen ein, die eine höhere Intensität von Eingriffen rechtfertigen.

Im Falle des ESUG handelt es sich um die Aufgabe des Staates, für den ordnungsgemäßen Austritt der Gesellschaften und die gleichmäßige Befriedigung der Gläubiger zu sorgen. Der Gesetzgeber sieht sich demnach in der Pflicht, Regelungen über die Allokation des schuldnerischen Vermögens zu treffen,[1463] um klare und *rechtssichere* Verhältnisse zu schaffen[1464] und zwar sowohl hinsichtlich eines grundsätzlichen Verfahrens als auch der Zuordnung der bestehenden Ressourcen auf verschiedene Verwendungsmöglichkeiten als auch die abschließende Verteilungsgerech-

1462 *Madaus* ZGR 2011, 749, 752 Fn. 5.

1463 Zum Allokationsproblem im Insolvenzfall: *Hax* in Unternehmen in der Krise, S. 210 ff. m. w. N.

1464 *Kresser,* ZInsO 2010, 1402, 1412.

tigkeit betreffend. Dem Insolvenzrecht ist der gesetzgeberische Ordnungsauftrag immanent.[1465] Auch die Schaffung geeigneter Möglichkeiten, Unternehmen in der Krise per gesetzlich geregelten und Gläubiger schützenden Verfahren zu gesunden, um so die Allgemeinheit vor volkswirtschaftlich nachteiligen Folgen der Zerschlagung (Fehlallokation) zu schützen, stellt die besondere Legitimation[1466] der insolvenzrechtlichen Regelungen heraus.[1467] Zum gleichen Schluss kommen die Erwägungen zum KredReorgG. An der Wichtigkeit, besonders Kreditinstitute auf geregeltem Wege liquidieren und sanieren zu können, kann angesichts der Finanzkrise kein Zweifel bestehen. ESUG und KredReorgG sehen weiterhin Entschädigungsregelungen für Eingriffe in die Gesellschafterstellung vor. Die bisher erfolgten und mit der Aktienrechtsnovelle geplanten gesetzlichen Maßnahmen machen eindeutig klar, dass sich der Gesetzgeber der Sanierungsproblematik bewusst ist und speziell den Themenkreis der Zustimmungs- und Sanierungspflichten behandelt.

G. Konklusion

Nachdem bisher alle Voraussetzungen zur Bestimmung (positiver) Stimmpflichten herausgearbeitet und untersucht wurden, steht letztlich das Abwägungsergebnis aus. Die Möglichkeit, das Belastungsverbot in der freien Sanierung durch die Auferlegung von Stimmpflicht zu überwinden, muss, nach Abwägung der Interessenlagen, der Beachtung der gesetzlichen Wertungen und der Implikationen die der Bejahung oder Verneinung folgen, negiert werden. Auch wenn Rechtsprechung[1468] und herrschende Meinung in der Literatur[1469] eine Zustimmungspflicht bei nachteiligen Maßnahmen für den Gesellschafter bejahen, kann dem,

1465 *Haarmeyer* in FS Fischer, S. 193 ff.

1466 Zu allgemeinen Gesichtspunkten der besonderen Legitimation des Insolvenzverfahrens vgl. oben S. 241 f.

1467 *Paulus* WM 2011, 2205, 2210 weist zu Recht auf die „volkswirtschaftliche Bedeutung des Insolvenzrechts für eine funktionierende Marktwirtschaft" hin; *Bitter* ZGR 2010, 147, 193 ff. begründet den Eingriff in die Anteilseignerrecht weitergehend mit der „Verhinderung einer Enteignung der Gläubiger" durch die Anteilseigner.

1468 *BGH*, Urteil vom 23.03.1987 – II ZR 244/86 = NJW 1987, 3192; *BGH*, Urteil vom 20.03.1995 – II ZR 205/94 = NJW 1995, 1739 („Girmes").

1469 Vgl. nur GroßKommAktG/*Henze/Notz* Anh. § 53 a Rn. 110; *Fastrich* in Baumbach/Hueck § 13 Rn. 29; Michalski/*Funke* § 13 Rn. 169; *Winter*, Treuebindungen, S. 179; *Kunze*, S. 183; *Timm* WM 1991, 481, 485; *v.Schorlemer/Stupp* NZI 2003, 345; *Dreher* DStR 1993, 1632, 1635; *Marsch-Barner* ZHR 157 (1993) 172, 180; *Schöne* WM 1992, 209, 212.

rechtsmissbräuchliches Verhalten ausgenommen, nicht gefolgt werden.[1470] Diese Tür aufzustoßen, birgt zunächst eine Verkettung von Rechtsunsicherheiten in sich, die sich durch den kompletten Entscheidungs- und Abwägungsprozess bis hin zu dessen Ergebnis zieht. Das vorgenannte Ergebnis rechtfertigt sich insbesondere aus folgenden Gründen:

I. Präjudizierung des Abwägungsergebnisses durch den Gesetzgeber

Der Gesetzgeber hat sich in der Zeit seit Beginn der Finanzkrise ausdrücklich mit dem Problem der Sanierung von Unternehmen in der Krise auseinandergesetzt.[1471] Um etwa in der Finanzkrise schnell und effektiv handeln (rekapitalisieren) zu können, wurden zu Gunsten der sanierungswilligen Mehrheit die „Minderheiten-Stolpersteine" aus dem Weg geräumt. Die Rechtfertigung dieser Eingriffe in den gesellschaftsrechtlichen status quo bestand im überragenden Interesse der Allgemeinheit. Der Gesetzgeber setzte genau dort an, wo in der Praxis die Probleme der freien Sanierung (etwa Herabsetzung der Mehrheitserfordernisse, Schadensersatzbewährung bei „falscher" Stimmrechtsausübung) liegen. Dies zeigt, dass er sich bereits geraume Zeit vor der Entstehung des ESUG bewusst mit diesen Problemen auseinandersetzte.

Die bis dato erlassenen Gesetze sind darauf ausgerichtet, die Interessen der an der Sanierung beteiligten in Einklang zu bringen und gegebenenfalls bestimmten Interessen den Vorrang zu geben. Es wurden nicht nur spezielle Gesetze für die Bankensanierung (KredReorG und FMStBG) und die Eigenkapitalbeschaffung in der Krise der Aktiengesellschaft (Aktienrechtsnovelle 2012) in Angriff genommen. Die Legislative hat sich darüber hinaus, mit den insolvenzrechtlichen Änderungen durch das Gesetz zur Erleichterung der Sanierung von Unternehmen (ESUG), des Problems der Unternehmenssanierung angenommen.

Trotz der Kenntnis um die Problematik der freien Sanierung wurden keine Änderungen an den allgemeinen gesellschaftsrechtlichen Regelungen vorgenommen. Speziell auf eine mögliche allgemeine Herabsetzung der Mehrheitserfordernisse für Kapitalmaßnahmen wurde verzichtet.[1472]

1470 In diese Richtung, aber für im Einzelfall zustimmend, Rowedder/Schmidt-Leithoff/*Schnorbus* § 53 Rn. 83; ders. § 55 Rn. 21.

1471 Oben 5. Bestehende und künftige gesetzgeberische Wertungen zur Sanierung, S. 237.

1472 Dies fordern *Schuster* ZGR 2010, 325, 337.

Konsequenterweise ist – trotz lebhafter Diskussion[1473] – auch kein eingriffsbewehrtes, *vor*insolvenzliches Sanierungsverfahren, mit der Möglichkeit von Eingriffen in die Anteilseignerstruktur, kodifiziert worden. Vielmehr ist mit dem privatautonomen Schutzschirmverfahren nach § 270 b InsO den Gesellschaftern ein maximal dreimonatiger Zeitraum gegeben, um eine einvernehmliche Sanierung bzw. die Ausarbeitung eines Insolvenzplans zu erreichen; die Einführung einer „außergerichtlichen Sanierung unter gerichtlicher Aufsicht" erfolgt hierdurch aber nicht.[1474] Eine Majorisierung der Gesellschafter ist nicht möglich und materiell-rechtliche Änderungen nicht angezeigt.[1475] Ist es auf dieser Stufe und mit diesen Mitteln nicht möglich, eine Sanierung herbeizuführen, steht mit der Insolvenz und explizit mit dem erneuerten Insolvenzplanverfahren eine gesetzlich ausgestaltete Möglichkeit hierzu bereit. Der Verzicht auf die Einführung von Zwangsinstrumenten im Rahmen eines außergerichtlichen Sanierungsverfahrens verdeutlicht, dass die betroffenen Gesellschaften auf die geregelte Sanierungsmöglichkeit des Insolvenzrechts verwiesen werden sollen[1476] und der Gesetzgeber das Problem der positiven Stimmpflichten in der freien Sanierung durch das ESUG einer Lösung zuführen will. Das ESUG adressiert die Probleme der freien Sanierung, indem in der Insolvenz nun auch Eingriffe in die Anteilseignerstruktur erfolgen können und das Blockadepotenzial von einzelnen Gesellschaftern zum Wohle der Gesamtheit entfällt. Das Insolvenzrecht ist nicht mehr „gesellschaftsneutral", sondern wirkt in seiner neuen Gestalt in das Gesellschaftsrecht hinein. Die bei der Einführung der Insolvenzordnung vorherrschende Auffassung, das Insolvenzrecht rechtfertige nicht die Einrichtung einer privaten Notstandsverfassung, weshalb die für eine Reorganisation erforderlichen gesellschaftsrechtlichen Maßnahmen auch außerhalb des Insolvenzverfahrens vollzogen werden müssten, wird durch das ESUG aufgegeben.[1477] Mit dem ESUG erfährt die Insolvenzordnung eine „geradezu revolutionäre"[1478] Abkehr von der gesellschaftsrechtlichen Enthaltsamkeit.[1479] Auf Grund dieser Zäsur ist die Er-

---

1473 Vgl. Für ein solches Verfahren; *Geldmacher* ZInsO 2011, 353; *Jacoby* ZGR 2010, 359; *Westpfahl* ZGR 2010, 385; dagegen *Hirte* ZGR 2010, 224, 231, 233; *Jaffé* ZGR 2010, 248, 260; *Frind* ZInsO 2010, 1426, j.m.w.N.

1474 Kritisch zur außergerichtlichen Sanierung, *Pape* ZInsO 2010, 1582, 1583 ff.

1475 So schon zu Recht die Forderung von *Jacoby* ZGR 2010, 359, 376.

1476 *Pape* ZInsO 2010, 1582, 1596.

1477 *Müller* KTS 2012, 419, 420.

1478 *Schmidt* BB 2011, 1603, 1607.

1479 *Müller* KTS 2012, 419, 421.

forderlichkeit positiver Stimmpflichten in der Sanierung gewichen, sie können im Insolvenzverfahren rechtlich legitimiert durchgesetzt werden. Die Insolvenzordnung stellt ein „funktionstüchtiges *Sanierungsgesetz*" dar,[1480] das – im Gegensatz zur richterlichen Lösung über Stimmpflichten in der freien Sanierung – klare Abgrenzungspunkte für das Eingreifen des „Sanierungsprivilegs", also den möglichen Eingriff in die Rechte der Gesellschafter durch die Gläubiger aufweist.

Durch die Verlagerung des Konflikts in das Insolvenzrecht wird erhöhte Klarheit für alle Beteiligten geschaffen, indem zeitliche Anknüpfungspunkte, Mehrheiten und Rechtschutzmöglichkeiten in einem gerichtlich überwachten Verfahren festgelegt sind. Die Gesellschafter können sich auf das Verfahren und seine (Rechts-)Folgen sowohl sachlich als auch zeitlich einstellen. Sie haben die Möglichkeit, durch die Erarbeitung eines „pre-packaged-Plans", darauf Einfluss zu nehmen.

Letztlich verfügt das Insolvenzverfahren ausdrücklich über die *rechtliche Legitimation* zur Lösung des Problemkomplexes,[1481] denn Eingriffe in den mitgliedschaftlichen Kernbereich der Gesellschafter bedürfen besonderer Rechtfertigung.[1482] Dies wird auch aus der Gesamtschau der bisher ergangenen gesetzlichen Sanierungsverfahren deutlich, die allesamt an besondere Regelungsfelder anknüpfen, die die Eingriffsrechtfertigung darstellen.[1483] Beispielhaft tritt bei der Reorganisation systemrelevanter Kreditinstitute der „Schutz wichtiger Belange des Gemeinwohls" zu Tage, angesichts dessen „das freie Selbstbestimmungsrecht der Anteilsinhaber ausnahmsweise zurücktreten [muss]".[1484] Im freien Sanierungsverfahren geht es unmittelbar nur um den Interessenwiderstreit der beteiligten Gesellschafter. In den oben dargestellten, mit besonderen Eingriffsbefugnissen versehenen, gesetzlichen Regelungsfeldern, wird der Interessenwiderstreit jedoch erweitert. Die besondere Legitimation des Eingriffs in die Rechte der Minderheit und in die gesetzliche Konzeption des Gesellschaftsrechts liegt darin, dass in all diesen Fällen auch die *In-*

1480 *Pape* ZInsO 2010, 1582, 1583, 1596; Wobei die Sanierung der Gläubigerbefriedigung immer noch untergeordnet werden muss, vgl. *Braun/Heinrichs* NZI 2011, 505, 516; a. A. *Frind*, ZInsO 2011, 373, 381.

1481 Hierzu bereits oben b. Das ESUG, S. 239; Vgl. auch *Kresser* ZInsO 2010, 1409, 1412.

1482 Oben VII. Zwischenergebnis, S. 184.

1483 Vgl. c. Das KredReorG, S. 245; d. Das FMStBG, S. 247, „... besondere Erfordernisse der Finanzkrise, denn in Not- und Krisenzeiten kann die soziale Bindung des Eigentums stärker sein als in gewöhnlichen Zeiten, was auch stärkere Eingriffe durch den Staat rechtfertigt".

1484 *Müller* KTS 2012, 419, 427, der die besondere Legitimation als „Sonderfall" behandelt.

teressen der Gläubiger und der Allgemeinheit besonders betroffen sind. Allgemein muss der Gesetzgeber in besonderen Situationen das Funktionieren einer wettbewerbsfähigen Marktwirtschaft und des sozialen Ausgleichs innerhalb der Gesellschaft sicherstellen. Die Gesellschafter sind nicht mehr die „Herren im Hause", sondern „die Gläubiger okkupieren die Burg"[1485]. Die Shareholderposition der Gesellschafter gleicht in der Insolvenz eher einer stakeholderähnlichen Lage, was durch die regelmäßige Wertlosigkeit ihrer Anteile gerechtfertigt ist.[1486] Die geschützten Eigentumsrechte und die marktwirtschaftlich privatautonome Entscheidungsmöglichkeit des Einzelnen, allein zu seinem eigenen Vorteil, werden durch besondere Bindungen eingeschränkt, wenn die Grenze zwischen dem erlaubten kapitalistischen Verhaltens und dem Gebiet der sozialen Marktwirtschaft überschritten wird. Der Gesetzgeber hat durch die erfolgten Regelungsverfahren aber auch deutlich gemacht, wo diese Grenze zu ziehen ist, ab wann also (erst) intensive Eingriffe gerechtfertigt sind. Diese Entscheidung ist zu beachten und kann nicht mittels treupflichtigen Konzepten umgangen werden.

Durch die im Rahmen des ESUG getroffenen Regelungen[1487] hat der Gesetzgeber die Entscheidung der Interessenabwägung hinsichtlich positiver Stimmpflichten in der freien Sanierung grundsätzlich präjudiziert. Wenn man so will: „zu Gunsten" der Minderheit.[1488] Wie aus § 186 Abs. 3 S. 4 AktG ersichtlich, liegt es durchaus in der Entscheidungsfreiheit des Gesetzgebers, bestimmte regelungsbedürftige Interessenkonflikte einer abstrakten Entscheidung zuzuführen.[1489] Dies ist zur Erhaltung von

---

1485 *Schmidt* ZIP 2012, 2085.

1486 Vgl. oben b. Das ESUG, S. 239; eingehend Bay/*Seeburg*/*Böhmer* ZInsO 2011, 1927; *Bitter* ZGR 2010, 147, 189; *Willemsen*/*Rechel* BB 2010, 2059, 2062 f.

1487 Vgl. 3. Insb. die Neuerungen in der Insolvenzordnung durch das ESUG, S. 27 und b. Das ESUG, S. 239.

1488 A. A. Spindler/Stilz/*Servatius* § 182 Rn 15 a, der in § 7 Abs. 7 FMStBG einen verallgemeinerungsfähigen und überzeugenden Grundgedanken und mit *Langenbucher* die Kodifikation der *Girmes* Grundsätze sieht. Hierauf aufbauend fordert er gar eine Aufgabe der Zurückhaltung betreffend positiver Simmpflichten. Sicherlich ist dies auf den ersten Blick richtig, doch verkennt *Servatius* (nicht *Langenbucher*) das besondere Regelungsumfeld des FMStBG. *Langenbucher* erkennt zutreffend: „Es handelt sich um die Existenzbedrohung eines Unternehmens des Finanzsektors, sodass nicht nur, wie in der Rechtsprechung des *BGH*, das Interesse am Fortbestand des Unternehmens selbst auf dem Spiel steht, sondern zusätzlich Folgewirkungen auf den Finanzmarkt und potenziell die gesamte Volkswirtschaft zu berücksichtigen sind", vgl. *Langenbucher* ZGR 2010, 75, 97.

1489 Im Falle des § 186 AktG wurde der treupflichtige Konflikt zwischen dem Finanzierungsinteresse der AG und den Vermögensinteressen der Gesellschafter durch den

Rechtssicherheit ebenso von Bedeutung, wie zum Funktionieren des Wirtschafts- bzw. Kapitalgesellschaftssystems.

Soweit keine an den Rechtmissbrauch grenzenden Ausnahmefälle vorliegen,[1490] dürfte es Gerichten deshalb außerordentlich schwer fallen die Interessenabwägung in der freien Sanierung zum Nachteil der opponierenden Gesellschafter und damit zur Bejahung der Zustimmung zur Sanierung ausfallen zu lassen. Ist eine Einigung ohne hoheitlichen Zwang nicht zu erreichen, sind die Beteiligten auf das insolvenzrechtliche Sanierungsverfahren zu verweisen.

II. Unklare „Tatbestandsvoraussetzungen" der bisherigen Lösung

Nicht nur in Anbetracht der Intention der neueren gesetzlichen Regelungen – das ESUG allen vorangestellt –, ist die Lösung des Konflikts über die Insolvenz derjenigen über positive Stimmpflichten vorzuziehen. Wie die oben gemachten Untersuchungen gezeigt haben, sind die „Tatbestandsvoraussetzungen" der Zustimmungspflicht, wie sie sich nach den bisherigen Entscheidungen des *BGH* herausgebildet haben, durchaus kritisch zu sehen.

Unklar ist zunächst der Zeitpunkt[1491], zu dem positive Stimmpflichten in Frage kommen. Dargestellt wurde: Je weiter eine Gesellschaft noch von der insolvenzrechtlichen Krise bzw. Liquiditätskrise entfernt und je näher demnach die Erfolgs- bzw. Strategiekrise ist, desto weniger kann von einer sanierungsbezogenen Stimmpflicht aus Treugesichtspunkten ausgegangen werden kann. Mit der Erforderlichkeit der Sanierungsmaßnahme sinkt immer auch der „Interessenwert der Sanierungswilligen". Je weiter die Gesellschaft von der Insolvenz entfernt ist, desto höher ist die Möglichkeit der Sanierungsgegner, mit Erfolg gegen die Erforderlichkeit

Gesetzgeber präjudiziert. Dies erfolgte durch eine widerlegliche (str.) Vermutung dafür, dass durch Bezugsrechtsausschluss nach § 186 Abs. 3 S. 4 AktG keine Schädigung der Vermögensinteressen der Aktionäre erfolgt. Vgl. hierzu MünchKommAktG/*Peifer* § 186 Rn. 82; Spindler/Stilz/*Servatius* § 186 Rn. 55; *Hüffer* § 186 Rn. 39a.; *Veil* in Schmidt/Lutter § 186 Rn. 39, der auch für eine unwiderlegliche Vermutung plädiert, Rn. 44; ebenso Hölters/*v.Dryander*/*Niggemann* § 186 Rn. 75.

1490 So verbleibt auch im Anwendungsbereich des § 186 Abs. 3 S. 4 AktG die Möglichkeit der Missbrauchskontrolle (Spindler/Stilz/*Servatius* § 186 Rn. 55; *Veil* in Schmidt/Lutter § 186 Rn. 44).

1491 Oben, 3. Die Zeitpunktproblematik, S. 203.

des Sanierungskonzepts vorzugehen,[1492] schon allein deshalb, weil die Zeitspanne eine Darlegung einer Vielzahl von möglichen Kausalverläufen zulässt. Das Gericht müsste aber mit Sicherheit feststellen, „daß bei Scheitern der Sanierungsmaßnahme der Zusammenbruch der Gesellschaft unvermeidlich [ist]".[1493] Dieser Umstand wird in der Regel dafür sorgen, dass Zustimmungspflichten erst in der Nähe zur Insolvenz überhaupt in Frage kommen, wie wohl mit dem richtigen Begründungs- und Berechnungsansätzen Gesellschaften sicherlich auch früher „totgerechnet" werden können.

Unklar ist weiter, welche Mehrheit zur Erzwingung der Stimmpflicht erforderlich ist.[1494] Der *BGH* spricht lediglich davon, dass es „dem einzelnen Aktionär nicht erlaubt [ist], eine sinnvolle und mehrheitlich angestrebte Sanierung der Gesellschaft [...] zu verhindern.[1495] Nach den oben genannten Grundsätzen kommt in konsequenter Weiterverfolgung der Linie des *BGH* nicht nur eine positive Stimmpflicht zum Sanierungsverlangen der einfachen Mehrheit in Betracht, sondern auch eine Stimmpflicht der Mehrheit zu einem solchen Verlangen der qualifizierten Minderheit.[1496]

Hinsichtlich der durch die positiven Stimmpflichten hinzunehmenden Nachteile operiert die Rechtsprechung schlussendlich mit nur schwer umzusetzenden Formel. Was unter den geringfügigen Nachteilen zu verstehen ist, die Gesellschafter nicht zur Verweigerung der Zustimmung berechtigen sollen,[1497] ist ungeklärt. Die Heranziehung der Wertung des *BGH* im *Girmes*-Fall hilft hier zur Konkretisierung nicht weiter. Denn dort bestand eine Zustimmungspflicht nur, wenn die Stellung des Gesellschafters im Falle des Zusammenbruchs ungünstiger wäre, als bei Durchführung der vorgeschlagenen Maßnahme.[1498] Demnach nimmt der Gesellschafter gerade keine Nachteile auf sich.

Faktisch bedeutet die Zustimmung zum Konzept des *BGH* und der herrschende Lehre die *Herabsetzung der Mehrheitserfordernisse für Sanie-*

1492 Hierzu bereits ausführlich 2. Das Sanierungskonzept, S. 192 ff.

1493 *BGH*, Urteil vom 20.03.1995 – II ZR 205/94 = NJW 1995, 1739, 1743 („Girmes").

1494 Oben 4. Die erforderliche Mehrheit, S. 205.

1495 *BGH*, Urteil vom 20.03.1995 – II ZR 205/94 = NJW 1995, 1739, 1743 („Girmes").

1496 Oben 4. Die erforderliche Mehrheit, S. 205.

1497 *BGH*, Urteil vom 23.03.1987 – II ZR 244/86 = NJW 1987, 3192, 3193; Vgl. oben (2) „GmbH-Novelle II", S. 153; Vgl. weiter 4. Das Maß der zu ertragenden Nachteiligkeit, S. 232.

1498 *BGH*, Urteil vom 20.03.1995 – II ZR 205/94 = NJW 1995, 1739, 1743 („Girmes"); Vgl. oben bb. Der Fall „Girmes", S. 154.

rungsentscheidungen in der Krise der Gesellschaft *auf (mindestens) die einfache Mehrheit,* da die Minderheit in fast allen Fällen keine hinreichend schützenswerten Gründe gegen die Maßnahme geltend machen kann.[1499]

Die gerichtliche Erzwingung der Zustimmung von Gesellschaftern zu einem Sanierungsbeschluss in der freien Sanierung ist nicht nur verfassungsrechtlichen, sondern sieht sich – außerhalb eines „Zwangsvollstreckungsverfahrens" – erheblichen europarechtlichen Bedenken ausgesetzt[1500] und sorgt in allen tatbestandlichen Facetten für Rechtsunsicherheit.

III. Weitere Erwägungen

Bereits oben wurde dargestellt, welche gesetzlichen Leitbilder gegen das „Overruling" des Belastungsverbots durch die Treupflicht stehen.[1501] Wird die Überwindung des Grundgedankens des *Belastungsverbots* durch die Treupflicht bejaht, sieht sich der widerstrebende Gesellschafter erheblichen Gefahren ausgesetzt. Die zur Sanierung in Frage kommenden Kapitalmaßnahmen beeinträchtigen in ihrer Intensität die mitgliedschaftlichen Rechte des Gesellschafters teils erheblich und können im Einzelfall zu deren vollständigem Verlust führen. Aufgrund der Tatsache, dass sich eine opponierende Minderheit kaum gegen ein von der Mehrheit und den Gläubigern vorgebrachtes Sanierungskonzept wehren kann, besteht eine erhebliche Grauzone zwischen geeigneten und erforderlichen Sanierungsmaßnahmen und deren konkreten Ausgestaltungen zum Nachteil von Minderheiten. Hierbei ist ausdrücklich darauf hinzuweisen: eine völlige Entwertung der Anteile, die zum missbräuchlichen Beharren auf eine nur formale Rechtsposition führen soll, kann in der freien Sanierung nicht grundsätzlich vorausgesetzt werden.[1502]

Bereits zu Beginn der Untersuchung wurde festgestellt, dass die freie Sanierung der insolvenzrechtlichen nicht bzw. – je nach Ansicht – nicht

---

1499 Oben 5. Schlussfolgerung, S. 206.

1500 *Müller,* S. 364, 366; Vgl. bereits oben 5. Bestehende und künftige gesetzgeberische Wertungen zur Sanierung, S. 237.

1501 I. Mehrheitsprinzip und Minderheitenschutz, S. 77; b. Belastungs- und Nachschussverbot, S. 229.

1502 Insoweit sind die Argumente *Bitters* (ZGR 2010, 147) nicht deckungsgleich auf die freie Sanierung übertra, S. bar, ebenso die Ausführungen von *Pape* ZInsO 2010, 2155, 2159 f. Hier ist auf die oben geführte Diskussion über den Zeitpunkt der Sanierungspflicht zu verweisen, vgl. 3. Die Zeitpunktproblematik, S. 192.

mehr überlegen ist.[1503] Beide Verfahren bergen Möglichkeiten und Gefahren in sich.[1504] Es ist grundsätzlich nicht angebracht durch die Anwendung der Rechtsprechungsregeln über die treupflichtige Sanierungspflicht in die Anwendungsbereiche von freier und insolvenzrechtlicher Sanierung einzugreifen. Will sich die Gesellschaft – gegebenenfalls auch die Gläubiger – die Vorteile der freien Sanierung zu Eigen machen, muss der „Nachteil des Privatrechts" in Kauf genommen werden. Eine Majorisierung ist – außerhalb treupflichtiger Extremfälle – dem Insolvenzrecht vorbehalten.

Werden die Gesellschafter dazu verpflichtet in der freien Sanierung Strukturmaßnahmen zuzustimmen, die mit der Aufnahme neuer Gesellschafter einhergehen – was in der Sanierung bei Kapitalerhöhungen und insbesondere der Umwandlung von Fremd- in Eigenkapital die Regel ist – ergeben sich neben der vermögensrechtlichen Komponente auch Beeinträchtigungen der (Gesellschafter-)Rechte aus Art. 9 GG. Nicht nur der Wert, den die Mitgliedschaft verkörpert, wird grundgesetzlich geschützt, sondern auch die Mitgliedschaft im Verband selber. Dazu gehört der Schutz vor dem Verlust der Mitgliedschaft ebenso, wie auch die eigenverantwortliche Ausgestaltung der gesellschaftlichen Organisation und der Zusammensetzung der Gemeinschaft, also das persönliche Substrat; diese Aspekte stellen Schutzelemente der Versammlungsfreiheit dar.[1505]

Zwar kann nicht postuliert werden, der Verlust der Sperrminorität könne den Gesellschafter zur Verweigerung berechtigen. Der Sperrminorität mag in der Praxis besonderes Gewicht zukommen, gesetzlich nachdrücklich geschützt ist sie jedoch nicht,[1506] daneben kann sie in vielen Fällen durch satzungsmäßige Herabsetzung des Mehrheitserfordernisses umgangen werden.

Dennoch: Ein Verzicht auf mitgliedschaftliche Rechte und Ansprüche stellt sich tatsächlich als Nebenleistung bzw. zusätzliche Leistung des Gesellschafters dar. Die Bejahung der Zustimmungspflicht muss konsequenterweise mit der Verneinung konkreter Grenzen und der Abkehr vom Belastungsverbot verbunden werden. Eine andere Sicht ist inkonsequent und nicht haltbar.

Aus praktischer Sicht ist schlussendlich anzumerken, dass die Erzwingung von Stimmpflichten in der Sanierung – aus Praktikabilitätsgründen

1503 Oben VI. Rechtlicher Sanierungsrahmen, S. 57.
1504 Vgl. oben 3. Stellungnahme, S. 66.
1505 *Madaus* ZGR 2011, 749, 761.
1506 In diesem Sinne *Stumpf* NJW 2003, 9, 11.

– keine erhebliche tatsächliche Relevanz aufweist.[1507] Zunächst ist es fraglich, ob – alle Sach- und Beweisfragen außer Acht lassend – eine einstweilige Verfügung zur Unterstützung eines treupflichtigen Sanierungsbeschlusses ohne Vorwegnahme der Hauptsache überhaupt möglich ist.[1508] Eine gerichtliche Erzwingung der Zustimmung im Wege des Hauptsacheverfahrens ist schon aus zeitlichen Gründen irrelevant.[1509] Alle diese Ansprüche setzen weiterhin voraus, dass sie zwischen den Gesellschaftern durchgesetzt werden, Dritte können keine treupflichtigen Ansprüche gegen die Gesellschafter geltend machen.

Will man nachgehend behaupten, jedenfalls durch die einhergehende Bewehrung mit Schadensersatzansprüchen sei die Zustimmungspflicht erforderlich, ist dies mehr als fraglich. Mit der *Girmes*-Entscheidung wurde klargestellt, dass zur Begründung von Schadensersatzansprüchen gegen den Aktionär ein vorsätzlicher Missbrauch der Stimmmacht, mit der Folge einer vorsätzlichen Herbeiführung eines Schadens der Gesellschaft, erforderlich ist.[1510] Dieser Vorsatzbeweis ist aufgrund der erheblichen Prognoseschwierigkeiten eines Sanierungskonzepts und der erforderlichen Evidenz für eine Entscheidungsdetermination praktisch nicht zu führen.[1511] Die Ermessensentscheidung bei der Ausübung von Stimm-

---

1507 „Klar ist, dass eine auf Treu und Glauben gestützte, ggfs. noch streitig gelten zu machende Forderung auf Abtretung kaum eine Basis für eine schnelle, effiziente Lösung in der Insolvenz ist", vgl. *Braun* in FS Fischer, S. 53, 70.

1508 Hierzu *Müller*, S. 343 f. *Madaus* NZI 2011, 622, 624; Gegen einstweiligen Rechtsschutz MünchKommZPO/*Drescher* § 935 Rn. 45; *OLG Koblenz*, Urteil vom 25.10.1990 – 6 U 238/90 = NJW 1991, 1119; MünchKommAktG/*Hüffer* § 243 Rn. 153; kritisch auch *Zöllner* in Baumbach/Hueck Anh. § 47 Rn. 202 f.; Hölters/*Englisch* § 243 Rn. 105; Anders Michalski/*Funke* § 13 Rn. 179; Lutter/Hommelhoff/*Bayer* § 14 Rn. 23; *OLG Hamburg*, Urteil vom 28.06.1991 – 11 U 65/91= GmbHR 1991, 469 m. Anm. *Schmidt*; *Winter* in Gesellschaftsrecht 1999, 37, 58; *Nonn*, S. 142 ff; Erforderlich ist auch bei grundsätzlicher Möglichkeit des einstweiligen Rechtsschutzes eine eindeutige Rechtslage oder ein überragendes Schutzbedürfnis (vgl. *Kiethe* DStR 1993, 609), das mag aufgrund der Prognoseentscheidungen und den vielen ungeklärten Voraussetzungen von Zustimmungspflichten in der Sanierung fraglich sein.

1509 *Müller*, S. 343; *Madaus* NZI 2011, 622, 624; *Hölzle* KTS 2011, 291, 317 (zum Streit in der Insolvenzsituation); *Kresser* ZInsO 2010, 1409, 1412; *Schmidt/Schlitt* Der Konzern 2009, 279, 282; *Scheunemann/Hoffmann* DB 2009, 983 Fn. 1.;*Westpfahl/Janjuah* ZInsO 2008 1, 14; *Redeker* BB 2007, 673, 67.

1510 *BGH*, Urteil vom 20.03.1995 – II ZR 205/94 = NJW 1995, 1739 („Girmes"); *OLG Düsseldorf*, Urteil vom 14.06.1997 – 7 U 222/93 = NJW-RR 1997, 607; *OLG Düsseldorf*, Urteil vom 14.06.1996 = ZIP 1996, 1211; GroßKommAktG/*Henze/Notz* Anh. § 53 a Rn. 147 m. w. N.

1511 Zu den Problemen oben I. Zur Erforderlichkeit, S. 187.

rechten zu unternehmerischen und ungewissen Beschlüssen[1512] mit Prognosecharakter ist einer Entscheidung nach dem Schema der Business Judgement Rule (BJR) gem. § 93 Abs. 1 S. 1 AktG ähnlich.[1513] Ebenso rechtmäßig und pflichtgemäß[1514] kann die Stimmrechtsausübung sein, auch wenn sie nicht im von der Mehrheit propagierten und u. U. auch abstrakten Gesellschaftsinteresse liegt. In der diesbezüglichen Ausübung läge aufgrund der Vertretbarkeit des ausgeübten Ermessens bei ausreichender Würdigung aller zu Verfügung stehender Informationen schon kein Verstoß gegen die Treupflicht. Hier liegt es nahe, die BJR als (allseitig) übertragbare Regelung[1515] und Kodifikation eines Grundprinzips zu sehen. Fällt der Gesellschafter eine aus ex ante Sicht vertretbare, auf Basis ausreichender Informationen[1516] gefällte und am wohlverstandenen Gesellschaftsinteresse ausgerichtete Entscheidung, so kommt eine Schadensersatzhaftung nicht in Betracht, dem Gesellschafter steht hier ein „kaufmännisches Ermessen" zu.[1517]

H. Ergebnis

Als Ergebnis ist festzuhalten, dass die Treupflicht grundsätzlich zu einer verpflichtenden Ausübung des Stimmrechts führen kann. In der Sanierungssituation stehen das Interesse der Mehrheit und das Gesellschaftsinteresse an der Vornahme der Sanierungsmaßnahme regelmäßig den Interessen der Minderheit gegenüber, wobei, abhängig von der individuellen Sachverhaltskonstellation, das Gesellschaftsinteresse nicht zwingend das Mehrheitsverlangen stützen muss. Wird zwischen den widerstreitenden Positionen eine Interessenabwägung vorgenommen, kommt faktisch der Mehrheit der Vorrang zu. Denn, führt die Mehrheit ein geeignetes und durchführbares Sanierungskonzept ins Felde und ist dieses

1512 *BGH*, Urteil vom 08.07.1985 – II ZR 4/85 = NJW 1986, 844; *BGH*, Urteil vom 07.03.1994 – II ZR 52/93 = NJW 1994, 1410; GroßKommAktG/*Henze/Notz* Anh. § 53 a Rn. 98; MünchKommAktG/*Bungeroth* Vorbem. § 53 a Rn. 38; *Fastrich* in Baumbach/Hueck § 13 Rn. 26; *Winter*, Treuebindungen,, S. 106; *Kunze*, S. 163; *Beckerhoff*, S. 74; *Westermann* ZHR 156 (1992) 203, 217.

1513 *Zöllner* AG 2000, 145, 153.

1514 Zur Rechtswirkung der BJR *Krieger/Sailer-Coceani* in Schmidt/Lutter § 93 Rn. 11; Ihrig WM 2004, 2098, 2102; Lutter ZIP 2007, 841, 842.

1515 *Hennrichs/Grunewald* in FS Barz, S. 147 ff.

1516 Zur Angemessenheit der Informationsgrundlage *Redeke* ZIP 2011, 59.

1517 *BGH*, Urteil vom 08.07.1985 – II ZR 4/85 = NJW 1986, 844; *Winter*, Treuebindungen, S. 174.

geeignet und erforderlich, steht damit also im dringendes Gesellschaftsinteresse, sind schützenswerte Gegenpositionen der Minderheitsgesellschafter schwer durchzusetzen. Überwiegend werden sie nicht in der Lage sein, ein schonenderes und gleichzeitig realisierbares Alternativkonzept vorzulegen.

In der Sanierungssituation sind erforderliche Maßnahmen regelmäßig mit Eingriffen in die Vermögens- und Verwaltungsrechte der Gesellschafter verbunden. Solchen Eingriffen steht der Gesetzgeber mit Vorbehalten gegenüber. Zum Schutz der Gesellschafter können Entscheidungen, die über die mitgliedschaftlichen Rechte disponieren, nur unter Erreichung von festgelegten Mehrheiten getroffen werden. Hierin ist eine grundsätzliche Entscheidung des Gesetzgebers zu sehen, mit der er die verschiedenen Interessen der Gesellschafter und der Gesellschaft in Einklang bringt. In einer Kapitalgesellschaft kann das Einstimmigkeitsprinzip keine operative Grundlage darstellen. Hinsichtlich des Finanzierungsinteresses der Gesellschaft und des Verlangens einer Gesellschaftergruppe nach einer Abänderung der Beteiligungsstruktur auf der einen Seite, sowie dem Recht einer anderen Gesellschaftergruppe diese Entscheidung mit Rücksicht auf ihr unternehmerisches Ermessen nicht zu unterstützen auf der anderen Seite, ist die gesetzliche Grundentscheidung eindeutig. Erreicht eine Seite die entsprechende Mehrheit, muss sich die andere Gruppe dieser wirtschaftlich demokratischen Entscheidung beugen. Durch das Erfordernis der Dreiviertelmehrheit hat der Gesetzgeber die Bedürfnisse von Kontinuität einerseits und Änderbarkeit der Satzung andererseits bereits ausgeglichen.[1518]

Weiterhin hat der Gesetzgeber durch in neuerer Zeit getroffene gesetzliche Reglungen zum Ausdruck gebracht, dass er sich den besonderen Anforderungen einer freien Sanierung bewusst ist. Diese Eingriffe in die allgemeinen Strukturen des Gesellschaftsrechts und daneben in die Rechte der Anteilseigner finden ihre rechtliche Legitimation in den besonderen Anwendungsbereichen und Regelungsanliegen der jeweiligen Gesetze.

Mögliche Änderungen in den gesellschaftsrechtlichen Spezialagesetzen (GmbHG, AktG), wie sie nach dem Beispiel der „Finanzmarktgesetze" oder im Sinne des § 186 Abs. 3 S. 4 AktG möglich gewesen wären, wurden nicht vorgenommen. Eine Privilegierung der freien Sanierung erfolgte nicht, wie auch keine Übertragung der Wertungen der Finanzmarktstabilisierungsgesetze. Durch das ESUG hat der Gesetzgeber die

1518 MünchKommGmbHG/*Harbarth* § 53 Rn. 4.

ihm bekannten Probleme der freien Sanierung vielmehr einer insolvenzrechtlichen Lösung zugeführt.

Insbesondere während der Diskussionen um das ESUG wurde weiterhin über die Einführung eines vorinsolvenzlichen Sanierungsverfahrens diskutiert. Praktische Bedürfnisse hätten dafür gesprochen, es einzuführen, jedoch sah man sich hierbei den gleichen Problembereichen wie auch bei der Zustimmungspflicht in der freien Sanierung ausgesetzt. Der Gesetzgeber hat sich ausdrücklich gegen die Einführung eines solchen Verfahrens entschieden. Durch die Regelungen im Rahmen des ESUG hat er vielmehr die Interessenabwägung der positiven Stimmpflichten in der freien Sanierung vorweggenommen, in dem er am status quo keine Änderungen vornahm, sondern die gesellschaftsrechtliche Neutralität der Insolvenzordnung aufgab und die Problemlösung in die Insolvenz „verlagerte". Zum Eingriff in die Rechte der Gesellschafter in der Sanierungssituation ist das gesetzlich geregelte Insolvenzverfahren berufen. Soll die Sanierung außerhalb dessen vorgenommen werden, sind die allgemeinen gesellschaftsrechtlichen Regelungen zu beachten. Erforderlich – aber auch ausreichend – für Eingriffe in Gesellschafterrechte ist dann die jeweilige Mehrheit der Stimmen.

Gegen die Akzeptanz eines treupflichtigen Sanierungsgebots sprechen weitere Gesichtspunkte. Probleme ergeben sich aus dem zeitlichen und sachlichen Anwendungsbereich der Zustimmungspflicht in der freien Sanierung. In fast jedem in dieser Arbeit diskutierten „Tatbestandsmerkmal" finden sich beträchtliche Abgrenzungs- und Anwendungsunsicherheiten, die zu erheblicher Rechtsunsicherheit und letztlich der Unmöglichkeit führen, treupflichtige Sanierungspostulate vorherzusehen. Schon hierin liegt der Grund, dass bisher keine einzige konkrete, belastende gerichtliche Entscheidung zu dieser (bislang) allseits akzeptierten Materie erfolgt ist! Die bereits ergangenen Entscheidungen waren letztlich stets von Sachverhaltskonstellationen begleitet, die eine Entscheidung über die Zustimmung zu belastenden Maßnahmen entbehrlich machten.

Die Sanierungs- und damit auch die entsprechende Nachteilsduldungspflicht ist nicht mit dem Grundgedanken[1519] des Belastungsver-

1519 Ein Gesellschafter darf, abgesehen von den mit seinem Einverständnis (ursprünglich) vereinbarten Beiträgen oder solchen „Nachteilen" die durch gesetzlich vorgesehene Mehrheitsentscheidungen herbeigeführt wurden, keinen weiteren Belastungen ausgesetzt werden, vgl. oben b. Belastungs- und Nachschussverbot, S. 229.

bots[1520] vereinbar. Wird sie akzeptiert, muss der Bruch mit diesen Prinzipien zumindest offen gelegt und damit eine Entwicklung contra legem eingestanden werden.

Auch wenn ein rechtspraktisches Bedürfnis nach Zustimmungspflichten und speziell zu Kapitalmaßnahmen in der Krise vorausgesetzt würde, ist das treupflichtige Konzept kein geeignetes Mittel zur Zielerreichung.[1521] Die herrschende Meinung eine Sanierungspflicht anzunehmen, führt in letzter Konsequenz dazu, die gesetzlichen Mehrheitserfordernisse in der Krise von einer 3/4-Mehrheit auf die einfache (oder gar eine geringere) Mehrheit herabzusetzen. Am Ende entscheidet die einfache Mehrheit anstatt der qualifizierten Mehrheit und, begreift man die Vornahmepflicht richtigerweise als einen Fall der (faktischen) Auferlegung weiterer Leistungspflichten entscheidet die einfache Mehrheit anstatt der Gesamtheit der Gesellschafter. Es wird den widerstrebenden Gesellschaftern *aufgrund und durch* den Beschluss der einfachen Mehrheit die Pflicht zur Zustimmung auferlegt, die zwar aus der Treupflicht entspringen mag, doch der notwendige Auslöser ist der im Belieben der einfachen Mehrheit stehende Beschluss.

Der alternative Weg, die gesetzlichen Mehrheitserfordernisse auf das – europarechtlich – geringstmögliche Niveau herabzusenken, verbleibt *dem Gesetzgeber*. Der Weg mag ausdrücklich beschritten werden nur per vorinsolvenzlichen Sanierungsverfahren, nur für Unternehmen in der Krise, oder allgemein durch Änderungen im GmbH- und Aktienrecht erfolgen.

Ob in letzter Konsequenz der Verzicht auf eine Zustimmungspflicht kraft Treupflicht dazu führen muss, auch in anderen Konstellationen auf den Eingriff per Treupflicht zu verzichten und dem Postulat der Mehrheitsherrschaft wieder größere grundsätzliche Bedeutung zukommen zu lassen, darf hier offen gelassen werden. Diese (weitergehende) Fragestellung ist nicht Zielsetzung dieser Arbeit. Insgesamt scheint es aber im Gesellschaftsrecht einen „Hang" zur überbordenden Anwendung der Treupflicht zu geben. Sieht man die Argumentationen in der Praxis, wird die Treupflicht, im Vergleich zu ihrem zivilrechtlichen Pendant von Treu und Glauben, wesentlich ungehemmter als Argumentation ins Feld geführt. Während dies in Missbrauchssituationen weiterhin angebracht ist,

1520 Gegen das Belastungsverbot verstößt jedenfalls die Auffassung, dass Gesellschafter zur Zeichnung neuer Anteile verpflichtet sein können, vgl. (2) „GmbH-Novelle II", S. 153.

1521 Jedenfalls in der Sanierungssituation ist den kritischen Anmerkungen von *Wilhelm* in FS Huber, 1019, 1027, *Flume* ZIP 1996, 161 und *Altmeppen* NJW 1995, 1739, 1751, zuzustimmen.

sollte in vielen anderen Fällen die Hibernia-Entscheidung des *RG*[1522] wieder mehr Berücksichtigung finden:

Mehrheit ist Mehrheit und Minderheit ist Minderheit.

Die Treupflicht ist als Generalklausel für das Gesellschaftsrecht unentbehrlich, „gleichwohl soll dieses Rechtsinstitut nur unerträgliche Verwerfungen korporativer Willensautonomie beseitigen, ohne dass dem Verbandstypus inhärente Prinzip der Entscheidungsfindung zu konterkarieren".[1523] Die nachteiligen Folgen für die sanierungswillige einfache Mehrheit müssen in Kauf genommen werden. Ihr steht – wie vom Gesetzgeber gewollt – der Weg in die insolvenzrechtliche Sanierung offen.

1522 *RG*, Urteil vom 08.04.1908 – I 595/07 = RGZ 68, 235, 245 f. („Hibernia").

1523 *Rottnauer* NZG 2001, 118, 120.

Kapitel 4 – Alternativen zur treugebotenen Stimmpflicht

Da hier die Auffassung vertreten wird, eine treupflichtige Sanierungspflicht in der freien Sanierung nicht anzuerkennen, bleibt die Frage, welche alternativen Lösungswege herangezogen werden können. Zunächst besteht mit der Einführung der neuen insolvenzrechtlichen Regelungen nunmehr die Möglichkeit, Eingriffe in die Anteilsrechte von Gesellschaftern im Insolvenzverfahren, unter Umständen unter vorheriger Zuhilfenahme des Schutzschirmverfahrens, vorzunehmen.

Solange aber das Insolvenzrecht nicht als legitimer Sanierungsrahmen anerkannt wird, stehen der Sanierung einige faktische und praktische Hemmnisse entgegen.[1524] Als Mittel der Wahl, zur Vermeidung von Sanierungsblockaden, könnten privatautonome Vereinbarungen dienen.

Zur grundsätzlichen Regelung des Komplexes kommen hierbei zwei Anknüpfungspunkte in Betracht, nämlich zum einen die Herabsenkung der Mehrheitserfordernisse und zum anderen die Verpflichtung der Gesellschafter, in bestimmter Weise abzustimmen. Letzteres kann entweder im Wege der für alle geltenden Satzungsregelungen oder per individuellem Stimmbindungsvertrag vorgenommen werden. In Betracht käme weiterhin, diese Regelungen abstrakt generell auszugestalten oder aber konkret auf die Krisen- bzw. Sanierungssituation auszurichten.

Aufgrund des weiten Feldes von möglichen Satzungs- und Gesellschaftervereinbarungen sollen abschließend lediglich erste Anwendungsmöglichkeiten aufgezeigt werden.

A. Herabsenkung von Mehrheitserfordernissen

Zu untersuchen ist zunächst, welche Möglichkeiten für satzungsmäßige Herabsetzungen von Mehrheitserfordernissen bestehen. Soweit der Gesetzgeber die erforderlichen Mehrheiten nicht für die Sanierung absenkt, mag versucht werden, dies auf privatautonomer Ebene zu regeln. Bei der

1524 Zu den Vor- und Nachteilen der freien und insolvenzrechtlichen Sanierung, vgl. oben VI. Rechtlicher Sanierungsrahmen, S. 57.

Sanierung sind insbesondere die oben beschriebenen Kapitalmaßnahmen von Belang, also die Kapitalherabsetzung, die Kapitalerhöhung und hierbei auch der Bezugsrechtsausschluss.[1525] Zu all diesen Maßnahmen sind sowohl bei der GmbH als auch bei der AG grundsätzlich Dreiviertelmehrheiten zur Beschlussfassung erforderlich (vgl. § 53 Abs. 2 GmbHG; § 179 Abs. 2 AktG)

I. Bei der AG

Im Zusammenhang mit der Intention vom Gesetz abweichende Beschlussvoraussetzungen festzulegen ist allen voran § 23 Abs. 5 AktG zu beachten, in dessen Regelung die aktienrechtliche Satzungsstrenge zum Ausdruck gebracht wird. Die Satzung kann von den Vorschriften des Gesetzes nur abweichen, wenn es gesetzlich ausdrücklich zugelassen ist.

Hinsichtlich des Kapitalherabsetzungsbeschlusses normiert § 222 Abs. 1, S. 1 AktG – der über § 229 Abs. 3 AktG auch für die vereinfachte Kapitalherabsetzung gilt –, dass eine Herabsetzung des Grundkapitals nur mit einer mindestens drei Viertel des bei der Beschlussfassung vertretenen Grundkapitals umfassenden Mehrheit beschlossen werden kann. Gem. § 222 Abs. 1, S. 2 AktG kann die Satzung nur eine größere Kapitalmehrheit und weitere Erfordernisse bestimmen. Es besteht keine Möglichkeit, auf eine geringere als die Dreiviertelmehrheit zu gelangen, was den Festsetzungen in Art. 30, 40 KapRL entspricht.[1526]

Für den Kapitalerhöhungsbeschluss kann jedoch gem. § 182 Abs. 1, S. 2 AktG eine andere Kapitalmehrheit festgesetzt werden. Eine Herabsenkung ist (europarechtskonform)[1527] bis zur einfachen Kapitalmehrheit möglich[1528]. Soll die Herabsenkung des Quorums nachträglich eingeführt werden, bedarf es zu dieser Beschlussfassung einer Dreiviertelmehrheit gem. § 179 Abs. 2 AktG.

Abweichendes gilt wiederum nach § 186 Abs. 2, S. 2, 3 AktG und Art. 40 Abs. 1 der KapRL für die Kapitalerhöhung unter Bezugsrechtsausschluss. Die Satzung kann keine geringere als die Dreiviertelmehrheit bestimmen. Europarechtlich deckt sich dies grundsätzlich mit Art. 40 Abs. 1 KapRL, wobei Art. 40 Abs. 2 KapRL den nationalen Gesetzgebern

1525 Oben 2. Konkrete Belastungen der Sanierungsmaßnahmen, S. 213 ff.

1526 Art. 30 KapRL verweist hinsichtlich Beschlussfassung und Mehrheitserfordernissen auf Art. 40 KapRL, hierzu sogleich unten.

1527 Vgl. Art. 25 Kapitalrichtlinie und oben e. Die Kapitelmarktrichtlinie, S. 249.

1528 H. M. *Hüffer* § 182 Rn. 8; MünchKommAktG/*Peifer* § 182 Rn. 19.

jedoch die Option offen hält, die einfache Mehrheit der Stimmen ausreichen zu lassen, sofern mindestens die Hälfte des gezeichneten Kapitals vertreten ist.[1529]

II. Bei der GmbH

Bei der GmbH lässt die Regelungen in § 53 Abs. 1 und 2 GmbHG erkennen, dass eine geringere als die Dreiviertelmehrheit nicht wirksam vereinbart werden kann.[1530] Gem. § 53 Abs. 2, S. 2 GmbHG sind lediglich zusätzliche, nicht aber geringere Erfordernisse zulässig.[1531] In der Satzung kann demnach die Beschlussvoraussetzung der Dreiviertelmehrheit selbst nicht abgeschwächt werden.[1532] Soweit die GmbH zwar viele Möglichkeiten bietet, dispositive Regelungen abzuändern (eine dem § 23 Abs. 5 AktG entsprechende Regelung fehlt im GmbHG) und somit den Gesellschaftern weitgehende Vertragsfreiheit bei der Ordnung ihrer gesellschaftsrechtlichen Verhältnisse gewährt,[1533] folgt das Verbot der Herabsetzung der Beschlussmehrheiten ebenso aus der grundsätzlich personalistischen Grundstruktur der GmbH. Das Gegenstück zur Ausgestaltungsfreiheit ist der Schutz der Minderheit u. a. durch starre Schranken der Mehrheitsherrschaft, wie sie die obligatorische Mehrheit in § 53 GmbHG darstellt.[1534]

III. Zusammenfassung

Zu konstatieren ist, dass eine gesellschaftsvertragliche bzw. satzungsmäßige Absenkung der Mehrheitserfordernisse für Kapitalmaßnahmen fast ausnahmslos nicht möglich ist. Während dies für die GmbH gänzlich auszuschließen ist, verbleibt bei der AG lediglich die Möglichkeit, in der Satzung die erforderliche Mehrheit für den Kapitalerhöhungsbeschluss auf die einfache Mehrheit herabzusetzen.

1529 Durch den Verweis in Art. 30 KapRL gilt diese Möglichkeit auch für die Kapitalherabsetzung.

1530 Statt aller Rowedder/Schmidt-Leithoff/*Schnorbus* § 53 Rn. 62; Ulmer/*Ulmer* § 53 Rn. 3.

1531 *Ivens* GmbHR 1989, 61, 62.

1532 Hierzu *Ivens* GmbHR 1989, 61, 62 ff.

1533 Vgl. Rowedder/Schmidt-Leithoff/*Koppensteine/Gruberr* § 45 Rn. 1.

1534 Rowedder/Schmidt-Leithoff/*Koppensteiner/Gruber* § 45 Rn. 23; Michalski/*Hoffmann* § 53 Rn. 2 f.

B. Satzungs- bzw. gesellschafts- und individualvertragliche Regelungen

Da die allgemeine Herabsetzung der Beschlussmehrheiten für satzungsändernde Beschlüsse nicht möglich ist, verbleibt den Gesellschafter die Möglichkeit, durch stimmrechtslenkende Regelungen für den Sanierungsfall vorzusorgen. Hierbei kommt es in Betracht, diese Pflichten entweder in der Satzung bzw. dem Gesellschaftsvertrag festzusetzen oder individualvertraglich zu fixieren.

Denkbar ist es, die Gesellschafter dazu zu verpflichten, allgemein oder speziell in der Sanierungssituation, Nachschüsse leisten oder bestimmten Sanierungsmaßnahmen (lediglich) zustimmen zu müssen.

I. Regelungen in der Satzung

1. Nachschusspflicht

Begrifflich beschreibt der Terminus „Nachschusspflicht" eine über den vereinbarten Beitrag[1535] (Ausgabebetrag der Aktie bzw. über die Stammeinlage, zuzüglich möglichen Agios) hinausgehende Pflicht, Gesellschafterbeiträge im Sinne von Geldleistungen[1536] zu erbringen.[1537]

Sie sind in der AG in körperschaftlicher Form generell unzulässig[1538]; insoweit ist § 54 Abs. 1 AktG eine zwingende Vorschrift und entgegenstehende Satzungsbestimmungen wären gem. § 23 Abs. 5, S. 1 AktG („Satzungsstrenge"[1539]) unwirksam, ebenso hierauf bezogene Hauptversammlungsbeschlüsse.[1540] Pflichten zur Leistung von Nachschüssen über die Einlagepflicht hinaus oder zur Beteiligung an Kapitalerhöhungen können demnach nicht wirksam mitgliedschaftlich festgesetzt werden.[1541]

1535 Hierzu *Nentwig*, Nachschusspflichten, 16 ff.

1536 Möglich ist jedoch die Erbringung einer Sachleistung an Erfüllung statt, vgl. *Fastrich* in Baumbach/Hueck § 26 Rn. 2.

1537 *Altmeppen* in Roth/Altmeppen § 26 Rn. 2; Eingehend *Nentwig*, Nachschusspflichten, 16 ff, 187 ff.

1538 KK-AktG/*Drygala* § 54 Rn. 23.

1539 Näher KK-AktG/*Arnold* § 23 Rn. 129.

1540 MünchKommAktG/*Bungeroth* § 54 Rn. 21; KK-AktG/*Drygala* § 54 Rn. 22; *Nentwig*, Nachschusspflichten, S. 236 f.

1541 KK-AktG/*Drygala* § 54 Rn. 23; MünchKommAktG/*Bungeroth* § 54 Rn. 23; *Nentwig*, Nachschusspflichten, S. 236, 237.

Anders ist dies in der GmbH, bei der in § 26 Abs. 1 GmbHG ausdrücklich geregelt ist, dass die Gesellschafter über die Nennbeträge der Geschäftsanteile hinaus die Einforderung von weiteren Einzahlungen (Nachschüssen) beschließen können. Eine solche kann im ursprünglichen Gesellschaftsvertrag oder nachträglich eingeführt werden, wobei der satzungsändernde Beschluss gem. § 53 Abs. 2 GmbHG der Zustimmung aller Gesellschafter bedarf. Nachschüsse dienen der Stärkung der Kapitalstruktur der Gesellschaft und sind nach ihrer Einzahlung gem. § 272 Abs. 2 Nr. 4 HGB als Passiva zu bilanzieren; eine Rückzahlung kann nur unter den Voraussetzungen des § 30 Abs. 2 GmbHG erfolgen.

Im Gegensatz zur AG könnte in der GmbH mittels Zuschusspflichten in gewisser Weise für den Sanierungsfall vorgesorgt werden. In Betracht käme eine auf den Sanierungsfall bezogene Nachschusspflicht, die den Trittbrettfahrer-Vorteil des verweigernden Gesellschafters in dem Fall mindert, in dem ihn die übrigen Gesellschafter zur Ermöglichung der Zustimmungspflicht im Sinne der GmbH-Novelle Entscheidungen[1542] nachteilslos stellen. Eine „must-have"-Lösung stellt dies aber nicht dar, da es bei der Bestimmung des „Ersatzes" schwierig sein wird, die richtige Abgrenzung vorzunehmen. Auch besteht die Gefahr, dass die Regelung die Voraussetzung des fehlenden Nachteils der Zustimmung unzulässig umgeht, wenn die Einbuße des Gesellschafters gerade an diesen Fall geknüpft ist. Insgesamt wird in der GmbH von der Möglichkeit Nachschusskapital als flexibles Eigenkapital festzusetzen wenig Gebrauch gemacht.[1543]

2. Neben(leistungs-)pflichten

Die Gesellschafter können sich mittels satzungsmäßiger Bestimmung Nebenleistungspflichten auferlegen. Sie sind sowohl im Aktienrecht (als Nebenverpflichtungen, vgl. § 55 AktG) als auch im GmbH-Recht („andere Verpflichtungen", vgl. § 3 Abs. 2 GmbHG) bekannt. Solche Pflichten bestehen gegenüber der Gesellschaft und durch ihre Aufnahme als korporatives Element in die Satzungsurkunde verpflichten sie auch künftige Gesellschafter.[1544] Das macht umfassend geltende Verpflichtungen möglich, schränkt aber zugleich die Fungibilität der Anteile erheblich ein, da sie durch entsprechende Gestaltungen unattraktiv werden können, vor

1542 Vgl. oben aa. GmbH Novelle und Zustimmungspflicht zur Kapitalerhöhung, S. 152.
1543 Hdb. GesR III/*Mayer* § 20 Rn. 17
1544 *Emmerich* in Scholz § 3 Rn. 70.

allem für Aktien. Weiterhin muss bedacht werden, dass die entsprechenden Vereinbarungen, durch die Aufnahmepflicht in die Satzung, öffentlich werden.

a. AG

Die Möglichkeit, den Aktionären neben der Einlagepflicht weitere mitgliedschaftliche Verpflichtungen aufzuerlegen, ist im Aktienrecht nur sehr beschränkt gegeben. Gem. § 55 Abs.1 AktG ist dies allein bei vinkulierten Namensaktien möglich. Sind Aktien gem. § 68 Abs. 2 AktG hinsichtlich ihrer Übertragbarkeit an die Zustimmung der Gesellschaft gebunden, dürfen diese nach § 55 Abs. 1, S. 1 AktG mit der Verpflichtung versehen werden, neben den Einlagen auf das Grundkapital, wiederkehrende, nicht in Geld bestehende, Leistungen erbringen zu müssen. Aufgrund der Voraussetzung, dass nur wiederkehrende Leistungen zu erbringen sind, ist es nicht möglich, die Gesellschafter von vinkulierten Aktien zur gezielten Ausübung ihres Stimmrechts in der Sanierungssituation zu verpflichten. Die Vorschrift des § 55 Abs. 1 AktG stammt aus der zweiten Hälfte des 19. Jahrhunderts und stellt eine Spezialregelung, die Zuckerrübenindustrie betreffend, dar.[1545] Ihre Bedeutung ist allerdings gering, die ursprüngliche gesellschaftsrechtliche Erscheinungsform von in einer AG zusammengeschlossenen Zuckerrübenbauern ist nicht mehr existent. Da sich eine Anwendung des § 55 AktG auch in anderen Bereichen nicht durchgesetzt hat, wird die Norm als „weitgehend totes Recht" bezeichnet und de lege ferenda bereits eine Streichung der Norm vorgeschlagen.[1546]

b. GmbH, § 3 Abs. 2 GmbHG

Im Bereich der Festsetzung von Nebenleistungspflichten zeigt sich das GmbH-Recht deutlich liberaler als das Aktienrecht. In § 3 Abs. 2 GmbHG ist ausdrücklich normiert, dass „den Gesellschaftern außer der Leistung von Kapitaleinlagen noch andere Verpflichtungen gegenüber der Gesellschaft auferlegt werden [können]". Eine dem § 23 Abs. 5 AktG vergleichbare Vorschrift fehlt im GmbH-Recht, der Gestaltungsspielraum des Satzungsgebers ist deshalb sehr weit, da Änderungen oder Ergänzungen durch die Satzung keiner Ermächtigung im Gesetz bedürfen. Aufgrund

1545 KK-AktG/*Drygala* § 55 Rn. 5.
1546 KK-AktG/*Drygala* § 55 Rn. 5, 6.

der grundsätzlichen Bedeutung des Gesellschaftsvertrags als Verfassung der Gesellschaft und der damit einhergehenden Vorgabe, dass von dispositivem Gesetzesrecht nur aufgrund materieller Satzungsbestimmungen abgewichen werden kann, ist die Aufnahme von Nebenleistungspflichten in den Gesellschaftsvertrag bzw. die Satzung gem. § 3 Abs. 2 GmbHG unumgänglich.[1547] Ist dies gewahrt, zeitigt die Nebenleistungsvereinbarung als echter Satzungsbestandteil die Bindung jetziger und auch zukünftiger Gesellschafter,[1548] was seine Rechtfertigung in der Publizität des Gesellschaftsvertrags (vgl. § 8 Abs. 1 Nr. 1 GmbHG; § 9 HGB) findet.[1549]

Im Rahmen der streitigen Sanierungspflicht in der Krise ist von besonderem Interesse, dass auch Stimmrechtsbindungen als Nebenpflichten gem. § 3 Abs. 2 GmbHG begründet werden können.[1550] So können sich die Gesellschafter schon im Vorhinein zur Fassung eines Kapitalerhöhungsbeschlusses verpflichten, um einem künftigen, erhöhten Finanzierungsbedarf der Gesellschaft Rechnung zu tragen.[1551] Auch die konkrete Verpflichtung zur Teilnahme an der Kapitalerhöhung ist denkbarer Regelungsgegenstand.[1552] Dies ist zutreffend, weil „Inhalt einer gesellschaftsvertraglichen Nebenleistungspflicht alles das sein kann, was auch Inhalt eines Schuldverhältnisses zu sein vermag".[1553] In diesem Zusammenhang ist darauf zu achten, dass die Regelung ausreichend bestimmt gefasst wird.[1554] Nicht nur müssen die Gesellschafter das Ausmaß der auf sie zukommenden Verpflichtungen ohne weiteres überschauen können,[1555] sondern auch die bereits oben aufgeworfenen Fragen, insbesondere hinsichtlich des relevanten Zeitpunkts der Vornahme und die spezifischen Anforderungen an das Sanierungskonzept, das auch Angaben

1547 *Wicke* DNotZ 2006, 419, 422.

1548 *Emmerich* in Scholz § 3 Rn. 70; *Wicke* DNotZ 2006, 419, 424.

1549 *Wicke* DNotZ 2006, 419, 424.

1550 MünchKommGmbHG/*Wicke* § 3 Rn. 57; *Wicke* § 3 Rn. 22.

1551 Scholz/*Priester* § 55 Rn. 12; Roth/Altmeppen/*Roth* § 3 Rn. 36; MünchKommGmbHG/*Wicke* § 3 Rn. 86; *Wicke* § 3 Rn. 22; *Fastrich* in Baumbach/Hueck § 29 Rn. 66; a. A. Lutter/Hommelhoff/*Bayer* § 3 Rn. 40.

1552 Michalski/*Michalski* § 3 Rn. 72; Lutter/Hommelhoff/*Bayer* § 3 Rn. 40; Roth/Altmeppen/*Roth* § 3 Rn. 36; Scholz/*Priester* § 55 Rn. 12; *Esch* NJW 1978, 2529, 2534.

1553 *Esch* NJW 1978, 2529, 2531.

1554 MünchKommGmbHG/*Wicke* § 3 Rn. 86; *Noack*, S. 78 f.

1555 *BGH*, Urteil vom 17.10.1988 – II ZR 372/87 = NJW-RR 1989, 228, 229.

zur Ausgestaltung der Kapitalerhöhung beinhalten kann bzw. muss[1556], sind zu berücksichtigen. In diesem Zusammenhang ist darauf hinzuweisen, dass die ursprüngliche Satzung in der GmbH auch das Bezugsrecht ausschließen kann.[1557]

II. Gesellschaftervereinbarungen ohne Satzungscharakter

Gesellschaftervereinbarungen sind außerordentlich und rechtsformübergreifend verbreitet.[1558] Inhaltlich können durch nichtkorporative Gesellschaftervereinbarungen alle Lebensfragen der Gesellschaft geregelt werden, soweit der konkreten Gestaltung nicht im Ausnahmefall das allgemeine Zivil-[1559] oder das spezielle Gesellschaftsrecht[1560] entgegenstehen.[1561] Solche Absprachen können zwischen beliebigen Beteiligten geschlossen werden, also im Gegensatz zu den mitgliedschaftlichen Regelungen auch im Verhältnis zu Dritten. Sie sind des Weiteren formfrei fassbar, wobei zivilrechtliche Formvorschriften zu beachten sind.[1562] Da Gesellschaftervereinbarungen in der Regel nicht in die Satzung aufgenommen werden[1563], unterliegen sie auch keiner Publizität. Hieraus entspringt jedoch auch ein Nachteil, denn eine Wirkung können diese Vereinbarungen deshalb nur zwischen den Beteiligten herbeiführen. Ein an die Mitgliedschaft gekoppelter Übergang der Verpflichtungen ist ausschließlich durch die Satzung möglich.[1564] Gesellschaftervereinbarungen

1556 Beispiele hinsichtlich der Regelung von Ausgabepreis, Agio und Bezugsrecht bei *Schmidt-Diemitz* in Gesellschaftsrecht 1999, S. 73, 94 f.

1557 § 186 Abs. 3 Satz 1 AktG gilt nicht analog, vgl. Lutter/Hommelhoff/*Lutter* § 55 Rn. 20; Scholz/*Priester* § 55 Rn. 30.

1558 *Noack,* S. 37; *Zöllner* in Gesellschaftsrecht 1995, S. 89, 90; „Das Instrument der schuldrechtlichen Gesellschafter-Vereinbarung gehört zum alltäglich genutzten Handwerkszeug der Kautelarjurisprudenz im Gesellschaftsrecht", *Hoffmann-Becking* ZGR 1994, 442.

1559 Etwa §§ 134, 138 BGB.

1560 So § 136 Abs. 2 AktG oder die Treupflicht.

1561 GroßKommAktG/*Henze* § 54 Rn. 61; MünchKommGmbHG/*Wicke* § 3 Rn. 132; *Priester* ZGR 1977, 445, 466.

1562 GroßKommAktG/*Henze* § 54 Rn. 54; MünchKommAktG/*Bungeroth* § 54 Rn. 34; Verneinend zur Frage, ob Verpflichtungen zu Kapitalmaßnahmen der notariellen Beurkundung erfordern, *Noack,* S. 320.

1563 Dies würde die große Gefahr bergen, dass es zu Streitigkeiten über den korporativen oder „schuldrechtlichen" Charakter der Vereinbarung kommt, vgl. *Zöllner* in Gesellschaftsrecht 1995, S. 89; *Winter* in Gesellschaftsrecht 1995, S. 131; *Noack,* S. 61 f.; 320.

1564 *Noack,* S. 320.

können lediglich durch schuldrechtliche Regelungen zur „Weiterreichung verpflichten".

Besondere Relevanz weisen Stimmbindungsverträge auf.[1565] Sowohl Verpflichtungen zur Vornahme von Kapitalerhöhungsbeschlüssen (Stimmpflicht), als auch zur Übernahme von Anteilen können bei GmbH und AG durch Gesellschaftervereinbarungen geregelt werden.[1566] Vorgänge im Rahmen von Finanzierungsmaßnahmen sind typische Regelungsgegenstände von Gesellschaftervereinbarungen[1567] und kommen in der Praxis bereits häufig zur Festlegung von „Meilensteinen" bei Beteiligungsverträgen sog. „Venture-Capital-Gesellschaften" vor.[1568] Bis zur Einführung des einheitlichen Körperschaftsteuersatzes für thesaurierte und ausgeschüttete Gewinne[1569] waren vor allem Gesellschaftervereinbarungen über zukünftige Kapitalerhöhungsbeschlüsse und anschließend vorzunehmende Einlageleistungen beim „Schütt-aus-hol-zurück-Verfahren" praktiziert und anerkannt.[1570] Sieht man von Verstößen gegen die guten Sitten und gesetzliche Vorschriften ab, stellt sich die Frage, ob die Grenzen der Vereinbarungsmöglichkeiten noch durch die Treupflicht gezogen werden.[1571] Stimmbindungsverträge sollen nach herrschender Meinung jedenfalls dann unzulässig sein, wenn sie den Gesellschafter dazu verpflichten gegen das Gesellschaftsinteresse zu verstoßen.[1572] Weil das Gesellschaftsinteresses nur schwer zu bestimmen ist und die Möglichkeiten besteht, aufgrund schützenswerter Gründe, diesem in gewissem Maße widerstreitende Maßnahmen zu befürworten, muss die Grenze jedenfalls bei gesellschaftsschädigendem Verhalten gezogen werden.[1573] Auch die Gesellschaftervereinbarungen müssen selbstverständlich ausreichend bestimmt gefasst werden.

1565 Michalski/*Michalski* § 3 Rn. 93.

1566 Hdb. GesR III/*Wegmann* § 53 Rn. 14*Noack*, S. 66 ff; 319; *Priester* ZGR 1977, 445, 466; *Nentwig*, Nachschusspflichten, S. 238, 239.

1567 *Noack*, S. 271, 319 ff.

1568 *Wicke* DStR 2006, 1137, 1138; *Weitnauer* NZG 2001, 1065.

1569 Spindler/Stilz/*Fock/Wüsthoff* § 207 Rn. 32.

1570 *Noack*, S. 319; *Priester* ZGR 1977, 445, 466; *Esch* NJW 1978, 2529, 2531.

1571 *Noack*, S. 146.

1572 Hdb. GesR V/*Semler* § 38 Rn. 44; Roth/Altmeppen/*Roth* § 47 Rn. 40; Michalski/*Römermann* § 47 Rn. 511, 514; MünchKommAktG/*Schröer* § 136 Rn. 64, 65.

1573 *BGH*, Urteil 27.04.1970 – II ZR 24/68 = WM 1970, 904, 905; Hdb. GesR V/*Semler* § 38 Rn. 44.

C. Negative Regelung

Die Gesellschafter können sich dazu entschließen, die Frage nach der Sanierungspflicht einvernehmlich ablehnend zu bescheiden und ein explizites Weigerungsrecht jedes Gesellschafters vorsehen. Probleme sind denkbar, wenn hierin zugleich ein partielles Außerkraftsetzen der Treupflicht gesehen wird. Folgt man der herrschenden Meinung zur treugebotenen Sanierungspflicht, bestünde für den Gesellschafter gerade eine Stimmpflicht, der er sich durch die korporative bzw. Gesellschaftervereinbarung entziehen würde. Dies entspräche einem Verzicht der anderen Gesellschafter auf ihre Ansprüche aus der treupflichtigen Bindung und einer teilweisen Suspendierung des inhaltlichen Anwendungsbereichs der Treupflicht hinsichtlich des „bevorteilten" Gesellschafters.

Einigkeit besteht darin, dass die Treupflicht zwar nicht generell dispositiv ist, eine Beschränkung jedoch selektiv und auf klar begrenzte, einzelne Sachgestaltungen möglich ist.[1574] In der Tat kann man die Auffassung vertreten, die Treupflicht sei jedenfalls keine „Vorschrift dieses Gesetzes" im Sinne des § 23 Abs. 2 AktG.[1575] Daneben verpflichtet die Treupflicht, wie bereits oben dargestellt, die Gesellschafter „lediglich" dazu, auf die gesellschaftsbezogenen Interessen ihrer Mitgesellschafter und auf die Interessen der Gesellschaft Rücksicht zu nehmen. Die Gesellschafter sind aber frei, sowohl ihre eigenen als auch die Interessen der Gesellschaft zu definieren. Letzteres durch Ausgestaltung des Gesellschaftszwecks, im Sinne der Kombination von formellem und sachlichem Unternehmensziel.[1576] Soweit man diesen Gedanken weiterführt, wären die Gesellschafter durch einverständlichen Beschluss auch dazu in der Lage, die Treupflicht gänzlich abzubedingen.[1577] Soweit dies in der AG nicht schon an § 23 Abs. 2 AktG scheitert, ist ein solcher Beschluss bzw. Satzungsinhalt als Verstoß gegen die guten Sitten[1578] oder als ein dem Ge-

---

1574 Scholz/*Emmerich* § 53 a Rn. 39 c; MünchKommAktG/*Bungeroth* Vorbem. § 53 a Rn. 20; Hölters/*Solveen* § 53 a Rn. 18; *Fleischer* in Schmidt/Lutter § 53 a Rn. 60; *Geier*, S. 80; *Waclawik* DB 2005, 1151, 1152; *Hartmann* GmbHR 1999, 1061, 1063.

1575 *Waclawik* DB 2005, 1151, 1152; *Hartmann* GmbHR 1999, 1061, 1063; a. A. *Geier*, S. 59.

1576 Scholz/*Emmerich* § 53 a Rn. 39 c.

1577 *Waclawik* DB 2005, 1151, 1152 (zur AG); *Hartmann* GmbHR 1999, 1061, 1063 (GmbH); (Zur AG) Zustimmend, über den Weg der satzungsgestaltenden Modifizierung der Gesellschaft auf eine fiktive Realstruktur, *Geier*, S. 90. Wobei dies jedoch nicht für die Publikums-AG gelten soll, vgl. *Geier*, S. 110.

1578 *Geier*, S. 53.

sellschaftsinteresse gegenläufiger Beschluss (Treuwidrigkeit)[1579] zu deklarieren.

Abgesehen davon besteht Einigkeit darüber, dass Gesellschafter in klar umrissenen Grenzen auf die Treupflicht verzichten können.[1580] Wenn auch in der AG Bedenken gegen eine dahingehende Satzungsbestimmung bestehen, ist dies jedenfalls im Wege von Gesellschaftervereinbarungen möglich.

Ähnliches wurde bereits im Rahmen der *„Sanieren oder Ausscheiden II"* Entscheidung praktiziert.[1581] Dort wurde fixiert, dass für den Fall einer Kapitalerhöhung grundsätzlich Einstimmigkeit erforderlich ist. Konnte ein solcher Beschluss nicht zustande kommen, waren die zustimmenden Gesellschafter berechtigt, ihre Einlage zu erhöhen, während die Minderheit diese Verwässerung hinnehmen musste, jedoch in der Gesellschaft verbleiben durfte. Dies stellt faktisch eine Suspendierung der Stimmpflicht des Minderheitsgesellschafters in der Krise dar, mithin das Postulat der innergesellschaftlichen Akzeptanz des „Trittbrettfahrers". Eine – vielleicht notwendige – Besonderheit ist, dass die Regelung gleichzeitig den Interessenausgleich vorwegnahm, indem den übrigen Gesellschaftern die Möglichkeit der geboten wurde, eine Kapitalerhöhung vorzunehmen.

D. Ergebnis

Die Absenkung gesetzlicher Mehrheitserfordernisse zur Fassung von Sanierungs- bzw. Kapitalbeschlüssen ist durch Regelungen in Satzung und Gesellschaftervereinbarungen nicht möglich. Einzige Ausnahme stellt der Kapitalerhöhungsbeschluss gem. § 182 Abs. 1, S. 2 AktG dar. Während Regelungen über einen in Geldbeträgen zu leistenden Nachschuss bei der AG ausgeschlossen sind, findet diese Möglichkeit im GmbH-Recht in § 26 GmbHG ausdrücklichen Niederschlag. Zur Regelung von Sanierungskonflikten ist die Einführung von Nachschusspflichten nur bedingt dienlich. Zwar kann die Gesellschaft so mit Eigenkapital ausgestattet werden und hierdurch eine quasi Gegenleistung widerstreitender Gesellschafter eingeführt werden, die Vornahme von Kapitalmaßnahmen erleichtert dies jedoch nicht.

1579 Scholz/*Emmerich* § 53 a Rn. 39 c; *Waclawik* DB 2005, 1151, 1153.

1580 Vgl. Fn. 1574.

1581 Oben (2) „Sanieren oder Ausscheiden II", S. 158.

Nebenleistungspflichten weisen hier weitergehenden Nutzen auf, allerdings nur bei der GmbH, da im Aktienrecht § 55 Abs. 1 AktG die Übernahme von Stimm- oder Kapitalerhöhungspflichten verbietet. Insgesamt ist aufgrund des abschließenden und zwingenden Charakters der §§ 54, 55 AktG eine mitgliedschaftliche Regelung von Leistungspflichten in der AG nur beschränkt[1582] und hinsichtlich des Sanierungsproblems nicht möglich.

Während Aktionäre nur Gesellschaftervereinbarungen hinsichtlich der Sanierung schließen können, steht den Gesellschaftern einer GmbH daneben der korporative Weg über die Nebenpflichten gem. § 3 Abs. 2 GmbHG offen.

Die Voraussetzungen gleichen sich im Wesentlichen. Es können sowohl Regelungen über die Vornahme von Kapitalerhöhungsbeschlüssen als auch über die konkrete Übernahme von Anteilen getroffen werden, jedoch muss die Verpflichtung ausreichende Bestimmtheit aufweisen; der Krisenzeitpunkt und die Ausgestaltung der Sanierungsmaßnahmen sind ausreichend zu konkretisieren, wobei aufgrund der Einzelfallsituation der Krise eine gewisse Abstraktion notwendig ist und möglich sein muss. Besonderes Augenmerk ist auf mögliche Belastungen der Gesellschafter und die Vornahme eines Interessenausgleichs zu legen, denn auch wenn die Gesellschafter ihre Verhältnisse grundsätzlich selbstverantwortlich ordnen und sowohl auf ihre Interessen als auch die der Gesellschaft Einfluss nehmen können, stellt sich die Problematik der Vereinbarkeit mit der Treupflicht. Diese kann sich aber in beide Richtungen auswirken, sowohl in Richtung einer Zustimmungspflicht als auch eines Verweigerungsrechts. Rechtssicherer ist es, wenn die Gesellschafter die (notwendige) Interessenabwägung selber vornehmen. Sie nutzen hierdurch den ihnen zustehenden Entscheidungsspielraum aus und „nehmen" ihm im Klagefall dem Gericht.

1582 *Nentwig*, Nachschusspflichten, S. 238.

Zusammenfassung der Untersuchungsergebnisse in Thesen

1. Der Krisenerkennung kommt bei der Vermeidung von Sanierungs*konflikten* herausragende Bedeutung zu.[1583]

Je frühzeitiger die Krise festgestellt wird, desto höher ist die Wahrscheinlichkeit, sie zu überwinden. Mit Voranschreiten der Krise verringern sich die Handlungsmöglichkeiten, mit denen ihr entgegengesteuert werden kann. Jedes Unternehmen sollte deshalb ein – an die wirtschaftliche Leistungsfähigkeit der Unternehmung angepasstes – Frühwarnsystem unterhalten, so können Sanierungskonflikte vermieden werden; denn eine fortgeschrittene Krise führt – aufgrund der wenigen zur Verfügung stehenden Lösungsmöglichkeiten und dem erhöhten Risiko des Scheiterns der Sanierungsbemühungen – zur Erhöhung der Wahrscheinlichkeit von innergesellschaftlichen Konflikten.

2. Die freie Sanierung und die Sanierung im Rahmen des Insolvenzverfahrens konkurrieren im Alternativverhältnis miteinander, wobei kein Sanierungsrahmen dem anderen grundsätzlich überlegen ist.[1584]

Bereits früher bestand mit dem Insolvenzplanverfahren die Möglichkeit, in die Krise geratene Unternehmen samt Rechtsträger zu reorganisieren und zu sanieren. Die stets herausgestellte Schwäche, strukturändernde Maßnahmen nicht gegen den Willen der Gesellschafter erreichen zu können, betraf sowohl Insolvenz als auch freie Sanierung. Dieser Nachteil besteht in der Insolvenz aufgrund der Änderungen durch das ESUG nicht mehr. Bereits vor dem ESUG konnte keine pauschale Aussage darüber getroffen werden, welcher Sanierungsrahmen der „Bessere" ist. Das gilt nach den Änderungen in der Insolvenzordnung umso mehr. Beide Verfahren beinhalten Risiken und Vorteile, wobei die Wahl an der konkreten Unternehmenssituation gemessen werden muss. Das Insolvenzverfahren ist nicht der größte anzunehmende Unfall und steht der freien Sanierung als mindestens gleichwertige Alternative gegenüber. Deshalb muss in einem Sanierungskonzept zwingend die Möglichkeit

1583 A. Die Krise, S. 9.

1584 VI. Rechtlicher Sanierungsrahmen, S. 57.

der insolvenzrechtlichen Sanierung in ausreichendem Maß behandelt werden.

3. Die Treupflicht stellt eine innergesellschaftliche „Allzweckwaffe" dar, deren Intensität von den gesellschaftsbezogenen Einwirkungsmöglichkeiten abhängt. Der Anwendungsbereich muss auf notwendige Felder begrenzt bleiben muss.[1585] Die Treupflicht ist geeignet Konflikte, die durch nicht geregelte Sachverhalte im gesellschaftsrechtlichen Verhältnis der Anteilsinhaber untereinander und im wechselseitigen Bereich von Gesellschafter und Gesellschaft entstehen, zu erfassen und einer verhältnismäßigen Lösung zuzuführen. Sie kann aber deshalb auch nur dort eingreifen, wo ein Sachverhalt nicht bereits durch die Gesellschafter, beispielsweise per Satzung oder aber durch das Gesetz, eine Reglung erfahren hat.

4. Das Unternehmensinteresse ist weder für die treupflichtige Stimmrechtsausübung der Gesellschafter noch für Verwaltungsentscheidungen maßgeblich.[1586]

Die Gesellschaft ist vom Unternehmen, das Gesellschaftsinteresse deutlich vom treupflichtig nicht zu berücksichtigenden Unternehmensinteresse, abzugrenzen. Im Unternehmensinteresse gehen verschiedene Drittinteressen auf, deren treupflichtige Beachtung im Gesetz keine Stütze findet. Es ist nicht Aufgabe der Gesellschafter und der Gesellschaft für Belange des Allgemeinwohls Sorge zu tragen. Dies gilt sowohl für Entscheidungen der Verwaltung[1587] als auch für die Stimmrechtsausübung und damit die Sanierungsentscheidung der Gesellschafter.

5. Die aus dem Recht der Personengesellschaften bekannte positive Stimmpflicht ist grundsätzlich auch im Recht der Kapitalgesellschaften anzuerkennen. Dies ergibt sich daraus, dass auch die erzwungene Stimmrechtsenthaltung materiell eine (positive) Stimmverpflichtung darstellt. Positive Stimmpflichten können sich aus dem treupflichtigen Verhältnis zu den Mitgesellschaftern ebenso ergeben, wie im wechselseitigen Verhältnis von Gesellschafter und Gesellschaft.[1588]

1585 II. Grundlagen der Treupflicht, S. 82.

1586 2. Die Richtschnur des Gesellschafts- bzw. Unternehmensinteresses, S. 102.

1587 Diese dürften sich zwar beispielsweise bei der Erarbeitung eines Sanierungskonzepts auch an den Interessen der Stakeholder orientieren, jedoch ist im Zweifel den Interessen der Anteilseigner Vorrang zu gewähren (moderater Shareholder-Value-Ansatz)

1588 I. Erforderlichkeit positiver Stimmpflichten, S. 137.

Zwar besteht im Kapitalgesellschaftsrecht, aufgrund des Mehrheitsprinzips, ein in der Praxis geringeres Bedürfnis nach einer positiven Stimmpflicht, dies ändert aber nichts an ihrer dogmatischen Existenz. Die Prinzipien und Wertungen, die in allen übrigen Gesellschaftsformen gelten, sind beachtlich, da die Treupflicht rechtsformübergreifend gilt.

Die Treupflicht vermag in jedem Verhältnis Rechte und Pflichten zu begründen, ob das der Fall ist, hängt von der Abwägung im Einzelfall und nicht von der dogmatischen Anknüpfung der Treupflicht ab.

6. Die konkrete Bestimmung der treugebotenen Stimmpflicht ist mit Hilfe der aus dem öffentlichen Recht bekannten Interessenabwägung vorzunehmen. Hierbei sind alle rechtlich geschützten und schützenswerten Interessen gegeneinander abzuwägen.[1589]

Beachtlich sind vor allem die Wertungen im Einzelfall, weshalb ein schematisches Vorgehen ausscheidet. Ein abstrakt geschütztes Interesse, das eine Partei für sich ins Feld führt, kann im Einzelfall nicht schutzbedürftig sein, zum Beispiel, wenn hierin nur die missbräuchliche Ausnutzung einer Rechtsposition zu sehen ist. Stehen sich mehrere abstrakt geschützte Interessen gegenüber, kann die Interessenabwägung dazu führen, dass ein Interesse den Vorrang erhält. Hierbei gilt aber: ein Zurückstehen rechtlich geschützter Interessen muss durch die im Verhältnis erhöhte Schutzbedürftigkeit anderer Interessen gerechtfertigt sein. Wenn die Erfüllung des einen Interesses nicht nur mit einem Verzicht auf die Ausübung des widerstreitenden Interesses einhergeht, sondern darüber hinaus eine (dauerhaft) nachteilige Einwirkung bedeutet, muss das bevorzugte Interesse eine deutlich dominierende Schutzbedürftigkeit aufweisen.

7. Die Vorgaben der Rechtsprechung zur Behandlung positiver Stimmpflichten in der Sanierung sind vage und höchst Auslegungsbedürftig.[1590]

Im Recht der Kapitalgesellschaften wurden ausschließlich dann positive Stimmpflichten ausgeurteilt, wenn dem einzelnen Gesellschafter hierdurch keinerlei Nachteile entstanden („GmbH-Novelle I+II"). Die Nachteilsbestimmung ist in Sanierungssituationen von besonderer Relevanz. Lediglich in einem obiter dictum wird besagt, nicht jeder auch noch so geringfügige Nachteil dürfe zum Ausschluss der Stimmpflicht führen. Die *Girmes*-Entscheidung weist bezüglich der Bestimmung des in Kauf zu

1589 II. Methoden zur Bestimmung der treugebotenen Stimmpflicht, S. 143.
1590 c. Vorgaben der Rechtsprechung, S. 152.

nehmenden Nachteils keine hilfreiche Konkretisierung auf. Sie transportiert im Kern die Rechtsprechung zu Zustimmungspflichten in das Aktienrecht. Die neueren „Sanieren oder Ausscheiden" Entscheidungen können aufgrund personengesellschaftsrechtlicher Besonderheiten nicht auf die Kapitalgesellschaften übertragen werden.

8. Das Gesellschaftsinteresse – als das überindividuell aggregierte und am sachlichen und formalen Unternehmensziel ausgerichtete Gesellschafterinteresse – ist bei der Sanierungsentscheidung nicht suspendiert; die Gesellschaft hat, in diesem Sinne, regelmäßig ein Interesse daran, Sanierungsmaßnahmen vorzunehmen.[1591]

Bei der Bestimmung der in der Sanierung zu berücksichtigenden Interessen darf die Sanierungsentscheidung nicht mit einer Auflösungsentscheidung gleichgesetzt werden. In der Auflösungsentscheidung muss das Gesellschaftsinteresse unberücksichtigt bleiben, da der Auflösungsbeschluss eine notwendige Ausnahme des Prinzips von § 33 Abs. 1, S. 2 BGB darstellt. Die Gesellschaft hat im Rahmen des Auflösungsbeschlusses kein Interesse am eigenen Erhalt, anders liegt es bei der Durchführung von Sanierungsmaßnahmen. Hier ist die Berücksichtigung des Gesellschaftsinteresses weder gesetzlich noch denklogisch ausgeschlossen. Solange der fakultative Gesellschaftszweck nicht geändert wird, ist er auf eine zukünftige, werbende und gewinnorientierte Zielsetzung gerichtet. Daran orientiert sich das Gesellschaftsinteresse.

9. Rein private Interessen der Gesellschafter sind im Rahmen der Interessenabwägung nicht zu berücksichtigen; bei durch das Gesellschaftsverhältnis gemittelten persönlichen Interessen der Gesellschafter ist besondere Zurückhaltung geboten.[1592]

Für die individuelle Sanierungsentscheidung des Einzelnen ist nicht von Bedeutung, welche Härten die Verweigerung der Sanierung für andere Gesellschafter persönlich bedeutet. Ist eine Rettung ungewiss, kann die Tatsache, dass ein Gesellschafter auf „Gedeih und Verderb" an die Gesellschaft gebunden ist, nicht dazu führen, das Auswahlermessen der anderen Gesellschafter zu verengen, da dies außerhalb des von der Gesellschaftsbindung geschützten Bereichs liegt. Private Belange können Berücksichtigung finden, sofern sie eindeutig „gemittelt" werden, etwa

---

1591 I. Das Interesse „der Gesellschaft" und der „Auflösungsbeschluss", S. 162.

1592 I. Durch das Gesellschaftsverhältnis gemittelte persönliche Interessen der Gesellschafter, S. 170.

durch Anhaltspunkte in gesetzlichen Vorschriften, oder – bedeutsamer – durch die individuelle Ausgestaltung des Gesellschaftsverhältnisses mittels Satzung oder sonstige Abreden.

10. Die Ausübung des Stimmrechts allgemein und die Sanierungsentscheidung im Besonderen stellen pflichtgemäß zu treffende unternehmerische Ermessensentscheidungen dar; wobei dem Gesellschafter grundsätzlich ein weiter Prognose- und Beurteilungsspielraum zusteht.[1593]

Stimmpflichten sind nur dort angebracht, wo der treupflichtige Imperativ einen evidenten Charakter aufweist und das Ermessen auf eine Entscheidungsalternative hin reduziert ist. Dies ergibt sich auch aus den Grundsätzen der Interessenabwägung. Die Beweislast dafür, dass die Voraussetzungen einer Stimmpflicht erfüllt sind, kommt der einfordernden Partei zu, die hierbei erhöhten Anforderungen unterliegt.

11. Das Sanierungskonzept stellt inhaltlich eine kritische Größe bei der Bestimmung von Zustimmungspflichten dar.[1594]

Ist das Sanierungskonzept mit den Gläubigern abgestimmt, verbleibt den obstruierenden Gesellschaftern nur wenig Spielraum, schützenswerte Gründe gegen das Konzept darzulegen. Die Verteidigungsstrategie auf den Verweis eines konkurrierenden Sanierungskonzepts zu stützen ist regelmäßig nicht erfolgreich, da das Sanierungskonzept nicht nur erforderlich, sondern darüber hinaus auch durchsetzbar sein muss. Hierin liegt – bei Anerkennung von Sanierungspflichten – eine Missbrauchsgefahr der freien Sanierung.

12. Ein ausgehandeltes Sanierungskonzept lässt zwar auf seine Durchführbarkeit schließen, ihm ist aber keine Angemessenheitsvermutung beizulegen.[1595]

Es kann nicht angenommen werden, dass die zur Erreichung eines grundsätzlich angemessenen Ergebnisses erforderlichen Axiome vorliegen. Der ausgehandelten Lösung kommt jedoch der – nicht zu unterschätzende – Vorteil einer Durchführungsgewähr zu. Zweifel daran, ob sich die Reorganisation mit weniger einschneidenden Mitteln oder auf andere Weise hätte durchführen lassen, sind von demjenigen darzulegen, der sich hierauf beruft.

1593 1. Ermessensentscheidungen und die nötige Evidenz, S. 187.
1594 2. Das Sanierungskonzept, S. 192.
1595 b. Angemessenheitsgewähr des Sanierungskonzepts, S. 195.

13. Das allgemeine Belastungsverbot schützt den Gesellschafter grundsätzlich davor, ohne sein Einverständnis oder die Legitimation durch gesetzlich vorgesehenen Mehrheitsentscheid zu Leistungen oder Verzichten verpflichtet zu werden.[1596]

14. Die treugebotene Stimmpflicht stellt keine Belastung der Mitgliedschaft dar.[1597]

Es besteht „kein Recht“ zur treuwidrigen Stimmabgabe, da die Mitgliedschaft von vornherein als mit der Treupflicht „belastet“ erworben wird. Der Zwang zu treugebotenem Stimmverhalten stellt keinen (gerechtfertigten) Eingriff in den Schutzbereich der freien Stimmrechtsausübung und somit keine Belastung dar. Die Treupflicht ist eine inhärente Beschränkung der Rechtsausübung und bestimmt den Schutzbereich der mitgliedschaftlichen Rechte.

15. Die Bejahung positiver Stimmpflichten in der Sanierung führt zu einer unklaren, faktischen Absenkung der für Strukturmaßnahmen erforderlichen Beschlussmehrheiten.[1598]

Die Verwaltung bestimmt in der Regel in Zusammenarbeit mit der Mehrheit und den Gläubigern das Sanierungskonzept. Es besteht hinsichtlich der erforderlichen Maßnahmen ein weiter Ermessenspielraum und solange keine offensichtliche Benachteiligung zu Tage tritt, wird die Minderheit nicht in der Lage sein, dem ein Alternativkonzept gegenüber zu stellen.[1599] In einer solchen Fallgestaltung reicht – bei angenommener Verhältnismäßigkeit – die einfache Mehrheit, um die qualifizierte Minderheit zum Beschluss einer Strukturmaßnahme zu verpflichten. In konsequenter Beachtung der Dogmatik müsste die Möglichkeit, eine Sanierung zu erzwingen, auch der (qualifizierten) Minderheit zustehen.

16. Die weiteren Tatbestandsvoraussetzungen der Zustimmungspflicht sind nur schwer bestimmbar und zu konkretisieren. Sie führen zu erheblicher Rechtsunsicherheit.[1600]

Weder der Sanierungszeitpunkt, noch das Maß des hinzunehmenden Nachteils sind ausreichend zu bestimmen. Der Moment, an dem bei

---

1596 b. Belastungs- und Nachschussverbot, S. 229.

1597 b. Stimmpflicht als Belastung, S. 210.

1598 4. Die erforderliche Mehrheit, S. 205.

1599 Siehe bereits These 12, S. 287.

1600 3. Die Zeitpunktproblematik, S. 192 und 4. Das Maß der zu ertragenden Nachteiligkeit, S. 232.

Scheitern der Sanierungsmaßnahme der Zusammenbruch der Gesellschaft unvermeidlich ist, kann je nach Einzelfall in fast jeder Phase des Krisenverlaufs liegen. Welche Nachteile in Kauf zu nehmen sind, kann nicht abstrakt bestimmt werden. Die Bejahung der Zustimmungspflicht muss konsequenterweise mit der Verneinung konkreter Grenzen und der Abkehr vom Belastungsverbot verbunden werden.

17. Durch die Regelungen des ESUG hat der Gesetzgeber das Ergebnis der Interessenabwägung in der freien Sanierung vorweggenommen. Sollen in der Sanierungssituation, trotz eines entgegenstehenden Votums der qualifizierten Minderheiten, Eingriffe in Gesellschafterrechte vorgenommen werden, ist – rechtsmissbräuchliches Verhalten ausgeschlossen – hierzu nicht die Treupflicht, sondern das gesetzlich geregelte Insolvenzverfahren berufen.[1601]

Der Gesetzgeber ist sich der Sanierungsproblematik bewusst. Bestehende Gesetze regeln in ihrem Anwendungsbereich die Sanierung von Finanzinstituten (KredReorgG/FMStBG) im Besonderen und von Unternehmen im Allgemeinen (ESUG). Mit der Möglichkeit, in die Anteilsrechte der Gesellschafter einzugreifen und Blockadepotentiale von einzelnen Gesellschaftern zum Wohle der Gesamtheit entfallen zu lassen, hat das ESUG die Problematik der Sanierungspflichten spezifisch behandelt und die gesellschaftsrechtliche Neutralität der Insolvenzordnung aufgehoben. Der Gesetzgeber hat sich gegen die Einführung eines vorinsolvenzlichen Sanierungsverfahrens entschieden. Kommt mit den in der freien Sanierung zur Verfügung stehenden Mitteln eine Sanierung nicht zu Stande, sind die Beteiligten auf das besonders zugeschnittene Insolvenzverfahren zu verweisen. Dem treupflichtigen Sanierungsgebot in der freien Sanierung fehlt es an der besonderen Legitimation und Ausgestaltung, die die insolvenzrechtliche Sanierung aufweist.[1602]

18. Die Gestaltung von Gesellschaftsvertrag und Satzung, sowie individualvertragliche Gesellschaftervereinbarungen können und sollten Sanierungskonflikte antizipieren und sie einer Regelung zuführen.[1603]

In Betracht kommen hierbei sowohl Regelungen über die Vornahme von Kapitalerhöhungsbeschlüssen als auch über die konkrete Übernah-

---

1601 I. Präjudizierung des Abwägungsergebnisses durch den Gesetzgeber, S. 257 und H. Ergebnis, S. 266.

1602 Oben b. Das ESUG, S. 239 und I. Präjudizierung des Abwägungsergebnisses durch den Gesetzgeber, S. 257.

1603 D. Ergebnis, S. 281.

me von Anteilen. Es ist darauf zu achten, den Krisenzeitpunkt und die Ausgestaltung der Sanierungsmaßnahmen ausreichend zu konkretisieren. Einzugehen ist insbesondere auf mögliche Belastungen der Gesellschafter und die Vornahme eines Interessenausgleichs. Zu verweisen ist hierbei auf die Entscheidung *„Sanieren oder Ausscheiden II"*[1604], bei der gesellschaftsvertraglich geregelt war, mit welcher Mehrheit notwendige Nachschusszahlungen zu beschließen waren und welche Folgen nicht zustimmende Gesellschafter in Bezug auf ihre Beteiligung hinzunehmen hatten. Für den *BGH* konnte dort das Ergebnis der Interessenabwägung grundsätzlich nicht anders ausfallen, als von den Gesellschaftern vertraglich präjudiziert.[1605]

1604 BGH, Urteil vom 25.01.2011 – II ZR 122/09 = NJW 2011, 1667 („Sanieren oder Ausscheiden II").

1605 Vgl. oben (2) „Sanieren oder Ausscheiden II", S. 158.

Literaturverzeichnis

A

Ahrendt, Christian Plischkaner, Ute	Der modifizierte zweistufige Überschuldungsbegriff – Rückkehr mit Verfallsdatum in: NJW 2009, 964
Aicher, Josef	Das Eigentum als subjektives Recht Berlin 1975 zitiert: Aicher
Aleth, Franz Harlfinger, Wolf	Die Fortführungsprognose i.S. von § 19 II InsO – eine Handlungsanweisung für Geschäftsführer in: NZI 2011, 166
Alexy, Robert	Theorie der Grundrechte 1. Auflage, Baden-Baden 1985 zitiert: Alexy, Grundrechte
Altmeppen, Holger Roth, Günter	Gesetz betreffend die Gesellschaft mit beschränkter Haftung (GmbHG) 7. Auflage, München 2012 zitiert: Autor in Roth/Altmeppen
Amshoff, Bernhard	Positive Fortführungsprognose und nachhaltiges Existenzsicherungsprogramm in: KrV 2010, 303
Andersch, Tammo Philipp, Sebastian	Anforderungen an die Erstellung von Sanierungskonzepten – Erste praktische Erfahrungen mit dem neuen Standard IDW S 6 in: CF 2010, 205

Andres, Dirk
Leithaus, Rolf
Insolvenzordnung: InsO
2. Auflage, München 2011
zitiert: Autor in Andres/Leithaus

Axhausen, Michael
Anfechtbarkeit Aktienrechtlicher Aufsichtsratsbeschlüsse
Frankfurt am Main, 1986
zitiert: Axhausen

B

Bachmann, Gregor
Corporate Governance nach der Finanzkrise
in: AG 2011, 181

Baeck, Ulrich
Götze, Cornelius
Arnold, Christoph
Festsetzung und Herabsetzung der Geschäftsführervergütung – Welche Änderungen bringt das VorstAG?
in: NZG 2009, 1121

Balz, Manfred
Landfermann, Hans-Georg
Die neuen Insolvenzgesetze
1. Auflage, Düsseldorf 1995
zitiert: Balz/Landfermann

Bamberger, Heinz Georg
Roth, Herbert
Kommentar zum Bürgerlichen Gesetzbuch – Band 2 §§ 611-1296
2. Auflage, München 2008
zitiert: Bamberger/Roth/Autor

Bauer, Andreas
Dimmling, Andreas
Endlich im Gesetz(entwurf): der Debt-Equity-Swap
in: NZI 2011, 517

Baumbach, Adolf
Beck`sche Kurz-Kommentare – Band 9 – Handelsgesetzbuch
35. Auflage, München 2012
zitiert: Autor in Baumbach/Hopt

Baumbach, Adolf
Hueck, Alfred
Beck'sche Kurz-Kommentare – Band 20 – GmbHG
20. Auflage, München 2013
Zitiert: Autor in Baumbach/Hueck, 18. Aufl. 2006

Baums, Theodor
Risiko und Risikosteuerung im Aktienrecht
in: ZGR 2011, 218

Bay, Karl-Christian
Seeburg, Dirk
Böhmer, Martin
Debt-Equity-Swap nach § 225a Abs. 2 Satz 1 des geplanten Gesetzes zur weiteren Erleichterung der Sanierung von Unternehmen (ESUG)
in: ZInsO 2011, 1927

Bayer, Walter
Hommelhoff, Peter
Kleindiek, Detlef
Lutter, Marcus
Lutter/Hommelhoff – GmbH-Gesetz
17. Auflage, Köln 2009
zitiert: Bearbeiter in Lutter/Hommelhoff

Bayer, Walter
Habersack, Matthias
Aktienrecht im Wandel – Band I
Tübingen 2007
zitiert: Autor in Aktienrecht im Wandel I

Becker, Christoph
Insolvenzrecht
3. Auflage, Köln 2010
zitiert: Becker

Becker, Udo
Umfassendes Recht der Gläubigerversammlung zur Wahl des Insolvenzverwalters – Ein Plädoyer für mehr Gläubigerautonomie
in: NZI 2011, 961

Beckerhoff, Tom
Treupflichten bei der Stimmrechtsausübung und Eigenhaftung des Stimmrechtsvertreters
Frankfurt am Main 1996
zitiert: Beckerhoff

Berg, Cai	Korruption in Unternehmen und Risikomanagement nach § 91 Abs 2 AktG in: AG 2007, 271
Bichlmeier, Wilhelm Engberding, Antonius Oberhofer Hermann	Insolvenzhandbuch – Ein rechtlicher und betriebswirtschaftlicher Leitfaden 1998 Frankfurt/aM zitiert: Insolvenzhandbuch
Biermann, Manfred	Die Überschuldung als Voraussetzung zur Konkurseröffnung 1963 Berlin zitiert: Biermann
Birke, Max	Das Formalziel der Aktiengesellschaft Baden-Baden 2005 zitiert: Birke
Bitter, Georg	Sanierung in der Insolvenz – Der Beitrag von Treue- und Aufopferungspflichten zum Sanierungserfolg in: ZGR 2010, 147
Bley, Erich Mohrbutter, Jürgen	Vergleichsordnung – Großkommentar – Erster Band §§ 1-81 4. Auflage, Berlin/New York 1979 zitiert: Bley/Mohrbutter
Böckenförde, Björn	Unternehmenssanierung 2. Auflage, Stuttgart 1996 zitiert: Böckenförde
Böckenförde, Thomas	Die getarnte Enteignung in: NJW 2009, 2484
Bork, Reinhard	Pflichten der Geschäftsführung in Krise und Insolvenz in: ZIP 2011, 101

Bork, Reinhard	Die Unabhängigkeit des Insolvenzverwalters ist nicht disponibel In: ZIP 2013, 145
Bormann, Jens	Kreditreorganisationsgesetz, ESUG und Scheme of Arrangement in: NZI 2011, 892
Brandstätter, Jörn	Die Prüfung der Sanierungsfähigkeit notleidender Unternehmen München 1993 zitiert: Brandstätter
Braun, Eberhard	Insolvenzordnung (InsO) 5. Auflage, München 2012 zitiert Braun/Autor
ders.	Eingriff in die Anteilseignerrechte im Insolvenzplanverfahren in: FS Fischer, München 2008 zitiert: Braun in FS Fischer
Braun, Eberhard Heinrich, Jens	Auf dem Weg zu einer (neuen) Insolvenzplankultur in Deutschland – Ein Beitrag zu dem Regierungsentwurf für ein Gesetz zur weiteren Erleichterung der Sanierung von Unternehmen in: NZI 2011, 505
Brebeck, Frank	KonTraG und Risikomanagement in: Gesellschaftsrecht 1999 – RWS Forum 15 zitiert: Brebeck in Gesellschaftsrecht 1999
Brecher, Fritz	Das Unternehmen als Rechtsgegenstand Bonn 1953 zitiert: Brecher, Das Unternehmen als Rechtsgegenstand

Brinkmann, Moritz	Wege aus der Insolvenz eines Unternehmens – oder: Die Gesellschafter als Sanierungshindernis in: WM 2011, 97
Brox, Hans	Allgemeiner Teil des BGB 34.Auflage, München 2010 zitiert: Brox AT BGB
Brühl, Volker Göpfert, Burkhard	Unternehmensrestrukturierung – Strategien und Konzepte Stuttgart, 2004 zitiert: Bearbeiter in Brühl/Göpfert
Brüning, Marc	Gesellschafter und Insolvenzplan Hamburg 2006 zitiert: Brüning
Buchalik, Robert	Faktoren einer erfolgreichen Eigenverwaltung NZI 2000, 294
Burgard, Ulrich	Die Förder- und Treupflicht des Alleingesellschafters einer GmbH in: ZIP 2002, 827
Busse von Colbe, Walther	Was ist und was bedeutet Shareholder Value aus betriebswirtschaftlicher Sicht? in: ZGR 1997, 271
Buth, Andrea Hermanns, Michael	Anforderungen an die Erstellung von Sanierungskonzepten nach dem neuen IDW S 6 in: DStR 2010, 288

C

Cahn, Andreas Simon, Stefan Theiselmann, Rüdiger	Debt Equity Swap zum Nennwert! in: DB 2010, 1629

dies.	Forderungen gegen die Gesellschaft als Sacheinlage? CF 2010, 238
Carli, Winfried Rieder, Markus Mück, Norbert	Debt-to-Equity-Swaps in der aktuellen Transaktionspraxis in: ZIP 2010, 1737
Christians, F. Wilhelm	Finanzierungshandbuch 2. Auflage, Wiesbaden 1988 zitiert: Autor in Christians
Cranshaw, Friedrich	Gesellschaftsrechtliche Treuepflichten in der Krise der GmbH in: jurisPR-InsR 21/2010 Anm. 4

D

Decher, Christian Voland, Thomas	Kapitalschnitt und Bezugsrechtsausschluss im Insolvenzplan In: ZIP 2013, 103
Dreher, Meinrad	Treupflichten zwischen Aktionären und Verhaltenspflichten bei der Stimmrechtsbündelung – Gesellschaftsrechtliche und Zivilrechtliche Grundlagen in: ZHR 157 (1993), 150
Drinhausen, Florian Keinath, Astrid	Referentenentwurf einer „kleinen Aktienrechtsnovelle" in: BB 2011, 11
Droege, Michael	Die Wiederkehr des Staates – Eigentumsfreiheit zwischen privatem Nutzen und sozialisiertem Risiko in: DVBl 2009, 1415
Drouven, Ralph	Neue Wege: „Reverse Debt-to-Equity-Swap" in: ZIP 2009, 1052

Drygala, Tim — Wandelanleihen mit Wandlungsrecht des Anleiheschuldners nach dem Entwurf für eine Aktienrechtsnovelle 2011
in: WM 2011, 1637

E

Ehlers Harald — Anforderungen an die Fortführungsprognose
in: NZI 2011, 161

ders. — Die Risiken der Sanierungsberatung
in: ZInsO 2013, 105

Eidenmüller, Horst — Unternehmenssanierung zwischen Markt und Gesetz: Mechanismen der Unternehmensreorganisation und Kooperationspflichten im Reorganisationsrecht
Köln 1999
zitiert: Eidenmüller

ders. — Reformperspektiven im Restrukturierungsrecht
in: ZIP 2010, 649

Eidenmüller, Horst
Engert, Andreas — Reformperspektiven einer Umwandlung von Fremd- in Eigenkapital (Debt-Equity-Swap) im Insolvenzplanverfahren
in: ZIP 2009, 541

Eilers, Stephan — Der Debt Equity Swap – Eine Sanierungsmaßnahme für unternehmerische Krisensituationen
in: GWR 2009, 3

Eisolt, Dirk — Erstellung von Sanierungskonzepten nach dem neuen IDW S 6
in: BB 2010, 427

Ellrott, Helmut Förschle, Gerhart Kozikowski, Michael Winkeljohann, Norbert	Beck'scher Bilanz-Kommentar 8. Auflage, München 2012 zitiert: Autor in Beck-BK
Endemann, Wilhelm	Das Deutsche Handelsrecht – Systematisch dargestellt Heidelberg 1865 zitiert: Endemann, Handelsrecht
Epping, Volker	Grundrechte 4. Auflage, Heidelberg 2009 zitiert: Epping, Grundrechte
Esch, Günter	Die gesellschaftsvertragliche Vereinbarung der Rückgewähr ausgeschütteter Gewinne in: NJW 1978, 2529

F

Fabis, Henrich	Vereinfachte Kapitalherabsetzung bei AG und GmbH in: MittRhNotK 1999, 170
Feddersen, Dieter Von Cube, Nicolai	Vorstand wider Willen? – Auswirkungen des Gesetzes zur Angemessenheit der Vorstandsvergütung auf GmbHs in: NJW 2010, 576
Feldbauer-Durstmüller, Birgit Mayr, Stefan	Unternehmenssanierung in der Praxis Wien 2009 zitiert: Autor in Feldbauer-Durstmüller/Mayr
Fischer, Curt	Rechtsschein und Wirklichkeit im Aktienrecht – Rechtspolitische Betrachtungen zu einer Reform des Aktiengesetzes in: AcP 154, 85

Fleischer, Holger — Erweiterte Außenhaftung der Organmitglieder im Europäischen Gesellschafts- und Kapitalmarktrecht
in: ZGR 2004, 437

ders. — Handbuch des Vorstandsrechts
1. Auflage, München 2006
zitiert: Autor in Hdb. Vorstandsrecht

ders. — Zum Inhalt des „Unternehmensinteresses" im GmbH-Recht
in: GmbHR 2010, 1307

ders. — Unternehmensspenden und Leitungsermessen des Vorstands
im Aktienrecht
in: AG 2001, 171

ders. — Das unternehmerische Ermessen des GmbH-Geschäftsführers und seine GmbH-spezifischen Grenzen
in: NZG 2011, 521

Fleischer, Holger
Goette, Wulf — Münchener Kommentar zum Gesetz betreffend die Gesellschaft mit beschränkter Haftung – GmbHG – Band I §§ 1-34
1. Auflage, München 2010
zitiert: MünchKommGmbHG/Autor

dies. — Münchener Kommentar zum Gesetz betreffend die Gesellschaft mit beschränkter Haftung – GmbHG – Band II §§ 35 – 52
1. Auflage, München 2010
zitiert: MünchKommGmbHG/Autor

Fleischer, Holger
Schmolke, Ulrich
Zimmer, Daniel — Verhaltenökonomik als Forschungsinstrument für das Wirtschaftsrecht
in: ZHR Beiheft 75
zitiert: Fleischer/Schmolke/Zimmer in ZHR Beiheft 75

Fleischer, Holger Schmolke, Klaus	Faktische Geschäftsführung in der Sanierungssituation in: WM 2011, 1009
Flessner, Axel	Sanierung und Reorganisation Tübingen 1982 zitiert: Flessner
ders.	Die Rechtsprechung des II Zivilsenats des BGH zur Treupflicht des GmbH-Gesellschafters und des Aktionärs in: ZIP 1996, 161
ders.	Allgemeiner Teil des bürgerlichen Rechts – Erster Band, Zweiter Teil – Die juristische Person Heidelberg 1983 zitiert: Flume
ders.	Die Mitbestimmung – Ideologie und Recht in: ZGR 1978, 679
Foerste, Ulrich	Insolvenzrecht 5. Auflage, München 2010 zitiert: Foerste
Fölsing, Philipp	Die Zähmung des Widerspenstigen im Suhrkamp-Fall: Schutzschirmverfahren bei Gesellschafterstreit in: ZInsO 2013, 1325
Freiherr von Falkenhausen, Bernhard	Verfassungsrechtliche Grenzen der Mehrheitsherrschaft nach dem Recht der Kapitalgesellschaften (AG und GmbH) Karlsruhe 1967 zitiert: Falkenhausen
Frind, Frank	Vorinsolvenzliche Sanierungsregelung oder Relaunch des Insolvenzplanverfahrens in: ZInsO 2010, 1426

ders.	Problemanalyse zum RefE "ESUG" – Teil 1 in: ZInsO 2011, 373
ders.	Die Praxis fragt, „ESUG" antwortet nicht in: ZInsO 2011, 2249
ders.	Aktuelle Anwendungsprobleme beim „ESUG" – Teil 1 In: ZInsO 2013, 59
Fritze, Marc	Sanierung von Groß- und Konzernunternehmen durch Insolvenzpläne in: DZWiR 2007, 89

G

Gehling, Christian	Bezugspreis und faktischer Bezugsrechtsausschluss in: ZIP 2011, 1699
Geier, Bernd	Gestaltungsfreiheit und Gestaltungsgrenzen der mitgliedschaftlichen Treupflicht des Aktionärs Frankfurt, 2007 zitiert: Geier
Geißler, Markus	Rechtliche und unternehmenspolitische Aspekte der vereinfachten Kapitalherabsetzung bei der AG in: NZG 2000, 719
Geldmacher, Christoph	Das präventive Sanierungsverfahren: Ein detaillierte Vorschlag in: ZInsO 2011, 353
Geßler, Ernst Hefermehl, Wolfgang Eckhardt, Ulrich Kropff, Bruno	Aktiengesetz – Kommentar – Band IV – §§ 179-240 München, 1989 zitiert: Autor in Geßler/Hefermehl/Eckardt/Kropff

Goette, Wulf	Gesellschaftsrechtliche Grundfragen im Spiegel der Rechtsprechung in: ZGR 2008, 436
ders.	Anmerkung zu BGH, Beschluß vom 29.11.1993 – II ZR 61/93 in: DStR 1994, 214
ders.	Anmerkung zu BGH, Urteil vom 16.11.1995 – IX ZR 14/95 in: DStR 1996, 273
Goette, Wulf Habersack, Mathias	Münchener Kommentar zum Aktiengesetz – Band 1 – §§ 1-75 3. Auflage, München 2008 zitiert: MünchKommAktG/Autor
dies.	Münchener Kommentar zum Aktiengesetz – Band 2 – §§ 76-117 3. Auflage, München 2008 zitiert: MünchKommAktG/Autor
dies.	Münchener Kommentar zum Aktiengesetz – Band 3 – §§ 118 – 178 3. Auflage, München 2013 zitiert: MünchKommAktG/Autor
dies.	Münchener Kommentar zum Aktiengesetz – Band 4 – §§ 179 – 277 3. Auflage, München 2011 zitiert: MünchKommAktG/Autor
dies.	Münchener Kommentar zum Aktiengesetz – Band 5 – §§ 278 – 328 3. Auflage, München 2010 zitiert: MünchKommAktG/Autor
Göllert, Kurt	Auswirkungen des Bilanzrechtsmodernisierungsgesetzes (BilMoG) auf die Bilanzpolitik in: DB 2008, 1165

Gottwald, Peter — Insolvenzrechtshandbuch
4. Auflage, München 2010
zitiert: Gottwald/Autor

Graf von Pestalloza, Christian — Kritische Bemerkungen zu Methoden und Prinzipien der Grundrechtsauslegung in der Bundesrepublik Deutschland
in: Der Staat 1963, 425

Greven, Tobias — Die Bedeutung des VorstAG für die GmbH
in: BB 2009, 2154

Groh, Manfred — Shareholder Value und Aktienrecht
in: DB 2000, 2153

Grossmann, Adolf — Unternehmensziele im Aktienrecht
Köln 1980
zitiert: Grossmann

Grunewald, Barbara — Die Verantwortlichkeit des gering beteiligten GmbH-Gesellschafters für Kapitalaufbringung und –erhaltung
in: FS Lutter, Köln 2000
zitiert: Grunewald in FS Lutter

Grunewald, Barabra
Hennrichs, Joachim — Haftungsgrundsätze für Entscheidungen unter Unsicherheit
in: FS Maier-Reimer, München 2010
zitiert: Grunewald/Hennrichs in FS Maier-Reimer

Grunsky, Wolfgang — Stimmrechtsbeschränkungen in der Hauptversammlung
in: ZIP 1991, 778.

Gummert, Hans — Münchener Handbuch Personengesellschaftsrecht
1. Auflage, München 2005
zitiert: Gummert/Autor

Gummert, Hans Weipert, Lutz	Münchener Handbuch des Gesellschaftsrechts – Band 2: Kommanditgesellschaft, GmbH & Co. KG Publikums-KG, Stille Gesellschaft 3. Auflage, München 2009 zitiert: MünchHdb. KG/Autor
Günther, Walter	Anmerkung zu BGH, Urteil v. 23.03.1987 – II ZR 244/86 in: EWiR 1987, 787
H	
Haarmeyer, Hans	Die Ordnungsaufgabe des Insolvenzrechts und ihre praktische Umsetzung im Insolvenzeröffnungsverfahren in: FS Fischer, München 2008 zitiert: Haarmeyer in FS Fischer
ders.	Editorial – Das ESUG kommt in: ZInsO 2011, 2153
Haarmeyer, Hans Wutzke, Wolfgang Förster, Karsten	Handbuch der vorläufigen Insolvenzverwaltung 1. Auflage, München 2011 zitiert: Haarmeyer/Wutzke/Förster
Häferlein, Ulrich	Wertung und Interessenabwägung in der richterlichen Rechtsfindung in: FS Schindler, Basel 1989 zitiert: Autor in FS Schindler
Halberkamp, Thomas Gierke, Olaf	Das Recht der Aktionäre auf Einberufung einer Hauptversammlung in: NZG 2004, 494
Handelsrechtsausschuss des Deutschen Anwaltvereins	Stellungnahme zum Referentenentwurf eines Gesetzes zur Änderung des Aktiengesetzes (Aktienrechtsnovelle 2011) in: NZG 2011, 217

Häsemeyer, Ludwig — Obstruktion gegen Sanierungen und gesellschaftsrechtliche Treupflichten in: ZHR 160 (1996), 109

Hassemer, Winfried — Gesetzesbindung und Methodenlehre
in: ZRP 2007, 213

Hax, Herbert
Kruschwitz, Lutz — Unternehmen in der Krise – Ringvorlesung der Fachbereiche Rechts- und Wirtschaftswissenschaften der Freien Universität Berlin im Sommersemester 2003
Berlin 2003
zitiert: Autor in Unternehmen in der Krise

Heckschen, Heribert — Agio und Bezugsrechtsausschluss bei der GmbH
in: DStR 2001, 1437

Heermann, Peter — Stimmrechtsvertretung in der Hauptversammlung und Schadensersatzhaftung
in: ZIP 1994, 1243

Heidel, Thomas — Aktienrecht und Kapitalmarktrecht
3. Auflage, Bade-Baden 2011
zitiert: Autor in Heidel

Heidel, Thomas
Schall, Alexander — Handelsgesetzbuch – Handkommentar
Baden-Baden 2011
zitiert: Heidel/Schall/Autor

Heintges, Sebastian
Urbanczik, Patrick — Debt for Equity Swaps und deren Auswirkungen auf die Vermögens-, Finanz- und Ertragslage
in: DB 2010, 1469

Heinzamnn, Friedrich — Die Neuordnung der Kapitalverhältnisse bei Sanierung der GmbH -
Die Sanierungsklausel im Gesellschaftsvertrag der GmbH
in: BWNotZ 1994, 118

Helmrich, Jan	Zur Strafbarkeit bei fehlenden oder unzureichenden Risikomanagementsystemen in Unternehmen am Beispiel der AG in: NZG 2011, 1252
Hennrichs, Joachim	Treupflichten im Aktienrecht in: AcP 1995, 221
ders.	Neue Herausforderungen für den Mittelstand im BilMoG in: GmbHR 2010, 17
ders.	Prognosen im Bilanzrecht in: AG 2006, 698
Henssler, Martin Strohn, Lutz	Beck'sche Kurz-Kommentare – Band 62 – Gesellschaftsrecht München 2011 zitiert: Henssler/Strohn/Autor
Henze, Hartwig	Die Treupflicht im Aktienrecht in: BB 1996, 489
ders.	Treupflichten im Kapitalgesellschaftsrecht in: ZHR 1998, 186
ders.	Treuepflichtwidrige Stimmrechtsausübung und ihre rechtlichen Folgen in: Gesellschaftsrecht 1995 – RWS Forum 8 zitiert: Henze in Gesellschaftsrecht 1995
ders.	Treupflichten der Gesellschafter im Kapitalgesellschaftsrecht in: ZHR 162 (1998), 186
Hepting, Reinhard	Anpassung von GmbH-Satzungen und Minderheitenschutz in: BB 1988, 1561

Hess, Harald | Insolvenzrecht – Großkommentar in drei Bänden – Band I §§ 1-112 InsO
1. Auflage, Heidelberg 2007
zitiert: Autor in Hess

ders. | Insolvenzrecht
4. Auflage, Heidelberg 2007
zitiert: Hess

Hesse, Konrad | Grundzüge des Verfassungsrechts der Bundesrepublik Deutschland
20. Auflage, Heidelberg 1996
zitiert: Hesse, Verfassungsrecht

Heybrock, Hasso | Praxiskommentar zum GmbH-Recht
2. Auflage, Münster 2010
zitiert: Heybrock/Autor

Himmelsbach, Rainer
Achsnik, Jan | Faktische Geschäftsführung durch Banken: Gefahr oder Scheinproblem?
in: NZI 2003, 355

Hirsch, Günter | Zwischenruf: Der Richter wird's schon richten
in: ZRP 2006, 161

Hirte, Heribert | Restrukturierung nach der InsO: Gesetzesplan, Fehlstellen und Reformansätze innerhalb einer umfassenden InsO-Novellierung
in: ZGR 2010, 224

ders. | Anmerkung zu OLG Dresden, Urteil vom 18.09.1996 – 12 U 1727/95
in: EWiR 1997, 195

ders. | Anmerkungen zum von § 270b RefE-InsO ESUG vorgeschlagenen „Schutzschirm“
in: ZInsO 2011, 401

Hoffmann-Becking, Michael — Der Einfluß schuldrechtlicher Gesellschaftervereinbarungen auf die Rechtsbeziehungen in der Kapitalgesellschaft
in: ZGR 1994, 442.

Hoffmann-Becking, Michael — Münchener Handbuch des Gesellschaftsrechts – Band 4 – Aktiengesellschaft
3. Auflage, München 2007
zitiert: Münch. Hdb. GesR V/Autor

Hoffmann, Guido — Grenzen der Einflussnahme auf Unternehmensleitungsentscheidungen durch Kreditgläubiger
in: WM 2012, 10

Hoffmann, Wolf-Dieter — Sind wertlose Forderungen gegen Kapitalgesellschaften zum Nennwert einlagefähig?
in: BB 1992, 575

Holler, Manfred — Ökonomische Theorie der Verhandlung – Einführung
3. Auflage, München 1992
zitiert: Holler

Hölters, Wolfgang — Aktiengesetz – Kommentar
München 2011
zitiert: Hölters/Autor

ders. — Handbuch des Unternehmens- und Beteiligungskaufs
6. Auflage, Köln 2005
zitiert: Autor in Hölters Unternehmens- und Beteiligungskauf

Holzer, Johannes — Krisenerkennung bei insolvenzgefährdeten Unternehmen aus Sicht der gerichtlichen Praxis
in: NZI 2005, 308

Hölzle, Gerrit	Unternehmenssanierung außerhalb der Insolvenz – Überlegungen zu einem Sanierungsvergleichsgesetz in: NZI 2010, 207
Hölzle, Gerrit	Die Sanierung von Unternehmen im Spiegel des Wettbewerbs der Rechtsordnungen in Europa in: KTS 2011, 291
Hölzle, Gerrit	Der Insolvenzantrag als Sanierungsoption – auch gegen den Willen der Gesellschafter? in: ZIP 2013, 1846
Hölzle, Gerrit Pink, Andreas	Mezzanine-Programme und Gestaltungspotenzial der Sanierungsverwaltung im ESUG in: ZInsO 2011, 360
Hommel, Ulrich Knecht, Thomas Wohlenberg, Holger	Handbuch Unternehmensrestrukturierung Wiesbaden 2006 zitiert: Autor in Hommel/Knecht/Wohlenberg
Hommelhoff, Peter	Risikomanagement im GmbH-Recht in Festschrift für Otto Sandrock zum 70. Geburtstag in: FS Sandrock, 2000 Heidelberg zitiert: Autor in FS Sandrock
Hopt, Klaus Wiedemann, Herbert	Aktiengesetz – Großkommentar – § 53 a 4. Auflage, Berlin 2004 zitiert: Autor in GroßkommAktG
dies.	AktG – Großkommentar – §§ 179-191 5. Lieferung, Berlin 1995 zitiert: GroßkommAktG/Autor
dies.	Aktiengesetz – Großkommentar – §§ 1-53 4. Auflage, Berlin 2004 zitiert: GroßkommAktG/Autor

dies. AktG – Großkommentar – §§ 92-94
11. Lieferung, Berlin 1999
zitiert: GroßkommAktG/Autor

Hubmann, Heinrich Grundsätze der Interessenabwägung
in: AcP 155 (1955), 85

ders. Wertung und Abwägung im Recht
Berlin 1977
zitiert: Autor in Wertung und Abwägung

Hueck, Alfred Der Treugedanke im Recht der offenen Handelsgesellschaft
in: FS Hübner, Jena 1935
zitiert: Autor in FS Hübner

ders. Der Treugedanke in modernen Privatrecht
München 1947
zitiert: Hueck Treugedanke

ders. Der Treugedanke im Recht der offenen Handelsgesellschaften
in: FS Hübner, Jena 1935
zitiert: Hueck in FS Hübner

Hüffer, Uwe Beck'sche Kurz-Kommentare – Band 53 – Aktiengesetz
10. Auflage, München 2012
zitiert: Hüffer

Huth, Mark-Alexander Grundsätze ordnungsmäßiger Risikoüberwachung
in: BB 2007, 2167

I

Immenga,Ulrich Die personalistische Kapitalgesellschaft
Bad Homburg, 1970
zitiert: Immenga

Institut der Wirtschaftsprüfer Fachausschuss Sanierung und Insolvenz (FAS)	IDW Standard: Anforderungen an die Erstellung von Sanierungskonzepten (IDW S 6) Stand 20.08.2009 IDW Fachnachrichten Nr. 11/2009 zitiert: IDW S 6
Ivens, Michael	Das Stimmrecht des GmbH-Gesellschafters bei Satzungsänderungen – Zum Verhältnis zwischen § 53 Abs. 2 und § 45 GmbHG in: GmbHR 1989, 61

J

Jacoby, Florian	Vorinsolvenzliches Sanierungsverfahren in: ZGR 2010, 359
Jaeger, Ernst	Konkursordnung – Band I § 1-70 8. Auflage, Berlin 1958 zitiert: Jäger
ders.	Konkursordnung – §§ 47-244 6. u. 7. Auflage – Berlin 1936 zitiert Jäger 1936
Jaffé, Michael	Restrukturierung nach der InsO: Gesetzesplan, Fehlstellen und Reformansätze innerhalb einer umfassenden InsO-Novellierung aus Sicht eines Insolvenzpraktikers in: ZGR 2010, 248
Jäger, Axel	Wege aus der Krise einer Aktiengesellschaft in: NZG 1999, 238
Jauernig, Othmar	Bürgerliches Gesetzbuch – Kommentar 13. Auflage, München 2009 zitiert: Jauernig/Autor
Joecks, Wolfgang Miebach, Klaus	Münchener Kommentar zum Strafgesetzbuch 2. Auflage, München 2011 zitiert: MünchKommStGB/Autor

Jürgenmeyer, Michael — Das Unternehmensinteresse
Heidelberg 1984
zitiert: Jürgenmeyer

K

Karollus, Martin — Die Umwandlung von Geldkrediten in Grundkapital – eine verdeckte Sacheinlage?
in: ZIP 1994, 589

Kassing,Uwe — Mediation in der Unternehmenskrise – das Model eines „außergerichtlichen Sanierungsmoratoriums"
in: ZKM 2010, 116

Kebekus, Frank
Zenker, Wolfgang — Business Judgement Rule und Geschäftsleiterinteressen – auch in der Krise und Insolvenz?
in: FS Maier-Reimer, München 2010
zitiert: Krebekus/Zenker

Kiethe, Kurt — Einstweilige Verfügung und Stimmrechtsausübung im Gesellschaftsrecht
in: DStR 1993, 609

Kirchgässner, Gebhard — Homo oeconomicus: Das ökonomische Modell individuellen Verhaltens und seine Anwendung in den Wirtschafts- und Sozialwissenschaften
3. Auflage, Tübingen 2008
zitiert: Kirchgässner

Kirchof, Hans-Peter
Lwowski, Hans-Jürgen
Stürner, Rolf — Münchener Kommentar zur Insolvenzordnung: InsO – Band 1 §§ 1-102
2. Auflage, München 2007
zitiert: MünchKommInsO/Autor

Kirsch, Hanno — Bilanzpolitik im Jahresabschluss nach den Vorschriften des Bilanzrechtsmodernisierungsgesetzes
in: BC 2009, 254

Klein, Johannes — Anforderungen an Sanierungskonzepte
1. Auflage, Wiesbaden 2008
zitiert: Klein

Klöhn, Lars — Interessenkonflikte zwischen Aktionären und Gläubigern der Aktiengesellschaft im Spiegel der Vorstandspflichten
in: ZGR 2008, 110

Kohler, Josef — Leitfaden des deutschen Konkursrechts
2. Auflage, Stuttgart 1903
zitiert: Kohler

Koppensteiner, Hans-Georg — Treuwidrige Stimmabgaben bei Kapitalgesellschaften
in: ZIP 1994, 1325

Korch, Claudius — Probleme und Aspekte der freien Sanierung von Unternehmen im Spannungsfeld von Sanierungsprivilegien und Insolvenzverschleppung
1. Auflage, Mainz 2003
zitiert: Korch

Korehnke, Stephan — Treuwidrige Stimmen im Personengesellschafts- und GmbH-Recht
Baden-Baden 1997
zitiert: Korehnke

Kort, Michael — Zur Treuepflicht des Aktionärs
In: ZIP 1990, 294

ders. — Die Bedeutung von Unternehmensgegenstand und Gesellschaftszweck einer AG bei Auslagerung von Geschäftsbereichen auf gemeinnützige Gesellschaften
in: NZG 2011, 929

Kremers, Klaus Hoffmann, Thomas	Insolvenzrechtsreform führt zum Mentalitätswechsel in: ZInsO 2013, 289
Kresser, Matthias	Debt-equity-swaps im Insolvenzplanverfahren de lege ferenda in: ZInsO 2010, 1409
Krieger, Gerd	Beschlußkontrolle bei Kapitalherabsetzungen in: ZGR 2000, 885
Kriele, Martin	Richterrecht und Rechtspolitik in: ZRP 2008, 51
Krystek, Ulrich Moldenhauer, Ralf	Handbuch Krisen- und Restrukturierungsmanagement Stuttgart 2007 Zitiert: Hdb KR
Krytsek, Ulrich Kein, Johannes	Erstellung von Sanierungskonzepten (Teil 1): Kritische Würdigung bestehender Standards, speziell IDW S 6 in: DB 2010, 1769
Kühl, Kristian	Strafgesetzbuch – Kommentar 27. Auflage, München 2011 zitiert: Lackner/Kühl
Kuhner, Christoph	Unternehmensinteresse vs. Shareholder Value als Leitmaxime kapitalmarktorientierter Aktiengesellschaften in: ZGR 2004, 244
Künkele, Kai Peter Zwirner, Christian	Steuerbilanzpolitik: Ausweitung der Möglichkeiten durch das BilMoG in DStR 2010, 2263
Künne, Karl	Außergerichtliche Vergleichsordnung 6. Auflage, München 1955 zitiert: Künne

Kuntz, Thilo	Geltung und Reichweite der Business Judgement Rule in der GmbH in: GmbHR 2008, 121
Kunze, Dirk	Positive Stimmpflichten im Kapitalgesellschaftsrecht Frankfurt 2004 zitiert: Kunze
Kussmaul, Rolf Steffan, Bernhard	Insolvenzplanverfahren: Der prepackaged Plan als Sanierungsinstrument in: DB 2000, 1849
Küting, Karlheinz Pfitzer, Norbert Weber, Claus-Peter	Handbuch der Rechnungslegung – Band 2 – § 272 zitiert: Autor in HdR 4 Ergänzungslieferung, Stuttgart 2004

L

Laband, Paul	Rezension zu Endemann, Wilhelm: Das Deutsche Handelsrecht in: ZGR 1865, 643
Langenbucher, Katja	Bankaktienrecht unter Unsicherheit in: ZGR 2010, 75
Larenz, Karl	Methodenlehre der Rechtswissenschaft 6. Auflage, Berlin 1991 zitiert: Larenz, Methodenlehre
Leinekugel, Rolf Skauradszun, Dominik	Geschäftsführerhaftung bei eigenmächtig gestelltem Insolvenzantrag wegen bloß drohender Zahlungsunfähigkeit in: GmbHR 2011, 1121
Liebig, Max Witt, Peter	Unternehmenssanierung: Vor oder nach der Insolvenz? in: DB 2011, 1929

Litzenberger, Gabriel
Zur Anfechtbarkeit von Entlastungsbeschlüssen
in: NZG 2010, 854

Lorenz, Manuel
Der Regierungsentwurf eines Gesetzes zur Restrukturierung und geordneten Abwicklung von Kreditinstituten – Überblick und erste Einordnung
in: NZG 2010, 1046

Lüdemann, Jörn
Die Grenzen des homo oeconomicus und die Rechtswissenschaft
in: Recht und Verhalten
Tübingen 2007
zitiert: Lüdemann in Recht und Verhalten

Lüdicke, Jochen,
Sistermann, Christian
Unternehmensteuerrecht
1. Auflage, München 2008
zitiert: Autor in Lüdicke/Sistermann

Lunk, Stefan
Stolz, Daniel
Die Bezüge des GmbH-Geschäftsführers in der Krise – Auswirkungen des Gesetzes zur Angemessenheit der Vorstandsvergütung (VorstAG) auf die GmbH
in: NZA 2010, 121

Lutter, Marcus
Theorie der Mitgliedschaft
in: AcP (180) 1980, 84

ders.
Treupflichten und aktuelle Anwendungsprobleme
in: ZHR 162 (1998), 164

ders.
Die Treupflicht des Aktionärs
in: ZHR 153 (1989) 446

ders.
Die Funktion der Gerichte im Binnenstreit von Kapitalgesellschaften
in: ZGR 1998, 191

ders.	Optionsanleihen ausländischer Tochtergesellschaften in: AG 1972, 125
ders.	Das Girmes Urteil in: JZ 1995, 1053
Lutter, Marcus Wiedemann, Herbert	Gestaltungsfreiheit im Gesellschaftsrecht – ZGR Sonderheft 13 Berlin 1997 zitiert: Autor in Gestaltungsfreiheit

M

Madaus, Stephan	Keine Reorganisation ohne die Gesellschafter in: ZGR 2011, 749
ders.	Aktivierung des Planverfahrens als Sanierungsverfahren durch Zulassung einer Bestätigungsinsolvenz (pre-voted-bankruptcy) in: NZI 2011, 622
Mandel, Roland	Die richterliche Interessenabwägung in der Frage des aktienrechtlichen Minderheitenschutzes Basel 1974 zitiert: Mandel
Mangoldt v., Hermann Klein, Friedrich Starck, Christian	Kommentar zum Grundgesetz – Band I 6. Auflage, München 2010 zitiert: Autor in Mangoldt/Klein/Starck, GG I
Marsch-Barner, Reinhard	Treupflichten zwischen Aktionären und Verhaltenspflichten bei der Stimmrechtsbündelung – Prinzipienbildung und Differenzierung in der Praxis in: ZHR 157 (1993), 172
ders.	Treupflicht und Sanierung in: ZIP 1996, 853

Martens, Wolfgang — Öffentlichkeit als Rechtsbegriff
Bad Homburg 1969
zitiert: Martens

Maunz, Theodor
Dürig, Günter — Grundgesetz – Kommentar – Band III, Art 16 – 22 GG
62. Ergänzungslieferung, München
zitiert: Autor in Maunz/Dürig

Maurer, Hartmut — Verfassungsrecht I
6. Auflage, München 2010
zitiert: Maurer, Verfassungsrecht

Max, Dietrich — Die Leitung der Hauptversammlung
in: AG 1991, 77

Menke, Thomas — Der Erwerb eines Unternehmens aus der Insolvenz – das
Beispiel der übertragenden Sanierung
in: BB 2003, 1133

Michalski, Lutz — Kommentar zum Gesetz betreffend die Gesellschaft mit beschränkter Haftung (GmbH-Gesetz) – Band II
2. Auflage, München 2010
zitiert: Michalski/Autor

Mülbert, Peter — Marktwertmaximierung als Unternehmensziel der Aktiengesellschaft
in: FS Röhricht, Köln 2005
zitiert: Mülbert in FS Röhricht

ders. — Shareholder Value aus rechtlicher Sicht
in: ZGR 1997, 129

Mülbert, Peter
Leuschner, Lars — Die verfassungsrechtlichen Vorgaben der Art 14 GG und Art. 2 Abs. 1 GG für die Gesellschafterstellung – wo bleibt die Privatautonomie?
in: ZHR 170 (2006), 615

Müller, Hans Friedrich	Der Verband in der Insolvenz Köln 2002 zitiert: Müller
ders.	Reorganisation systemrelevanter Banken in: KTS 2011, 1
ders.	Gesellschaftsrechtliche Maßnahmen im Insolvenzplan In: KTS 2012, 419
Müller, Rainer	Krisenmanagement in der Unternehmung Frankfurt 1982 zitiert: Müller, Krisenmanagement
Müller, Welf Winkeljohann, Norbert	Beck'sches Handbuch der GmbH – Gesellschaftsrecht, Steuerrecht 4. Auflage, München 2009 zitiert: Autor in Beck Hdb GmbH
Müller, Welf Hoffmann, Wolf-Dieter	Beck'sches Handbuch der Personengesellschaften 3. Auflage, München 2009 zitiert: Beck PersG-HB/Autor
Müller, Welf Rödder, Thomas	Beck'sches Handbuch der AG 2. Auflage, München 2009 zitiert: Beck AG-HB/Autor
Müller-Eising, Karsten	Aktienrechtsnovelle 2011 – Änderungen zur Vorzugsaktie und zum bedingten Kapital für Wandelanleihen in: GWR 2010, 591
Müller-Eising, Karsten Brandi, Tim Sinhart, Michael Lorenz, Mark Löw, Hans-Peter	Das Banken-Restrukturierungsgesetz in: BB 2011, 66

Müller-Michaels, Olaf Ringel, Wiebke	Muss sich Ethik lohnen – Wider die ökonomische Rechtfertigung von Corporate Social Responisibility in: AG 2011, 101
Muthoo, Abhinay	Bargaining Theory with Applications Cambridge 1999 zitiert: Muthoo
N	
Nash, John	The bargaining Problem in: 18 Econometrica, 1950 zitiert: Nash
Natale, Wolfang Bader, SImone	Der Begriff der Zahlungsunfähigkeit im Strafrecht in: wistra 2008, 413
Nehls, Albrecht	Die gesellschaftsrechtliche Treuepflicht im Aktienrecht Hamburg 1993 zitiert: Nehls
Nentwig, Martin	Nachschusspflichten im Verbandsrecht Köln 2011 zitiert: Nentwig, Nachschusspflichten
Nerlich, Jörg Kreplin, Georg	Münchener Anwalts-Handbuch Sanierung und Insolvenz 2. Auflage, München 2012 zitiert: Autor in Nerlich/Kreplin
Nerlich, Jörg Römermann, Volker	Insolvenzordnung (InsO) 20. Ergänzungslieferung, München 2010 zitiert: Autor in Nerlich/Römermann
Neuhof, Rudolf	Sanierungsrisiken der Banken: Die Sanierungsphase in: NJW 1990, 20

ders.	Sanierungsrisiken der Banken: Die Vor-Sanierungsphase in: NJW 1998, 3225
Noack, Ulrich	Reorganisation der Schuldnergesellschaft nach neuem Insolvenzrecht in: FS Zöllner, Köln 1998 zitiert: Noack in FS Zöllner
ders.	Gesellschaftervereinbarungen bei Kapitalgesellschaften Tübingen, 1994 zitiert: Noack

O

Obermüller, Manfred	Das Bankenrestrukturierungsgesetz – ein kurzer Überblick über ein langes Gesetz in: NZI 2011, 81
ders.	Der Gläubigerausschuss nach dem „ESUG" in: ZInsO 2012, 18
ders.	Das Bankenrestrukturierungsgesetz – ein kurzer Überblick über ein langes Gesetz in: NZI 2011, 81
Oerlichs, Carsten	Muß der Versammlungsleiter bei der Feststellung von Haupt- oder Gesellschafterversammlungsbeschlüssen treuwidrig abgegebene Stimmen mitzählen? in: GmbHR 1995, 863
Oppenländer, Frank Trölitzsch, Thomas	Praxishandbuch der GmbH-Geschäftsführung 2. Auflage, München 2011 zitiert: Autor in Oppenländer/Trölitzsch

P

Palandt, Otto	Beck'sche Kurz-Kommentare – Band 7 – Bürgerliches Gesetzbuch 72. Auflage, München 2013 zitiert: Palandt/Autor
Pape, Gerhard	Erleichterung der Sanierung von Unternehmen durch Insolvenzverfahren bei gleichzeitiger Abschaffung der Gläubigergleichbehandlung? in: ZInsO 2010, 2155
ders.	Erleichterung der Sanierung von Unternehmen durch die Stärkung der Eigenverwaltung in: ZInsO 2010, 1582
Pape, Gerhard Uhlenbrck, Wilhelm Voigt-Salus, Joachim	Insolvenzrecht 2. Auflage, München 2010 zitiert: Pape/Uhlenbruck/Voigt-Salus
Park, Tido	Kapitalmarktstrafrecht – Handkommentar 3. Auflage, Baden-Baden 2013 zitiert: Park/Autor
Paschos, Nikolaos Gsolar, Sebastian	Der Referentenentwurf des Gesetzes zur Umsetzung der Aktionärsrechterichtlinie (ARUG) aus Sicht der Praxis in: AG 2008, 605
Paulus, Christoph	Deutschlands langer Weg in die insolvenzrechtliche Moderne – Auf der Suche nach einer Sanierungskultur (Rescue Culture) – in: WM 2011, 2205
Paulus, Roman	Die ausländische Sanierung über einen Dept-Equity-Swap als Angriff auf das deutsche Insolvenzrecht? in: DZWIR 2008, 6

Picoth, Gerhard Aleth, Franz	Unternehmenskrise und Insolvenz: Vorbeugung, Turnaround, Sanierung München 1999 zitiert: Picoth/Aleth/Autor
Pieroth, Bodo Schlink, Bernhard	Grundrechte – Staatsrecht II 28. lage, Heidelberg 2012 zitiert: Pieroth/Schlink
Pleister, Christian Kindler, Steffi	Kapitalmaßnahmen in der Insolvenz börsennotierter Gesellschaften in: ZIP 2010, 503
Poelzig, Dörte Thole, Christoph	Kollidierende Geschäftsleiterpflichten in: ZGR 2010, 836
Portisch, Wolfgang	Sanierung und Insolvenz aus Bankensicht 2. Auflage, Oldenburg 2010 zitiert: Portisch
Pott, Sarah	Renaissance des modifiziert zweistufigen Überschuldungsbegriffs in: NZI 2012, 4
Preußner, Joachim Becker, Florian	Ausgestaltung von Risikomanagementsystemen durch die Geschäftsleitung in: NZG 2002, 846
Preußner, Joachim Zimmermann, Dörte	Risikomanagement als Gesamtaufgabe des Vorstandes in: AG 2002, 657
Priebe, Klaus	Übertragende Sanierung und Insolvenzplanverfahren in: ZInsO 2011, 467
ders.	Chapter 11 & Co.: Eine Einführung in das US-Insolvenzrecht und ein erster Rückblick auf die Jahre 2007 – 2010 der Weltwirtschaftskrise in: ZInsO 2011, 1676

Priester, Hans-Joachim — „Sanieren oder Ausscheiden“ im Recht der GmbH
in: GmbHR 2010, 497

ders. — Debt-Equity-Swap zum Nennwert?
in: DB 2010, 1445

ders. — Das gesetzliche Bezugsrecht bei der GmbH
in: DB 1980, 1925

ders. — Körperschaftsteuerreform und Gewinnverwendung – Probleme des Ausschüttungsrückholverfahrens
in: ZGR 1977, 445

ders. — "Sanieren oder Ausscheiden" im Recht der GmbH
in: ZIP 2010, 497

Priester, Hans-Joachim
Mayer, Dieter — Münchener Handbuch des Gesellschaftsrechts – Band 3 – Gesellschaft mit beschränkter Haftung
4. Auflage, München 2012
zitiert: Münch. Hdb. GesR III/Autor

Prütting, Hanns — Der neue IDW S 6 zur Erstellung von Sanierungskonzepten
In: ZIP 2013, 203, 205

R

Raiser, Thomas — Das Unternehmen als Organisation – Kritik und Erneuerung der juristischen Unternehmenslehre
Berlin, 1969
zitiert: Raiser, Unternehmen als Organisation

Raiser, Thomas
Veil, Rüdiger — Recht der Kapitalgesellschaften
5. Auflage, München 2010
zitiert: Raiser/Veil

Rattunde, Rolf — Sanierung durch Insolvenz
in: ZIP 2003, 2103

ders. — Sanierung von Großunternehmen durch Insolvenzpläne – Der Fall Herlitz
in: ZIP 2003, 596

Rauscher, Thomas
Wax, Peter
Wenzel, Joachim — Münchener Kommentar zur Zivilprozessordung – Band 2 – §§ 511 – 945
4. Auflage, München 2012
zitiert: MünchKommZPO/Autor

Redeke, Julian — Zur Angemessenheit der Informationsgrundlage im Rahmend er Business Judgement Rule
in: ZIP 2011, 59

Redeker, Rouven — Kontrollerwerb an Krisengesellschaften: Chancen und Risiken des Debt-Equity-Swap
in: BB 2007, 673

Redeker, Rouven
Bacina, Denis — „Sanieren oder Ausscheiden" – Die Treuepflicht des Gesellschafters in Sanierungsfällen
in: DB 2010, 996

Reichert, Jochen — Das Zustimmungserfordernis zur Abtretung von Geschäftsanteilen in der GmbH
Heidelberg, 1984
zitiert: Reichert Zustimmungserfordernis

Reul, Adolf
Heckschen, Heribert
Wienberg, Rüdiger — Insolvenzrecht in der Kautelarpraxis
München 2006
zitiert: Heckschen/Reul/Wienberg

Reuter, Alexander — ‚Krisenrecht' im Vorfeld der Insolvenz – das Beispiel der
börsennotierten AG
in: BB 2003, 1797

Reuter, Dieter
Die Änderung des Vereinszwecks
in: ZGR 1987, 475

Reuter, Friedrich
Turn around – Sanierung und strategische Ausrichtung
2. Auflage, Landsberg/Lech 1988
zitiert: Reuter

Roitzsch, Frank
Wächter, Gerhart
Gesellschaftsrechtliche Probleme des Finanzmarktstabilisierungsgesetzes
in: DZWiR 2009, 1

Römermann, Volker
ESUG: Aufweichung des GmbHG-Kapitalaufbringungsrechts?
in: GmbHR 2011, R369

ders.
Die „Unabhängigkeit" des Insolvenzverwalters: Endlich Schluss mit der uferlosen Auslegung!
in: ZInsO 2013, 218

Rottnauer, Achim
Anmerkung zu BGH, Urteil vom 5. 7. 1999 – II ZR 126/98 („Hilgers")
in: NZG 1999, 1158

ders.
Gesellschaftsrechtliche Treupflichten bei Holdingbildung durch Anteilseinbringung – Kommentar zu OLG Stuttgart, NZG 2000, 159
in: NZG 2001, 115

ders.
Ausgabebetragsbemessung bei effektiver Kapitalerhöhung in einer personalistischen Kapitalgesellschaft
in: ZGR 2007, 401

Rowedder, Heinz
Schmidt-Leithoff, Christian
Gesetz betreffen die Gesellschaften mit beschränkter Haftung (GmbHG) – Kommentar
5. Auflage, München 2013
zitiert: Rowedder/Schmidt-Leithoff/Autor

Rüthers, Bernd	Geleugneter Richterstaat und vernebelte Richtermacht in: NJW 2005, 2759
ders.	Gesetzesbindung oder freie Methodenwahl? – Hypothesen zu einer Diskussion in: ZRP 2008, 48
S	
Sachs, Michael	Grundgesetz – Kommentar 5. Auflage, München 2009 zitiert: Autor in Sachs
Säcker, Franz Jürgen Rixecker, Roland	Münchener Kommentar zum Bürgerlichen Gesetzbuch – Band 1 – §§ 1 – 240 6. Auflage, München 2012 zitiert: MünchKommBGB/Autor
Schäfer, Hans-Bernd Ott, Claus	Lehrbuch der ökonomischen Analyse des Zivilrechts 4. Auflage, Berlin 2005 zitiert: Schäfer/Ott
Schanz, Michael	Wandel- und Optionsanleihen – Flexible Finanzierungsinstrumente im Lichte gestiegenen Interesses – in: BKR 2011, 410
Schelo, Sven	Reform der Unternehmenssanierung in: DB 2010, 2209
Scheunemann, Marc Hoffmann, Guido	Debt-Equity-Swap – Steuerliche Strukturierung und zivilrechtliche Rahmenbedingungen in: DB 2009, 983
Schilling, Wolf Ulrich	Shareholder Value und Aktiengesetz in: BB 1997, 373

Schimansky, Herbert Bunte, Hermann-Josef Lwoski, Hans-Jürgen	Bankrechts-Handbuch 4. Auflage, München 2011 zitiert: Autor in Schimansky/Bunte/Lwoski
Schlitt, Michael	Die GmbH & Co. KG in der Insolvenz nach neuem Recht (1. Teil) in: NZG 1998, 701
Schmeisser, Wilhelm Rönsch, Maria Zilch, Isabel	Shareholder Value Approach versus Corporate Social Responsibility München und Mering 2009 zitiert: Schmeisser/Rönsch/Zilch
Schmidt, Andreas Hölzle, Gerrit	Der Verzicht auf die Unabhängigkeit des Insolvenzverwalters In: ZIP 2012, 2238
Schmidt, Karsten	Sanieren oder Ausscheiden in: JZ 2010, 125
ders.	Organverantwortlichkeit und Sanierung im Insolvenzrecht der Unternehmen in: ZIP 1980, 328
ders.	Anwendung von Handelsrecht auf Rechtshandlungen des Konkursverwalters – Zum Urteil des BGH vom 25. 2. 1987 in: NJW 1987, 1905
ders.	Gesellschaftsrecht 4. Auflage, Köln 2002 zitiert: Schmidt GesR
ders.	Münchener Kommentar zum HGB – Band 2 – §§ 105 – 160 3. Auflage, München 2011 zitiert: MünchKommHGB/Autor

ders.	Die sanierende Kapitalerhöhung im Recht der Aktiengesellschaft, GmbH und Personengesellschaft in: ZGR 1982, 519
ders.	Gesellschaftsrecht und Insolvenzrecht im ESUG-Entwurf in: BB 2011, 1603
ders.	Schöne neue Sanierungswelt: Die Gläubiger okkupieren die Burg In: ZIP 2012, 2085
Schmidt, Karsten Lutter, Marcus	Aktiengesetz – Kommentar – I. Band – §§ 1-149 2. Auflage, München 2010 zitiert: Autor in Schmidt/Lutter
Schmidt, Karsten Uhlenbruck, Wilhelm	Die GmbH in Krise, Sanierung und Insolvenz 4. Auflage, Köln 2009 zitiert: Autor in Schmidt/Uhlenbruck
dies.	Die GmbH in Krise, Sanierung und Insolvenz 3. Auflage, Köln 2003 zitiert: Autor in Schmidt/Uhlenbruck
Schmidt, Mario Schlitt, Michael	Debt Equity Swap – Eine attraktive Form der Restrukturierung? in: Der Konzern 2009, 279
Schmidt-Diemitz, Rolf	Gesellschafterkonflikte in der GmbH in: Gesellschaftsrecht 1999 – RWS Forum 15 zitiert: Schmidt-Diemitz in Gesellschaftsrecht 1999
Schneider, Stephan	BGH unternimmt Abgrenzung zu „Sanieren oder Ausscheiden" in: NZG 2011, 575

Schoberth, Joerg Servatius, Hans-Gerd Thees, Alexander	Anforderungen an die Gestaltung von Internen Kontrollsystemen in: BB 2006, 2571
Schoch, Friedrich Schneider, Jens-Peter Bier, Wolfgang	Verwaltungsgerichtsordnung 23. Ergänzungslieferung, München 2012 zitiert: Autor in Schoch/Schneider/Bier
Scholz, Franz	GmbHG – Kommentar zum GmbH-Gesetz 10. Auflage, Köln 2010 zitiert: Autor in Scholz
Schön, Wolfgang	Die Europäische Kapitalrichtlinie – eine Sanierungsbremse? in: ZHR 174 (2010), 155
ders.	Der Einfluß öffentlich-rechtlicher Zielsetzungen auf das Statut privatrechtlicher Eigengesellschaften der öffentlichen Hand: – Gesellschaftsrechtliche Analyse – in: ZGR 1996, 429
Schöne, Torsten	Haftung des Aktionärs-Vertreters für pflichtwidrige Stimmrechtsausübung in: WM 1992, 209
Schönke, Adolf Schröder, Horst	Strafgesetzbuch – Kommentar 28. Auflage, München 2010 zitiert: Autor in Schönke/Schröder
Schubert, Werner	Quellen zur Aktienrechtsreform der Weimarer Republik (1926-1931) Band 2 Frankfurt am Main 1999 zitiert: Schubert, Quellen
Schuster, Gunnar	Zur Stellung der Anteilseigner in der Sanierung in: ZGR 2010, 325

Shapley, LLoyd — A Value for n-person Games
in: H.W. Kuhn und A.W. Tucker (Hrsg.): Contributions to the Theory of Games II
Princeton 1953
zitiert: Shapley

Smid, Stefan — Große Reform oder Beseitigung der Insolvenzordnung durch ein neues Konkursverfahren?
in: DZWiR 2010, 397

Spindler, Gerald — Finanzkrise und Gesetzgeber – Das Finanzmarktstabilisierungsgesetz
in: DStR 2008, 2268

ders. — Unternehmensinteresse als Leitlinie des Vorstandshandelns
Gutachten für die Hans-Böckler Stiftung, Göttingen 2008
zitiert: Spindler Gutachten

ders. — Finanzkrise und Gesetzgeber – Das Finanzmarktstabilisierungsgesetz
in DStR 2008, 2268

Spindler, Gerald
Stilz, Eberhard — Kommentar zum Aktiengesetz – Band 1 – §§ 1-149
2. Auflage, München 2010
zitiert Autor in Spindler/Stilz

dies. — Kommentar zum Aktiengesetz – Band 1 – §§ 150 – 410
2. Auflage, München 2010
zitiert Autor in Spindler/Stilz

Stapper, Florian — Die Praxis der Arbeit mit Insolvenzplänen oder die Insuffizienz des Insolvenzplans: Diagnose und Therapie
in: ZInsO 2009, 2361

Staub, Hermann	Handelsgesetzbuch – Großkommentar – Zweiter Band 1. Halbband – §§ 105 – 144 Berlin 1973 zitiert: Autor in Großkomm HGB
Steffan, Bernhard	Sanierung in der Insolvenz in: WPG Sonderheft 2003, 148
Strieder, Thomas	Erweiterung der Lageberichterstattung nach dem BilMoG in: BB 2009, 1002
Strohn, Lutz	Organhaftung im Vorfeld der Insolvenz in: NZG 2011, 1161
Struck, Gerhard	Interessenabwägung als Methode in: FS Esser, Kronberg 1975 zitiert: Autor in FS Esser
Stumpf, Christoph	Grundrechtsschutz im Aktienrecht in: NJW 2003, 9

T

Tettinger, Peter	Materielle Anforderungen an den Bezugsrechtsausschluß Baden-Baden 2001 zitiert: Tettinger
Thommen, Jean-Paul Achleitner, Ann-Kristin	Allgemeine Betriebswirtschaftslehre – Umfassende Einführung aus managementorientierter Sicht 7. Auflage, Wiesbaden 2012 zitiert: Thommen/Achleitner
Thorwart, Wolf Scheuer, Ludwig	§ 251 InsO – effektiver Minderheitenschutz oder unüberwindbare Hürde? in: NZI 2011, 574

Thümmel, Roderich	Aufgaben und Haftungsrisiken des Managements in der Krise des Unternehmens in: BB 2002, 1105
Thurow, Christian	Überwachung von Kennzahlen in Kreditverträgen: Financial Covenants als Herausforderung für das Controlling in: BC 2011, 545
Thole, Christoph	Treuepflicht-Torpedo? Die Gesellschaftsrechtliche Treuepflicht im Insolvenzverfahren in: ZIP 2013, 1937
Timm, Wolfram	Treuepflichten im Aktienrecht in: WM 1991, 481
ders.	Die Aktiengesellschaft als Konzernspitze Köln 1980 zitiert: Timm
ders.	Zur Sachkontrolle von Mehrheitsentscheidungen im Kapitalgesellschaftsrecht in: ZGR 1987, 403

U

Uechtritz, Michael	Bankenrettung auf dem verfassungsrechtlichen Prüfstand in: NVwZ 2010, 1472
Uhlenbruck, Wilhelm	Gerichtliche oder außergerichtliche Sanierung? – Eine Schicksalsfrage Not leidender Unternehmen in: BB 2001, 1641
ders.	Festschrift Einhundert Jahre Konkursrecht 1. Auflage, Köln 1977 zitiert: Autor in Festschrift Einhundert Jahre Konkursrecht

ders.	Die GmbH & Co. KG in Krise, Konkurs und Vergleich 2. Auflage, 1998 Köln zitiert: Uhlenbruck, GmbH & Co. KG in Krise
ders.	Von der Notwendigkeit eines eigenständigen Sanierungsgesetzes in: NZI 2008, 201
ders.	Gesellschaftsrechtliche Defizit in der Insolvenzordnung in: FS Lüer, München 2008 zitiert: Autor in FS Lüer
Uhlenbruck, Wilhelm Hirte, Heribert Vallender, Heinz	Insolvenzordnung 13. Auflage, München 2010 zitiert Autor in Uhlenbruck/Autor
Ulmer, Peter	Aktienrecht im Wandel in: AcP (202) 2002, 143
Ulmer, Peter Habersack, Mathias Winter, Martin	GmbHG – Großkommentar – Band II – §§ 29 – 52 Tübingen 2006 zitiert: Ulmer/Bearbeiter
Ulrich, Stephan	Zur Frage der Zustimmungspflicht nicht sanierungswilliger Gesellschafter aus gesellschaftlicher Treuepflicht hinsichtlich ihres Ausscheidens in: GmbHR 2011, 533
Undritz, Sven-Holger	Restrukturierung in der Insolvenz in: ZGR 2010, 201
ders.	ESUG – Das neue Insolvenzrecht – Lektion im Wettbewerb gelernt! in: BB 2011, Nr. 46, I

V

Vallender, Heinz	Insolvenzkultur gestern, heute und morgen In: NZI 2010, 838
Vaupel, Christoph Reers, Ulrich	Kapitalerhöhungen bei börsennotierten Aktiengesellschaften in der Krise in: AG 2010, 93
Veil, Rüdiger	Krisenbewältigung durch Gesellschaftsrecht in: ZGR 2006, 379
Verse, Dirk	Anteilseigner im Insolvenzverfahren in: ZGR 2010, 299
Von Gierke, Otto	Das Wesen der menschlichen Verbände Antrittrsrede, Berlin 1902
v. Schorlemer, Benedikt Stupp, Matthias	Kapitalerhöhung zu Sanierungszwecken – zur Reichweite der Zustimmungspflicht des Minderheitsgesellschafters mit Sperrminorität in: NZI 2003, 345
v. Staudinger, Julius	Kommentar zum Bürgerlichen Gesetzbuch – Einleitung zum Bürgerlichen Gesetzbuch – §§ 1 – 14 Neubearbeitung, Berlin 2004 zitiert: Staudinger/Autor
ders.	Kommentar zum Bürgerlichen Gesetzbuch – Einleitung zum Bürgerlichen Gesetzbuch – §§ 705 – 740 Neubearbeitung, Berlin 2003 zitiert: Staudinger/Autor
ders.	Eckpfeiler des Zivilrechts Berlin 2011 zitiert: Autor in Staudinger/Eckpfeiler (2011)

ders. Kommentar zum Bürgerlichen Gesetzbuch – §§ 705 – 740
Neubearbeitung, Berlin 2003
zitiert: Staudinger/Autor

W

Wachter, Thomas AktG – Kommentar zum Aktiengesetz
Köln 2012
zitiert: Wachter/Autor

Weber, Klaus Creifelds Rechtswörterbuch
19. Auflage, München 2007
zitiert: Creifelds

Weitnauer, Wolfgang Kein Ausschluss der nicht sanierungsbereiten Gesellschafter bei vereinbarter „Verwässerung" (Abgrenzung zu „Sanieren oder Ausscheiden")
in: GWR 2011, 209

ders. Der Beteiligungsvertrag
in: NZG 2001, 1065

Wenger, Ekkehard Der Fall Girmes – ein Stück aus dem Tollhaus
in:ZIP 1993, 321

Wenzel, Joachim Die Bindung des Richters an Recht und Gesetz
in: NJW 2008, 345

Werner, Rüdiger Anm. zu BGH, Urteil vom 18.04.2005 – II ZR 151/03
in: GmbHR 2005, 925

Westermann, Harm Gesellschafter- und Geschäftsführerpflichten im Vorfeld der Insolvenz nach gegenwärtigem und künftigem Recht
in: DWZIR 2006, 485

ders.	Die Sanierung geschlossener Immobilienfonds in: NZG 2010, 321
ders.	Individualrechte und unternehmerische Handlungsfreiheit im Aktienrecht in: ZHR 156 (1992) 203
Westermann, Harry	Zweck der Gesellschaft und Gegenstand des Unternehmens im Aktien- und Genossenschaftsrecht in: Festschrift für Carolsfeld v., Köln 1973 zitiert: Autor in FS Carolsfeld
Westpfahl, Lars	Vorinsolvenzliches Sanierungsverfahren in: ZGR 2010, 385
Westpfahl, Lars Janjuah, Riaz	Zur Modernisierung des deutschen Sanierungsrechts in: ZIP 2008, 1
Wicke, Hartmut	Gesetz betreffend die Gesellschaft mit beschränkter Haftung – Kommentar 2. Auflage, München 2011 zitiert: Wicke
Wiedemann, Herbert	Echte und unechte Bestandteile im Gesellschaftsvertrag der GmbH in: DNotZ 2006, 419
ders.	Gesellschaftsrecht Band I München 1980 zitiert: Wiedemann Band I
ders.	Unternehmerische Verantwortlichkeit und formale Unternehmensziele in einer zukünftigen Unternehmensverfassung in: FS Barz, Berlin 1974 zitiert: Wiedemann in FS Barz

ders.	Grundfragen der Unternehmensverfassung in: ZGR 1975, 385
ders.	Unternehmerische Verantwortlichkeit und formale Unternehmensziele in einer zukünftigen Unternehmensverfassung in: FS Barz, Berlin 1974 zitiert: Wiedemann in FS Barz
ders.	Anmerkung zu BGH, Urteil v. 07.03.1994 – II ZR 52/93 EWiR 1994, 425
ders.	Rechtsethische Maßstäbe im Unternehmens- und Gesellschaftsrecht in: ZGR 1980, 147
ders.	Verantwortung in der Gesellschaft – Gedanken zur Haftung der Geschäftsleiter und der Gesellschafter in der Kapitalgesellschaft in: ZGR 2011, 183
Wilhelm, Jan	Treuepflicht und Privatautonomie im Kapitalgesellschaftsrecht in: FS Huber, Tübingen 2006 zitiert: Autor in FS Huber
Willemsen, Reinhard Rechel, Janine	Die Reform des Insolvenzplanverfahrens – Ein Zwischenstandsbericht: Anmerkungen zu den vorgeschlagenen Änderungen in: BB 2010, 2059
Wimmer, Klaus	Frankfurter Kommentar zu Insolvenzordnung 4. Auflage, München 2006 zitiert: Bearbeiter in FK-Inso
Windbichler, Christine	Treuepflichtige Stimmrechtsausübung und ihre rechtlichen Folgen in: Gesellschaftsrecht 1995 – RWS Forum 8 zitiert: Windbichler in Gesellschaftsrecht 1995

Winkeljohann, Norbert Reuther, Frank	Bilanzrecht in Familienunternehmen: Perspektiven und Modernisierungsansätze nach HGB und IFRS Berlin, 2008 zitiert: Autor in Winkeljohann/Reuter
Winnefeld, Robert	Bilanz-Handbuch 4. Auflage, München 2006 zitiert: Winnefeld, Bilanz-HB
Winter, Martin	Mitgliedschaftliche Treubindungen im GmbH-Recht München 1988 zitiert: Winter Treubindungen
ders.	Gesellschafterkonflikte in der GmbH in: Gesellschaftsrecht 1999 – RWS Forum 15 zitiert: Winter in Gesellschaftsrecht 1999
Wirsch, Stefan	Debt Equity Swap und Risiko der Insolvenzanfechtung in: NZG 2011, 1131
Witt, Carl-Heinz	Modernisierung der Gesellschaftsrechte in Europa in: ZGR 2009, 872
Wolf, Klaus	Potenziale derzeitige Risikomanagementsysteme in: DStR 2002, 1729
Wübbelsmann, Stephan	Die Vergütung des Geschäftsführers – Ausstrahlung des VorstAG auf die GmbH? in: GmbHR 2009, 988
Wuschek, Thomas	Der Überschuldungsbegriff in: ZInsO 2011, 1734

Z

Ziemons, Hildegard	Rekapitalisierung nach dem Finanzmarktstabilisierungsgesetz – Die aktienrechtlichen Regelungen im Überblick in: DB 2008, 2635
Ziemons, Hildegard Jäger, Carsten	Beck'scher Online-Kommentar – GmbHG 13. Edition, Stand: 01.08.2012 zitiert: BeckOKGmbHG/Autor
Zipperer, Helmut	„Übertragende Sanierung" – Sanierung ohne Grenzen oder erlaubtes Risiko? in: NZI 2008, 206
Zöllner, Wolfgang	Die Schranken mitgliedschaftlicher Stimmrechtsmacht bei Personenverbänden München 1963 zitiert: Zöllner Mitgliedschaft
ders.	Unternehmensinnenrecht: Gibt es das? in: AG 2003, 2
ders.	Kölner Kommentar zum Aktiengesetz – Band 5/1 – §§ 179-240 2. Auflage, Köln 1995 zitiert: KölnKommAktG/Autor
ders.	Die Anpassung von Personengesellschaftsverträgen an veränderte Umstände Heidelberg 1979 zitiert: Zöllner Anpassung
ders.	Die Konzentration der Abstimmungsvorgänge auf großen Hauptversammlungen in: ZGR 1974, 1
ders.	Zur Problematik der aktienrechtlichen Anfechtungsklage in: AG 2000, 145

ders.	Wechselwirkungen zwischen Satzung und Gesellschaftervereinbarungen ohne Satzungscharakter in: Gesellschaftsrecht 1995 – RWS Forum 8 zitiert: Zöllner in Gesellschaftsrecht 1995
Zöllner, Wolfgang Noack, Ullrich	Kölner Kommentar zum Aktiengesetz – Band I – §§ 1-75 3. Auflage, Köln 2011 zitiert: KK-AktG/Autor

Schriften zum Gesellschafts-, Bilanz- und Unternehmensteuerrecht

Herausgegeben von Joachim Hennrichs

Band 1 Moritz Pöschke: Eigenkapital mittelständischer Gesellschaften nach IAS/IFRS. 2009.

Band 2 Ulrike Lehmann: Gesellschaftsrechtliche Gestaltungen im Erbschaft- und Schenkungsteuerrecht. Eine Untersuchung der Erbschaft- und Schenkungsteuersubjektivität der Personengesellschaft sowie der mittelbaren Anteilsschenkung. 2009.

Band 3 Christian Graw: Das Konzept der Anteilseignerbesteuerung nach § 22 UmwStG 2006 – insbesondere im Vergleich zu § 21 UmwStG 1995. 2009.

Band 4 Christopher M. Picot: Die Rechte der Aktionäre beim Delisting börsennotierter Gesellschaften. 2009.

Band 5 Pascal Alexander Salomon: Regelungsaufträge in der Societas Privata Europea. Einführung in eine neue Rechtsform unter besonderer Berücksichtigung des Gesetzgebungsinstruments des Regelungsauftrages. 2010.

Band 6 Anna Sabrina Cryns: Gesellschafterfremdfinanzierung in Frankreich und Zinsschranke – ein Rechtsvergleich. 2011.

Band 7 Björn Karst: Das Marktmanipulationsverbot gem. § 20a WpHG. Unter besonderer Berücksichtigung der „Safe-Harbor"-Regelung. 2011.

Band 8 Ulrike Petig: Verdeckte Sacheinlagen im GmbH- und Aktienrecht. Die Veränderungen durch MoMiG und ARUG. 2012.

Band 9 Jochen Möller: Vorteilsanrechnung bei nützlichen Pflichtverletzungen im Kapitalgesellschafts- und Kartellrecht. 2012.

Band 10 Alexander Kersten: Zinsschranke und IFRS. Rechtssystematische Einordnung einer punktuellen Maßgeblichkeit der IFSR im Steuerrecht am Beispiel der Zinsschranke. 2012.

Band 11 Tobias Strohmeier: Special Purpose Acquisition Companies. SPACs im Spannungsfeld von deutschem Aktien- und Kapitalmarktrecht. 2012.

Band 12 Ruth Winter: Die steuerliche Behandlung von Scheinauslandsgesellschaften. Eine Untersuchung zur doppelansässigen Kapitalgesellschaft. 2013.

Band 13 Daniel Krey: IFRS und Ausschüttungsbemessung. 2013.

Band 14 Gabriel Jakob Litzenberger: Sanierungspflichten in der Krise von AG und GmbH. 2014.

www.peterlang.com